Historische Stadtkerne
Gesamtanlagen in Baden-Württemberg

Historische Stadtkerne
Gesamtanlagen in Baden-Württemberg

Bearbeitet von Volkmar Eidloth und Susann Seyfert

Mit Beiträgen von
Claudia Baer-Schneider, Ulrich Boeyng, Ute Fahrbach-Dreher
Iris Fromm-Kaupp, Martin Hahn, Bertram Jenisch, Clemens Kieser
Sabine Kraume-Probst, Rainer Laun, Markus Numberger
Mechthild Ohnmacht, Erik Roth, Michael Ruhland, Wolfgang Seidenspinner
Susann Seyfert, Wolfgang Thiem, Andreas Vorbach, Martin Wenz
Petra Wichmann und Johannes Wilhelm

Arbeitsheft 22
Regierungspräsidium Stuttgart
Landesamt für Denkmalpflege

Jan Thorbecke Verlag

VERLAGSGRUPPE PATMOS

PATMOS
ESCHBACH
GRÜNEWALD
THORBECKE
SCHWABEN

Die Verlagsgruppe
mit Sinn für das Leben

Gefördert vom
Ministerium für Wirtschaft, Arbeit und Wohnungsbau Baden-Württemberg – Oberste Denkmalschutzbehörde

Für die Schwabenverlag AG ist Nachhaltigkeit ein wichtiger Maßstab ihres Handelns.
Wir achten daher auf den Einsatz umweltschonender Ressourcen und Materialien.

Bibliografische Information der Deutschen Nationalbibliothek
Die Deutsche Nationalbibliothek verzeichnet diese Publikation in der Deutschen Nationalbibliografie;
detaillierte bibliografische Daten sind im Internet über http://dnb.dnb.de. abrufbar.

Kommissionsverlag und Vertrieb: Jan Thorbecke Verlag der Schwabenverlag AG, Ostfildern
www.thorbecke.de
Umschlaggestaltung: Günter Stahl, Horb-Nordstetten
Vorderseite: Wangen im Allgäu, Luftbild von 2007
Rückseite (von links oben nach rechts unten):
Freudenstadt, Ausschnitt aus Flurkarte, 1837;
Bad Wimpfen, Stadtsilhouette; Tübingen, Neckarfront;
Bad Säckingen, Ausschnitt aus Gemarkungsatlas, 1896.

2. Auflage 2017

Redaktion: Volkmar Eidloth, Susann Seyfert und Grit Koltermann
Satz und Layout: Günter Stahl, Horb-Nordstetten
Produktion: Helmuth Gann, Stuttgart
Gesamtherstellung: Gulde-Druck GmbH & Co. KG, Tübingen
Gedruckt auf Papier aus 100% chlorfrei gebleichtem Zellstoff
Hergestellt in Deutschland
ISBN 978-3-7995-1222-0

Inhalt

Vorwort

Bereits der erste Band der Reihe Arbeitshefte der baden-württembergischen Denkmalpflege mit dem Titel „Ortsanalyse. Zur Erfassung und Bewertung historischer Bereiche“ widmete sich einem Thema der städtebaulichen Denkmalpflege. Mit dem Ziel, Stadt- und Dorferneuerungsmaßnahmen besser vorzubereiten, zu planen und durchzuführen wurde der städtebaulichen Denkmalpflege in den 1980er Jahren ein Standardwerk an die Hand gegeben, das bis heute über die Grenzen von Baden-Württemberg hinaus Bedeutung hat.

In den knapp dreißig Jahren, die seitdem vergangen sind, wurde die Untersuchungsmethode nicht nur verfeinert und weiterentwickelt, sondern um weitere Bausteine wie die Denkmalpflegerischen Wertepläne oder das Projekt Fachplan Ellwangen ergänzt. Längst werden in die tägliche Arbeit nicht nur die historischen Stadtkerne, sondern auch die historischen Dorfkerne, einzelne historische Stadtquartiere und Kulturlandschaften einbezogen. Die Bände „Altstädte unter Denkmalschutz. 50 Jahre Ensembleschutz in Deutschland und dem benachbarten Ausland“ und „Erfassen – Erkennen – Erhalten. 25 Jahre Historische Ortsanalyse“ sowie zahlreiche Artikel im Nachrichtenblatt der Landesdenkmalpflege Baden-Württemberg berichten, informieren und vermitteln seither kontinuierlich einer breiten Öffentlichkeit die Arbeit der städtebaulichen Denkmalpflege im Lande.

Das nun vorliegende Arbeitsheft „Historische Stadtkerne“ und der zeitgleich erscheinende Band „Historische Ortskerne“ können als Zusammenfassung dieser Arbeit gesehen werden. Im einleitenden Aufsatz von Volkmar Eidloth und Susann Seyfert werden nach einem geschichtlichen Überblick zum Gesamtanlagenschutz in Baden-Württemberg die Kriterien für das Schutzgut historischer Stadtkern vorgestellt und anhand zahlreicher Beispiele erläutert. Der Blick auf den aktuellen Stand in Baden-Württemberg sowie ein Literaturverzeichnis zum Thema runden die Einführung ab.

Kernstück der Publikation ist der aufwendig illustrierte Katalogteil. Jeder historische Stadtkern in Baden-Württemberg, der geschützte Gesamtanlage ist oder die Kriterien für eine Unterschutzstellung erfüllt, wird auf einer Doppelseite mit Text, Bildern und Karte präsentiert. Der erstmals in dieser Form publizierte Gesamtbestand zeigt die besondere Vielzahl, Vielfalt, Individualität und Qualität der historischen Stadtkerne im Südwesten und würdigt ihre Bedeutung für das kulturelle Erbe unseres Landes. Im bundesdeutschen Vergleich besitzt Baden-Württemberg eine herausragende historische Städtelandschaft, die hier überaus anschaulich vorgestellt wird.

Für die engagierte Mitarbeit möchte ich allen Autorinnen und Autoren herzlich danken, vor allem Volkmar Eidloth, der das Projekt inhaltlich konzipiert und von Anfang an begleitet hat.

In die Katalogtexte konnten die Erfahrungen aus den Fachbereichen Inventarisation, städtebauliche Denkmalpflege, Archäologie und der praktischen Denkmalpflege einfließen. Mein Dank gilt allen Kolleginnen und Kollegen des Landesamtes für Denkmalpflege, die mit ihrem Beitrag die Publikation unterstützt haben: Dr. Claudia Baer-Schneider, Dr. Ulrich Boeyng, Dr. Ute Fahrbach-Dreher, Iris Fromm-Kaupp, Dr. Martin Hahn, Dr. Bertram Jenisch, Dr. Clemens Kieser, Sabine Kraume-Probst, Dr. Rainer Laun, Dr. Mechthild Ohnmacht, Dr. Erik Roth, Dr. Michael Ruhland, Dr. Wolfgang Seidenspinner, Susann Seyfert, Wolfgang Thiem, Andreas Vorbach, Dr. Martin Wenz, Dr. Petra Wichmann und Dr. Johannes Wilhelm. Nicht zu vergessen ist Markus Numberger, Büro für Bauforschung und Denkmalschutz.

Die zahlreichen Abbildungen verdankt die Publikation den Fotografen Karl Fisch, Bernd Hausner, Jean Jeras, Felix Pilz sowie Manuel Bergmeier und Hubert Franzke, für die Luftbilder konnte Otto Braasch und für die Digitalisierung der Karten Felix Gross gewonnen werden. Die historischen Karten wurden dankenswerter Weise durch die Universitätsbibliothek Tübingen, das Generallandesarchiv in Karlsruhe sowie in einigen Fällen auch von den lokalen Vermessungsämtern zur Verfügung gestellt.

Ein besonderes Dankeschön geht an Grit Koltermann, deren Engagement und Einsatz in der Redaktion zum Gelingen der Publikation maßgeblich beigetragen haben. Für ihre Ausdauer und tatkräftige Unterstützung bei Grafik und Produktion des Buches sei Günter Stahl und Helmuth Gann gedankt.

Das Arbeitsheft wäre undenkbar ohne die Finanzierung des Ministeriums für Wirtschaft, Arbeit und Wohnungsbau Baden-Württemberg.

Prof. Dr. Michael Goer
Abteilungsdirektor
Landesamt für Denkmalpflege
im Regierungspräsidium Stuttgart

Historische Stadtkerne als Gesamtanlagen
Denkmalwerte Altstädte in Baden-Württemberg

Von Volkmar Eidloth und Susann Seyfert

Südwestdeutschland und das heutige Baden-Württemberg gehören geschichtlich bedingt zu den städtereichsten Gebieten in Deutschland.[1] Altstädte unterschiedlichster Form, Funktion und Genese sind hier zu finden.[2] Diese historischen Stadtanlagen stellen ein herausragend wertvolles kulturelles Erbe für das Land dar. Das Denkmalschutzgesetz von Baden-Württemberg ermöglicht es deshalb, auch ganze Stadtkerne als sogenannte Gesamtanlagen unter Schutz zu stellen. Die Verantwortung dafür haben die Gemeinden übernommen.

Geschichte wird nicht nur in einzelnen Kulturdenkmalen anschaulich, sondern auch in siedlungsgeschichtlichen Zusammenhängen. Historische Stadt- und Dorfkerne, Straßen- und Platzräume, Stadtquartiere oder historische Kulturlandschaften können wichtige Träger geschichtlicher Aussage sein. Gerade die historischen Stadtkerne enthalten geschichtliche Informationen in großer Fülle und Komplexität. Dazu gehören die gestaltwirksamen baulichen Einzelelemente und städtebaulichen Strukturen. Die überlieferte bauliche Gestalt ist ihrerseits jedoch nur Ausdruck historischer sozialer Verhältnisse und funktionaler Besonderheiten. Auf einer weiteren Ebene stadtbaugeschichtlicher Bedeutung wären schließlich die hinter solchen Strukturen und deren Entwicklung stehenden gesellschaftlichen und politischen Vorstellungen, Ideen und Leitbilder zu berücksichtigen. Zu der Vielschichtigkeit des historischen Dokumentationswertes von Stadtkernen kommt außerdem in der Regel ein Zeitraum von mehreren Jahrhunderten, der in den meisten europäischen Städten formend gewirkt hat.

Der fachlich-rechtliche Rahmen

Zur Bewahrung des geschichtlichen Wertes von historischen Stadtkernen bedarf es deshalb eines ganzheitlichen Schutzes. Das Denkmalschutzgesetz Baden-Württemberg trägt dieser Erkenntnis mit dem Paragraphen 19 und dem Begriff „Gesamtanlagen" Rechnung. Dieser erlaubt es, geschichtlich geprägte Bereiche wie historische Stadtkerne aufgrund ihres übergreifenden Denkmalwertes als Ganzes unter Schutz zu stellen. Ein solcher Ensembleschutz findet sich mit unterschiedlichen Bezeichnungen in den Denkmalschutzgesetzen aller Bundesländer. In Baden-Württemberg kann er auf eine besondere Tradition zurückblicken. In dieser Tradition, die sich schon durch die verwendete Terminologie zu erkennen gibt, wurzeln allerdings auch Missverständnisse, die die Umsetzung des Ensembleschutzgedankens – nicht nur in Baden-Württemberg – bis heute belasten.[3]

Den Anfang machten bereits um die Wende vom 19. zum 20. Jahrhundert baurechtliche Regelungen. So verlangten schon das badische Ortsstraßengesetz in der Fassung von 1908 und die württembergische Bauordnung von 1910, bei der Ortsbauplanung „darauf Bedacht zu nehmen", dass künstlerisch oder geschichtlich wertvolle Bauten sowie „schöne Orts-, Straßen- und Platzbilder" erhalten bleiben. Zugleich ermächtigten die beiden Landesbauordnungen von 1907 die Gemeinden zum Erlass von ortspolizeilichen Vorschriften, um schutzwerte Bauten und Bereiche vor „Beeinträchtigung" oder „Verunstaltung" zu bewahren.[4] Bis zum Ersten Weltkrieg hat eine Reihe Städte entsprechende Ortsbaustatuten oder Ortsbausatzungen verabschiedet, so in Baden z. B. Überlingen, Freiburg i. Br., Karlsruhe, Mannheim, Heidelberg und Wertheim,[5] in Württemberg Schwäbisch Hall, Esslingen und Tübingen.[6] Ihre Wirkung entsprach etwa der Wirkung heutiger Gestaltungssatzungen: Sie bildeten zwar einen geregelten Handlungsrahmen, dienten aber weniger der Erhaltung des Bestandes als vielmehr der anpassenden Gestaltung von Neubauten. Die Begriffe „Straßen-, Platz- und Ortsbilder" finden sich dann auch im Badischen Denkmalschutzgesetz vom 12. Juli 1949 wieder, dem ersten Denkmalschutzgesetz in Deutschland nach dem Zweiten Weltkrieg. Mit ihm fand der Ensembleschutz erstmals in Deutschland überhaupt, sieht man vom Sächsischen Heimatschutzgesetz von 1934 einmal ab, Eingang in das Denkmalrecht. Nach Paragraph 34 dieses Gesetzes konnten „Straßen-, Platz- oder Ortsbilder, die in ihrer Gesamterscheinung als Kulturwerte anzusehen sind, ... in das Denkmalbuch eingetragen werden." Die Eintragung in das Denkmalbuch sollte, wie die Vollzugsbestimmungen ausdrücklich betonten, den durch die Landesbauordnung bereits gegebenen Schutz in dreierlei Hinsicht verstärken und erweitern:

„1. es wird zweifelsfrei, und zwar durch die Staatliche Denkmalpflege, festgestellt, daß es sich um einen schützenswerten Kulturwert handelt,
2. das eingetragene Straßen-, Platz- oder Ortsbild ist nunmehr nicht nur gegen störende Bauausführungen sondern auch gegen sonstige beeinträchtigende Veränderungen ... geschützt, (und)
3. die Entscheidung darüber, ob eine vorzunehmende Veränderung eine Beeinträchtigung der Gesamterscheinung bewirkt, steht den Denkmalschutzbehörden zu."[7]

Die erste Unterschutzstellung auf dieser Grundlage war die Eintragung der Altstadt von Meersburg am Bodensee am 18. August 1954. Das 1972 in Kraft getretene Denkmalschutzgesetz für Baden-Württemberg führte schließlich den Begriff „Gesamtanlage" ein, knüpfte ansonsten aber im Wesentlichen an die badischen Bestimmungen an. Demnach konnte die höhere Denkmalschutzbehörde im Einvernehmen mit der Gemeinde „Gesamtanlagen, insbesondere Straßen-, Platz- und Ortsbilder ... durch Rechtsverordnung unter Denkmalschutz stellen". Abgesehen davon, dass seit 1984 der Ensembleschutz wieder durch kommunale Satzungen erfolgt, hat sich an dieser Regelung nichts mehr geändert.

Die grundlegenden Kriterien

Voraussetzung dafür, dass ein historischer Stadtkern als Gesamtanlage angesehen und unter Denkmalschutz gestellt werden kann, ist, dass an seiner Erhaltung „aus wissenschaftlichen, künstlerischen oder heimatgeschichtlichen Gründen ein besonderes öffentliches Interesse besteht". Die Schutzgründe bei Gesamtanlagen entsprechen damit weitgehend denen, die das Denkmalschutzgesetz auch für Kulturdenkmale nennt. Die Betonung eines gesteigerten öffentlichen Erhaltungsinteresses unterstreicht allerdings, dass an Gesamtanlagen ein besonders hoher Bewertungsmaßstab angelegt werden muss. Dieser ist vergleichbar mit der im baden-württembergischen Denkmalrecht vorgesehenen Kategorie der Kulturdenkmale von besonderer Bedeutung.[8] Bei Stadtdenkmalen kommt es dabei vor allem darauf an, verständlich zu machen, dass „Altstadt" eine historische Raumkategorie darstellt, die mehr ist als die Addition ihrer Einzelteile und deren Erfahrungs- und Erlebniswert sich nicht im gefälligen, harmonischen Stadtbild erschöpft.

Richard Strobel hat 1985 bereits allgemeine Voraussetzungen benannt, die geschichtlich geprägte Siedlungsbereiche als Gesamtanlagen qualifizieren. Für ihn sind das eine klare Umgrenzung, ein hoher Anteil an Kulturdenkmalen und eine „gewisse innere Strukturiertheit" des Baubestandes.[9] Im Folgenden sollen diese Kriterien für das Schutzgut historische Stadtkerne präzisiert und verfeinert werden. Dabei gilt es, sich zuerst mit drei städtebaulichen Merkmalen zu beschäftigen, deren Überlieferungsqualität für den Denkmalwert von Altstadtanlagen von grundlegender Bedeutung ist: dem historischen Stadtgrundriss, der historischen Bausubstanz und der historischen Stadtumgrenzung.

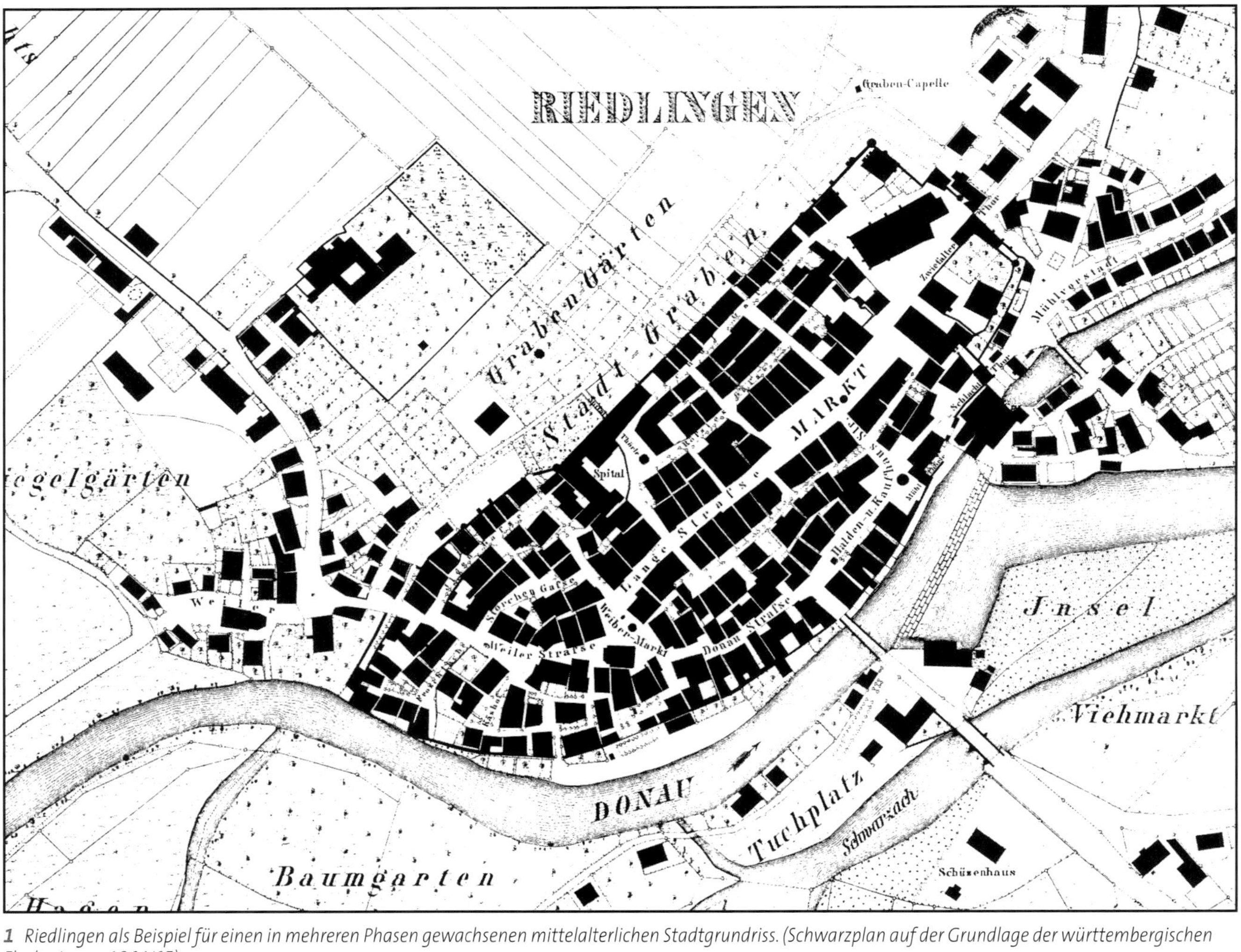

1 Riedlingen als Beispiel für einen in mehreren Phasen gewachsenen mittelalterlichen Stadtgrundriss. (Schwarzplan auf der Grundlage der württembergischen Flurkarte von 1864/65).

Der Stadtgrundriss stellt eine der wertvollsten stadtbaugeschichtlichen Quellen dar. Anders als die Bebauung, die im Lauf der Zeit häufig verändert und erneuert wurde, zeichnet sich der Grundriss in der Regel durch ein besonders großes Beharrungsvermögen aus und vertritt dadurch zusammen mit der archäologischen Überlieferung die ältere Stadtgeschichte.[10] So zeichnet sich beispielsweise in Riedlingen der 835 urkundlich genannte präurbane Siedlungskern durch seine Unregelmäßigkeit bis heute im Grundriss ab. Die eigentliche Stadtgründung erfolgte um 1250 durch die Grafen von Veringen nordöstlich oberhalb des alten Weilers. Mit seinem rechteckigen Umriss und den parallelen, durch Quergassen verbundenen Hauptstraßen weist dieser Bereich einen Grundriss auf, wie er für die Zeit der mittelalterlichen Städtegründungen vom 12. bis 14. Jahrhundert typisch ist. 1291 wurde dann eine neue Stadtbefestigung errichtet, die beide Gebiete umfasste und auch das schmale Stadterweiterungsgebiet in Richtung Donau mit einbezog (Abb. 1).

Neben zahlreichen gut überlieferten mittelalterlichen Stadtgrundrissen zeichnet sich Baden-Württemberg aber auch durch einen bedeutenden Bestand an frühneuzeitlichen Planstadt-Grundrissen aus. Den Anfang machte das 1599 von Herzog Friedrich I. von Württemberg gegründete Freudenstadt, das mit seinem berühmten Mühlebrett-Grundriss eine Inkunabel der Stadtbaukunst darstellt (Abb. 2). Verfasser des auf Idealstadttheorien der Renaissance fußenden, mehrfach überarbeiteten Stadtplans für Freudenstadt war der herzoglich-württembergische Baumeister Heinrich Schickhardt. Der Geometrie des Stadtgrundrisses wurden selbst die öffentlichen Gebäude wie z. B. die Stadtkirche unterworfen, die als Winkelhakenbau die Südecke des zentralen Marktplatzes bildet. Die Mitte des 220 x 220 Meter großen Platzes sollte das vierflügelige herzogliche Schloss einnehmen, das jedoch nicht zur Ausführung kam.

Unter Stadtgrundriss darf hier aber nicht nur das Straßennetz verstanden werden. Aus städtebaulich-denkmalpflegerischer Sicht gehören zum historischen Stadtgrundriss auch das Parzellengefüge und das Verteilungsmuster von bebauter und unbebauter Fläche. So erlaubt der Parzellenzuschnitt Rückschlüsse auf frühere Besitzverhältnisse und die historische Sozialtopographie der Stadt. Gebiete spätmittelalterlicher Stadterweiterungen sind oft allein schon an einer geringeren Bebauungsdichte und einem höheren Grün- bzw. Freiflächenanteil zu erkennen. Im Stadtgrundriss Niederschlag gefunden haben außerdem stadtgeschichtlich besondere Ereignisse wie Stadtbrände oder Kriegszerstörungen. Letztere spielen in Baden-Württemberg eine besondere Rolle, waren doch schon im ausgehenden 17. Jahrhundert insbesondere im Zuge des Pfälzischen Erbfolgekrieges in großen Teilen des Landes zahlreiche Städte zerstört worden. Meist wurde der Wiederaufbau dazu genutzt, den Stadtgrundriss zu „regulieren", worunter vor allem das Verbreitern der Straßen und die Begradigung von Baufluchten verstanden wurden.

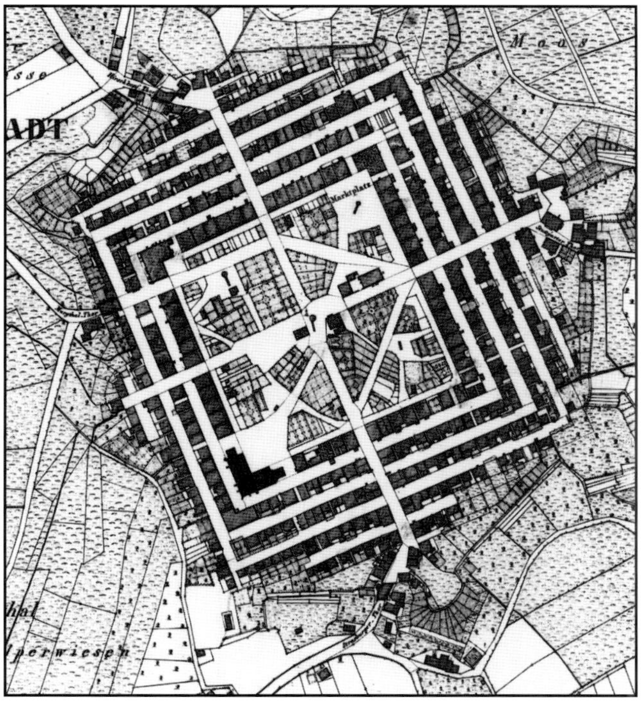

2 Freudenstadt, Ausschnitt aus der württembergischen Flurkarte, Stand 1837.

Ergebnis eines solchen Wiederaufbaus nach einem verheerenden Stadtbrand ist zum Beispiel der bemerkenswerte Grundriss von Sulz am Neckar. 1794 war dort bis auf die Kirche und einige wenige Gebäude der gesamte Stadtkern innerhalb des Mauerrings abgebrannt. Den Wiederaufbauplan fertigte der Hofwerkmeister Johann Christian Adam Etzel. Vom alten Stadtgrundriss behielt er nur den durch die Stadtmauer vorgegebenen Umriss und den ungefähren Verlauf der Hauptstraße zwischen dem oberen Tor im Westen und dem unteren im Osten. Ansonsten ist die Stadtanlage mit einem soweit als möglich regelmäßigen Netz von geraden Straßen überzogen, dessen ordnendes Zentrum der annähernd quadratische, diagonal in das Straßenraster eingestellte neue Marktplatz bildet (Abb. 3).

Neben einem gut erhaltenen historischen Stadtgrundriss ist ein möglichst hoher Anteil an historischer Bausubstanz die wichtigste Voraussetzung, die eine Altstadt mitbringen muss, um als Gesamtanlage Denkmalwert erlangen zu können. Dies mag vordergründig als Widerspruch zum Text des Denkmalschutzgesetzes erscheinen, das Gesamtanlagen als Orts- bzw. Stadtbilder definiert. Wie oben bereits skizziert, wirken in der Terminologie des Gesetzes freilich noch Wertvorstellungen und Begrifflichkeiten des 19. Jahrhunderts fort. Gegenstand von Denkmalschutz und Denkmalpflege nach heutigem Verständnis kann aber nur das geschichtlich begründete Erscheinungsbild sein. Dieses ist jedoch vor allem an originale historische Substanz gebunden. Erst sie erlaubt es, das historische Bild immer wieder zuverlässig auf seine geschichtlichen Qualitäten zu befragen. Erst die geschichtliche Prägung der Bebauung, hervorgebracht durch das Alter und die Altersspuren von Bauteilen und Bau-

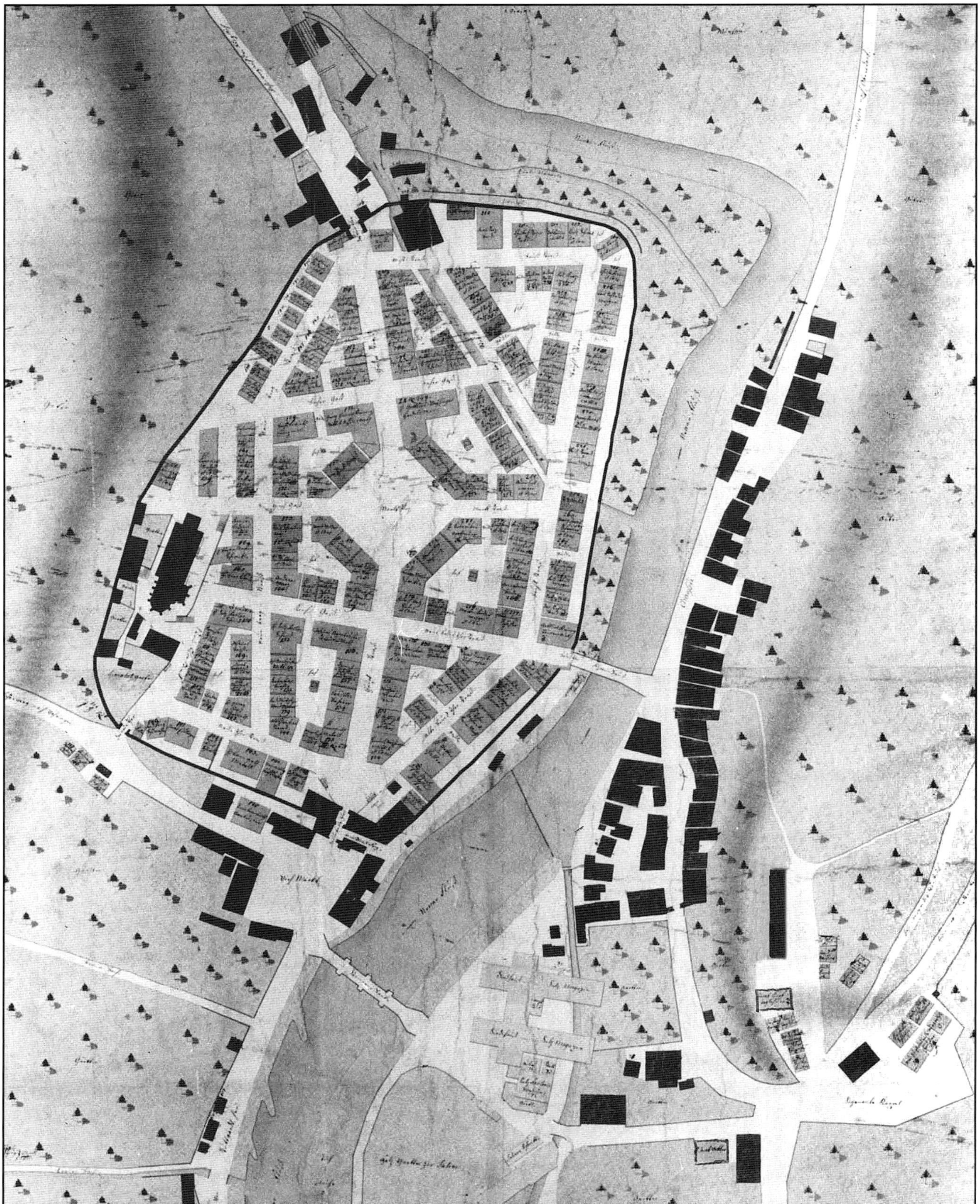

3 Sulz am Neckar. Ende des 18. Jahrhunderts niedergebrannt, entstanden die Wiederaufbauten nach einem vorab festgelegten Plan innerhalb der mittelalterlichen Stadtmauer. („Generalplan der abgebrandten und neu angelegten Stadt ... Gefertigt Landbau Controleur Über." 1795).

materialien, lässt ein Altstadtbild zum schutzwerten historischen Dokument werden.

Dabei kommt es nicht darauf an, dass möglichst viele Gebäude Kulturdenkmale nach dem Denkmalschutzgesetz sind. Die Denkmalbedeutung eines historischen Stadtkerns erwächst schließlich nicht aus dessen Einzelelementen, sondern aus dem Einheit stiftenden und geschichtlich aussagefähigen Zusammenhang zwischen den Bestandteilen. Dazu trägt die eher bescheidene und unscheinbare historische Bausubstanz ohne Kulturdenkmaleigenschaft ganz wesentlich bei. Der substantielle Schutz über die einzelnen Baudenkmale hinaus bildet deshalb auch das wichtigste Unterscheidungsmerkmal zwischen städtebaulicher Denkmalpflege und Stadtbildpflege.[11]

Die Vielzahl der sogenannten anonymen Architektur ist es, die Straßen- und Platzräume formt, Quartiere bildet und so die geschichtliche Individualität und Besonderheit einer Altstadtanlage entscheidend mitbegründet. Ein Beispiel dafür ist die Unterstadt von Meersburg (Abb. 4). Schon im 13. Jahrhundert angelegt, ist sie mit ihren schmalen ehemaligen Fischer- und Fährleuthäusern ein prägender Bestandteil der geschützten Gesamtanlage, obwohl sie nur ganz wenige Einzeldenkmale aufzuweisen hat.

Eine große Zahl von Kulturdenkmalen in hoher Dichte vermag den Denkmalwert einer Altstadt selbstverständlich zu stützen und zu steigern. Dazu können fachliche Besonderheiten der historischen Bausubstanz kommen, wie beispielsweise ein hohes Gebäudealter oder bestimmte, die Stadtgestalt prägende Bauformen oder Bautypen. So weist zum Beispiel die Altstadt von Überlingen (Abb. 5) einen umfangreichen Bestand an spätmittelalterlichen Steinbauten auf, die im 15. und 16. Jahrhundert in Fachwerkbauweise aufgestockt wurden. Kennzeichnend für die ehemalige Markgrafenstadt Durlach (Abb. 6) ist dagegen die weitgehend einheitliche Bebauung mit zwei- und dreigeschossigen, traufständigen Durchfahrthäusern des 18. und frühen 19. Jahrhunderts. Durlach ist eine der Städte, die im Pfälzischen Erbfolgekrieg 1689 in erheblichem Ausmaß zerstört worden waren. Beim Wiederaufbau behielt man hier jedoch den mittelalterlichen Stadtgrundriss in seinen Grundzügen bei und gestaltete anhand von Modellbauvorschriften lediglich den Aufriss nach barocken städtebaulichen Vorstellungen neu.

Dass die bauliche Hinterlassenschaft einer einzigen Epoche die historische Stadtgestalt derart prägt und den Gesamtanlagenwert einer Altstadt entscheidend beeinflusst, ist aber eher die Ausnahme. Wie einleitend schon angedeutet, sind historische Stadtkerne raum-zeitlich vielschichtige Gefüge. In der Regel ist es die zeitliche Differenziertheit und räumliche Komplexität der Altstadt, die den Denkmalwert

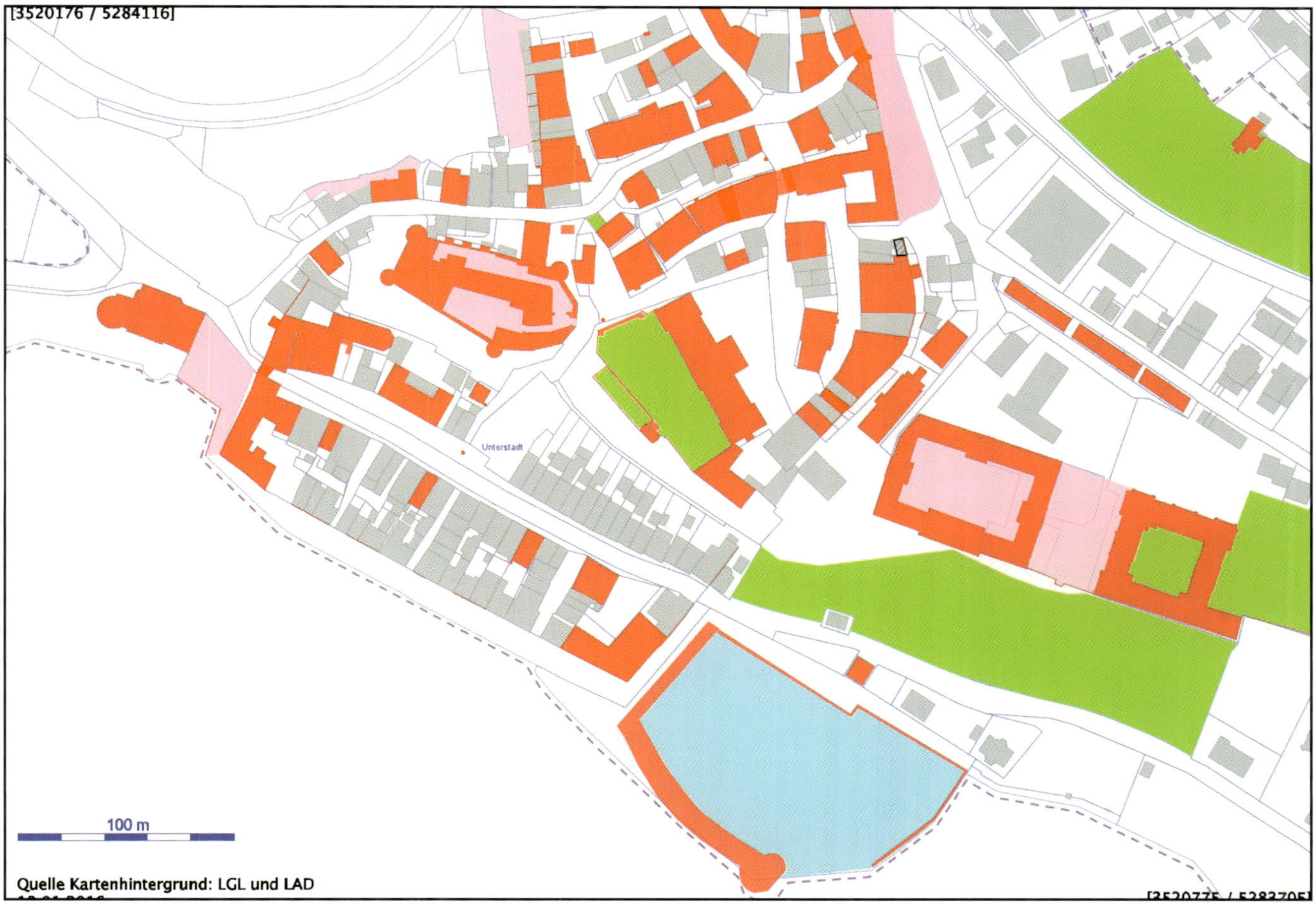

4 Auszug für die Stadt Meersburg aus der Denkmaldatenbank ADABweb, rot dargestellt die Kulturdenkmale. Im Stadtgrundriss der Unterstadt wird die kleinteilige, aber kompakte Parzellen- und Hausstruktur der ehemaligen, bescheidenen Fischer- und Fährleutehäusern deutlich.

5 Überlingen, Münsterplatz 3. Das ehemalige Kaplaneipfründhaus konnte im massiven Erdgeschoss anhand einer Mauerlatte auf 1320 (d) datiert werden, während die Bohlenstube im 1. OG und das Fachwerk des 2. OG dendrochronologisch auf 1484/85 zu datieren sind. Es bildet den Auftakt zu der Zeile traufständiger Häuser an der nördlichen Münsterplatzseite.

ausmacht, sind es nicht zuletzt Überformungen, Brüche und Widersprüche, die Träger stadtgeschichtlicher Aussage sein können. So tragen beispielsweise in Freiburg im Breisgau die Reste der mittelalterlichen Bebauung, Umbauten aus dem späten 19. und frühen 20. Jahrhundert sowie die Architektur des Wiederaufbaus unter Joseph Schlippe nach dem Zweiten Weltkrieg gemeinsam zum geschützten Bild der Gesamtanlage „Altstadt" bei.

Das dritte Kriterium, das erfüllt sein muss, um eine Altstadt als denkmalwerte Gesamtanlage ansprechen zu können, ist das Vorhandensein einer deutlichen, siedlungsgeschichtlich begründbaren Umgrenzung.[12] Eine nachvollziehbare Begrenzung ist schon allein deshalb erforderlich, um das Stadtdenkmal von der Gesamtheit der Kulturlandschaft unterscheiden zu können, die letztlich den Bezugsrahmen für alle Erscheinungsformen geschichtlicher Überlieferung bildet. Darüber hinaus gilt die räumliche und bauliche Geschlossenheit als ein Hauptmerkmal zur Definition eines historischen Stadtbegriffs überhaupt. Im Mittelalter ist die Ummauerung eines der Elemente, das eine Stadt mitkonstituiert, sie als Wehreinheit kennzeichnet und den Bereich eines besonderen Stadtrechts markiert. Nicht übersehen werden darf dabei, dass in vielen Städten schon im Mittelalter und in der frühen Neuzeit Vorstädte und Stadterweiterungen entstanden sind, die nicht in die Stadtbefestigung einbezogen waren. Diese sind Teil der Altstadt und müssen bei der Abgrenzung von Gesamtanlagen berücksichtigt werden.

6 Amtshausstraße, Modellhäuser und Stadtkirche in Durlach.

7 Die Krautgärten an der südlichen Stadtmauer in Niedernhall.

In der Regel lassen sich die Grenzen der Altstadt zumindest im Stadtgrundriss nachverfolgen. In kleineren Städten, deren Entwicklung im 19. Jahrhundert stagnierte, sind dazu häufig noch die mittelalterlichen Stadtmauern selbst vorhanden, wenn auch oft von angebauten Wohnhäusern und Scheunen verdeckt und überformt. Eher schon selten und deshalb von besonderem stadtbaugeschichtlichen Wert ist es, wenn, wie in Niedernhall im Kochertal (Abb. 7), Mauer und davor liegender Stadtgraben auf einer längeren Strecke erhalten sind. Größere Städte wandelten im 19. Jahrhundert ihre Befestigungsanlagen nicht selten in öffentliche Grünanlagen um. Ein gutes Beispiel dafür liefert Villingen, wo der ovale Stadtkern fast vollständig von einem solchen Grüngürtel umschlossen ist. 1789 bereits war in Villingen der äußere Wall der Stadtbefestigung bepflanzt worden. Im mittleren Drittel des 19. Jahrhunderts wurden dann die Umwallung eingeebnet, der doppelte Stadtgraben verfüllt und darauf die bis heute erhaltenen, das geschützte Bild der Gesamtanlage mitprägenden Ringanlagen angelegt.

Das Kriterium einer eindeutigen Umgrenzung zu erfüllen, fällt Städten nicht so leicht, die ihre ehemaligen Befestigungswerke beseitigt und im 19. Jahrhundert neue Straßen an ihrer Stelle angelegt haben. Städtebauliche Maßnahmen dieser Art, die zum Teil sogar noch in das späte 18. Jahrhundert zurückreichen, finden sich in zahlreichen baden-württembergischen Städten. Auch wenn dadurch die früheren Altstadtgrenzen überlagert oder gar verschoben wurden, handelt es sich doch um historische kommunale und planerische Leistungen, die als solche anerkannt und der schutzwürdigen stadtbaugeschichtlichen Überlieferung zugerechnet werden müssen. Dies gilt nicht nur für so herausragende Lösungen wie den Altstadtring in Schwäbisch Gmünd (Abb. 8). Die Planungen dort begannen um 1860. Dabei wurde das Befestigungsgelände im Südwesten in lange, streifenförmige Bauflächen aufgeteilt, die den leicht abknickenden Verlauf der Stadtmauer nachvollziehen sollten und an den Schmalseiten halbrund enden. Die neue Ringstraße folgt der Trasse der inneren Mauergasse; den äußeren Abschluss bildete die bereits bestehende Promenade entlang des Waldstetterbachs. Die Bebauung des Altstadtrings mit zwei- und dreigeschossigen, villenartigen Wohngebäuden erfolgte dann zwischen 1864 und etwa 1890.

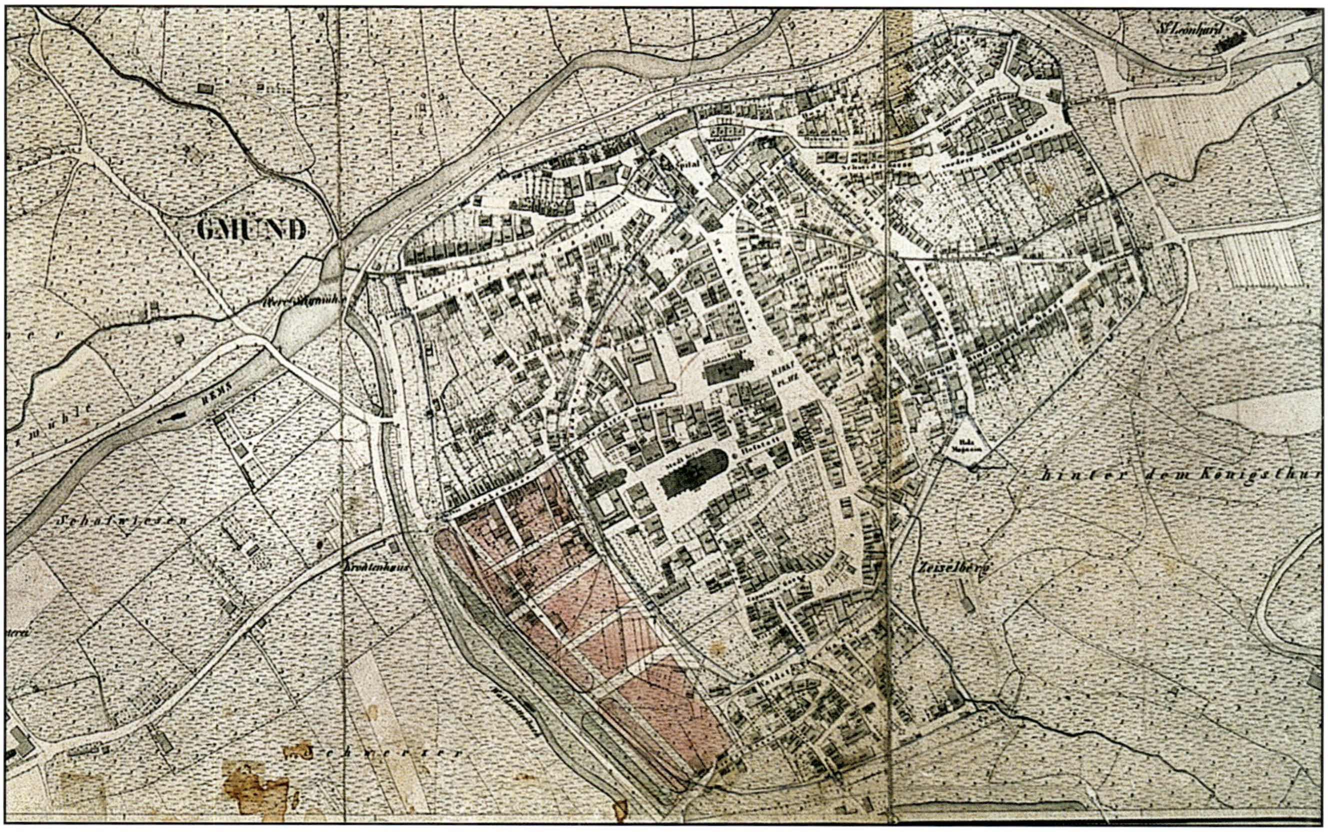

8 Schwäbisch Gmünd. Württembergische Flurkarte von 1831 mit Ringstraßenplanung um 1860. Ebenfalls dargestellt ist die Ausweisung neuer Bauflächen.

9 Altstadt und Schlossberg mit Burgruine von Staufen.

Ergänzende Merkmale

Bei entsprechendem Erhaltungsgrad reichen die drei Kriterien Grundriss, Bausubstanz und Stadtumgrenzung zusammen schon aus, um den Denkmalwert eines historischen Stadtkerns zu begründen. Daneben gibt es jedoch noch eine ganze Reihe ergänzender Merkmale, die die Gesamtanlagenbedeutung einer Altstadt unterstützen können. Dazu gehört unter anderem die Prägung der Stadtgestalt durch städtebaulich besonders dominante öffentliche Baukomplexe wie Rathäuser, Hospitäler, Klöster und vor allem Kirchen.[13] Häufig sind es Burgen oder Schlösser, die in exponierter Lage ein Stadtbild beherrschen. Heidelberg ist hier zu nennen. Aber auch viele weniger berühmte Beispiele ließen sich aufzählen wie die Burgruine der Herren von Staufen auf dem Schlossberg über Staufen im Breisgau (Abb. 9).

10 Stadtansicht von Osten mit Blauem Turm, Stadtmauer und der Stadtkirche in Bad Wimpfen.

Diese großen öffentlichen Bauten prägen mit ihrer individuellen Gestalt vor allem auch das äußere Erscheinungsbild einer Altstadt, deren unverwechselbare historische Stadtsilhouette. Im Zusammenspiel mit der eher anonymen Masse der Bürgerhäuser entstehen solch einprägsame und geschichtlich aussagekräftige Stadtansichten wie sie bis heute beispielsweise Bad Wimpfen am Berg oder Trochtelfingen besitzen. Deutlich lässt sich etwa bei Bad Wimpfen schon im Fernblick von Osten über den Neckar die Ausdehnung der ehemaligen staufischen Kaiserpfalz des 13. Jahrhunderts zwischen Rotem und Blauem Turm, davor das romanische Steinhaus, ablesen. Nach Westen schließt sich die bürgerliche Stadtsiedlung mit der evangelischen Stadtpfarrkirche an (Abb. 10). Die Ansicht von Südosten auf Trochtelfingen wird bestimmt von der Pfarrkirche St. Martin und dem ehemaligen Schloss, beide in Randlage in der Südwestecke der Stadt, sowie den Resten der dreifachen, bastionären Befestigung des 16. Jahrhunderts.

Den Denkmalwert eines historischen Stadtkerns stützen können neben städtebaulich besonders dominanten Einzelbauten und einer besonders ausgeprägten historischen Stadtsilhouette auch städtebaulich besonders prägende Straßen- und Platzräume. Dies gilt zum Beispiel für die straßenmarktartig geweiteten Arme des Hauptstraßenkreuzes in Rottweil (Abb. 11) mit ihrer geschlossenen historischen, zum Teil noch mittelalterlichen Bebauung aus traufständigen, verputzten Massivbauten. Ein anderes, bedeutendes

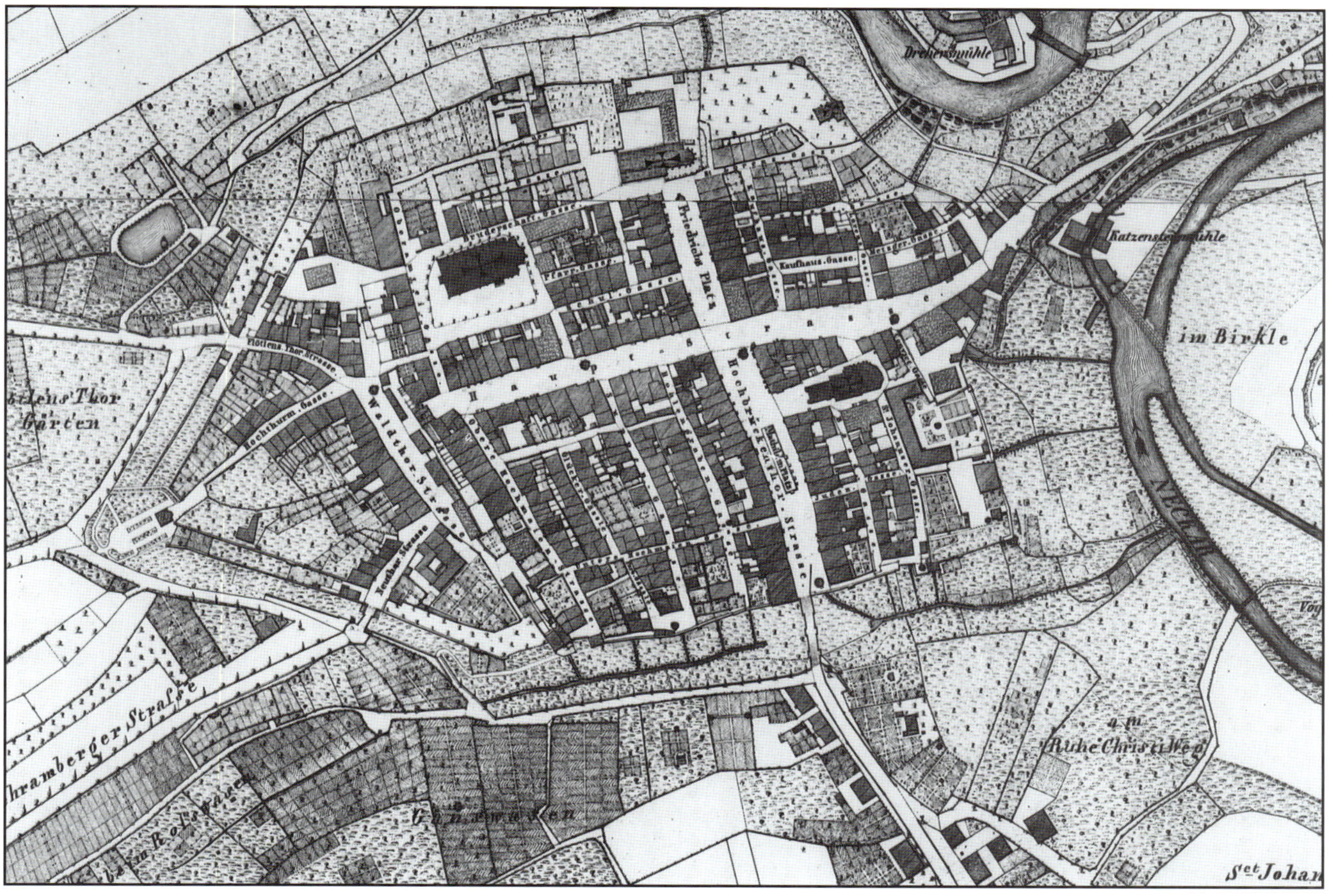

__11__ Rottweil, Ausschnitt aus der württembergischen Flurkarte, Stand 1837.

Beispiel ist der Marktplatz im tauberfränkischen Weikersheim (Abb. 12). In seiner heutigen Form ist er das Ergebnis mehrerer Umgestaltungsmaßnahmen vor allem in der ersten Hälfte des 18. Jahrhunderts. Diese ließen nicht nur einen einheitlichen, barocken Platzraum entstehen, sondern schufen auch eine einzigartige städtebauliche Verbindung zwischen herrschaftlichem Residenzbereich und bürgerlichem Stadtkern.

Zur besonderen Bedeutung einer historischen Stadtanlage und deren schutzwürdigem Erscheinungsbild können außerdem – wie schon am Beispiel der Grünanlagen auf den ehemaligen Stadtbefestigungen gesehen – historische

__12__ Der barocke Marktplatz mit Blick zum Schloss in Weikersheim.

13 Esslingen am Neckar in einem Luftbild von Süden mit der sogenannten Maille (Foto von 1982).

Grün- und Freiflächen beitragen.[14] Zu denken ist dabei vor allem an ehemalige Schlossgärten und öffentliche, kommunale Garten- und Parkanlagen. Einen unverzichtbaren Bestandteil der Gesamtanlage Esslingen am Neckar stellt beispielsweise die sogenannte Maille dar. Ihren Namen verdankt die bis heute stadtbildprägende Grünfläche einer von Baumreihen gesäumten Spielbahn, die für das im 17. Jahrhundert von Italien aus über ganz Europa verbreitete und sehr beliebte „Palmaille"-Spiel angelegt und Mitte des 18. Jahrhunderts erneuert worden war. Schon im 16. Jahrhundert hatte das zwischen der Altstadt und der Pliensauvorstadt gelegene Gelände offenbar als Volks- und Schützenwiese gedient (Abb. 13). Aber auch frühere Wirtschaftsflächen können Träger wichtiger stadtgeschichtlicher Aussagen sein. So kennzeichnen die nordöstlichen Randgebiete des historischen Stadtkerns von Ladenburg große Garten- und Grünbereiche. Dabei handelt es sich um Freiflächen, die ursprünglich von den zahlreichen großen Adelshöfen in der Stadt bewirtschaftet wurden.

Weitere Merkmale, die bei der Beurteilung der Denkmalwürdigkeit von historischen Stadtkernen eine nicht unwichtige Rolle spielen, sind topographische und kulturlandschaftliche Besonderheiten. Augenfällig ist insbesondere der Zusammenhang zwischen dem historischen Erscheinungsbild und den topographischen Gegebenheiten, unter denen eine Stadt entstanden ist und sich entwickelte. So sind es immer wieder besondere topographische Lagen, die ganz besondere Stadtgestalten entstehen ließen.[15] Baden-Württemberg kann mit einer Fülle von Beispielen dafür aufwarten. Dazu zählen die steile Hanglage von Altensteig am Nordhang des Nagoldtales (Abb. 14), die Tallage von Schwäbisch Hall beiderseits des tief in die Muschelkalkplatten der Hohenloher Ebene eingeschnittenen Kocher oder die extreme Lage von Mühlheim an der Donau auf einem schmalen Sporn zwischen der Donau und einem einmündenden Seitental. Gerade Spornlagen haben in der Außen- und Fernansicht eindrucksvolle historische Stadtbilder hervorgebracht, bei denen das unmittelbare naturräumliche Umfeld der Stadtanlage selbst Teil des schutzwerten Ensembles wird.

Wenn im Vorausgegangenen eine signifikante Abgrenzung eines möglichen Stadtdenkmals gegenüber der übrigen Kulturlandschaft als Voraussetzung genannt worden ist, dann heißt das nicht, dass der ausgegrenzte Raum frei von stadtgeschichtlicher Überlieferung wäre. Spätestens seit dem Mittelalter waren die Städte allein schon für ihre Versorgung auf ein Umland angewiesen und mit ihrer Umgebung funktional eng verflochten. Spuren solcher Verflechtungen können in der suburbanen Kulturlandschaft in vielfältiger Form enthalten sein.[16] Für die Feststellung der Denkmalwürdigkeit von historischen Stadtkernen sind dabei vor allem

14 *Gesamtanlage mit Schloss und ev. Stadtkirche in Altensteig.*

solche historischen Kulturlandschaftselemente von Bedeutung, die ihrerseits Einfluss auf die Entstehung und Entwicklung der Stadtgestalt hatten. Das ist etwa bei den historischen Weinbergen am mittleren Neckar der Fall, die in anschaulicher kulturlandschaftlicher Beziehung zu den dortigen Weinbauernstädtchen, wie zum Beispiel Besigheim, stehen.

Bei Geislingen an der Steige (Abb. 15) sind die Verflechtungen mit der umgebenden Kulturlandschaft schon im Namen angezeigt. Die Stadt wurde Anfang des 13. Jahrhunderts zur Sicherung der Zollstation am Fuß des Albaufstiegs der viel genannten Reichsstraße von Speyer über Ulm und Augsburg zum Brenner gegründet. Von den im Lauf der Jahrhunderte gefundenen Lösungen zur Überwindung des Verkehrshindernisses Schwäbische Alb sind zahlreiche Zeugnisse erhalten, die den Gesamtanlagenwert der Altstadt von Geislingen stärken. Sie reichen von Resten der als Hangweg ausgebildeten mittelalterlichen Steige, über die 1824 neu angelegte Straßentrasse bis zu der 1847–1850 gebauten Geislinger Steige der Bahnstrecke Stuttgart – Ulm. Ein anderes Beispiel ist Neubulach im Nordschwarzwald. Entscheidender Faktor für die Entstehung und Entwicklung der Stadt war hier der Bergbau auf Kupfer- und Silbererz, der um Bulach wohl schon im 13. Jahrhundert betrieben worden ist und seine Blütezeit im Spätmittelalter hatte. Die siedlungsgeschichtliche Bedeutung Neubulachs als ehemalige Bergbaustadt wird dabei unterstützt durch die über die gesamte Gemarkung verteilten Bergbaurelikte. So finden sich beispielsweise im Ziegelbachtal die Mundlöcher des Oberen und des Marien-Stollens, die im 15. und 16. Jahrhundert aufgefahren wurden, sowie des heute als Besucherbergwerk genutzten Hella-Glück-Stollens.

Die Gesamtanlagenbedeutung eines historischen Stadtkerns aufwerten können weiter gut ablesbare, stadtbauge-

15 *Luftbild Geislingen an der Steige.*

__16__ Öhringen, Karlsvorstadt. Die ab 1780 begonnene Stadterweiterung, die mit ihren repräsentativen Wohnhäusern für die Hofbeamten bis heute von der ehemaligen hohenlohischen Residenzfunktion Öhringens zeugt, gilt als eine städtebauliche Meisterleistung des 18. Jahrhunderts.

schichtliche Besonderheiten wie Quartiere mit besonderer genetischer, funktionaler oder sozialtopographischer Prägung. Altstädte weisen in der Mehrzahl eine entsprechende innere Strukturierung und Differenzierung in Grund- und Aufriss auf, in der sich in besonderem Maße ihre geschichtliche Individualität widerspiegelt.[17] So gibt sich zum Beispiel Öhringen (Abb. 16) insbesondere durch seine sogenannte Karlsvorstadt als ehemalige hohenlohische Residenzstadt zu erkennen. Die in den 1780er Jahren begonnene Stadterweiterung mit dem klassizistischen Säulentor am Eingang, ihrer repräsentativen Bebauung und den großen privaten Gartengrundstücken war vornehmlich zur Unterbringung der Hofbeamtenschaft gedacht. Ein wichtiges Beispiel für ein ehemaliges Handwerkerquartier liefert der Weberberg in Biberach an der Riß mit seinen typischen Weberhäusern des 16. und 17. Jahrhunderts. Zusammen mit dem benachbarten Werg- und Flachsmarkt sowie dem Tuch- und Garnmarkt bildet der Weberberg das historische Textilviertel der im Spätmittelalter wegen ihrer Barchentweberei europaweit berühmten Stadt. Ein ehemaliges jüdisches Wohnviertel mit Wohnhäusern des 18. bis 20. Jahrhunderts, ehemaliger Synagoge und Mikwe sowie ehemaligem Rabbinats- und Schulgebäude ist eindrucksvoll „Im Haag" in Haigerloch erhalten. Das Gelände eines nie ganz fertiggestellten fürstlichen Lustschlosses war der jüdischen Bevölkerung 1780 in einem Schutzbrief zur Ansiedlung angewiesen worden. 1792 lebten 36 jüdische Familien in der Stadt.

__17__ Rastatt, Ausschnitt aus dem badischen Gemarkungsatlas, Stand 2. Hälfte 19. Jh.

Beim letzten Merkmal, das es bei der Feststellung der Gesamtanlagenqualität einer Altstadt zu berücksichtigen gilt, geht es schließlich darum, inwieweit die Stadtanlage als Ganzes einen anschaulichen Vertreter für einen besonderen historisch-funktionalen Stadttyp abgibt. Das städtereiche Baden-Württemberg kann hier viele, auch überregional bedeutsame Beispiele vorweisen. Zu nennen wäre beispielsweise Rastatt als planmäßige Neuanlage einer barocken Residenzstadt. Die Stadt Rastatt wurde 1697 unter Markgraf Ludwig Wilhelm von Baden, dem „Türkenlouis", gegründet (Abb. 17). Mit dem Dreistrahl der vom markgräflichen Schloss ausgehenden und so die gesamte Stadtanlage auf den Herrschaftssitz ausrichtenden Straßenachsen orientierte man sich dabei offensichtlich am damals allenthalben bewunderten großen Vorbild Versailles. Das Beispiel für eine Bäder- und Kurstadt schlechthin ist Baden-Baden. Die Gesamtanlage, an deren Erhaltung ein besonderes öffentliches Interesse besteht, umfasst dabei sowohl die Altstadt mit dem Residenzschloss als auch vor allem die Kurgebiete im Oosbachtal mit ihren charakteristischen, umfangreichen Grünanlagen. In Ellwangen (Jagst) markiert die Gründung eines Benediktinerklosters in der Zeit um 764 den Beginn der städtebaulich bis heute nachwirkenden Siedlungsentwicklung. Wohl im ersten Drittel des 12. Jahrhunderts entstand südlich des Klosterbezirkes halbkreisförmig und von einer Mauer umschlossen eine erste städtische Ansiedlung (Abb. 18). Im Verlauf des 14. und 15. Jahrhunderts wurde diese nach Süden erweitert, neu befestigt und vor allem im 18. Jahrhundert zur barocken Residenz ausgestaltet. Ellwangen gilt damit als Musterbeispiel für eine mittelalterliche Kloster- und frühneuzeitliche geistliche Residenzstadt.

Aktueller Bestand

Die Landesdenkmalpflege hat in den letzten Jahren flächendeckend die historischen Stadtkerne in Baden-Württemberg auf die oben skizzierten Kriterien hin untersucht und einer

18 Luftbild Ellwangen.

vergleichenden Bewertung unterzogen. Das Ergebnis ist in der Kartierung festgehalten (Karte auf der Umschlagseite 3). Danach erfüllen insgesamt 115 von über 250 untersuchten historischen Stadtkernen in Baden-Württemberg die hohen Anforderungen, die das baden-württembergische Denkmalrecht bei der Auswahl von denkmalwürdigen Gesamtanlagen stellt. Nicht berücksichtigt wurden bei der Erhebung und in der Kartierung Städte, die den rechtlichen Status und Titel „Stadt" erst in der zweiten Hälfte des 19. Jahrhunderts oder später erhielten. Gleiches gilt für Orte, die im Mittelalter zwar Stadtrecht verliehen bekamen, dieses aber nicht lange behielten oder nie wirklich in Anspruch nahmen. An diese die gleichen Kriterien und Bewertungsmaßstäbe wie bei den „echten" Altstädten anzulegen, erschien fachlich nicht gerechtfertigt. Sie stellen eher Sonderformen ländlicher Siedlungen dar und werden zusammen mit den historischen Ortskernen behandelt. Umgekehrt gibt es in Baden-Württemberg nämlich auch Dörfer, die stadtähnliche Funktionen übernahmen und zum Beispiel ummauert waren. In der Kartierung der denkmalwerten historischen Stadtkerne nicht dargestellt sind außerdem Städte, bei denen nur Teilbereiche, einzelne Quartiere oder Platz- und Straßenräume, eine solche stadtbaugeschichtliche Bedeutung aufweisen, dass sie als denkmalwert anzusehen sind. Dies ist zum Beispiel in Ulm der Fall, wo zwar das Quartier „Auf dem Kreuz", das Gebiet nördlich des Münsters und das Fischer- und Donauviertel Gesamtanlagen gemäß Paragraph 19 Denkmalschutzgesetz darstellen, nicht aber die gesamte Altstadt. Die Karte zeigt nur Altstadtanlagen, die innerhalb ihrer siedlungsgeschichtlich bedeutsamen Grenzen als Ganzes Denkmalwert besitzen.

Sieht man sich die räumliche Verteilung der historischen Stadtkerne mit Gesamtanlagenqualität in Baden-Württemberg an, so fällt auf, dass allein ein Drittel auf den Regierungsbezirk Stuttgart entfällt. Hier liegen fast so viele denkmalwerte Altstädte wie in den Regierungsbezirken Karlsruhe und Tübingen zusammen. Dies hat siedlungsgeschichtliche Gründe. So ist Oberschwaben schon seit dem Mittelalter durch eine geringere Städtedichte ausgezeichnet; jedoch finden sich hier mehrere große und ältere Städte. Im Regierungsbezirk Karlsruhe machen sich dagegen die schon mehrmals angesprochenen Kriegszerstörungen Ende des 17. Jahrhunderts bemerkbar, die vor allem bei den Städten im Rheingraben unübersehbare Spuren im Stadtbild hinterlassen haben. Gehäuft treten alte Städte dafür in den traditionellen Weinbaulandschaften auf, etwa am Kaiserstuhl, im Neckarbecken, Kochertal und Taubergrund. Der enge kulturlandschaftsgeschichtliche Zusammenhang zwischen dem Weinbau und der historischen Städtelandschaft, der oben schon einmal Thema war, wird hier erneut augenfällig.

Auffällige regionale Unterschiede zeigen sich jedoch auch beim Schutzstatus der historischen Stadtkerne in Baden-Württemberg. So sind im Regierungsbezirk Freiburg 85 Prozent der denkmalwerten Altstadtanlagen durch Rechtsverordnung oder Satzung rechtskräftig geschützt, im Regierungsbezirk Stuttgart über die Hälfte und in den Regierungs-

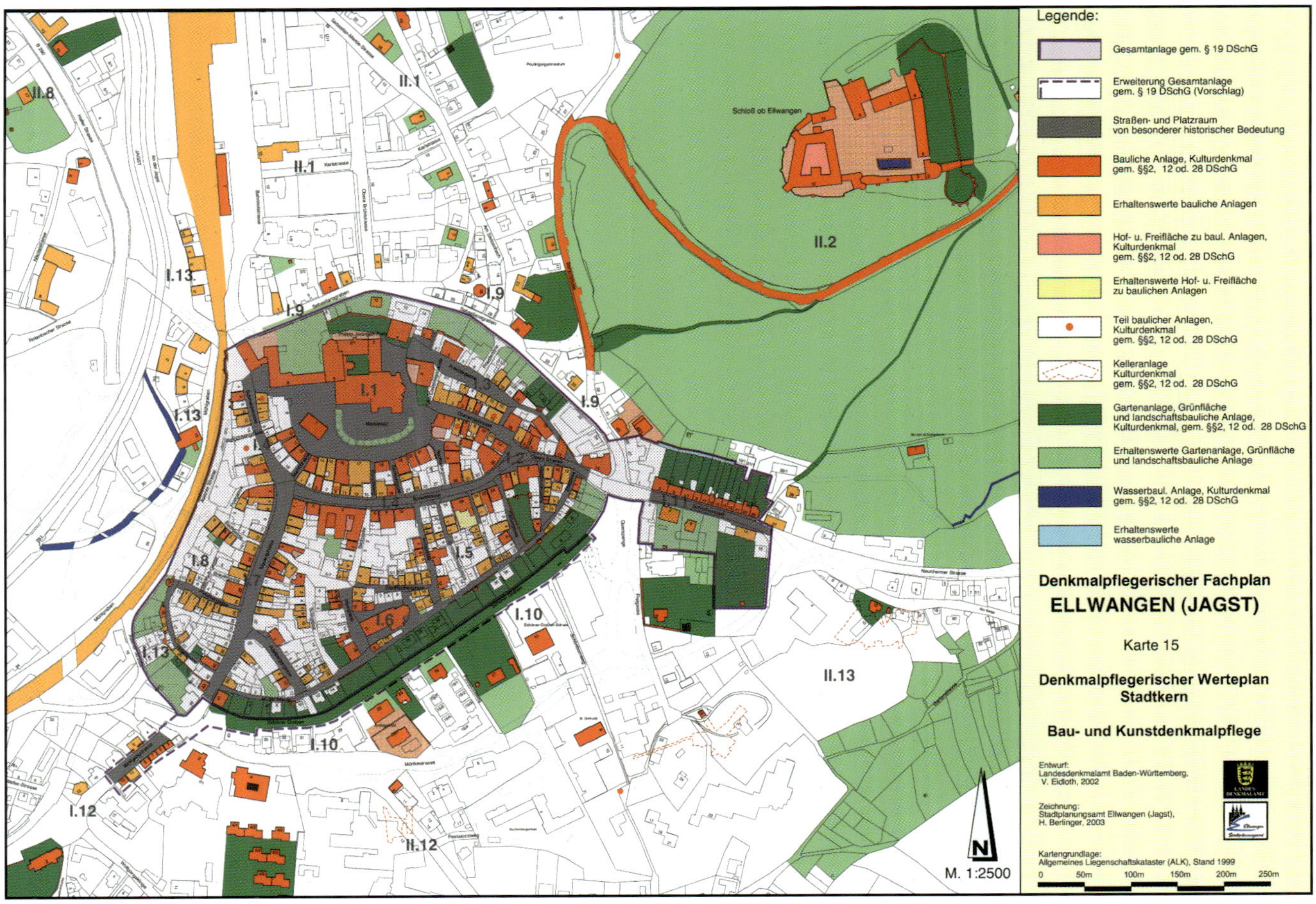

19 Fachplan Ellwangen, als Sonderband des Ellwanger Jahrbuchs 2014 erschienen, ist ein informelles Planwerk, das in dieser Art einmalig für eine Stadt in Baden-Württemberg erstellt wurde.

bezirken Karlsruhe und Tübingen nur noch jeweils etwa ein Drittel. Im Landesdurchschnitt genießt damit lediglich jede zweite Altstadt, an deren Erhaltung ein besonderes öffentliches Interesse besteht, als Gesamtanlage auch ausreichenden Schutz.

Wie einleitend bereits ausgeführt, war der denkmalrechtliche Ensembleschutz in Baden-Württemberg zunächst Aufgabe der Regierungspräsidien als höhere Denkmalschutzbehörden, die Gesamtanlagen im Einvernehmen mit den Gemeinden unter Denkmalschutz stellen konnten. Seit der Novellierung des Denkmalschutzgesetzes Ende 1983 erfolgt der Schutz durch kommunale Gesamtanlagenschutz-Satzungen, zu denen das Benehmen mit der höheren Denkmalschutzbehörde herzustellen ist. Grundsätzlich ist der Erlass einer solchen Satzung, wie der Kommentar zum Denkmalschutzgesetz feststellt, „eine weisungsfreie Pflichtaufgabe" der Städte und Gemeinden.[18] Wie dieser Pflicht nachgekommen wird, zeigt ein Blick auf die Entwicklung der Unterschutzstellung von historischen Stadtkernen in Baden-Württemberg. So waren zwei Drittel der 60 heute als Gesamtanlagen rechtskräftig geschützten Altstädte schon vor 1984, also durch die Regierungspräsidien unter Schutz gestellt worden; die Hälfte davon wiederum, das heißt ein Drittel des gegenwärtigen Gesamtbestandes, allein im Regierungsbezirk Freiburg. Die Verdoppelung der Zahl der geschützten Stadtanlagen zwischen 1980 und 1983 erklärt sich dadurch, dass die Regierungspräsidien von Stuttgart und Karlsruhe angesichts der bevorstehenden Gesetzesnovelle bemüht waren, noch möglichst viele Rechtsverordnungen zu erlassen. Zehn historische Stadtkerne waren schon vor Inkrafttreten des Denkmalschutzgesetzes 1972 nach badischem Denkmalrecht geschützt.

Ein Ausblick

In den Jahren danach haben demnach nur wenige Städte Gesamtanlagenschutz-Satzungen für ihre denkmalwerten historischen Stadtkerne erlassen. Sucht man nach den Ursachen, die zu dieser Situation geführt haben, so muss man wohl davon ausgehen, dass sich die deutliche Zurückhaltung der Kommunen aus Sorge vor Restriktionen bei der baulichen Entwicklung und Selbstbestimmung sowie eine spürbare Resignation der Denkmalpflege gegenüber der mangelnden Bereitschaft, Gesamtanlagen auszuweisen, gegenseitig bestärkt haben. Dies führte dazu, dass die Gemeinden in Baden-Württemberg zum Teil um den Denkmalwert ihres historischen Stadtkerns gar nicht wussten, geschweige denn die durchaus auch benennbaren Vorteile kannten, die ein Gesamtanlagenschutz gemäß Paragraph 19 Denkmalschutz-

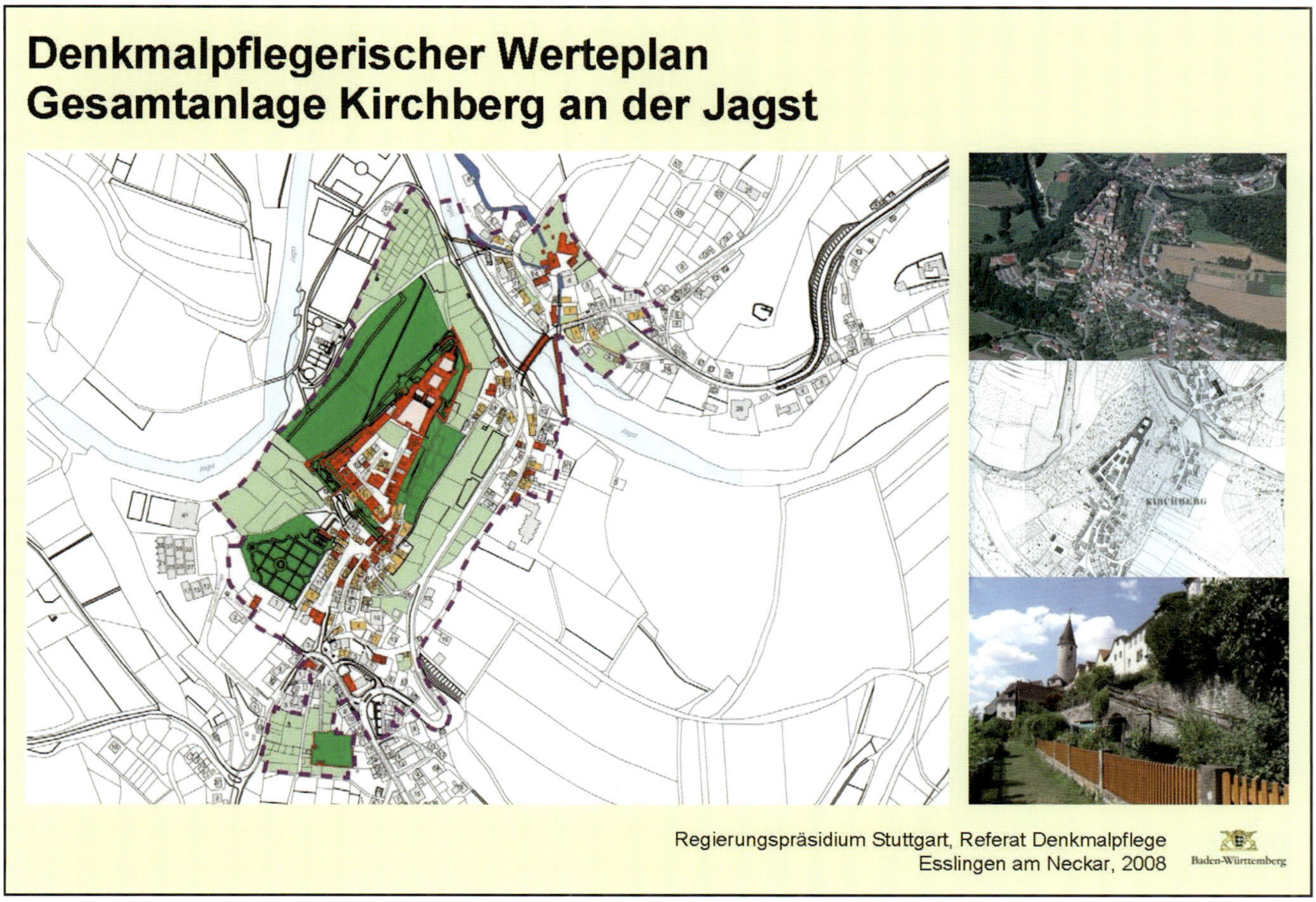

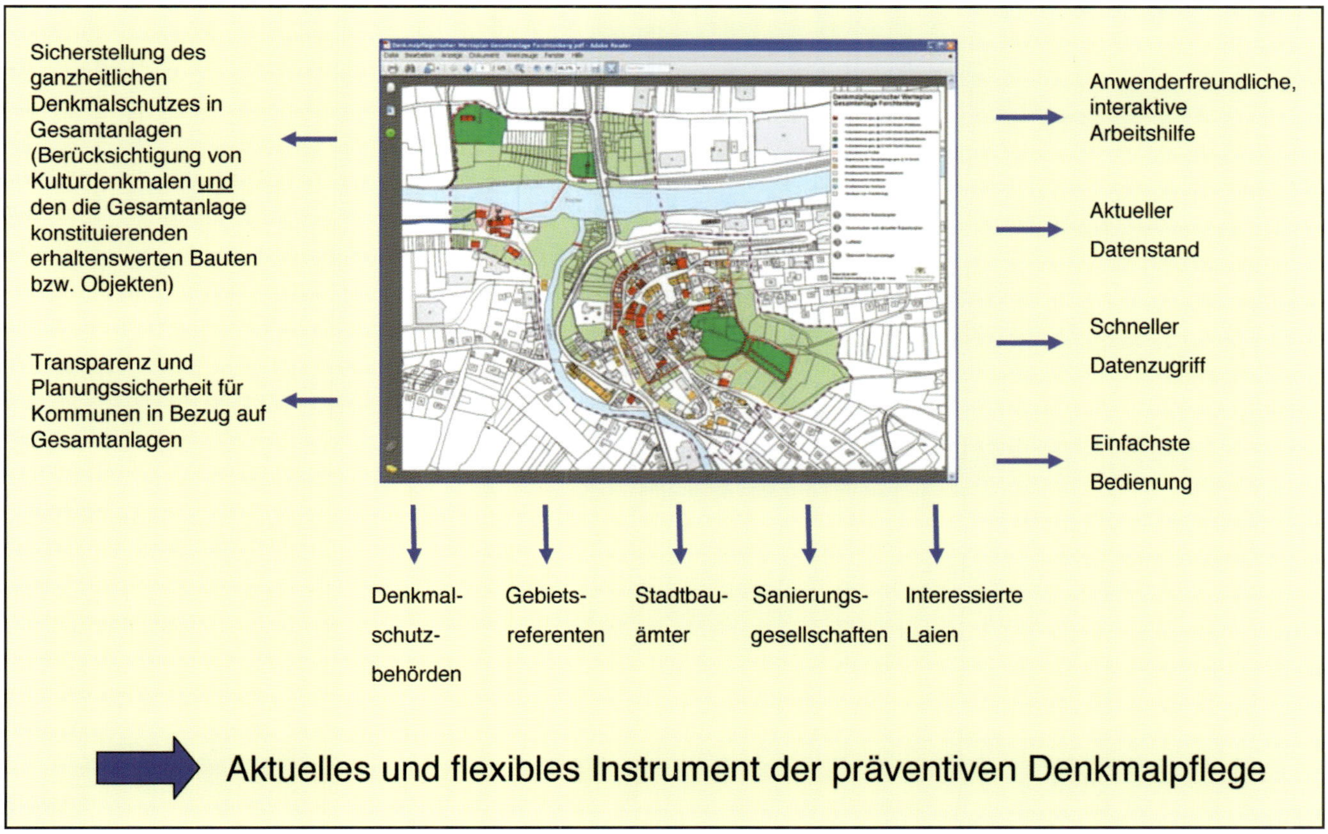

20, 21 *Beispiel Werteplan Kirchberg. Die Wertepläne bilden eine differenzierte Wissensbasis für einen ganzheitlichen Denkmalschutz, wie er für Gesamtanlagen mit ihrem übergreifenden Denkmalwert notwendig ist. Er steht den Gemeinden digital und analog zur Verfügung und ermöglicht allen am Planen und Bauen Beteiligten einen angemessenen konservatorischen Umgang mit Gesamtanlagen und einer frühzeitigen Steuerung.*

gesetz mit sich bringt. Erst in jüngerer Zeit wurden durch die Vermittlungsarbeit der Landesdenkmalpflege (genannt seien an dieser Stelle die Denkmaltopographien, das Projekt „Fachplan Ellwangen“ sowie die zahlreichen entstandenen und in Planung befindlichen denkmalpflegerischen Wertepläne)[19] (Abb. 19–21) wieder vermehrt Gesamtanlagenschutz-Satzungen erlassen, so allein im Regierungsbezirk Stuttgart seit 2000 in neun Städten.

Mit dem folgenden Katalogteil wird nun erstmals der Gesamtbestand an denkmalwerten Altstädten in Baden-Württemberg im Einzelnen in Wort und Bild öffentlich gemacht. Auf einer Doppelseite wird dabei jeder historische Stadtkern in einem Text kurz beschrieben und mit Fotos sowie jeweils einem historischen Plan und einem Luftbild vorgestellt. Vorrangiges Ziel der Publikation ist es, das Bewusstsein für den herausragenden kulturellen Wert und die Schutzbedürftigkeit der historischen Stadtkerne in Baden-Württemberg zu schärfen. Denn der Veränderungsdruck, der auf den Altstadtkernen lastet und ihre geschichtliche Aussagekraft bedroht, ist keineswegs geringer geworden. Jeder Verlust an stadtgeschichtlicher Überlieferung bedeutet aber immer auch eine Einbuße an landesgeschichtlicher Qualität. Die Landesdenkmalpflege wird deshalb alle Bemühungen um den Erhalt des stadtbaugeschichtlichen Erbes in Baden-Württemberg im Rahmen ihrer Möglichkeiten auch weiterhin tatkräftig unterstützen.

Anmerkungen

1 Dem Beitrag liegen zwei frühere Veröffentlichungen zu dem Thema (Eidloth 2004 und Eidloth 2007) zugrunde.
2 Vgl. Scheuerbrandt 1972.
3 Vgl. dazu Breuer 1989.
4 Heyer 1912, S. 132ff. zum Großherzogtum Baden und S. 141ff. zum Königreich Württemberg.
5 Fünfter Tag für Denkmalpflege 1904. Stenographischer Bericht, S. 138
6 Ebd., S. 151
7 Zit. n. Stopfel 1983, S. 82.
8 Vgl. Strobl/Sieche 2010, RN 7 zu § 19, S. 246f.
9 Strobel 1985, S. 24.
10 Vgl. Blaschke 1997.
11 Vgl. dazu Schulze 2001 und Brandt/Meier 2008.
12 Strobel 1985, S. 24f.; vgl. auch Lübbeke 1999.
13 Vgl. dazu Mehlhorn 1979.
14 Eidloth 2000.
15 Vgl. Valena 1990.
16 Vgl. Breuer 1997 am Beispiel Bamberg.
17 Strobel 1985, S. 24; vgl. auch Denecke 1988.
18 Strobl/Sieche 2010, S. 248.
19 Ausführliche Informationen zu dem Projekt denkmalpflegerische Wertepläne können auf der Homepage des Landesamtes für Denkmalpflege abgerufen werden: www.denkmalpflege-bw.de bzw. unter http://www.denkmalpflege-bw.de/denkmale/projekte/bau-und-kunstdenkmalpflege/denkmalwissen/teilprojekt-denkmalpflegerische-werteplaene-fuer-die-gesamtanlagen-in-baden-wuerttemberg.html

Literatur

Ammann, Hektor (Bearb.) (1973): Städte des Mittelalters (= Historischer Atlas von Baden-Württemberg. Karte IV, 4). Stuttgart.

Badisches Landesmuseum Karlsruhe (Hrsg.) (1990): „Klar und lichtvoll wie eine Regel“. Planstädte der Neuzeit vom 16. bis zum 18. Jahrhundert (= Ausstellungskatalog). Karlsruhe.

Blaschke, Karlheinz (1997): Wie liest man einen Stadtplan? In: Blaschke, Karlheinz: Stadtgrundriß und Stadtentwicklung.Forschungen zur Entstehung mitteleuropäischer Städte. Ausgewählte Aufsätze. Herausgegeben von Johanek, Peter (=Städteforschung A/44). Köln. S. 193–204.

Brandt, Sigrid/Meier, Hans-Rudolf (Hrsg.) (2008): Stadtbild und Denkmalpflege. Konstruktion und Rezeption von Bildern der Stadt (= Stadtentwicklung und Denkmalpflege 11). Berlin.

Breuer, Tilmann (1989): Ensemble – ein Begriff gegenwärtiger Denkmalkunde und die Hypotheken seines Ursprungs. In: Mörsch, Georg/Strobel, Richard (Hrsg.): Die Denkmalpflege als Plage und Frage. Festgabe für August Gebeßler. München und Berlin. S. 38–52.

Breuer, Tilmann (1997): Bamberg – Stadt und Landschaft als Denkmal. In: Schönere Heimat 86, S. 73–84.

Denecke, Dietrich (1988): Soziales Stadtgefüge und Denkmalpflege. In: Berichte zur Denkmalpflege in Niedersachsen 8, S. 151–154.

Eidloth, Volkmar (2000): Grünbestimmte Freiräume in historischen Altstädten. In: Die Gartenkunst 12. S. 81–99.

Eidloth, Volkmar (2004): Altstädte als Gesamtanlagen. Denkmalwerte historische Stadtkerne in Baden-Württemberg. In: Denkmalpflege in Baden-Württemberg 33 (2004). S. 131–144.

Eidloth, Volkmar (2007): Historische Stadtkerne als Schutzgut – Das Beispiel Baden-Württemberg. In: Altstädte unter Denkmalschutz. 50 Jahre Ensembleschutz in Deutschland und dem benachbarten Ausland. Internationale Tagung Meersburg, 28. bis 30. Oktober 2004 (= Regierungspräsidium Stuttgart, Landesamt für Denkmalpflege, Arbeitsheft 19). Stuttgart 2007. S. 17–34.

Fünfter Tag für Denkmalpflege. Mainz 26. und 27. September 1904. Stenographischer Bericht. Berlin o. J.

Heyer, Karl (1912): Denkmalpflege und Heimatschutz im Deutschen Recht. Berlin.

Jänischen, Hans/Schwaab, Meinrad/Kerkhoff, Joseph (Bearb.) (1973): Fortentwicklung des Städtewesens bis zur Gegenwart (= Historischer Atlas von Baden-Württemberg. Karte IV, 5). Stuttgart.

Keyser, Erich (Hrsg.) (1959): Badisches Städtebuch (= Deutsches Städtebuch, Bd. IV Südwest-Deutschland, 2. Land Baden-Württemberg, Teilband Baden). Stuttgart.

Keyser, Erich (Hrsg.) (1962): Württembergisches Städtebuch (= Deutsches Städtebuch, Bd. IV Südwest-Deutschland, 2. Land Baden-Württemberg, Teilband Württemberg). Stuttgart.

Lübbeke, Wolfram (1999): Ensemblegrenzen. In: Bayerisches Landesamt für Denkmalpflege (Hrsg.): Jahrbuch der Bayerischen Denkmalpflege. Forschungen und Berichte. Band 45/46 für die Jahre 1991/1992. München/Berlin. S. 203–219.

Mehlhorn, Dieter-Jürgen (1979). Funktion und Bedeutung von Sichtbeziehungen zu baulichen Dominanten im Bild der deutschen Stadt. Ein Beitrag zur politischen Ikonographie des Städtebaus. Frankfurt a. M.

Scheuerbrandt, Arnold (1972): Südwestdeutsche Stadttypen und Städtegruppen bis zum frühen 19. Jahrhundert. Ein Beitrag zur Kulturlandschaftsgeschichte und zur kulturräumlichen Gliederung des nördlichen Baden-Württemberg und seiner Nachbargebiete (= Heidelberger Geographische Arbeiten 32). Heidelberg.

Schulze, Jörg (2001): Schein oder Sein – Stadtbildpflege und Ensembleschutz. In: Vereinigung der Landesdenkmalpfleger in der Bundesrepublik Deutschland/Landesdenkmalamt Baden-Württemberg (Hrsg.): Ensembleschutz und städtebauliche Entwicklung. Dokumentation der Seminartagung in Wolfsburg vom 16. bis 18. September 1998 (= Berichte zu Forschung und Praxis der Denkmalpflege in Deutschland 9). Stuttgart. S. 65–73.

Stopfel, Wolfgang (1983): Gesamtanlagen als Schutzobjekt der Denkmalpflege, ein neues Problem? In: Denkmalpflege in Baden-Württemberg 12, S. 78–83.

Strobel, Richard (1985): Gesamtanlagen – Bedeutung und Aufgabe für die Denkmalpflege. In: Denkmalpflege in Baden-Württemberg 14, S. 21–32.

Strobl, Heinz/Sieche Heinz (2010): Denkmalschutzgesetz für Baden-Württemberg. Kommentar und Vorschriftensammlung. 3. Stuttgart.

Sydow, Jürgen (1987): Städte im deutschen Südwesten. Ihre Geschichte von der Römerzeit bis zur Gegenwart. Stuttgart, Berlin, Köln und Mainz.

Valena, Tomáš (1990): Stadt und Topographie. Die europäische Stadt im topographischen Kontext unter besonderer Berücksichtigung der bayerischen Stadt. Berlin.

Von Aach bis Zell am Harmersbach
Katalog der 115 Städte

Aach
Landkreis Konstanz, Regierungsbezirk Freiburg

Die mittelalterliche Stadtanlage liegt auf einer Bergkuppe mit steilen unverbauten Hängen über dem älteren Dorf und den Wiesen im Aachtal. Bereits um 1150 als „oppidum Ach in Hegovia" erwähnt, erhielt der befestigte Platz auf dem Stadtberg 1283 durch König Rudolf von Habsburg Stadtrechte. Als Sitz eines habsburgischen Amtes wurde Aach zum bevorzugten Wohnplatz der Adelsfamilien im Hegau. In der ‚Topographia Sveviae' berichtet Matthäus Merian 1643 über Aach: „Ein Stättlein im Hegöw / (...) auff einem runden Berg / gar lustig gelegen; allda / zu Friedenszeiten / sich (...) etliche vom Adel auffgehalten". Von den stattlichen Adels- und Herrenhäusern ist nach den Zerstörungen 1632 im Dreißigjährigen Krieg und 1799 im Zweiten Koalitionskrieg sowie dem Stadtbrand von 1884 nur noch wenig vorzufinden. Die Stadtanlage und die Stadtbefestigung sind aber deutlich ablesbar.

Große Teile der Stadtmauer sind freistehend oder in den Rückwänden von Bürgerhäusern erhalten. Am Hauptzugang zur Stadt steht das Untere Tor, eine Doppeltoranlage mit Schalenturm von 1668. Der Stadtgrundriss bildet – dem Gelände angepasst – ein unregelmäßiges Viereck. Eine Ringstraße steigt vom Unteren Tor im Südwesten zur großen rechteckigen Freifläche des ehem. Viehmarkts im Nordosten und zum oberen Stadtausgang im Nordwesten an. Hier stand bis ins 19. Jh. das Obere bzw. Hintere Tor. Von dieser Stelle aus führt sie als Gasse weiter nach Westen, vorbei an der Kaplanei (1868/70) und dem mächtigen, auf der Stadtmauer aufsitzenden Pfarrhaus von 1614 zum Kirchhof mit der barock gestalteten Pfarrkirche St. Nikolaus. Ihr gotischer Turm mit vier Staffelgiebeln beherrscht die Stadtsilhouette. Eine Straßenachse quert in gerader Linie das Stadtgebiet. Sie führt vom oberen Stadtausgang im Nordwesten zum

ehem. Krämermarkt in der Stadtmitte und trifft im Südosten, oberhalb der Doppeltoranlage des Unteren Tores, auf die Ringstraße. Westlich dieser Achse bilden der Kirchhof, der Krämermarkt und die Quergasse mit dem Alten Rathaus, einem Staffelgiebelbau von 1560, den historischen Siedlungsschwerpunkt.

Die Gesamtanlage steht seit 1979 unter Denkmalschutz. ER

1 Die Stadtanlage von Südwesten
2 Der Staffelgiebelbau des Alten Rathauses von 1560
3 Das Untere Tor mit anschließender Stadtmauer
4 Das Pfarrhaus von 1614

Ausschnitt aus dem badischen Gemarkungsatlas, Stand 1872

Luftbild von 2007

AICHTAL-**GRÖTZINGEN**
Landkreis Esslingen, Regierungsbezirk Stuttgart

1

Grötzingen ist ein Ortsteil der 1975 gegründeten Gemeinde Aichtal. Es liegt am Rande der Filderebene südlich von Stuttgart im Tal der Aich, eines Zuflusses des Neckars. Der Ortsname verweist auf eine sehr frühe Ansiedlung, die 1075 erstmals unter dem Namen „Grözingen" schriftlich Erwähnung findet. Im 13. Jh. gründete der Ortsadel eine Wasserburg, an die nur noch der Flurname Burgstall erinnert. Ebenfalls noch im 13. Jh. legte Diepold von Bernhausen neben der Burg und ihrem Wirtschaftshof eine kleine Stadt an, die sein Territorium gegen das östlich angrenzende württembergische Gebiet absichern sollte. Schon Anfang des 14. Jhs. wendete sich aber das Schicksal der jungen Stadtgründung: Der Sohn des Stadtgründers verkaufte Grötzingen an die Württemberger, die in der Folge das benachbarte Nürtingen als Amtsstadt favorisierten. Grötzingen war fortan nur noch zeitweise Amtssitz und erlebte eine Stagnation in der Siedlungsentwicklung.

3

2

Die Burg mit ihrem Wirtschaftshof sowie die planmäßige Stadtanlage des 13. Jhs. sind bis heute im Stadtbild Kontrapunkte. Die Hindenburgstraße als wichtige Nord-Süd-Achse trennt den älteren, eher verwinkelten Bereich um den Burghof mit der freistehenden, gotischen Pfarrkirche im Westen vom restlichen Stadtkern im Osten. Dessen Planmäßigkeit zeigt sich sowohl im nahezu rechteckigen Grundriss als auch in der rasterförmigen Erschließung mit Straßen. Von der einstigen Stadtbefestigung mit Türmen sind zwar nurmehr Reste erhalten, die Abgrenzung zu neueren Ortserweiterungen ist aber noch deutlich nachvollziehbar. Zahlreiche kleinparzellierte Hausgärten besetzen den ehemaligen Grabenbereich und bestimmen das Ortsbild vor der Mauer.

Stattliche Fachwerkhäuser des 16./17. Jhs. mit charakteristischen Vorstößen, Knaggen und Konsolen wechseln mit einfachen, kleinen Ackerbürgerhäusern samt Scheunen ab. Obwohl die Dichte an Kulturdenkmalen nicht ausgesprochen hoch ist, zeigt sich doch ein geschlossenes Ortsbild. Lediglich in der Ortsmitte hat dieses mit dem neuen Rathaus eine stärkere Veränderung erfahren.

In der Dichte der Bebauung sowie der teilweise erhaltenen Umwehrung zeigt sich deutlich der Unterschied zu den umliegenden Dörfern: Grötzingen ist eine typische mittelalterliche Kleinststadt und dokumentiert hierin die regionale Herrschaftsgeschichte.

MH

1 Ortsansicht mit einem Stadtmauerturm, davor die Krautgärten
2 Fachwerkbebauung an der Hindenburgstraße mit der Pfarrkirche
3 Zierfachwerkbauten des 16. Jhs. im Umfeld der Kirche

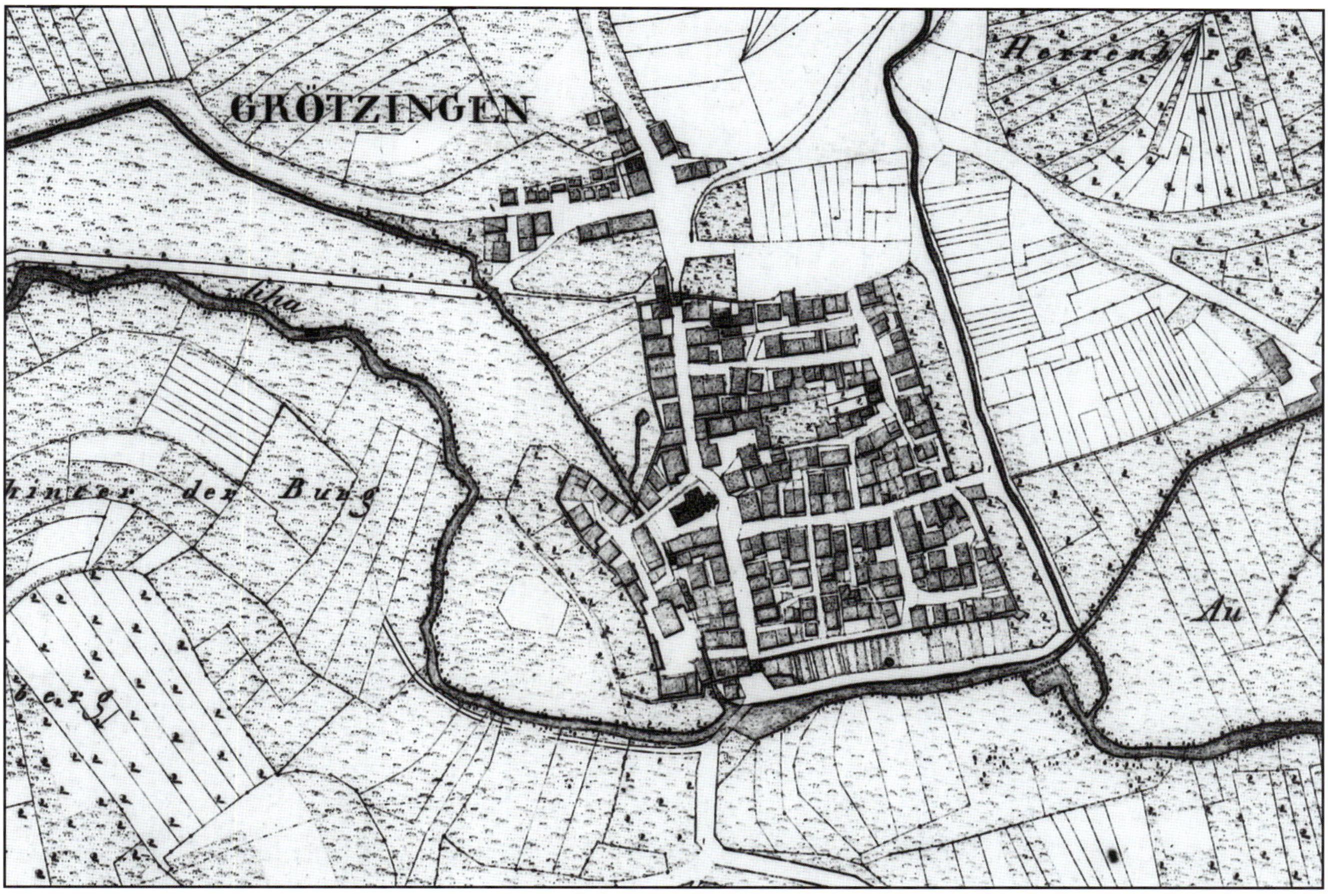

Ausschnitt aus der württembergischen Flurkarte, Stand 1824

Luftbild von 2007

Altensteig
Landkreis Calw, Regierungsbezirk Karlsruhe

1

Die Stadt Altensteig geht aus der um 1100 erstmals bezeugten Burg hervor, die 1240 Sitz der Vögte von Altensteig und bis ins 14. Jh. Gefolgsleute der Grafen von Hohenberg waren. Als sich 1355 eine eigene Altensteiger Linie begründete, entwickelte sich aus dem wohl schon vorhandenen Burgweiler die Stadt an dem nach Süden abfallenden Hang links der Nagold. Das Amt und Altensteig, seit 1535 zu Baden-Durlach gehörig, wurde 1603 an Württemberg veräußert.

2

Beherrscht wird die Stadt durch das „Alte und Neue Schloss", das gegen die Bergseite durch eine mächtige Schildmauer mit Buckelquadern befestigt ist, an dem sich stadtseitig ein Fachwerkbau mit teilweise gut erhaltener Innenausstattung des 14. und 15. Jhs. anschließt. Zusammen mit dem innerhalb eines mit spätgotischen Rundtürmen besetzten Mauerrings liegenden Neuen Schloss, einem spätmittelalterlichen Fachwerkbau über massivem Sockelgeschoss, beherrscht die Anlage bis heute die Stadtansicht von Süden. Von Norden her blieb der Charakter der wehrhaften Burg durch die Distanz haltende Grünanlage erlebbar. Östlich des Schlosses steht die 1775 vor der Stadtmauer errichtete evangelische Kirche, ein spätbarocker Saalbau mit Ostturm, dessen Inneres durch eine schlüssige Renovierung der 1960er Jahre geprägt wird.

Die Stadt selbst, die drei Zugänge besaß, erstreckt sich zwischen den von der Burg ausgehenden Schenkelmauern zum Tal hin. Der Stadtgrundriss wird durch die unregelmäßigen, sich an den Geländegegebenheiten orientierenden Straßen und Treppen geprägt. Das Zentrum bildet der auf halber Höhe des Hanges liegende Marktplatz, an dem auch das auf das 15. Jh. zurückgehende Rathaus steht. Die Bebauung wird durch die spätmittelalterlichen spitzgiebeligen Fachwerkbauten der Bürger- und Handwerkerhäuser geprägt, die weitgehend das Erscheinungsbild der Überformung des 19. Jhs. tragen. Während der Verlauf der Schenkelmauern bis auf den heutigen Tag durch einen Grüngürtel von Gartengrundstücken ablesbar geblieben ist, entwickelte sich im Tal neben den alten Mühlenstandorten in den letzten zwei Jahrhunderten mit der Unter- oder Vorstadt das Handwerker- und Gewerbegebiet, welches hier die mittelalterliche Stadtbegrenzung auflöste und heute dem Geschäftszentrum Raum gibt.

3

4

Die behutsame Stadtsanierung der 1980er Jahre schrieb dieses geschlossen überkommene Bild der malerischen Stadtanlage ohne größere Eingriffe und Umgestaltungen fort und überlieferte so das in seiner Gesamtheit überzeugende Zeugnis der kleinen Amtsstadt im Nordschwarzwald.

Die Gesamtanlage steht seit 1983 unter Denkmalschutz. JW

1 Gesamtanlage mit Schloss und ev. Stadtkirche
2 Altes Schloss (Kern 12./13. Jh.)
3 Paulusstraße, Altes Rathaus (1464) und Marktbrunnen (1747)
4 Paulusstraße mit Alter Apotheke (1786) und Bäck-Schwarz (1459)

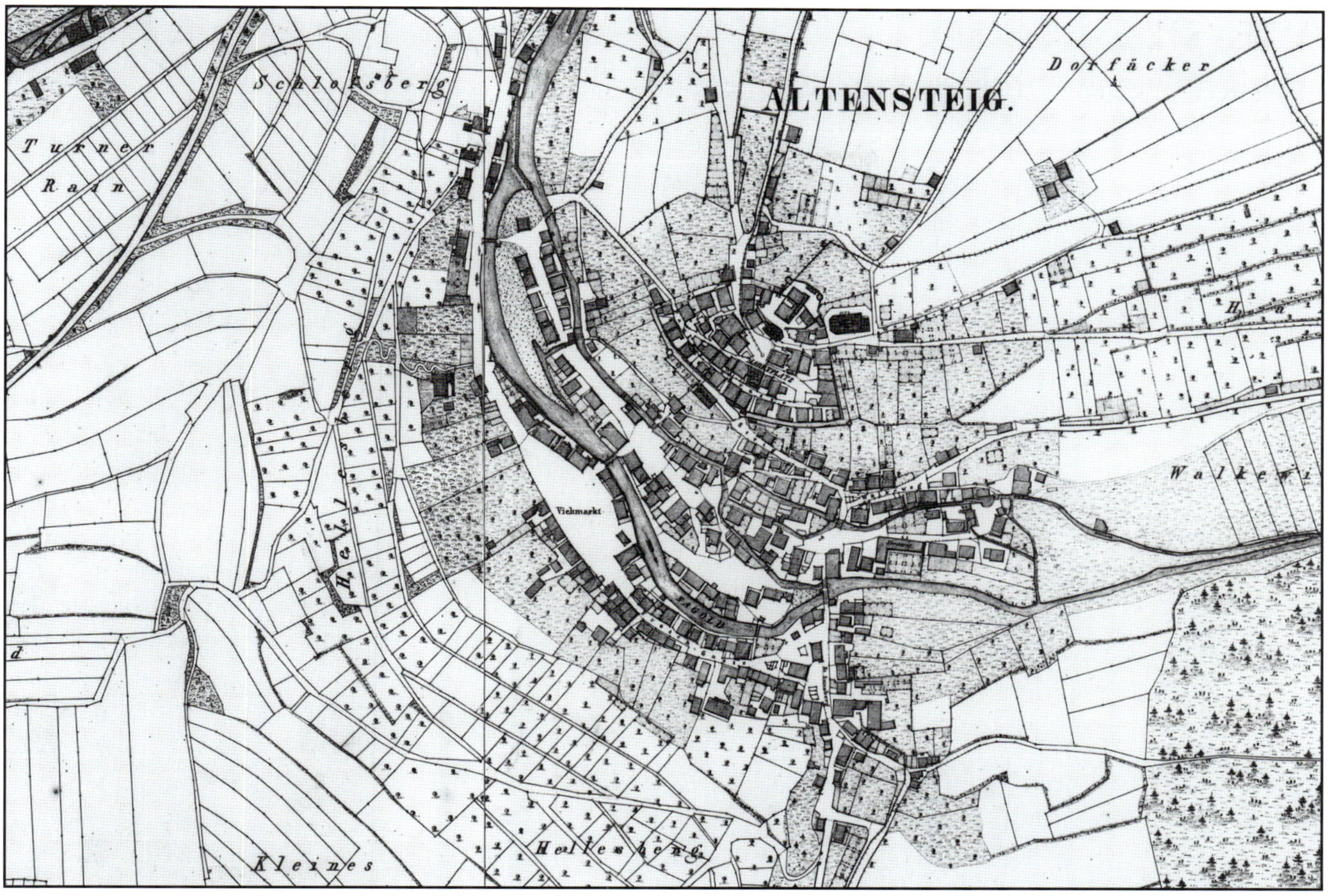

Ausschnitt aus der württembergischen Flurkarte, Stand 1836

Luftbild von 2007

Altensteig-**Berneck**
Landkreis Calw, Regierungsbezirk Karlsruhe

1

Berneck ist eine der kleinsten mittelalterlichen Stadtanlagen im nördlichen Schwarzwald. Der Name „Berneck" wird erstmals um 1150 im Schenkungsbuch des Klosters Reichenbach genannt. 1367 erhält der Burgweiler das Stadtrecht. Vermutlich durch Einheirat gelangen 1350 die Herren von Gültlingen in den Mitbesitz von Burg und Stadt, ab 1395 werden sie als Alleinbesitzer genannt. Bis 1805 bleibt Berneck reichsunmittelbar.

Von der auf einem Bergsporn über dem Burgweiler gelegenen Burg konnten die zum Nagoldtal führenden Verkehrswege im tief eingeschnittenen

2

Bruderbachtal und im Köllbachtal überwacht werden. Ein in den Felsen gehauener, heute aufgefüllter Halsgraben und eine mächtige, bis zu einer Höhe von 28 m erhaltene Schildmauer aus Buckelquadern sicherte die Burganlage gegen den weiter ansteigenden Hang.

Im Ortsgrundriss des ehemals befestigten Burgweilers öffnet sich die einzige Straße, die Kirchgasse, hangwärts. Die schlichten Bürgerhäuser wurden in der Regel direkt an der Abbruchkante des Bergrückens an der Stadtmauer errichtet. Die beiden Stadttore, das Obere und das Untere Tor, sind nicht erhalten. Vor der südwestlichen Stadtmauer mit ihren hohen, im 19. Jh. erneuerten Substruktionen erschließt die steil ansteigende Schlosssteige den Bergrücken. Kirche (15. Jh.; M. 18. Jh. erneuert), Rathaus (18. Jh.), Schule und Pfarrhaus (19. Jh.) prägen über dem Fuß des Felsspornes das spätmittelalterlich-neuzeitliche Ortsbild der Oberstadt.

Südwestlich der Burg wurde 1768 von den Freiherren von Gültlingen das Untere Schloss errichtet, dem 1846/47 über baulichen Resten der ehem. Burganlage das Obere Schloss mit seinen beiden hoch über dem Ort aufragenden Giebelfronten vor der hohen Schildmauer folgte.

3

Landwirtschaftliche Funktionsbauten, Gasthäuser und der durch Stauung des Köllbaches entstandene See bestimmen bis heute das dörfliche Ortsbild der Unterstadt am Fuß des Bergspornes. In der Hanglage über dem Köllbachtal entstand ein jüngerer Vorort.

4

In der Kirche befinden sich Grabplatten der Herren von Gültlingen und eine um 1420 aus Lindenholz geschnitzte Pieta.

Die Gesamtanlage steht seit 1983 unter Denkmalschutz. AV

1 Gesamtanlage mit Schlosssteige zwischen Altem Schloss und ev. Marienkirche (Ende 15. Jh.–1753)
2 Die Schlosssteige
3 Altes Schloss mit Schildmauer (12. Jh.)
4 Epitaph an der ev. Marienkirche (1782)

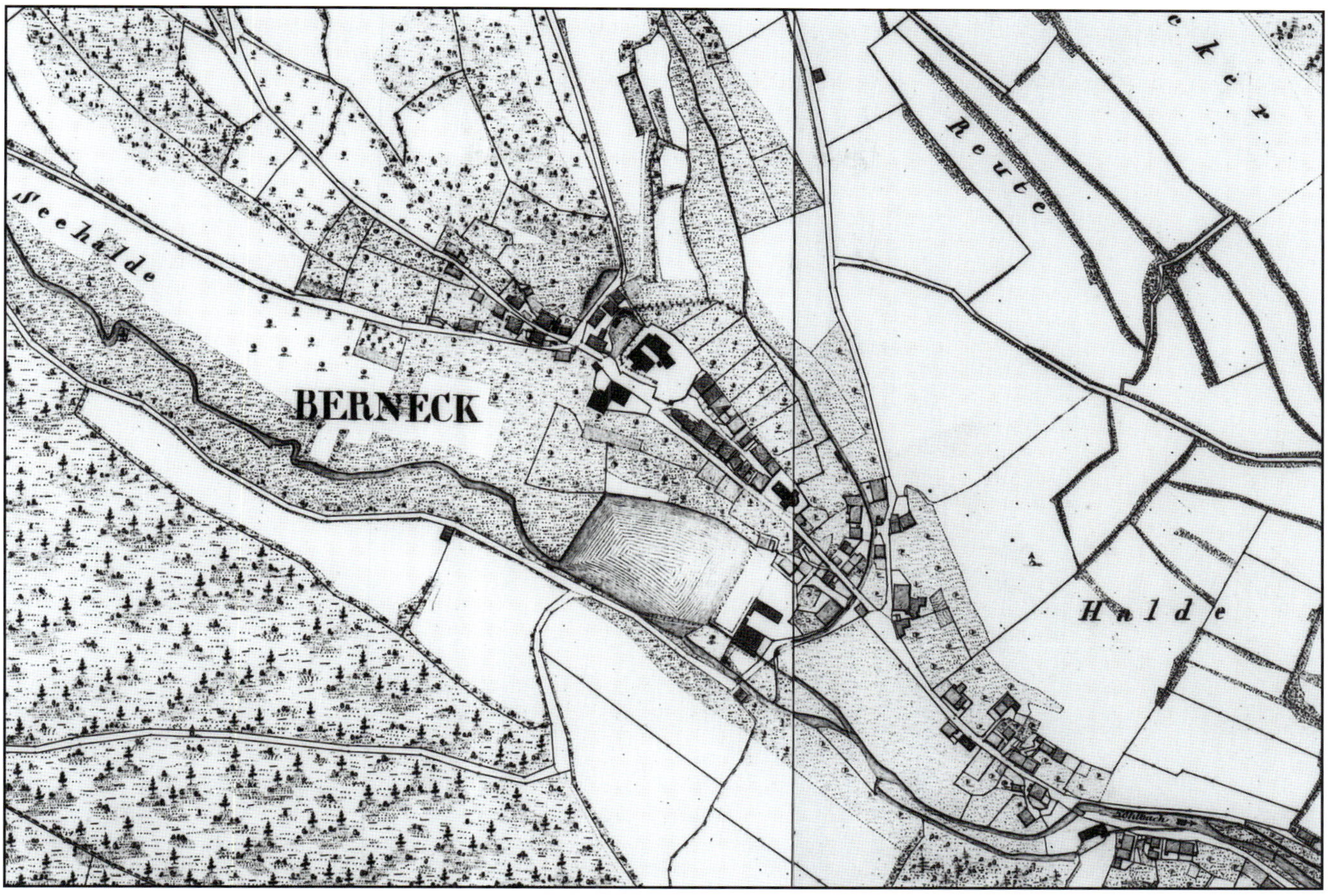

Ausschnitt aus der württembergischen Flurkarte, Stand 1836

Luftbild von 2007

Baden-Baden
Stadtkreis Baden-Baden, Regierungsbezirk Karlsruhe

1

Der Schlossberg (Florentinerberg) mit dem über hohen Substruktionen errichteten Neuen Schloss, der ehemaligen Vorburg und der Altstadt bestimmt als weit in das Oostal vorstoßende Landmarke das Bild der Stadt Baden-Baden. Bewaldete Hänge des nördlichen Schwarzwaldes umrahmen die heute weiträumige Stadtlandschaft des Kur- und Badeortes.

2

Der überlieferte Name der spätantiken Siedlung „aquae" bezieht sich auf die heißen Quellen am Südhang des Florentinerberges, die bereits von den Römern genutzt wurden. Urkundlich wird die mittelalterliche Stadtanlage erstmals 987 genannt. Von Kaiser Heinrich III. wird der „villa Baden" 1046 das Markt- und Zollrecht übertragen. Das Privileg zum Bau der Stadtmauer folgt im 13. Jh. Als Herrschaft werden gegen Ende des 11. Jhs. die Markgrafen Baden-Baden aus dem Hause Zähringen genannt, deren Stammburg Hohenbaden auf dem Battert als eindrucksvolle Ruine erhalten ist.

Um 1370 erfolgte über älteren Fundamentresten auf dem Florentinerberg der Bau des Neuen Schlosses, seit 1479 Hauptsitz der Markgrafen von Baden. Im Bereich der Vorburg entwickelte sich noch im Mittelalter die Oberstadt, darunter die Unterstadt neben dem östlich gelegenen, im Ursprung römischen Bäderviertel. Schlossanlage und Vorburg wurden in die Stadtbefestigung mit einbezogen.

Im Pfälzischen Erbfolgekrieg wurde die Stadt 1689 durch einen Brand fast völlig zerstört. Der barocke Wiederaufbau berücksichtigte weitgehend den mittelalterlichen Stadtgrundriss.

Als rechtmäßiger Erbe übernimmt 1771 die Baden-Durlacher Linie die Markgrafschaft. Markgraf Karl Friedrich wendet sich verstärkt dem Ausbau des Bäderviertels zu. Nach Weinbrenners Plänen erfolgt 1802 westlich der durch Tulla begradigten Oos am Fuß des Friesenberges die Anlage eines repräsentativen Kurviertels. Dem Neubau (1821) des Konversationshauses (späteres Kurhaus) von Friedrich Weinbrenner folgt die Trinkhalle des Architekten Heinrich Hübsch (1839/42), das Theater (1860/62) und der Ausbau großzügiger Parkanlagen und Grünflächen. Den Aufstieg der Stadt zum führenden Fürsten- und Gesellschaftsbad Europas im 19. Jh. dokumentieren heute vor allem repräsentative Hotelbauten an der Oos. Die Russische Kirche und die Stourdza Kapelle sind bauliche Zeugen der im 19. Jh. einflussreichen russischen Kolonie.

Im Stadtbild erscheint das Neue Schloss als bauliche Dominante über einer nach Süden gestaffelten Gruppierung von weiteren das Ortsbild prägenden Bauten: der Stiftskirche, dem Rathaus, dem Friedrichsbad und dem im Tal gelegenen Frauenkloster vom Hl. Grab.

In einem engen räumlichen und funktionalen Wirkungszusammenhang zu der barock überformten mittelalterlichen Stadtanlage und zum Kurviertel mit seinen eindrucksvollen Park- und Grünanlagen sind die Villenquartiere in den Hanglagen, sowie die vom Historismus geprägten Vorstädte zu sehen.

Seit 2008 steht die Gesamtanlage unter Denkmalschutz. AV

3

1 Blick vom Florentinerberg nach Süden auf Stiftskirche und Altstadt
2 Trinkhalle von Heinrich Hübsch, davor Büste von Kaiser Wilhelm I.
3 Die russische Kirche

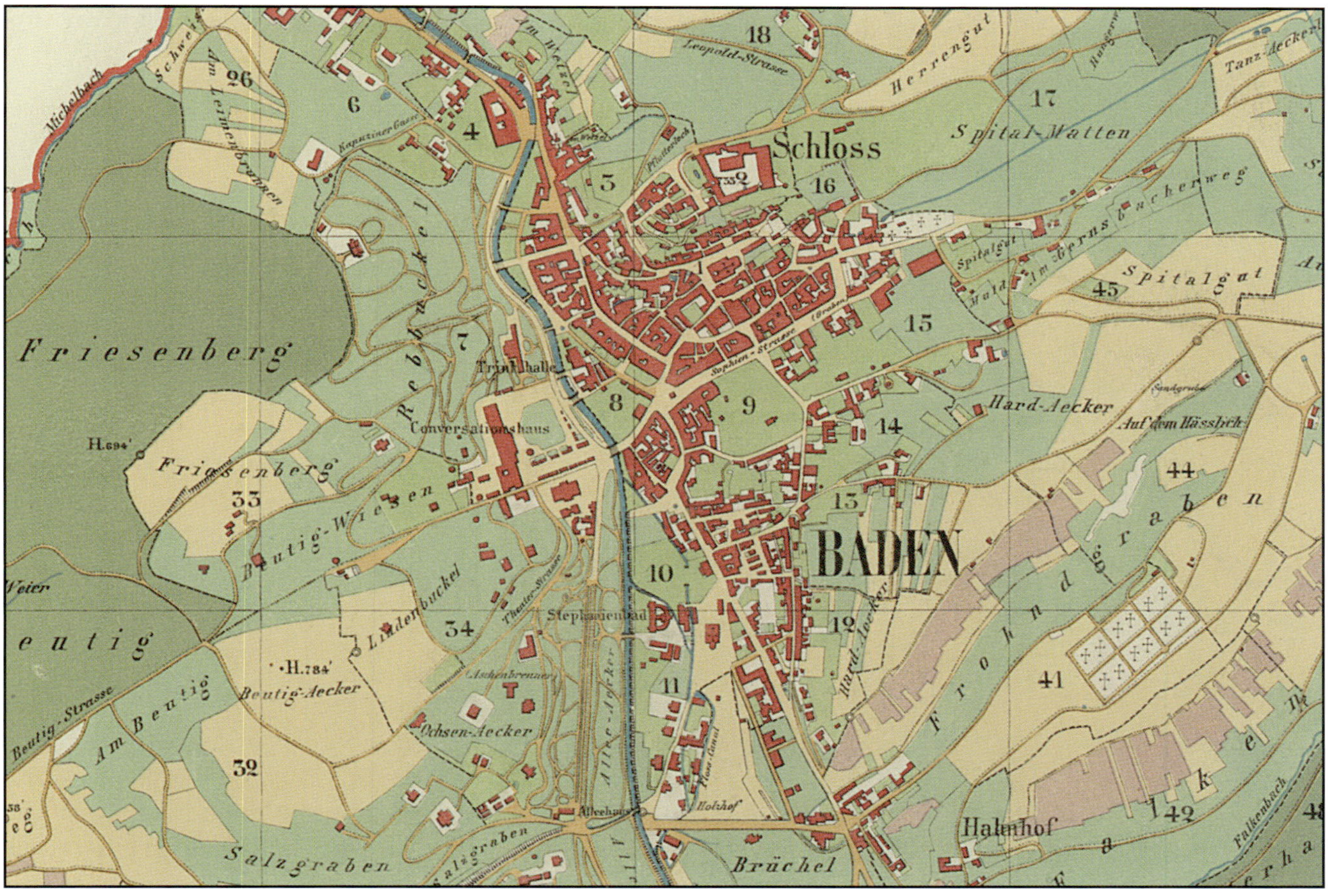

Ausschnitt aus dem badischen Gemarkungsatlas, Stand 1864

Luftbild von 2007

Bad Liebenzell
Landkreis Calw, Regierungsbezirk Karlsruhe

Bad Liebenzell liegt in dem steil in den mittleren Buntsandstein eingetieften Nagoldtal, wobei sich die älteren Siedlungskerne westlich der Nagold in einer Talweitung des Flusses an der Einmündung des Lengen- und Kollbachs befinden.

Die ehemalige mittelalterliche Stadt erstreckt sich auf halber Höhe zwischen der Nagoldniederung und der auf einer vorspringenden Bergnase stehenden Burg. Die Stadt ist in einem einheitlichen frühneuzeitlichen Bild in den Grenzen der mittelalterlichen Ummauerung mit den Zwingergärten großenteils erhalten.

Bad Liebenzell wird 1388 – zugehörig zur Markgrafschaft Baden – zum ersten Mal genannt und dürfte sich aus einer Burgsiedlung in der Zeit von 1220/50–1388 entwickelt haben. Eine erste Nennung als „celle" im Jahr 1090, wohl eine geistliche Niederlassung, und 1160 als „oppidum Zell" mit einer Pfarrkirche weisen vermutlich auf den Bereich unterhalb der „Oberen Stadt" den Ort der Pfarrkirche St. Blasius mit befestigtem Friedhof hin. Südlich des Lengenbachs entwickelte sich eine Vorstadt. Das Obere und Untere Bad, beide Gründungen des Markgrafen von Baden, lagen weiter entfernt auf der östlichen Nagoldseite.

Die ovale Stadtgestalt ist noch heute in großen Teilen von der mittelalterlichen Stadtmauer und den Zwingergärten umgeben und durch Schenkelmauern mit der Burg verbunden. An ihrer Schmalseite führt die Straße in den Schwarzwald und ein weiterer Weg zur Burg, dessen Torzugang anlässlich einer Freilegung 1996 wieder gefunden wurde. Von den Stadttürmen ist der so genannte Malefizturm im östlichen Verlauf der Stadtmauer erhalten.

Die Burg, 1250 zum ersten Mal genannt und zwischen 1220-1250 entstanden, beherrscht mit Bergfried, Schildmauer und doppeltem Bering das westliche Nagoldufer. Das Gelände der so genannten Oberen Stadt bricht an der Südseite der Stadtmauer steil in das Lengenbachtal ab. Inmitten der Stadt ist ein quadratischer Platz ausgebildet. Die Gebäude innerhalb der Mauer sind in der Regel kurz nach dem Großbrand von 1785 als einheitliche giebelständige Bebauung neu errichtet worden. Lediglich das ehemalige Oberamteigebäude hebt sich als traufständiger dreigeschossiger Bau ab. Das ehemalige Rathaus wurde 1786 außerhalb der Mauern errichtet. MO

1 Gesamtanlage mit Burg und Stadt
2 Giebelständige Bebauung innerhalb der Stadtmauer
3 Burganlage oberhalb der Stadtanlage

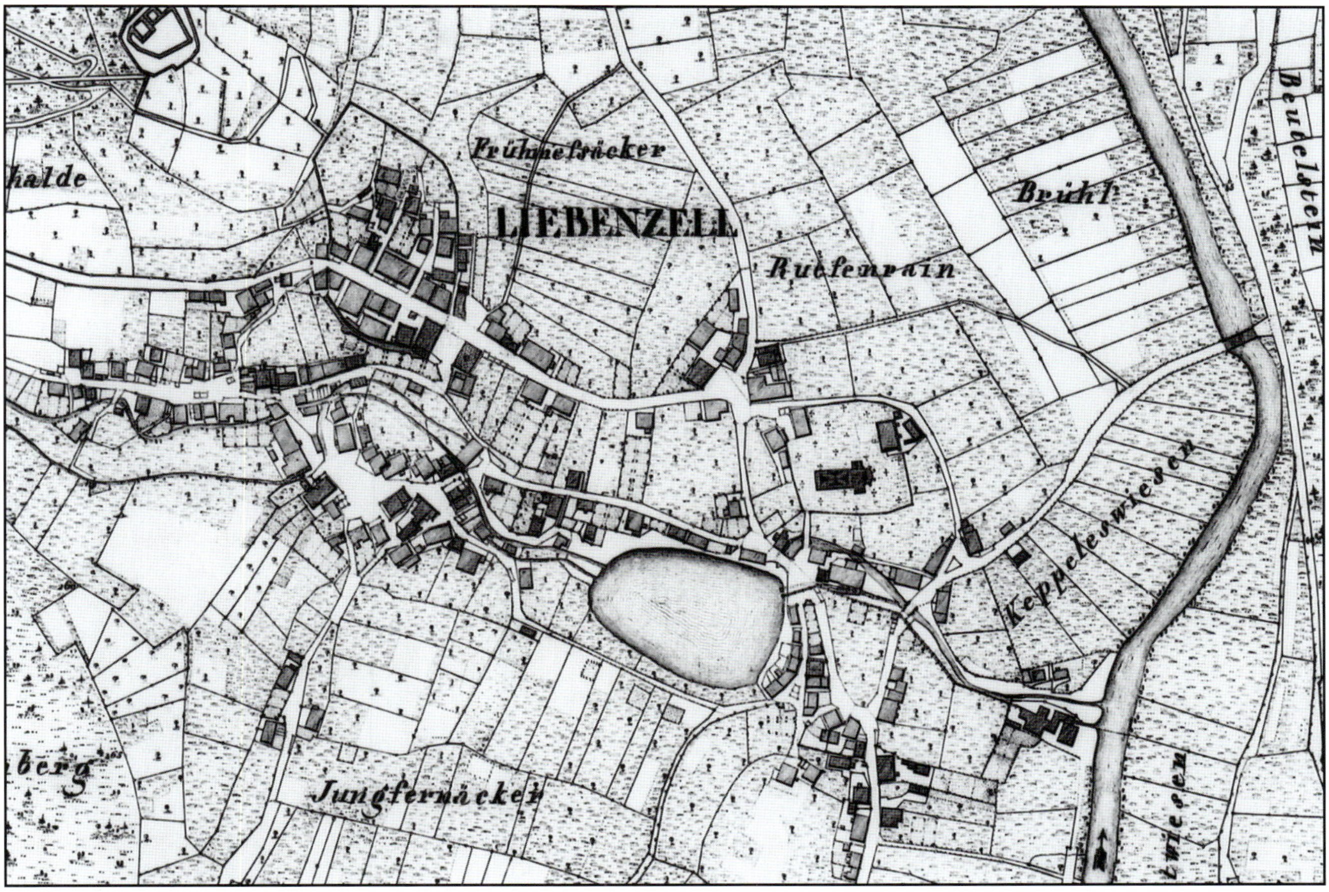

Ausschnitt aus der württembergischen Flurkarte, Stand 1835

Luftbild von 2007

BAD SÄCKINGEN
Landkreis Waldshut, Regierungsbezirk Freiburg

1

Bis ins 19. Jh. lag Säckingen auf einer Insel im Hochrhein. Diese war schon in der späten Bronzezeit besiedelt. Keimzelle der mittelalterlichen Stadt war das Stift, eine Gründung des hl. Fridolin, 878 urkundlich erwähnt. Ab 1173 waren die Grafen von Habsburg Schirmvögte des Frauenklosters, 1307 wurde die Äbtissin in den Reichsfürstenstand erhoben. Die Entwicklung der Klostersiedlung zur Stadt mit Wehrmauer dürfte um die Mitte des 13. Jhs. abgeschlossen gewesen sein. Eine Steinbrücke über den Nebenarm des Rheins verband die Stadt im Nordwesten mit dem Festland, eine Holzbrücke führte im Süden über den Rhein. Zwei Tore sicherten diese Zugänge, ein dritter Durchlass führte nach Südwesten. Der Stiftsbezirk im Kern der Stadtanlage war durch eine eigene Mauer abgegrenzt.

Heute wird die Stadtsilhouette zum Rhein hin durch die hohe, von der Rheinpromenade begleiteten Mauer, die beiden erhaltenen Türme der Stadtbefestigung (Diebsturm im Süden, Gallusturm im Norden), das Schönausche Schloss, die gedeckte Rheinbrücke und den Giebel des ‚Alten Hofes', eines ehem. Stiftsgebäudes, bestimmt. Dahinter ragt das Fridolinsmünster, die ehem. Stiftskirche, empor.

Die Stadtanlage bildet ein unregelmäßiges Dreieck. Der Verlauf der Straßen nimmt Bezug auf das ehem. Stiftsareal, nirgends wird es von Verkehrsachsen durchschnitten. Von Norden kommend quert die Steinbrückstraße den 1830 zugeschütteten alten Rheinarm und mündet in den rechteckigen Münsterplatz. Durch einen kurzen Stich ist sie mit der parallel verlaufenden Rheinbrückstraße verbunden, die nach Süden weiter zur Rheinbrücke führt. Der nördliche Straßenabschnitt diente einst als Markt. Die Straßen sind von drei- und viergeschossigen traufständigen Bürgerhäusern gesäumt, oft mit Aufzugsluken im Dach.

Der Münsterplatz wird von der Doppelturmfassade des Fridolinsmünsters beherrscht. Nach der Säkularisation wurde der Zugang zum Stiftsbezirk im Westen aufgeweitet und der Rathausplatz angelegt. An seiner Südseite steht das Abteigebäude, ein Staffelgiebelbau des 16. Jhs., gegenüber das Rathaus, um 1830 als Landenbergsches Palais anstelle der ehem. Stiftsschaffnerei errichtet.

2

3

Am südlichen Rand der Altstadt erhebt sich das im 16. Jh. durch die Herren von Schönau errichtete Schloss. An den Schlosspark schließt der im frühen 19. Jh. parkartig angelegte Aufriedhof an.

4

Die gedeckte Holzbrücke zum aargauischen Stein geht in ihrer heutigen Gestalt auf eine Konstruktion des späten 18. Jhs. zurück.

Die mittelalterliche Stadtanlage mit dem Stiftsbezirk in ihrem Kern zeichnet sich durch die beachtliche Geschlossenheit der historischen Bebauung und die markante Stadtsilhouette zum Rhein aus.

Seit 1962 steht die Gesamtanlage unter Denkmalschutz. ER

1 Altstadt und Rheinbrücke von Süden
2 Fridolinsmünster und Rathaus
3 Südwestliche Seite des Münsterplatzes
4 Ehem. Schloss der Herren von Schönau

Ausschnitt aus dem badischen Gemarkungsatlas, Stand 1896

Luftbild von 2007

Bad Teinach-**Zavelstein**
Landkreis Calw, Regierungsbezirk Karlsruhe

Zavelstein liegt nördlich gegenüber Bad Teinach auf einem schmalen Bergsporn im Gebiet der Schwarzwaldrandplatten, nördlich des Teinachtals und östlich des Lautenbachtals.

Die 1284 erstmals genannte Stadt wurde wohl zusammen mit der Burg Mitte des 13. Jhs. von den Grafen von Vaihingen, einem Seitenzweig der Grafen von Calw, errichtet. Nach einem ständigen Wechsel der Burg- und Stadtherren, folgte eine lange Regentschaft der Freiherren Buwinghausen von Wallmerode von 1616 bis 1710, unter deren Herrschaft der Neubau eines Schlosses nach Plänen von Schickhardt in den Jahren 1620–1630 für Benjamin Buwinghausen von Wallmerode errichtet wurde. 1692 wurden Stadt und Burganlage mit dem neuen Schloss weitgehend durch die Truppen Mélacs zerstört. Die Ruinen der Burganlage und die Stadt mit einem nach 1692 wiedererrichteten Hausbestand mit Resten der Stadtmauer haben im Wesentlichen ihr mittelalterlich-frühneuzeitliches Bild bewahren können.

Die befestigte Stadt entwickelt sich im Anschluss an die Burganlage entlang einer Straße, getrennt durch einen teilweise aufgefüllten doppelten Halsgraben, bis zum ehemaligen Stadttor und dem heute durch eine Freifläche markierten zugeschütteten Stadtgraben. Um die platzartige Aufweitung vor der Burg sind die Amtshäuser und die evangelische Kirche gruppiert. Im weiteren Verlauf stehen rechts und links der Straße giebelständige Häuser in unterschiedlichem Abstand zur Straße eng gereiht. Die rückwärtigen Hauswände stehen in der Regel auf der Stadtmauer. Die Gebäude sind als Fachwerkhäuser über massiven Erdgeschossen ausgebildet. Der mittelalterliche, weit sichtbare Bergfried der Burganlage mit Resten einer Schildmauer und der romanische Chorturm der Georgskirche von 1578, der ursprünglich als Wehrturm diente, setzen Akzente im Stadtbild. Von dem Schloss des Freiherrn Benjamin Buwinghausen von Wallmerode sind Umfassungsmauern und Wappen erhalten.

Seit 1983 steht die Gesamtanlage unter Denkmalschutz. MO

1 Gesamtansicht mit Burgruine und ev. Georgskirche
2 Burgruine Zavelstein
3 Straßenzug „Im Städtle“ mit Georgskirche (Turm 14. Jh., Schiff von 1662)

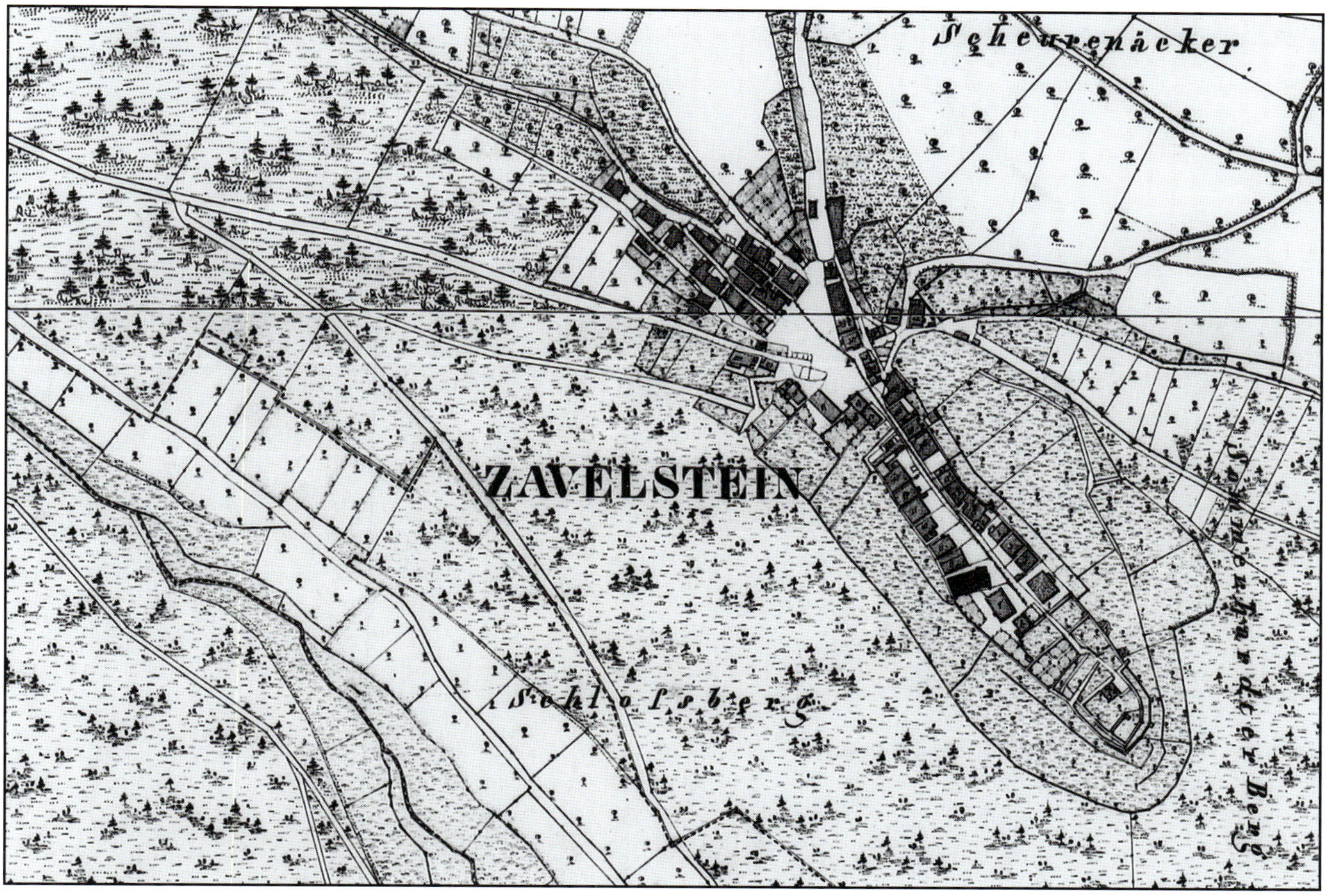

Ausschnitt aus der württembergischen Flurkarte, Stand 1835

Luftbild von 2007

Bad Urach
Landkreis Reutlingen, Regierungsbezirk Tübingen

1

Bad Urach liegt im Ermstal, im so genannten Uracher Talknoten, wo Seitentäler aus nördlicher, östlicher, südöstlicher und nordwestlicher Richtung zusammentreffen. Diesen Tälern folgten bereits in der Vergangenheit die vom Neckarraum kommenden Haupthandelswege über die Schwäbische Alb nach Ulm oder Ehingen. Dieser verkehrsgünstigen Lage verdankt die Stadt ihre Bedeutung.

Die Ursprünge Urachs liegen in alamannischer Zeit, als auf dem Runden Berg eine erste, befestigte Siedlung entstand. Vermutlich im 9. Jh. legten die Ortsherren im Bereich des heutigen Schlosses eine Talburg mit Wassergraben an. Die Marktsiedlung Urach wurde vermutlich um 1100 gegründet. Die Blütezeit des Ortes begann, als Ludwig I. 1442 die Stadt zur Residenz der Grafschaft Württemberg-Urach ausbaute. Die vor allem unter seinem Nachfolger Graf Eberhard V. einsetzende rege Bautätigkeit bestimmt noch heute das Bild der spätmittelalterlichen Fachwerkstadt.

Die mittelalterliche Struktur ist im Stadtbild noch immer ablesbar: Am Südrand der Altstadt und von der Erms begrenzt liegt der Herrschaftsbereich mit dem Residenzschloss, nördlich daran schließt das kirchliche Zentrum mit Amanduskirche und Mönchshof an, im Westen bildet der auf einem Plateau über der Erms liegende, ummauerte Spitalbereich mit Friedhof den Abschluss der Altstadt. Die bürgerliche Siedlung entwickelte sich zunächst nördlich des Spital- und Kirchenbereiches, dehnte sich dann aber ab dem 15. Jh. weiter nach Osten aus, wo rund um den Marktplatz zahlreiche, stattliche Patrizierhäuser errichtet wurden. An den vom Marktplatz fächerförmig abgehenden Straßen siedelten sich überwiegend Handwerker, Gastwirte und Kaufleute an. Im Osten wird die Altstadt von der so genannten Weberbleiche abgeschlossen. Diese aus 29 Einzelgebäuden bestehende, durch Rundtürme und Graben befestigte Häuserzeile wurde 1599 im Auftrag von Herzog Friedrich I. für die Uracher Leinenweber nach Plänen von Heinrich Schickhardt erbaut.

2

Teile der mittelalterlichen Stadtbefestigung sind noch an der Schlossmühle und am Spitalbezirk zu sehen, als einziger Turm blieb der Zeughausturm aus dem 14./15. Jh. in der Pfählerstraße erhalten. Eine Besonderheit Bad Urachs sind die Kanäle der Erms in der Altstadt, die neben Verteidigungsaspekten auch eine bis ins Spätmittelalter zurückreichende Nutzung der Wasserkraft belegen.

3

Die einstige Bedeutung der Stadt und den Wohlstand der Bürger belegt neben den stattlichen, meist dreigeschossigen Fachwerkhäusern vor allem das zwischen 1441 und 1450 erbaute und 1562 erweiterte Rathaus. Das wohl aufwendigste Profangebäude ist das im Auftrag Graf Eberhards 1476–1479 errichtete Haus am Gorisbrunnen. Von der wirtschaftlichen Bedeutung des Leinenhandels zeugt das Pommersche Haus, ein dreiteiliger Gebäudekomplex, der bis 1793 Sitz der „Privilegierten Uracher Leinwandhandlungs-Compagnie" war. IFK

1 Marktplatz mit giebelständigen Fachwerkhäusern
2 Blick in die Rosengasse
3 Amanduskirche 15. Jh.

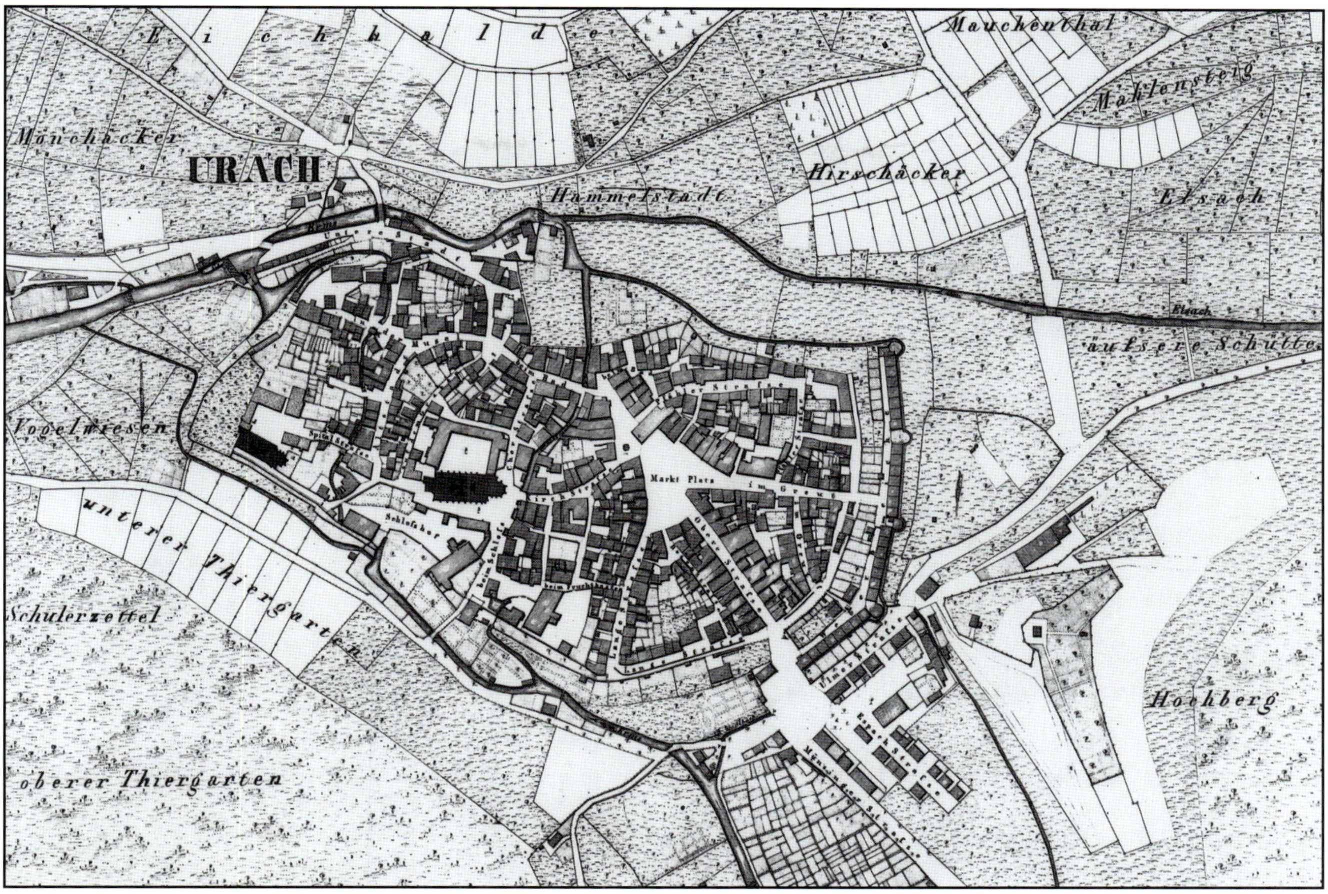

Ausschnitt aus der württembergischen Flurkarte, Stand 1848

Luftbild von 2007

Bad Waldsee
Landkreis Ravensburg, Regierungsbezirk Tübingen

1

Die Stadt Bad Waldsee liegt eingebettet zwischen dem östlich gelegenen Stadtsee und dem westlich gelegenen Schlosssee. Nördlich und südlich geht die Stadt in die freie Landschaft Oberschwabens über.

Während sich im Westen das ehem. Schloss an den gleichnamigen See angliedert, wird die Grundrissstruktur der Stadt im Wesentlichen durch den Stadtsee bestimmt. Die Hauptstraße verläuft S-förmig analog zum Seeufer als zentrale Achse durch den Ort. Entlang dieser Straße ordnen sich die wichtigsten Baulichkeiten der Stadt an. Im Nordwesten das kirchliche Viertel mit ehem. Petersstift und Franziskanerinnenkloster, in der Mitte der Stadtkern mit Marktplatz und Hofstatt und nach Südosten die Stadterweiterung entlang der Wurzacher Straße.

3

4

2

Wohl schon im 9. Jh. war das Kloster Weißenburg hier begütert. Während des Ungarneinfalls 926 wurden der Herrenhof und die Kirche zerstört. Ab 1171 ist der Ortsadel der Herren von Walehse nachzuweisen, welche ihren Sitz auf der Burghalde (heute ev. Kirche) hatten. 1298 kam es durch den Ortsadel zur Stadtgründung. 1331 wurde die Stadt Waldsee an Österreich verkauft und bildete eine der vorderösterreichischen „fünf Donaustädte". 1806 fiel Waldsee an Württemberg.

Von der historischen Stadtbefestigung sind noch das Wurzacher Tor (um 1500) und der Vötschenturm (16. Jh.) erhalten.

Die Stadtsilhouette Waldsees wird von der Doppelturmfassade der kath. Pfarrkirche St. Peter beherrscht. Diese, auf einer leichten Anhöhe erbaute, ehem. Kirche des Augustinerchorherrenstifts (1181) wurde 1479 unter Beibehaltung des spätromanischen Turmes neu erbaut und ab 1709 barockisiert. Nach dem Einsturz des Turmes 1757 erfolgte 1765 der Bau der Doppelturm-Westfassade. Das ehem. Schloss (um 1550) bildet in seiner Solitärstellung außerhalb des Altstadtbezirkes ebenfalls eine prägende Position aus. Innerhalb des Stadtkerns beherrscht die eindrucksvolle Fassade des Rathauses (1426/28) den an der Hauptstraße angelagerten Marktplatz. Ihm gegenüber steht der stattliche Bau des Kornhauses (frühes 15. Jh.) mit seinem hohen Staffelgiebel. Durch die prachtvolle neugotische Fassadengestaltung des Heiliggeistspitals wird eine weitere stadtbildbestimmende Situation geschaffen.

Ihren historischen Charakter verdankt die Stadt im Wesentlichen den barocken Großbauten entlang der breiten Hauptstraße sowie den weiteren Großbauten, die sich sowohl trauf- als auch giebelständig über den Stadtgrundriss verteilen. Die Gebäude in den seitlich abgehenden, schmalen Nebengassen geben sich dagegen weniger repräsentativ. MN

1 Stadtsilhouette mit der Doppelturmfassade der kath. Pfarrkirche St. Peter
2 Hauptstraße mit Blick auf den Spitalhof
3 Ravensburger Straße
4 Die Hauptstraße Richtung Westen

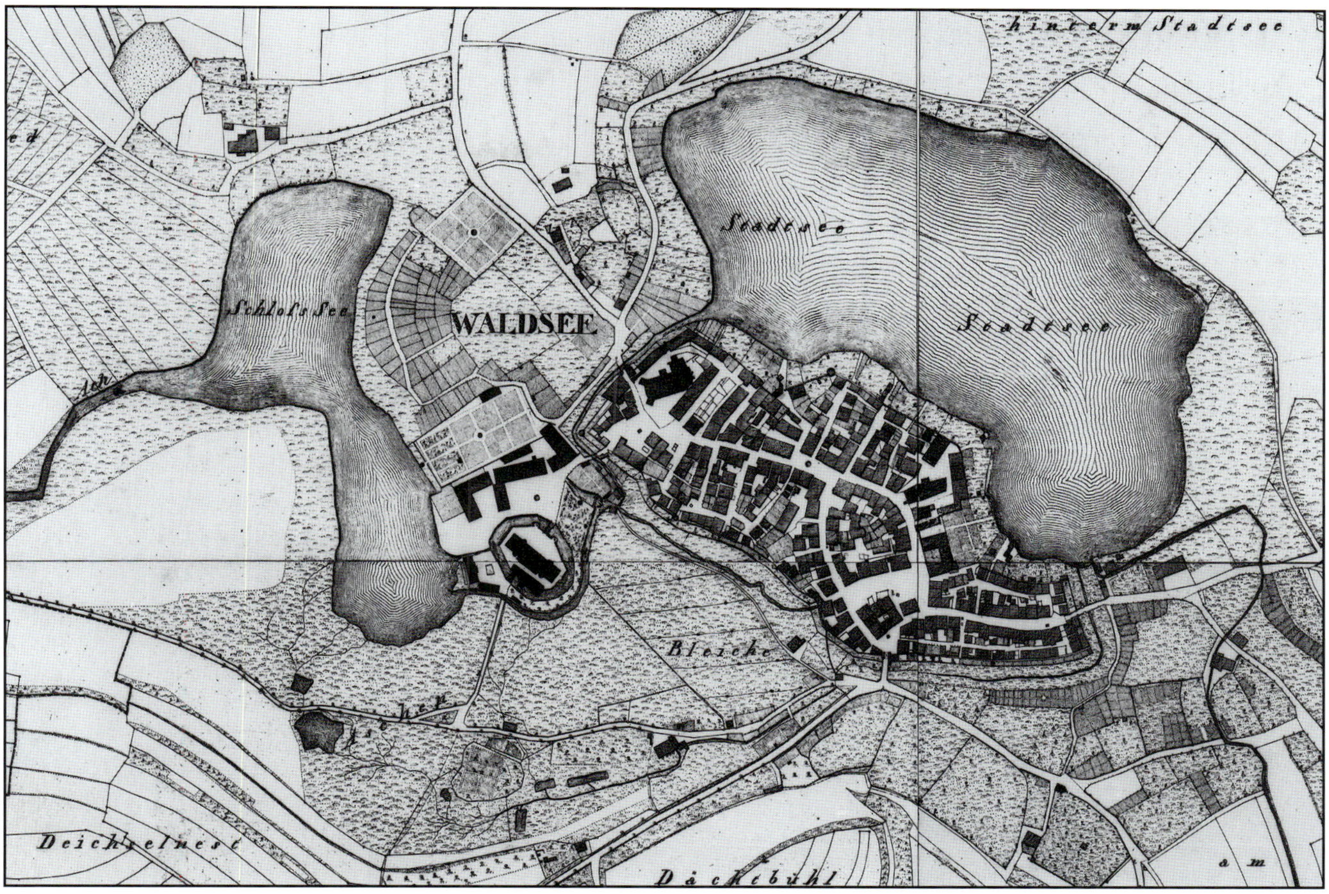

Ausschnitt aus der württembergischen Flurkarte, Stand 1824

Luftbild von 2007

Bad Wimpfen am Berg
Landkreis Heilbronn, Regierungsbezirk Stuttgart

1

„Es rivalisieren landschaftliche Anmuth und historische Reminiscenz." So urteilt A. Lorent 1870 über Bad Wimpfen am Berg. Tatsächlich ist alleine die Lage der Stadt – steil erhöht über dem Prallhang des Neckars – eines ihrer wesentlichen Kennzeichen. Die weithin sichtbare Stadtsilhouette mit Mauern und Türmen ist viel gerühmt.

In Konkurrenz zur Siedlung im Tal gewann die staufische Pfalzgründung und die sich anschließende, aufstrebende bürgerliche Stadt bald die Oberhand. Obwohl nach dem Ende der Stauferzeit zahlreiche Begehrlichkeiten an der Stadt bestanden, konnte sich diese als bürgerliches Gemeinwesen durchsetzen und wurde schließlich um 1300 als freie Reichsstadt anerkannt, die sie bis 1802 blieb.

2

Im Stadtgrundriss bildet sich die historisch-genetische Zweiteilung der Stadt ab. Die Pfalz im Osten besitzt eine birnenförmige Gestalt und beinhaltet die stadtbildprägenden Großbauten wie die beiden Türme (Roter und Blauer Turm), die Reste der Pfalz sowie das stattliche Steinhaus. Die bürgerliche Stadt im Westen besitzt die Hauptstraße als wichtiges Rückgrat der Siedlung. Zahlreiche Straßengabelungen der abzweigenden Gassen sowie Anstiege und Gefälle bestimmen das Bild der eng bebauten Stadt in besonderem Maß mit. Dominanten in der bürgerlichen Stadt sind die Pfarrkirche im Norden, das ehemalige Dominikanerkloster im Süden sowie das alte Spital in einer Senke dazwischen. Kontaktpunkt und Verknüpfung beider Teile ist der Marktplatz mit seinem 1836 neu erbauten Rathaus. Die Ummauerung der Stadt ist großenteils noch erhalten, zum Teil auch deren grabenartiges Vorfeld.

Im Baubestand spiegelt sich die ganze Palette bürgerlichen Bauens vom Spätmittelalter bis ins 19. Jh. in einer besonderen Wertigkeit und Dichte wider. Mittelalterliche Stein- und Fachwerkbauten sind ebenso überliefert wie zahlreiche Bauten aus der frühen Neuzeit. Eine enge Abfolge repräsentativer giebelständiger drei- bis viergeschossiger Fachwerkbauten charakterisiert das Bild der meisten Straßenzüge, in einigen Quartieren finden sich auch schlichtere ackerbürgerliche Anwesen. Moderne Störungen fehlen fast gänzlich. Auch durch das bereits im frühen 19. Jh. geweckte wissenschaftliche und denkmalpflegerische Interesse an der Stadt ist Bad Wimpfen als ein eindrucksvolles Beispiel einer spätromanisch-gotisch strukturierten und von jüngeren Perioden nur wenig überformten Pfalzstadt mit einer Fülle von Kulturdenkmalen erhalten geblieben.

Die Gesamtanlage steht seit 1981 unter Denkmalschutz. MH

3

1 Stadtansicht von Osten mit Blauem Turm, Stadtmauer und der Stadtkirche
2 Klostergasse mit dichter Bebauung des 15. und 16. Jhs.
3 Der Blaue Turm, Wahrzeichen und vertikale Dominante Bad Wimpfens; links dahinter das Rathaus des 19. Jhs.

Ausschnitt aus der hessischen Katasterkarte, Stand 1843

Luftbild von 2007

Bad Wimpfen im Tal
Landkreis Heilbronn, Regierungsbezirk Stuttgart

1

Bad Wimpfen im Tal ist der kleinere Gegenpol der Pfalzstadt Wimpfen am Berg. Historisch gesehen ist der Ort in der Talaue des Neckars gegenüber der Jagstmündung jedoch die ältere Ansiedlung. Ein archäologisch nachweisbares römisches Kastell mit Vicus wurde im 2. Jh. ausgebaut. Nachfolge dieser römischen Siedlung war der mittelalterliche Ort. Die Wormser Bischöfe wählten ihn als kirchlichen Verwaltungsmittelpunkt ihrer Diözese rechts des Rheins. Sie gründeten ein Chorherrenstift samt Stiftskirche. Deren Nebeneinander von Romanik im Westwerk und Gotik im Langhaus/Chor spiegelt die lebhafte Entwicklung der Ansiedlung im Mittelalter wider.

3

Am Stift als Kernpunkt lagerte sich ein Marktort an, der noch im Mittelalter ummauert wurde. Nach dem Machtverlust der Wormser Bischöfe und im Schatten der aufstrebenden Stauferstadt Wimpfen am Berg blieb die bauliche Entwicklung der Stifts- und Ackerbürgerstadt jedoch stecken. Zeugnis davon sind noch heute die großen Freibereiche zwischen Bebauung und Stadtmauer, die nicht mehr aufgesiedelt werden konnten.

2

Als besonderes Kennzeichen der Talstadt ist bis heute die fast ausschließliche Bauzeile entlang der einzigen Durchgangsstraße überliefert. Die wenigen rückwärtigen Bereiche werden durch kurze seitliche Stichstraßen erschlossen. Mittel- und Höhepunkt der Straßensiedlung ist der Lindenplatz im Westen, der einerseits vom eindrucksvollen Bau der romanisch/gotischen Ritterstiftskirche mit dem dahinter liegenden Kreuzgang beherrscht wird und andererseits seine besondere Prägung von den barocken Stiftshäusern erhält.

Der Baubestand geht größtenteils auf die Zeit des 18. Jhs. zurück. Die etwas schlichteren Ackerbürgeranwesen im Osten bzw. die aufwendiger gestalteten Häuser der Stiftsangehörigen im Westen sind giebelständig an der Straße aufgereiht, dazwischen liegen die Hofeinfahrten, im Rückbereich bisweilen noch Scheunen und vielfach große Gärten. Aus dem relativ einheitlichen Baubestand ragen neben der Stiftskirche die Dechanei und Kustodie als besonders stattliche Barockbauten mit Mansarddächern am Lindenplatz deutlich hervor.

4

Die ringsum erhaltene Mauer mit unbebautem Vorgelände markiert präzise den Umfang von Wimpfen im Tal, das als Musterbeispiel eines kleinen, hauptsächlich barock geprägten Stiftsortes mit der Kirche als Dominante gelten kann.

Seit 2009 steht die Gesamtanlage unter Denkmalschutz. MH

1 Lindenplatz mit barocken Stiftsgebäuden
2 Kelter (vorne) und Stiftskirche (hinten)
3 Prachtvoll ausgestattetes Südportal der Stiftskirche
4 Chor der Stiftskirche (13. Jh.)

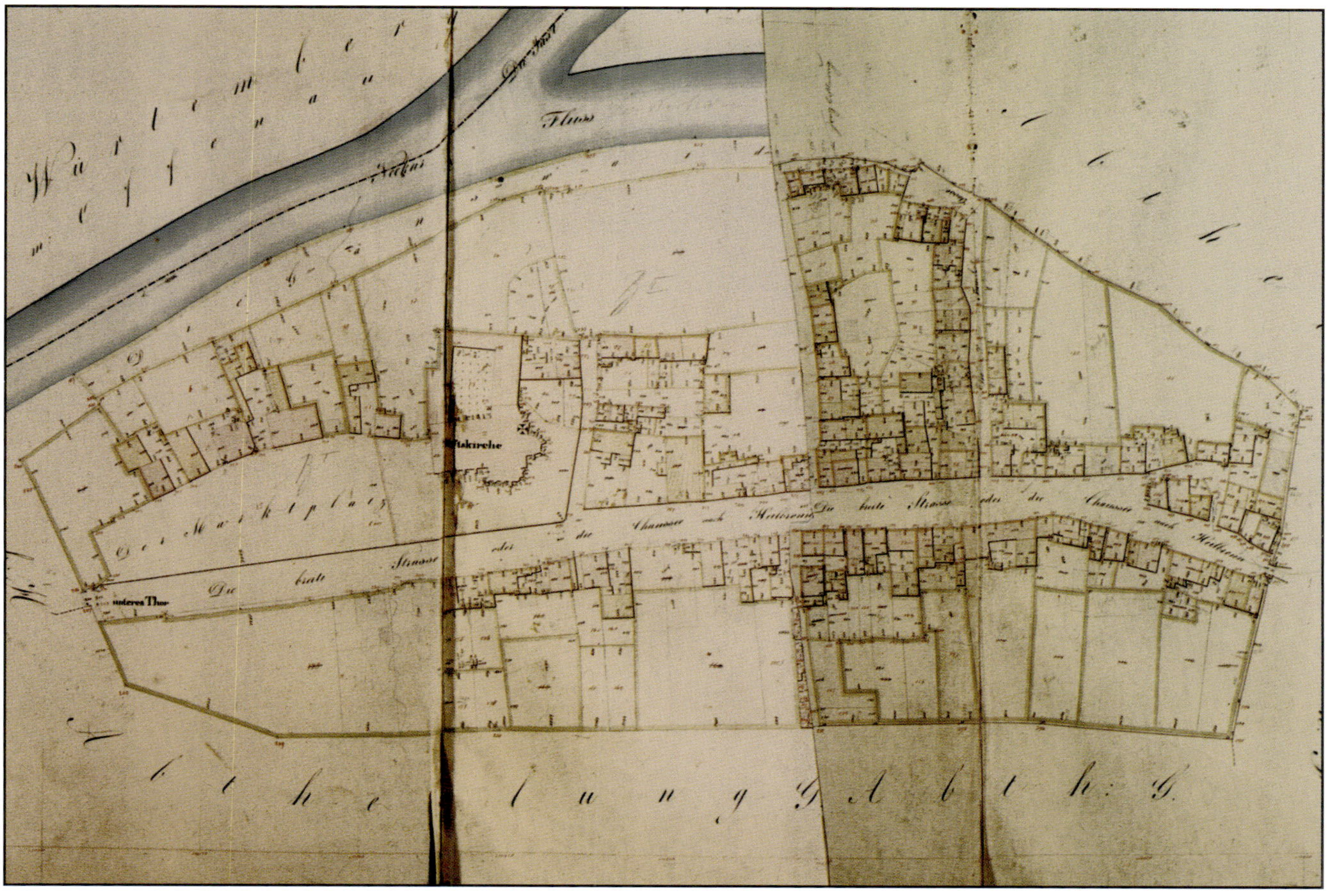

Ausschnitt aus der hessischen Katasterkarte, Stand 1843

Luftbild von 2007

Besigheim
Landkreis Ludwigsburg, Regierungsbezirk Stuttgart

1

Besigheim wird von zwei Flüssen umschlossen: im Westen die Enz, im Osten der kanalisierte Neckar, auf dem schmalen Bergsporn dazwischen die historische Stadtanlage. Innerhalb der modernen Siedlungsentwicklung in den umgebenden Tal- und Hangbereichen ist die kulturlandschaftliche Einbettung der Stadt mit historischen Terrassenweinbergen sehr eindrucksvoll. Der Weinbau bildete neben der Landwirtschaft auch die wirtschaftliche Basis des kleinen Städtchens.

2

Ein Fronhof war Ausgangspunkt der Siedlungsgründung. Mit dem Ausbau zweier Burgen um 1220/30 setzte auch die Stadtwerdung ein. 1277 wurde Besigheim offiziell oppidum genannt. Für die mittelalterliche Geschichte des Ortes zeichneten die Markgrafen von Baden verantwortlich, ab dem 16. Jh. bestimmte dann Württemberg maßgeblich die Geschicke der Stadt, die bis 1938 Oberamtsstadt blieb.

Von den beiden Burgen sind aussagekräftige Reste erhalten, insbesondere das Steinhaus sowie die beiden Rundtürme, die noch heute das Stadtbild am nördlichen und südlichen Ende in hohem Maße prägen. Wichtigste Verbindung zwischen beiden ehemaligen Burgen und Rückgrat der Stadt ist die im Relief ansteigende Kirchstraße. Die weiter westlich verlaufende Hauptstraße, heute Hauptdurchgangsstraße, ist dagegen erst auf eine Stadtkorrektur der 1830er Jahre zurückzuführen. Von der Kirchstraße zweigen rechtwinklig kleinere Gassen ab und enden an der Stadtmauer: Der planmäßige Ausbau der Stadt lässt sich daran nachvollziehen. Plätze an der Kelter und am Rathaus weiten das eng bebaute Stadtgefüge auf. Das südliche Ende der Stadt bildet ein kirchlich-schulisches Zentrum mit Stadtkirche, Pfarrhaus, Dekanat und ehem. Lateinschule. Genau entgegengesetzt, am Enzufer, hat sich die Mühlenvorstadt entwickelt, die bereits im Mittelalter in die Stadtummauerung einbezogen wurde. Die Stadtmauer ist noch in zwei Ringen, einer inneren und äußeren Mauer vielfach sichtbar und bildet eine klare Umgrenzung des historischen Stadtkerns. Der Hausbestand umfasst meist giebelständige Fachwerkbauten des 16. bis 18. Jhs., die teils verputzt sind und in den rückwärtigen Bereichen oft noch mit Scheunen zu kleinen Hofanlagen ergänzt werden.

3

4

Besigheim vertritt mit seinem gut erhaltenen Stadtgefüge eindrucksvoll den Typus württembergischer Landstädte am mittleren Neckar.

Seit 1983 steht die Gesamtanlage unter Denkmalschutz. MH

1 Stadtsilhouette an der Enz, in Bildmitte links das Rathaus
2 Pfarrhaus, Steinhaus und Oberer Turm am Südrand der Stadt
3 Der zentrale Marktplatz mit einem Zierbrunnen der Renaissance und dem Rathaus des späten Mittelalters
4 Fachwerkbebauung in der Kirchstraße, im Hintergrund historische Terrassenweinberge

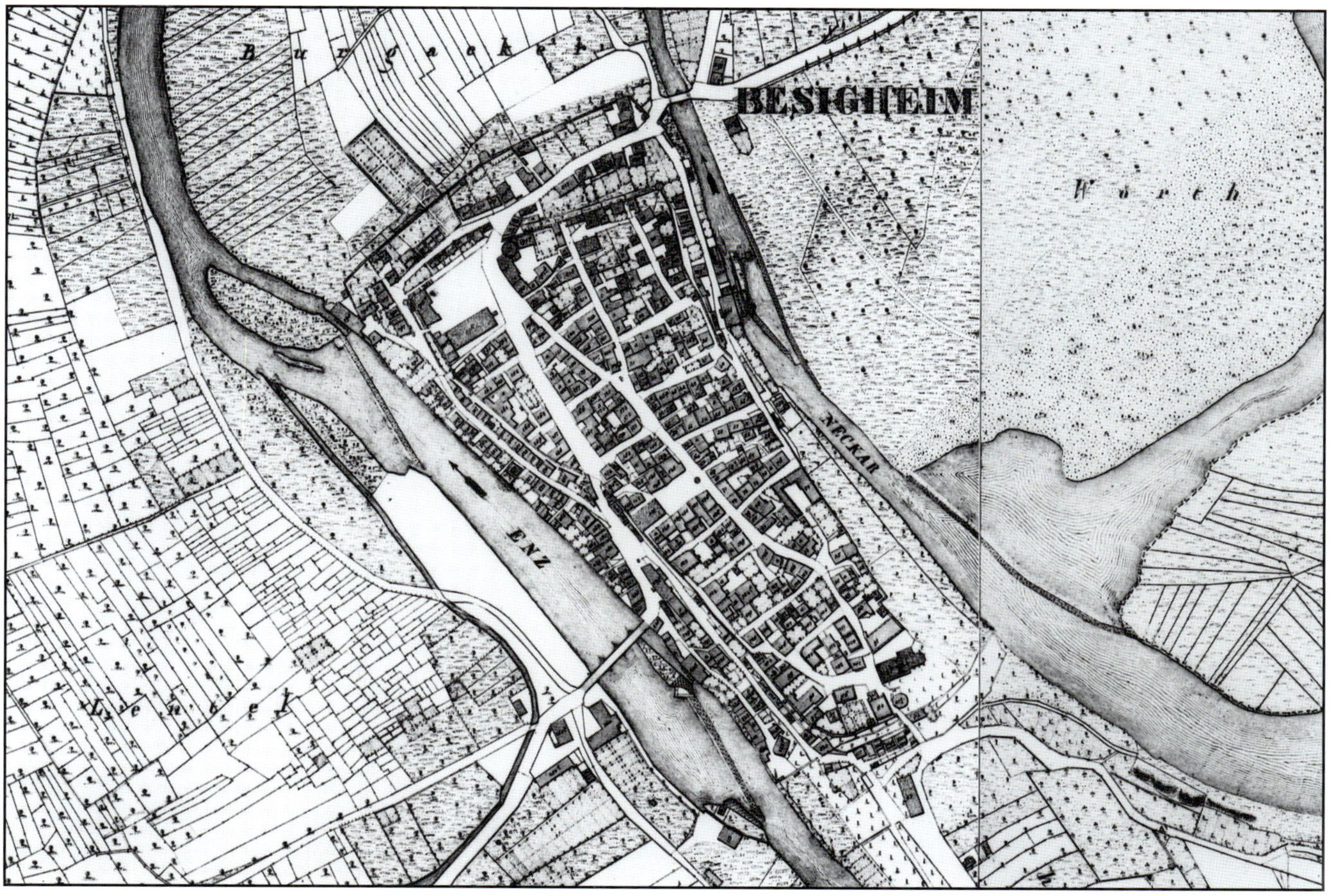

Ausschnitt aus der württembergischen Flurkarte, Stand 1832

Luftbild von 2007

Biberach an der Riss
Landkreis Biberach, Regierungsbezirk Tübingen

1

Unterhalb des Gigelbergs liegt am Flüsschen Riß die Stadt Biberach, die ihre Entstehung dem Schnittpunkt zweier Handelsstraßen verdankt. Gegründet wohl von den Herren von Bibra erlangte die Ansiedlung im Jahr 1218 Marktrecht. Ihr schneller Aufstieg (Reichsunmittelbarkeit 1282) hängt vor allem mit der Herstellung und dem Handel von Leinen (seit dem 14. Jh. überwiegend Barchent) zusammen.

Seit die östliche Spitalvorstadt 1373 in die Ummauerung mit einbezogen wurde, besitzt der Stadtgrundriss eine ovale Form. Den Mittelpunkt bildet die Simultankirche St. Martin, umgeben von der Freifläche des ehemaligen Friedhofs und einigen halbkreisförmig angeordneten Bürgerhäusern. Das westliche Stadtgebiet wird zweigeteilt durch den Straßenmarkt, der sich in Richtung Pfarrkirche verbreitert. Hier ist das gesellschaftliche und wirtschaftliche Zentrum der Stadt, hier stehen die großen Patrizier- und Bürgerhäuser, die Schranne und zahlreiche Gastwirtschaften, giebelständige und üblicherweise verputzte, drei- bis viergeschossige Fachwerkbauten. Neben diesem großen Marktplatz besitzt die Stadt zahlreiche kleinere, erwähnenswert ist vor allem der Holzmarkt, ebenfalls besetzt von bedeutenden Anwesen, wie dem Salzstadel oder dem großen Patrizierhof der Familie Ströhlin.

Weitere markante Bauwerke sind das Rathaus von 1503 am südöstlichen Marktplatz und das daneben liegende alte Rathaus, ein Fachwerkbau von 1432, sowie der daran anschließende Gebäudekomplex des 1258 gegründeten Spitals. Das weitere östliche Stadtgebiet, die einstige Spitalvorstadt, hat bis heute den Charakter einer Vorstadt behalten: Hier findet sich ein weitmaschiges Straßennetz, relativ einfache Bebauung, viele Scheunen aber keine Patrizierhäuser. Am Fuße des Gigelbergs im Westen der Stadt liegt die Siedlung der Weber, deren Häuser gewölbte Weberkeller besitzen.

2

Im modernen Stadtbild ist das Oval der historischen Altstadt deutlich ablesbar: Die Stadtbefestigung ist vor allem im Südwesten und Westen, wo sie einen Teil des Gigelbergs mit einschließt, gut erhalten mit dem weißen Turm, der Hochwacht und dem Gigelturm, verbunden mit der Stadtmauer, die stellenweise noch ihren Wehrgang und den vorgelagerten Graben aufweist. Den nördlichen, westlichen und

3

südlichen Rand der Altstadt markieren der Bismarck- und der Zeppelinring. Hier waren wie in vielen Städten nach Aufgabe der Stadtbefestigung und Verfüllung der Gräben großzügige Promenaden entstanden, inzwischen eine stark befahrene Ringstraße, besetzt mit klassizistischen und gründerzeitlichen, inzwischen auch zahlreichen zeitgenössischen Bauten. Den eindrucksvollsten Zugang von dort in die Altstadt bildet das Ulmer Tor im Osten. SKP

1 Der Marktplatz mit dem Rathaus
2 Giebelständige Bürgerhäuser am Marktplatz mit der Simultankirche St. Martin im Hintergrund
3 Weberberggasse in Richtung Norden

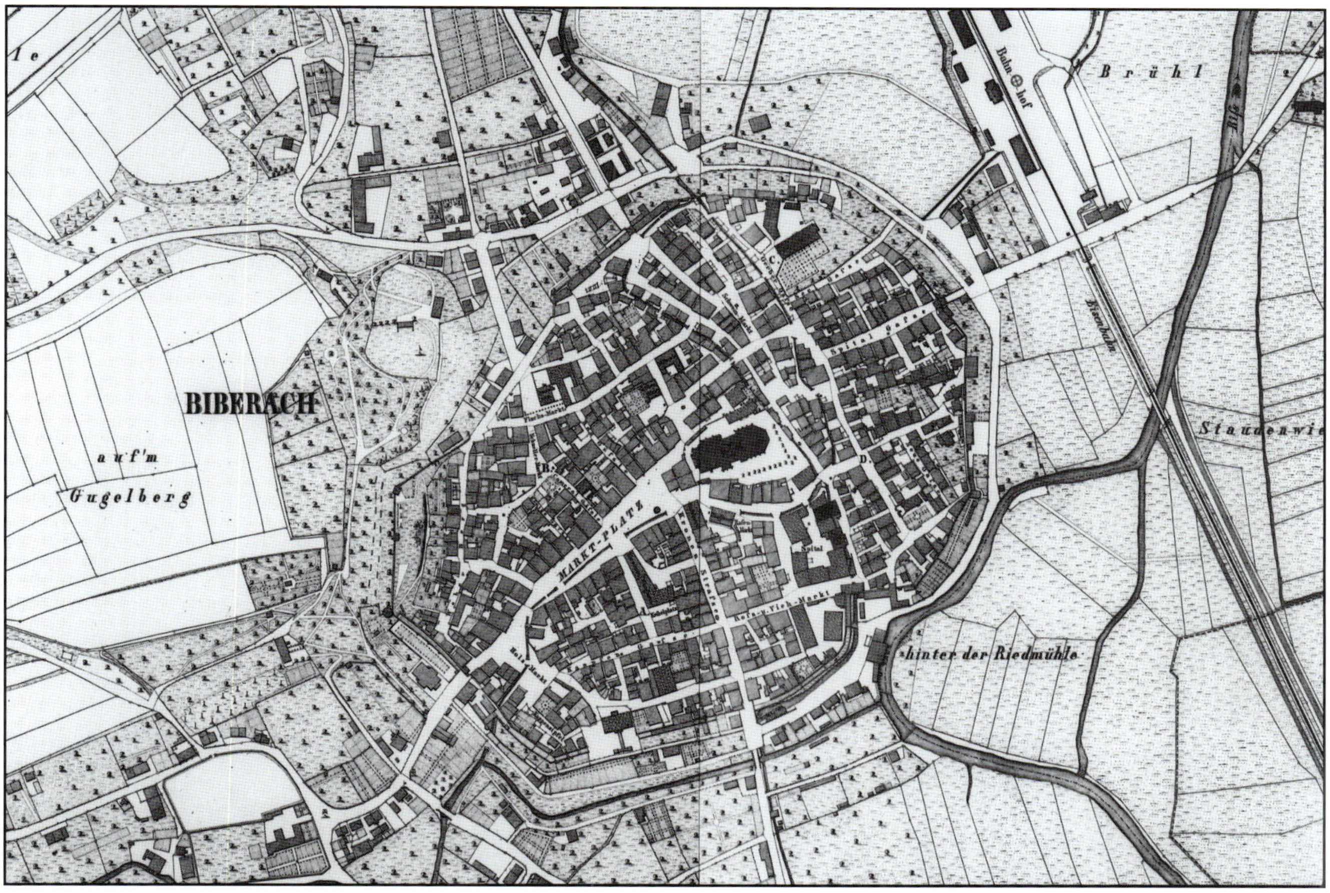

Ausschnitt aus der württembergischen Flurkarte, Stand 1827

Luftbild von 2007

Bietigheim-Bissingen
Landkreis Ludwigsburg, Regierungsbezirk Stuttgart

1

Bietigheim in seiner Randlage zum Großraum Stuttgart ist als geschlossener historischer Stadtkern erhalten geblieben. An den Ausläufern des Stromberges gelegen, schmiegt

2

sich die Altstadt an eine Hangkante der Metter bzw. Enz an. Die Siedlung im Altsiedelland des unteren Neckars wurde erstmals 789 urkundlich erwähnt. Im Mittelalter hatten mehrere Herrschaften Besitz. Unter anderem existierte auch eine Burg, die sich heute nur noch in der gekrümmten Straßenführung rund um Stadtkirche und Kelter ablesen lässt. Seit dem 13. Jh. spielten die Württemberger zunehmend die wichtigste Rolle im Ort, der 1364 zur Stadt erhoben wurde.

Zentrale Achse ist die Hauptstraße, die vor der Anlage des Marktplatzes am Rathaus im 16. Jh. auch als Markt diente. Von ihr zweigen leiterartig die Nebenstraßen nach Norden ab. In prominenter Lage entlang der Hauptstraße entwickelte sich eine eng gereihte, giebelständige Bebauung. In den Nebenstraßen überwiegt dagegen die offene Bauweise als Beleg der ehemals ackerbürgerlichen Wirtschaftsstruktur, die mit dem Weinanbau bis zum 18. Jh. als Erwerbszweig dominierend war. Von der einstigen Befestigung, die teilweise im 19. Jh. niedergelegt wurde, sind beträchtliche Abschnitte überliefert, vor allem an der Front zur Metter hin, wo Wohngebäude die Mauer überbauten. Vor den Mauern entwickelten sich seit

3

dem 15./16. Jh. kleinere Vorstädte, die teilweise erhalten sind. Mehrere Stadtbrände im 17. und 18. Jh. veränderten das Stadtbild, zuletzt auch der Brand von 1921, der eine Marktplatzerweiterung zur Folge hatte.

Die Bebauung der Altstadt zeigt Bauten des 15.–19. Jhs.. Aus der Masse der teils mit massivem Erdgeschoss versehenen Fachwerkhäuser ragen bemerkenswerte Beispiele hervor, wie die alte Lateinschule von 1476, das Hornmoldhaus von 1536 oder weitere repräsentative Fachwerkbauten des 16. Jhs. in der

4

Schieringer Straße. Die Häuser sind teilweise verputzt, teilweise in ihrem Schmuckfachwerk heute freigelegt. Dominanten im Stadtbild sind das Schloss, das stattliche Rathaus sowie die Pfarrkirche. Von Bedeutung für die Stadtsilhouette ist auch der Enzviadukt der Eisenbahn aus der Mitte des 19. Jhs., der außerhalb des Stadtkerns liegt.

Die Stadtanlage und das Stadtbild Bietigheims bezeugen anschaulich und nachvollziehbar die Geschichte und Entwicklung einer altwürttembergischen Landstadt.

Seit 1982 steht die Gesamtanlage unter Denkmalschutz. MH

1 Dreieckiger Marktplatz in Stadtmitte
2 Fachwerkbauten in der Schieringer Straße
3 Schloss und Bürgerbauten in der Hauptstraße
4 Rathaus des frühen 17. Jhs.

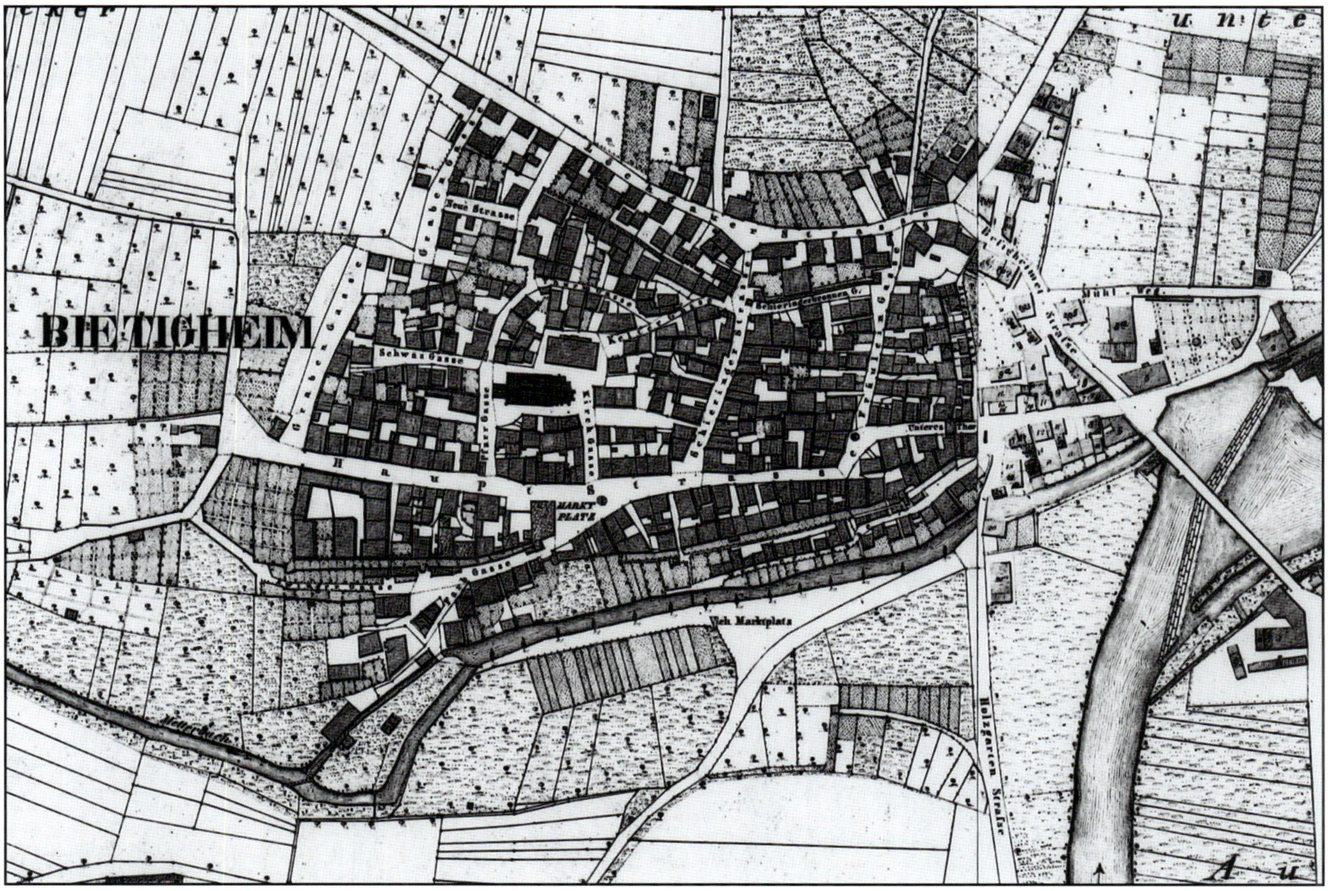

Ausschnitt aus der württembergischen Flurkarte, Stand 1832

Luftbild von 2007

Blaubeuren

Alb-Donau-Kreis, Regierungsbezirk Tübingen

1

Die Stadt Blaubeuren liegt in dem tief in die Flächenalb eingeschnittenen Tal der Urdonau, das heute von der großen Karstquelle des Blautopfes an, der Blau als vorgegebenes Flußbett dient. Das schon früh als Verkehrsweg benutzte Tal umläuft den Höhenzug des Rucken, der zusammen mit den Steilabfällen der Alb bis in die jüngste Zeit die natürliche Grenze für die Entwicklung der Siedlung bildete.

2

Begrenzt wird das urspr. Stadtgebiet durch die Aach im Osten, das Klosterareal im Norden und die Albhänge im Westen, wogegen die südliche Grenze gegen die freie Ebene des Tales verläuft. Die breiten Hauptstraßenzüge der Stadt bilden ein schiefes Kreuz innerhalb eines unregelmäßigen Fünfeckes. Im Schnittpunkt der Hauptstraßen liegt der fast quadratische Marktplatz, der durch das südlich gelegene Rathaus dominiert wird.

Blaubeuren weist noch heute eine deutliche Trennung zwischen der bürgerlichen Siedlung und dem Klosterbereich auf. Gegen 1085 wurde das urspr. auf der Albhochfläche bei Egelsee gegründete Benediktinerkloster an den Blautopf verlegt und mit Mönchen aus Hirsau besetzt. Die bürgerliche Gemeinde Blaubeurens hatte sich südlich des Klosters an der von Ulm herführenden Straße entwickelt. Der seit 1159 neben dem Kloster entstehende Markt, der um die Mitte des 13. Jh. von den Pfalzgrafen von Tübingen das Stadtrecht erhielt, begann mit planmäßigem Ausbau und Befestigung die Rechte des Klosters zu schmälern. 1447 kam Blaubeuren an Württemberg. Die Kernstadt war mit einem einfachen Mauerring befestigt, der nur wenige Türme und drei Tore besaß. Von der Stadtbefestigung, die vor 1267 errichtet wurde, sind heute noch einzelne Elemente, wie der sog. Diebsturm, überliefert.

Nördlich an die ummauerte Bürgerstadt schließt sich das Klosterareal an, das mit seiner heutigen Bausubstanz auf die Klostererneuerung des 15. Jhs. zurückgeht und mit der Klosterkirche eine wesentliche bauliche Dominante der Stadt bildet. Der nördlich des Klosters anschließende Mühlenbereich bestimmt durch seinen eigenen geschlossenen Charakter den Quellursprung der Blau. Innerhalb der bürgerlichen Stadt bilden die Stadtpfarrkirche (1343 erstmals erwähnt) am südöstlichen Rand der Altstadt, gemeinsam mit dem Spital (um 1420) sowie das sog. Große Haus

3

(1429) und das Rathaus (im Ursprung 1425) stadtbildprägende Situationen.

Die Bauweise innerhalb der Stadt, die sich nur entlang der Hauptachsen und in der östlichen Hälfte des Stadtareals als geschlossene historische Bebauung zeigt, wird an den Hauptachsen durch giebelständige Bauten geprägt, wogegen an den Nebengassen die traufständige Anordnung überwiegt. Auffallend sind die an historischen Gebäuden häufig wiederkehrenden Eckerker.

Seit 2010 ist Blaubeuren Gesamtanlage. MN

1 Blautopf mit Blick auf das Klosterareal und Mühle
2 Rathaus mit Marktplatz
3 Blick auf das Badhaus

Ausschnitt aus der württembergischen Flurkarte, Stand 1827

Luftbild von 2007

Bräunlingen
Schwarzwald-Baar-Kreis, Regierungsbezirk Freiburg

1

Bräunlingen liegt am Ostrand des Schwarzwalds, an der Einmündung des Röthenbachs in die Breg. Die ursprüngliche Siedlung südöstlich der heutigen Stadt geht in die Zeit der alamannischen Landnahme im 5. Jh. zurück. Die dort errichtete St. Remigiuskirche, zunächst Eigenkirche des Klosters Reichenau, war von 799 bis 1694 Pfarrkirche von Bräunlingen. Östlich dieser Siedlung stand eine Turmhügelburg.

Im 13. Jh. verlegte der Ortsherr seine Burg auf die Anhöhe „Auf dem Buck" im Westen der heutigen Altstadt. Die Ummauerung und Erschließung des Stadtgebietes erfolgten wohl noch vor Übergang Bräunlingens von Fürstenberg an Habsburg im Jahr 1305. 1358 erhielt die Stadt das Marktrecht.

Von der einstigen Ortsburg haben sich keine aufgehenden Reste erhalten, Geländestrukturen und Terrassenmauern geben aber Hinweise auf ihre frühere Ausdehnung. Der Staffelgiebelbau des Reichenauer Kelnhofs (heute Kelnhof-Museum) wurde um 1570, nach Aufgabe der Burg, errichtet.

Die Stadtanlage ist trotz wiederholter Brände (zuletzt 1913) gut überliefert. Das Stadtgebiet war von einer doppelten Ringmauer mit dazwischen liegendem Graben umgeben. Die innere Mauer ist zum größten Teil in den Rückwänden der äußeren Häuserreihen erhalten. Die anschließenden Gärten lassen deutlich den ehem. Grabenbereich erkennen; in den Gartenmauern finden sich Teile des äußeren Mauerrings.

2

Von den ursprünglich vier Stadttoren ist das Mühltor erhalten geblieben (1904/05 umgestaltet). Der Torturm bildet den östlichen Abschluss der Zähringerstraße, der früheren Marktstraße, die die Altstadt im Norden durchzieht. Im Westen gabelt sich die Achse unterhalb der ehem. Ortsburg und bindet an ältere Wegeverbindungen an. Der Straßenraum wird von der Turmfassade der kath. Pfarrkirche Unserer Lieben Frau beherrscht, die im Süden angrenzt (1881–1884 an Stelle der Kirche von 1694 erbaut). Auch die Kirchstraße, der östliche Abschnitt der Ringstraße, weist einen platzartigen Straßenraum auf. Mehrere durch ihre Funktion und Gestaltung hervorgehobene Bauten haben hier ihren Standort, u. a. das Rathaus (bis 1669 Wohnhaus), das gegenüberliegende ehem. Wohnhaus des

3

Schultheißen (1773) und die sog. Stockburg (1667 umgebaut), einer von vier Lehnshöfen, die sich in diesem Bereich befanden.

Die traufständigen zwei- bis dreigeschossigen Ackerbürgerhäuser mit Wohn- und Wirtschaftsteil unter einem steil geneigten Dach gehen häufig ins 16./17. Jh. zurück. Meist bilden sie geschlossene Reihen. Die geräumigen Vorplätze der Anwesen sind heute Teil des Straßenraums.

Mit der klar ablesbaren Stadtumgrenzung und seinem historischen Baubestand hat Bräunlingen in hohem Maße den Charakter einer ehem. Ackerbürgerstadt bewahrt. ER

1 *Der östliche Abschnitt der Zähringerstraße mit der Stadtpfarrkirche*
2 *Das Mühlentor Richtung Kirchstraße und Sommergasse*
3 *Blick in die Zähringerstraße von Westen*

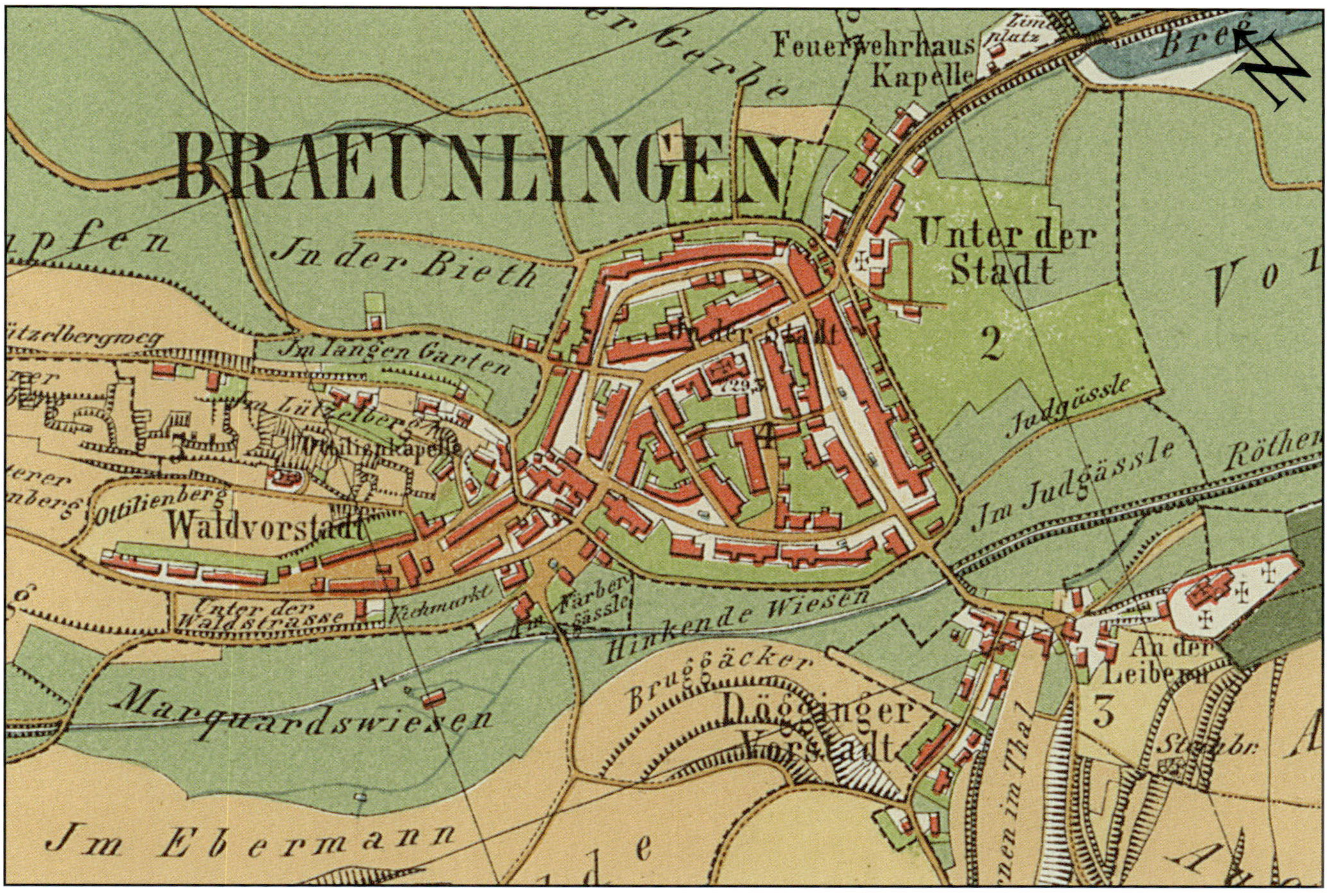

Ausschnitt aus dem badischen Gemarkungsatlas, Stand 1881

Luftbild von 2007

Breisach am Rhein

Landkreis Breisgau-Hochschwarzwald, Regierungsbezirk Freiburg

1

Die Oberstadt von Breisach liegt weithin sichtbar auf einem steil aus der Rheinniederung emporragenden lang gestreckten Vulkanfelsen, der seit der Bronzezeit dauerhaft bewohnt ist. Ein römisches Kastell nahm im 4. Jh. die Südhälfte des „mons brisiacus“ ein. Im 10. Jh. war Breisach Münzstätte der Herzöge von Schwaben, danach kam es an das Hochstift Basel. Ab 1185 teilten sich der Basler Bischof und der Staufer Heinrich VI. die Besitzrechte; gemein-

2

sam gründeten sie die Stadt auf dem Bergrücken. Herzog Bertold V. von Zähringen, der 1198 Rechte in Breisach erhielt, ließ im Norden den Donjon der Burg errichten. Um die Wende vom 12. zum 13. Jh. wurde im Süden mit dem Bau des Stephansmünsters begonnen. 1275 bestätigte König Rudolf von Habsburg das Stadtrecht, Breisach wurde Reichsstadt. Zu dieser Zeit dürfte die regelmäßige Anlage des Straßensystems erfolgt sein. Als einzige Schiffslände zwischen Basel und Straßburg und wichtiger Rheinübergang zwischen dem Breisgau und dem Elsaß war Breisach von hoher wirtschaftlicher und strategischer Bedeutung. 1330 kam die Stadt an Österreich, im Dreißigjährigen Krieg an Frankreich. Ab 1665 baute Vauban Breisach zur stärksten Festung am Oberrhein aus. Österreich, ab 1700 wieder im Besitz der Stadt, ließ 1743 die Festungswerke und die Bauten der Burg schleifen. 1793 wurde die Oberstadt durch französische Revolutionstruppen beschossen; die Klöster, das Rathaus und die meisten Bürgerhäuser gingen verloren. Der Wiederaufbau erfolgte nur in bescheidenem Umfang. 1945 wurden Ober- und Unterstadt durch Beschuss fast vollständig zerstört.

Der Verlauf der mittelalterlichen Befestigung der Oberstadt ist an der topographischen Situation und erhaltenen Mauerzügen deutlich ablesbar. Auch der mittelalterliche Grundriss der Stadtanlage ist weitgehend erhalten geblieben. Eine breite Marktstraße, die Radbrunnenallee, durchzieht als Mittelachse das lang gestreckte Oval der Oberstadt und verbindet den Münsterplatz im Süden des Stadtfelsens mit dem durch einen Halsgraben abgesetzten Burgbezirk im Nordosten. Dazwischen erhebt sich inmitten des Straßenraums, über dem Stadtbrunnen, der Radbrunnenturm. Die Längsachse wird im Osten von einer, im Westen von zwei Parallelstraßen begleitet; in der Mitte und an den Enden sind sie durch kurze Quergassen verbunden. Von den zerstörten Bürgerhäusern des 16. – 18. Jhs. sind Mauerreste und Portalgewände in die Gartenmauern des nur locker bebauten Stadtgebietes integriert. Drei Tore - das Specktor und das Windbruchtor an der Südauffahrt zum Münster,

3

das Kapftor im Nordwesten, am Zugang zum Burgbezirk – schließen die Stadtanlage ab. Bedeutendstes Bauwerk ist das Stephansmünster, dessen gotischer Chor und ungleiche Chorflankentürme zusammen mit dem Radbrunnenturm die eindrucksvolle Stadtsilhouette prägen.

Seit 1959 steht die Gesamtanlage unter Denkmalschutz. ER

1 Blick vom Eckartsberg auf den Münsterberg
2 Das Rheintor der Vauban'schen Festungswerke
3 Der Radbrunnenturm

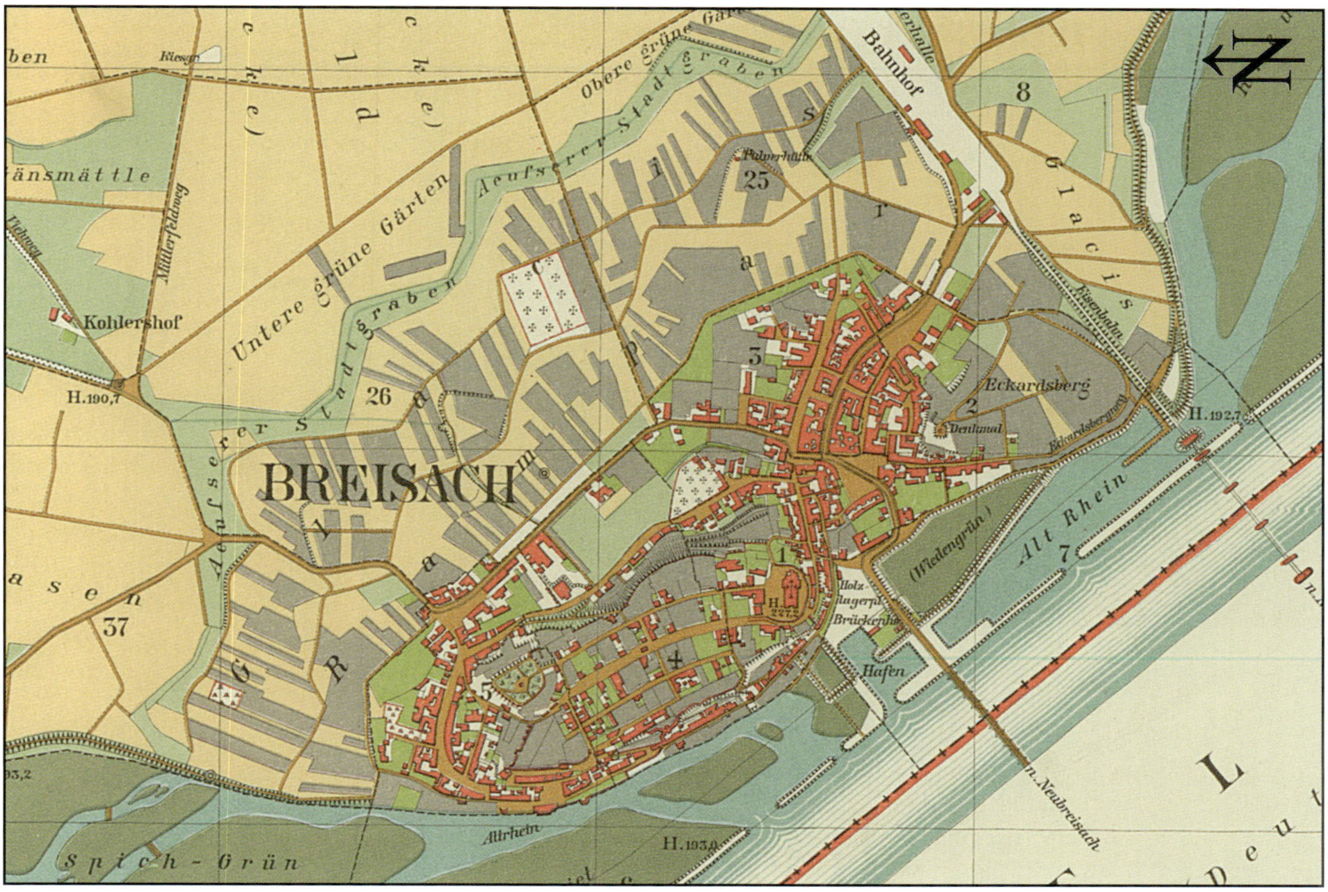

Ausschnitt aus dem badischen Gemarkungsatlas, Stand 1894

Luftbild von 2007

Bruchsal-**Heidelsheim**
Landkreis Karlsruhe, Regierungsbezirk Karlsruhe

1

Der 770 erstmals im Codex Laureshamensis des Klosters Lorsch erwähnte Siedlungskern „Heidolfesheim" wird im Nordwesten der heutigen Stadtanlage vermutet. Im Reichssteuerverzeichnis wird Heidelsheim bereits 1241 als Reichsstadt genannt. 1311 kam Heidelsheim in Besitz der Grafen von Vaihingen, die es 1326 an die Markgrafen von Baden verpfändeten.1333/46 löste die Kurpfalz das Pfand aus. Um die Mitte des 14. Jhs. wird Heidelsheim neben Heidelberg und Bretten als eine der bedeutendsten Städte der rechtsrheinischen Kurpfalz benannt. Im Kraichgau führt die Lage der Reichsstadt an der strategisch wichtigen Handelsstraße vom Rheintal durch das Saalbachtal nach Südosten zu häufigen Belagerungen und Bränden. Nach Zerstörungen im Dreißigjährigen Krieg wurde Heidelsheim 1689 von den Franzosen erneut in Brand gesetzt. Nach wechselnden Besitzverhältnissen fällt die Stadt 1803 durch Aufhebung der Kurpfalz endgültig an Baden, wo sie zum Oberamt Bruchsal gehört.

2

3

Die im breiten Tal des Saalbaches gelegene befestigte Altstadt des 13. Jhs. weist einen gut erhaltenen, nahezu ovalen Ortsgrundriss auf, der im 14. Jh. nach Westen erweitert wurde. Zentrum der Neustadt ist der weiträumige Marktplatz mit dem auf das Jahr 1699 datierten Marktbrunnen. Auf dem Platz wurde Gericht gehalten. Zwei Führer des Bauernaufstandes wurden 1525 hier hingerichtet. Die vom Platz ausgehenden Straßenzüge führten ursprünglich zu den drei Toren der Neustadt. Das Wendeltor, das Kappentor und das Bruchsaler Tor wurden 1833 auf Abbruch versteigert und mit Teilen der Stadtmauer abgetragen. Ein weiteres, für Fußgänger bestimmtes „Törle" befand sich bei der Lutherischen Kirche (1733–1764). Reste des noch vorhandenen Stadtgrabens wurden erst 1876 eingeebnet. Nutzgärten vor der erhaltenen südlichen Stadtmauer zeigen bis heute anschaulich den Verlauf des Grabens und der Zwingeranlage. Das einzige erhaltene Stadttor ist das Rathaustor zwischen der Altstadt und der Neustadt. Der mittelalterliche Torturm wurde 1774 abgebrochen und durch einen Turm mit schiefgedeckter Haube und Laterne ersetzt. Zwei Wehrtürme der Stadtbefestigung sind überliefert, der Katzenturm und der mit einem neuen Spitzhelm versehene Diebsturm. In der Altstadt prägt die Liebfrauenkirche das Ortsbild. Der 1553 errichtete gotische Chor der Pfarrkirche diente bis in die jüngste Zeit den Katholiken als Andachtsraum. Das neugotische Langhaus (1906) wird von den Protestanten genutzt.

Bürgerhäuser und Hofanlagen des 18. und 19. Jhs., häufig mit einem älteren Kern, bestimmen heute das Ortsbild der ländlichen Kleinstadt. Erst gegen Ende des 18. Jhs. wuchs die Bebauung nennenswert über den Mauergürtel der Altstadt und der Neustadt hinaus.

Seit 2006 steht die Gesamtanlage unter Denkmalschutz. AV

4

1 Landschaftliche Eingebundenheit des Ortes in die Kraichgauer Hügellandschaft
2 Das ehem. Rathaus mit Blick auf das Stadttor von 1774
3 Brunnen, im Hintergrund das Stadttor
4 Ev. Kirche von 1906

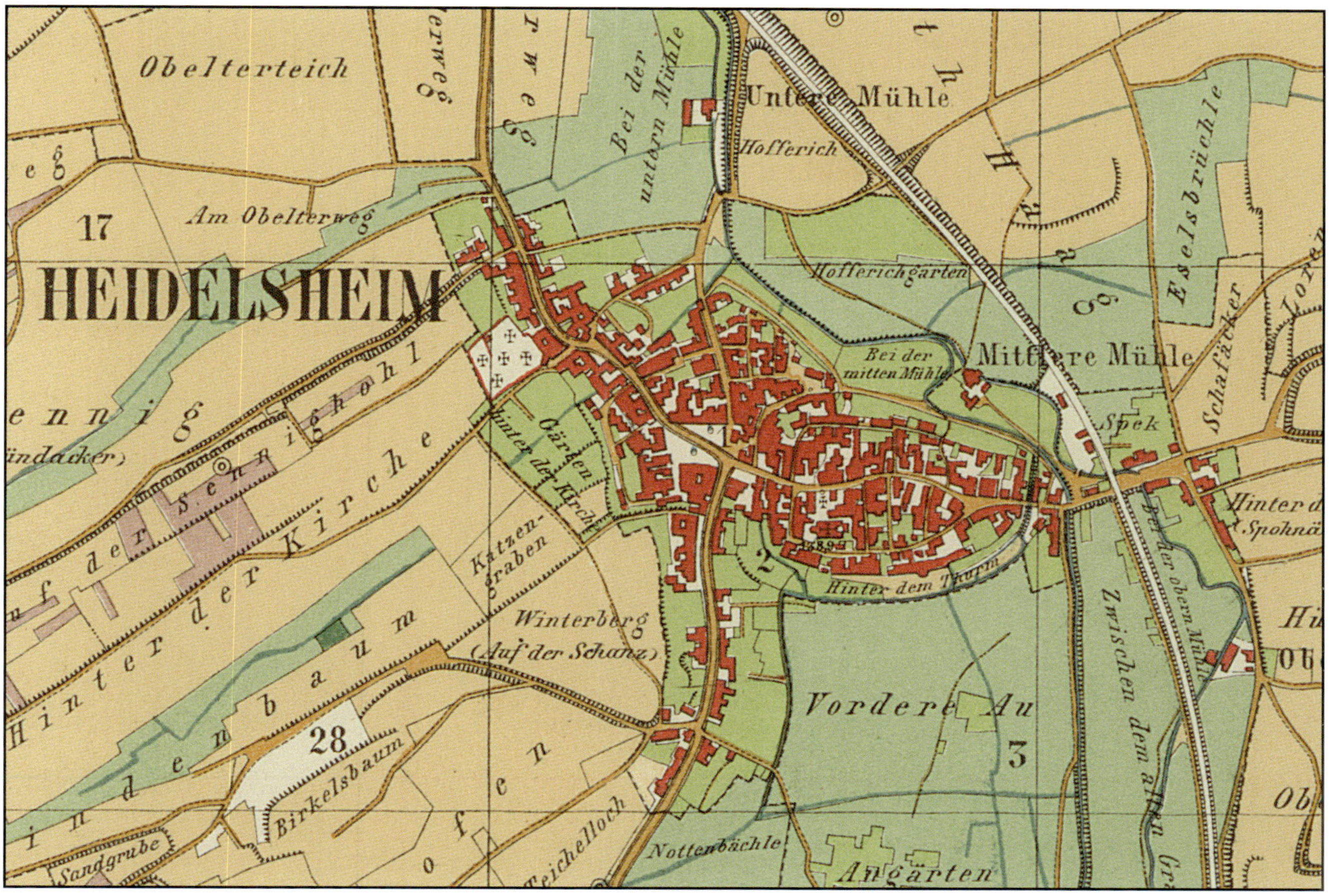

Ausschnitt aus dem badischen Gemarkungsatlas, Stand 2. Hälfte 19. Jh.

Luftbild von 2007

Bruchsal-**Obergrombach**
Landkreis Karlsruhe, Regierungsbezirk Karlsruhe

1

Der bis heute dörflich geprägte, kleinräumliche Kernbereich des Ortes liegt halbkreisförmig unterhalb der ausgedehnten Burganlage, die den Sporn des Bergrückens aus Muschelkalk herrschaftlich dominiert. Ihre Entstehung reicht wohl noch ins 13. Jh. zurück, ihr Ausbau erfolgte vornehmlich seit 1311, als sie in den Besitz des Speyrer Bischofs gelangte. Der in stattlichen Überresten erhaltenen Stadtmauer verdankt der Ort seine erstmals 1337 erwähnte Bezeichnung Stadt, die bis 1803 der kleinste Amtssitz des Hochstifts war, bevor der Ort badisch wurde und 1978 nach Bruchsal eingemeindet wurde.

Die historische Torsituation markiert heute das 1778 erbaute neue Rathaus. Die Burggasse und platzartig erweiterte Brunnengasse sind geprägt von dicht stehenden, spitzgiebeligen Anwesen, aus denen die ehem. Burgkapelle St. Martin mit ihrem Dachreiter herausragt, die um die Mitte des 15. Jhs. ausgemalt wurde und ihre letzte Ausstattung im Zuge der Nutzung als Synagoge (1848–1920) für die ehemals bedeutende jüdische Gemeinde erhielt.

Die den Ort malerisch überragende Burganlage gliedert sich in den Ruinenbereich der oberen, im Pfälzischen Erbfolgekrieg 1689 zerstörten Burg mit ihrem viergeschossigen Palas und mehreren Türmen, darunter dem 25 m hohen Bergfried. Innerhalb der Ringmauern steht auch der langgestreckte südorientierte Baukörper des noch bewohnten Unteren Schlosses, dessen Entstehung in die Barockzeit zurückreicht, als die Anlage als Sommersitz der Speyrer Bischöfe diente. Das Erscheinungsbild des Gesamtensembles ist durch historisierende Veränderungen wie z. B. Staffelgiebel und Zinnen im 19. Jh. im Sinne der damaligen Burgenromantik stilistisch umgedeutet worden. RL

3

4

2

1 Die zuletzt im 19. Jh. von der Familie Bohlen und Halbach zum Schloss ausgebaute Burganlage
2 Das ehem. Rathaus aus der Barockzeit
3 Blick auf die Stadt
4 Kath. Kirche St. Martin von 1844

Ausschnitt aus dem badischen Gemarkungsatlas, Stand 1876

Luftbild von 2007

Calw

Landkreis Calw, Regierungsbezirk Karlsruhe

1

Calw liegt im nördlichen Schwarzwald und erstreckt sich mit seinen Vorstädten in einer Talaue zu beiden Seiten der Nagold. Die Kernstadt hat trotz der Zerstörungen des 17. Jhs. ihren mittelalterlich geprägten Stadtgrundriss bewahren können.

Die Burg Calw wurde Mitte des 11. Jhs. von den Grafen von Calw auf einem Hügel im Nordwesten der späteren Stadt gegründet. Unterhalb der Burg entstand ein Burgweiler, südlich davon wurde im 13. Jh. durch Graf Gottfried III. die Stadt Calw gegründet. Im Jahr 1308 erwarb Graf Eberhard I. eine Hälfte der Stadt von den Grafen von Berg-Schelklingen, nach 1345 kaufte Graf Ulrich III. die zweite, an das Haus Zweibrücken übergegangene Stadthälfte für Württemberg hinzu.

Die schon früh befestigte, mit Stadtmauer, Zwinger und Zwingermauer umgebene Kernstadt bildet im Grundriss ein Rechteck, das durch zwei parallel zum Fluss verlaufende und mit Querverbindungen versehene Hauptstraßen (Marktplatz mit Altburger- sowie Lederstraße) gekennzeichnet ist. Von den ehemaligen Befestigungsbauten und Stadttoren hat sich nur der Diebsturm erhalten.

Die Stadt war umgeben von mehreren, ebenfalls befestigten Vorstädten, so von der nördlich der Kernstadt gelegenen Altburger- oder Oberen Vorstadt und der bis zur Nagold reichenden Unteren Vorstadt, der südlich der Kernstadt anschließenden Äußeren Vorstadt (Badstraße) sowie auf der rechten Nagoldseite von der Bischof-Vorstadt.

Die Stadt wurde im Verlauf des Dreißigjährigen Krieges 1634 sowie im französischen Erbfolgekrieg 1692 ein zweites Mal annähernd vollständig zerstört. Beim letzten Wiederaufbau wurden die in der Regel giebelständigen Fachwerkgebäude mit massivem Untergeschoss über vielfach älteren Kellern wieder aufgerichtet. Als Charakteristikum der Handelsstadt hatten etliche der neuen Gebäude über hohem, geschäftlich genutztem Sockelgeschoss ein niederes, meist als Lager genutztes Zwischengeschoss.

2

3

Dominierende historische Gebäude im heutigen Stadtbild sind die ev. Stadtkirche am Marktplatz, der Diebsturm, das Rathaus am Marktplatz sowie das heutige Hermann-Hesse-Museum. Außerhalb der Kernstadt sind bemerkenswert unterhalb des Schießbergs das Georgenäum, an der Nagold die Nikolaus-Bogenbrücke mit Brückenkapelle sowie in der Bischof-Vorstadt das Haus Vischer und das Steinhaus.

4

Der Bau der Schwarzwaldbahn (1872) sowie der Nagoldtalbahn (1874) hat mit den umfänglichen Erdbewegungen massiv in das Stadtbild der Bischof-Vorstadt eingegriffen. Trotz baulicher Veränderungen Ende des 20. Jhs. hat sich Calw im Bereich der Altstadt und den Vorstädten anschaulich seinen historischen Charakter bewahrt. UB

1 *Marktplatz mit Rathaus (1673–1726) und Unterem Marktbrunnen*
2 *Bischofstraße mit Palais Fischer (1787–1791)*
3 *Nikolausbrücke mit Kapelle (um 1400)*
4 *Ev. Stadtkirche mit giebelständigen Fachwerkbauten*

Ausschnitt aus der württembergischen Flurkarte, Stand 1835

Luftbild von 2007

Donaueschingen
Schwarzwald-Baar-Kreis, Regierungsbezirk Freiburg

1

Die Stadt am Ursprung der Donau kam schon 1488 in den Besitz der Fürstenberger. Die regelmäßige Anlage im östlichen Teil des Stadtkerns und die dort versammelten herrschaftlichen Bauten gehen aber im Wesentlichen auf die rege Bautätigkeit nach 1723 zurück, als Fürst Joseph Wilhelm Ernst seine Residenz von Stühlingen nach Donaueschingen verlegte.

Schloss und Stadtkirche bilden den Kern dieser neuen Stadtanlage. Die ehem. Hofkirche wurde – weithin sichtbar – auf dem Quellhügel der Donau errichtet. Von Süden, jenseits der Brigach kommend, führt die Josefstraße auf sie zu und mündet dort in die von Westen nach Osten verlaufende Achse der Karl- bzw. Fürstenbergstraße.

2

3

4

In der Josef- und in der Karlstraße ist die städtebauliche Anlage des 18. Jhs. mit ihrer traufständigen zweigeschossigen Bebauung deutlich ablesbar. An der Haldenstraße, die von Westen auf den Haupteingang des Schlossparks zuführt, sind die stattlichen barocken Walmdachbauten des Fürstlich Fürstenbergischen Archivs und der Hofbibliothek (urspr. Regierungsgebäude) sowie das ehem. Rentamt aufgereiht. Der sog. Neubau, als Wohnkomplex für die fürstlichen Beamten errichtet, liegt der Brigachbrücke gegenüber und beherrscht den Postplatz. Nördlich von Schloss und Schlosspark sind weitere Bauten der Residenz gruppiert: die rechteckige Anlage des Karlsplatzes mit dem Bau der F. F. Sammlungen und der Gebäudekomplex des fürstlichen Reitstalls an der Fürstenbergstraße.

Schloss und Schlosspark bilden einen eigenen Bezirk. Das Grundkonzept des Parks geht auf das frühe 19. Jh. zurück, als das sumpfige Gelände zwischen Brigach und Breg in eine künstliche Landschaft mit ausgedehnten Wasserflächen umgewandelt wurde. Das heutige malerische Erscheinungsbild der Anlage mit Weihern, ausgedehntem Wegenetz, zahlreichen Denkmälern, dem Brunnenrondell der Donauquelle u. a. m. ist vor allem das Ergebnis umfassender Um- und Neugestaltungen im späten 19. Jh. Am Rande des Parks liegen das Gesellschaftshaus bzw. Museum und die Neue Orangerie.

Der östliche Teil des Stadtkerns mit Schloss und Schlosspark vermittelt damit ein anschauliches Bild vom Ausbau Donaueschingens zur Residenzstadt der Fürsten von Fürstenberg im 18. und 19. Jahrhundert.

Seit 1996 steht die Gesamtanlage unter Denkmalschutz. ER

1 Fürstlich Fürstenbergisches Schloss im Schlosspark
2 Stadtkirche St. Johann
3 Josefstraße mit Bauten der ehem. Residenz (Villa Dolly)
4 Fürstlich Fürstenbergischer Marstall

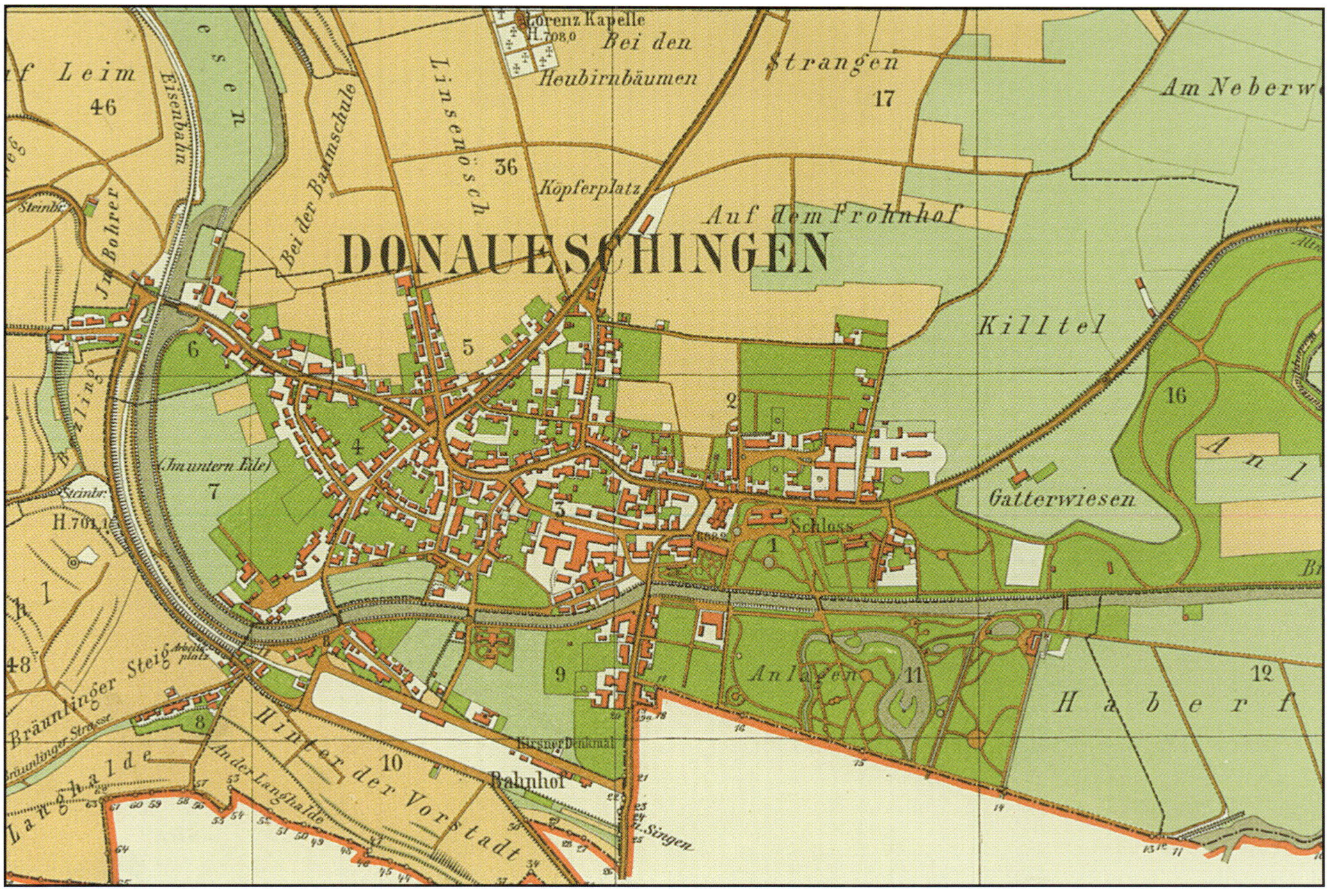

Ausschnitt aus dem badischen Gemarkungsatlas, Stand 1887

Luftbild von 2007

Dornstetten
Landkreis Freudenstadt, Regierungsbezirk Karlsruhe

1

Dornstetten liegt am Ostrand des nördlichen Schwarzwaldes, wo das Waldgebirge in eine Hochfläche mit tief eingeschnittenen Kerbtälern übergeht. Die Kleinstadt in markanter Spornlage wird vom Wiederaufbau nach dem verheerenden Stadtbrand 1676 geprägt, geht jedoch in ihrer Grundstruktur noch auf das Hochmittelalter zurück. Der Charakter einer württembergischen Landstadt mit Fachwerkhäusern des 17. und 18. Jhs. ist weitgehend bewahrt. Nördlich schließt sich außerhalb der Kernstadt eine jüngere Vorstadt im leicht ansteigenden Gelände an.

Der planmäßig wirkende Stadtgrundriss kann in Zusammenhang mit der Epoche der Neugründungen der Grafen von Fürstenberg Ende des 13. Jhs. gesehen werden. 1276 wird Dornstetten als Stadt urkundlich erwähnt. Die Stadtanlage wird durch den unregelmäßig lang gestreckten Felssporn mit nord-südlicher Orientierung bestimmt, dessen Kontur die großenteils erhaltene mittelalterliche Ummauerung folgt. Sie zeigt zwischen den ehemaligen Stadttoren im Norden und Süden drei fast parallele Straßenzüge. Die Stadtbefestigung bestand aus einer inneren und äußeren Ringmauer mit ursprünglich 12 bis 14 Befestigungstürmen.

Zentrum der Stadt bilden der Marktplatz und der ehemals durch eine riegelartige Bebauung davon getrennte Kirchplatz vor der schon 1267 erwähnten Pfarrkirche St. Martin (Wiederaufbau 1490). Der im Kern mittelalterliche Turm der Kirche mit offener Erdgeschosshalle erhielt 1838 seinen charakteristischen Helm mit Umgang, das weithin sichtbare Wahrzeichen Dornstettens.

2

Die Westseite des geräumigen Marktplatzes wird durch das Ende des 17. Jhs. entstandene Rathaus und das wenig jüngere, frühere Gasthaus zum Ochsen bestimmt, beides giebelständige Fachwerkhäuser auf massiven Unterbauten. Renaissancefenster im Untergeschoss des Rathauses deuten auf Wiederverwendung von Substanz aus der Zeit vor dem Stadtbrand hin. Den Markt mit seinem 1743 erneuerten Brunnen säumen Bürgerhäuser mit teilweise freigelegten zwei- oder dreistöckigen Fachwerkfassaden. Im Stadtzentrum erhebt sich zwischen Markt- und Kirchplatz das frühere Schulhaus (1893). Das Bild der Hauptstraße prägen mehrere große Fachwerkhäuser mit heute großenteils freigelegten Giebelfassaden. In den beiden seitlichen Straßenzügen überwiegt im südlichen Stadtteil die Traufständigkeit.

3

Den Brand von 1676 hat die so genannte Vogtei unmittelbar an der Nordwestecke der Stadt weitgehend überstanden, ein steilgiebeliges Haus mit gotischem Portal und Obergeschossen aus Fachwerk, die 1668 in Stand gesetzt wurden.

Der Vogtei entsprechen an der Nordostecke des Berings der frühere Fruchtkasten und die Zehntscheune. Der westliche Steingiebel des Fruchtkastens stammt noch vom 1625 errichteten Ursprungsbau von Heinrich Schickhardt. W

1 Blick auf die Stadtanlage auf dem Bergsporn von Osten
2 Südseite des Marktplatzes mit Marktbrunnen
3 Badgasse, Blick nach Norden zum Turm der Martinskirche

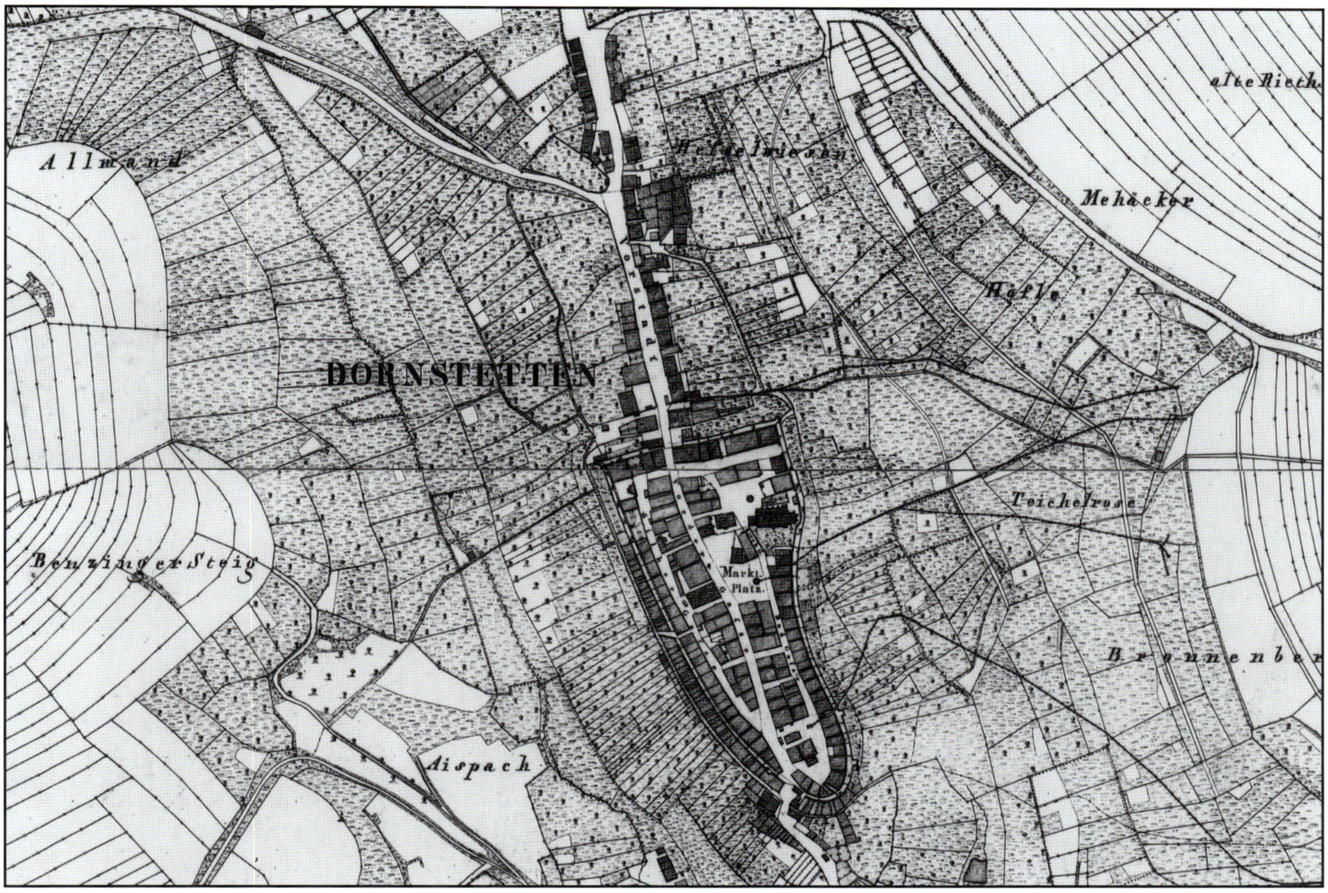

Ausschnitt aus der württembergischen Flurkarte, Stand 1836

Luftbild von 2007

Eberbach
Rhein-Neckar-Kreis, Regierungsbezirk Karlsruhe

1

Eberbach liegt im Buntsandsteingebiet des Odenwalds am Neckarufer zwischen den scharf eingeschnittenen Tälern von Itter und Holderbach sowie den Talsenken um den Ohrsberg, einen ehemaligen Umlaufberg des Neckars.

2

Dürftig sind die Zeugnisse aus der Zeit vor der Stadtgründung, die um 1230 anzusetzen ist. Mit ziemlicher Sicherheit gab es ein Dorf im Bereich der heutigen kath. Kirche am Fuß des Ohrsbergs, das etwas über dem Niveau der staufischen Stadtgründung am Neckarufer lag. Zwischen 1297 und 1410 wurde die Stadt abwechselnd an verschiedene Herren verpfändet, kam dann an Pfalz-Mosbach, 1499 an Kurpfalz und 1806 an Baden. Seit dem Stadtbrand von 1340 blieb Eberbach von Zerstörungen weitgehend verschont.

Das Eberbacher Siedlungsbild mit seinem trapezförmigen Grundriss kommt dem Idealbild einer geplanten Stadt sehr nahe. Haupt- und Kellereistraße bilden zwei, dem Fluss parallele Längsachsen, die Seitengassen schaffen eine Leiterstruktur. Von der Stadtbefestigung, seit 1241 im Bau, sind vier Türme erhalten, die Tortürme wurden im 19. Jh. abgebrochen. Die Stadtmauer ist weitgehend überbaut, aber entlang der Neckarfront und der Weidenstraße noch sichtbar. Seither dürfte sich das Straßennetz der Altstadt kaum noch verändert haben.

Die bürgerliche Wohnbebauung der Altstadt lässt sich teilweise noch ins 15. Jh. zurückverfolgen. Die ältesten Gebäude finden sich in der Oberen und Unteren Badgasse, Hallgasse, Haupt- und Kellereistraße. Das Badhaus in der Unteren Badstraße 26/28 als seltener Vertreter dieses Bautyps datiert auf das Jahr 1467(d). Das Kraft'sche Haus Kellereistraße 12 von 1510 zeigt allseitig vorkragende Stockwerke und einen archaisch anmutenden Schwebgiebel an der Gebäuderückseite. Ein beeindruckendes Ensemble bieten Pfarrhof 1/3, der Bettendorfsche Hof von 1563, und Pfarrgasse 9, das Feuerstein'sche Haus von 1427(d) mit Anbau von 1570, beide auf der Stadtmauer errichtet.

3

4

Von den städtischen Plätzen beeindruckt besonders der Alte Markt. Das ehemalige Rathaus von 1823, der „Karpfen" von 1804, ein Fachwerkhaus von etwa 1530 und ein klassizistisches Wohnhaus dominieren den Platzraum. Heumarkt und Kornmarkt sind kleinere Plätze innerhalb der Altstadt. Der Neue Marktplatz mit dreieckigem Grundriss gehört bereits zur Vorstadt und ist im Zuge einer Stadterweiterung Ende des 16. Jhs. entstanden.

Die kath. Kirche, ein Neubau von 1780, ist im Fernbild der Stadt durch hoch aufragende Doppeltürme mit barocken Hauben präsent. Dominant im Weichbild der Stadt ist die ev. Kirche von 1836 am Neuen Markt, an der Ecke von Haupt- und Bahnhofstraße. UFD

1 Die Gesamtanlage von Süden
2 Pulverturm und Thalheimsches Haus an der Friedrichstraße
3 Blick auf die Stadtanlage
4 Ansicht des Pfarrhofs von Osten

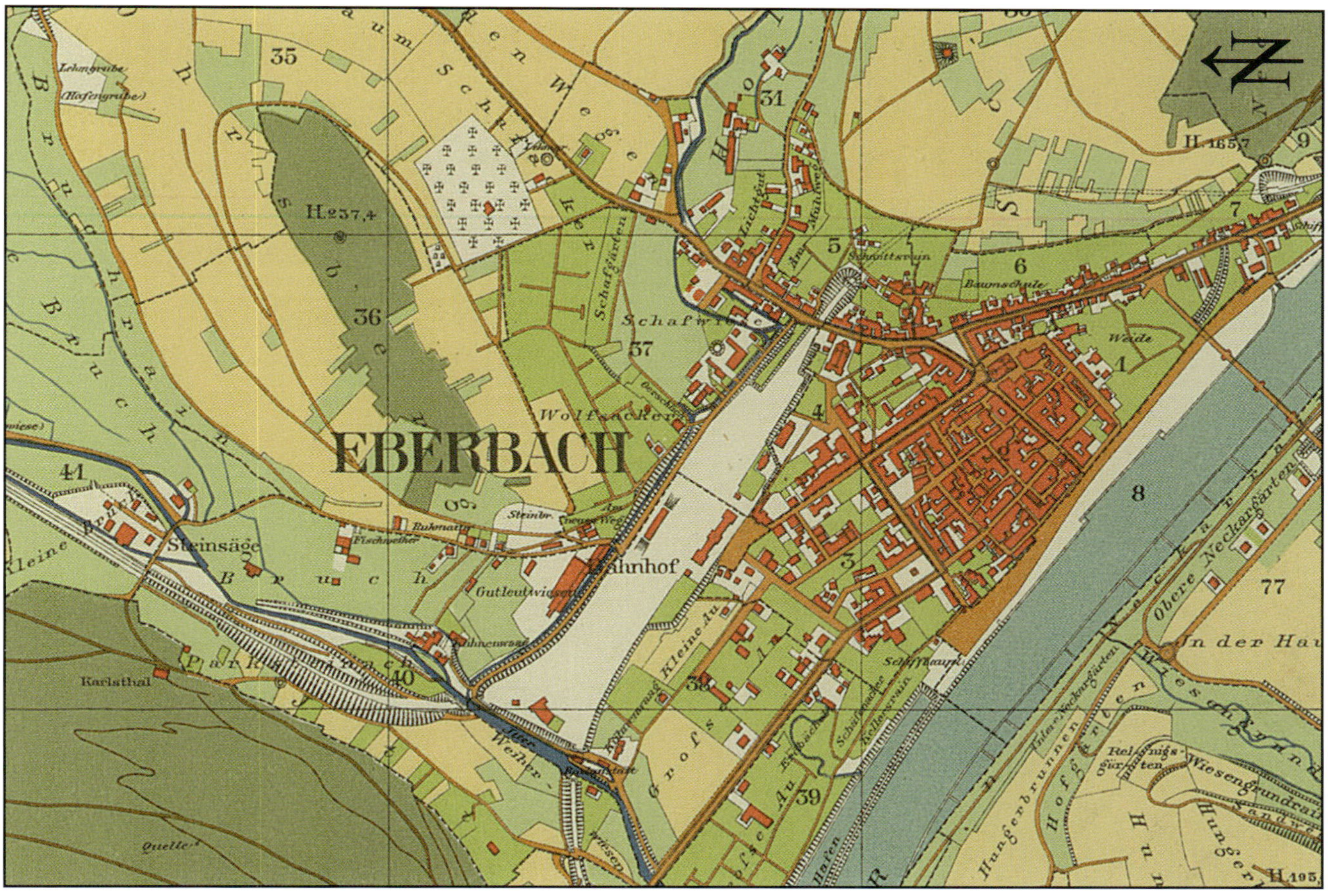

Ausschnitt aus dem badischen Gemarkungsatlas, Stand 1889

Luftbild von 2007

Ellwangen
Ostalbkreis, Regierungsbezirk Stuttgart

Ellwangen liegt am Oberlauf der Jagst am Rand der Ellwanger Berge. Die Gründung eines Benediktinerklosters im Jahr 764 bringt die erste archivalische Nennung des Ortes und ist Anfangspunkt der jahrhundertelangen Dominanz geistlicher Herren in der Stadtgeschichte. Das aufblühende Reichskloster gibt Anlass zu einer Siedlungsentwicklung. Einfluss auf den Grund- und Aufriss der Stadt hat die 1460 erfolgte Umwandlung in ein Chorherrenstift mit einem Fürstprobst an der Spitze: Zum einen bilden sich im Umkreis der Klosterkirche zahlreiche Stiftsherrenhäuser, die die Struktur und Gestalt des historischen Stadtkerns bis heute prägen. Zum anderen entwickelt sich aus der mittelalterlichen Burg oberhalb der Stadt ein das Stadtbild beherrschendes Residenzschloss. Ein weiterer wichtiger Punkt in der Stadtgeschichte ist die Ansiedlung der Jesuiten ab 1611, die unter anderem für den Bau einer Ordenskirche, eines Kollegiums, eines Gymnasiums sowie der Wallfahrtskirche auf dem Schönenberg verantwortlich zeichnen. Im 18. Jh. wird Ellwangen Zug um Zug zu einer barocken Residenz umgebaut. Dies dokumentiert den Machtanspruch der Fürstpröbste, denen der Titel eines Reichsfürsten zustand. Die Säkularisation 1802/03 setzt einen Wendepunkt in der in hohem Maße von der Geistlichkeit beeinflussten Stadtgeschichte.

Die spätromanische Klosterkirche der Benediktiner sowie die barocke Jesuitenkirche mit dem davor liegenden großen Marktplatz sind Kernpunkt der Siedlung und städtebauliche Dominanten. An sie lagern sich halbkreisförmig nach Süden und Osten stattliche Stiftsherrenhäuser an. Südlich schließt die bürgerliche Stadt auf, die sich mit repräsentativen Bauten an den alten Handelsstraßen orientiert. Hinzu kommt eine kleinteiligere, handwerklich geprägte Bebauung in Nebengassen, deren Zentrum die bürgerliche Pfarrkirche beherbergt. Die Stadtbefestigung ist am Sebastians- und am Schönen Graben mit Mauern und einem Grüngürtel erhalten. Eine bemerkenswerte planmäßige Siedlungserweiterung ist die von 1736 bis 1768 angelegte Schlossvorstadt im Osten.

Die einstige Residenzstadt Ellwangen verfügt über deutlich abgrenzbare geistig und bürgerlich geprägte Quartiere. Ihre mittelalterliche Struktur und überwiegend barocke Bebauung sowie die stadtbildbestimmenden Dominanten spiegeln die Stadtgeschichte eindrucksvoll wider.

Seit 1984 steht die Gesamtanlage unter Denkmalschutz. MH

1 Schloss und Wallfahrtskirche oberhalb von Ellwangen
2 Jesuiten- und Stiftskirche am Marktplatz
3 Breiter Straßenraum der Marienstraße, im Hintergrund die Türme der Jesuiten- und der Stiftskirche
4 Barocke Bebauung in der Spitalstraße

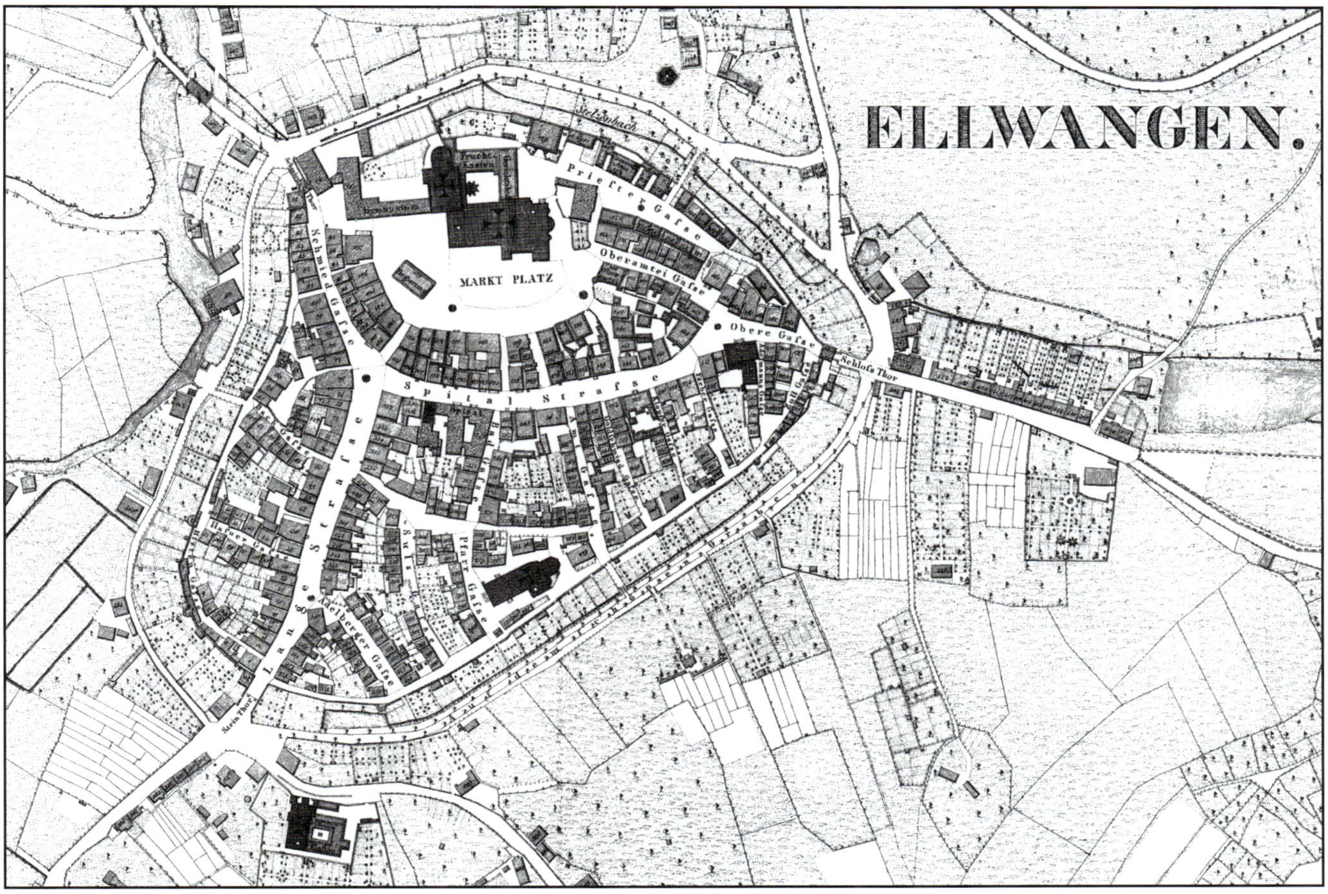

Ausschnitt aus der württembergischen Flurkarte, Stand 1829

Luftbild von 2007

Endingen
Landkreis Emmendingen, Regierungsbezirk Freiburg

1

Endingen, im nördlichen Vorland des Kaiserstuhls, 862 erstmals urkundlich erwähnt, bestand aus mehreren räumlich getrennten Gütern in klösterlichem Besitz. Als Vögte der Klöster Andlau und Einsiedeln gelangten die Üsenberger zur Herrschaft im Ort. Die Stadtgründung erfolgte vor 1286 durch Hasso IV., der Endingen zum Hauptort der oberen Herrschaft am Kaiserstuhl machte. 1379 kam die Stadt an Vorderösterreich, 1806 an Baden.

Bei der Stadtgründung wurden zwei bestehende Siedlungseinheiten in das ummauerte Stadtgebiet einbezogen: der Fronhof des Klosters Andlau mit der Peterskirche im Nordosten und der Besitz des Klosters Einsiedeln mit der Martinskirche im Westen. Ein dritter Siedlungskern blieb extra muros und fiel im 14. Jh. wüst.

Die periphere Lage der älteren Siedlungskerne prägt den Stadtgrundriss, der durch die Befestigung einen regelmäßigen Umriss erhielt. Die Ringmauer ist zum größten Teil erhalten, der Grabenbereich als unbebaute Fläche ablesbar. Die Hauptstraße, die einstige Marktstraße, durchzieht den Nordteil der Stadt in Ost-West-Richtung. Im Westen schließt das Königschaffhauser Tor (1581 erneuert) den Straßenraum ab; das Riegeler Tor im Osten wurde 1844 abgebrochen.

2

3

Im Bereich nördlich der Hauptstraße ist mit dem Üsenberger Hof, einem Fachwerkbau des ausgehenden 15. Jhs., ein bedeutender Adelshof erhalten geblieben (heute Vorderösterreich-Museum). Nach Süden zweigen von der Hauptstraße zwei breite Straßenzüge ab: Der Marktplatz im Westen wurde wohl im 16. Jh. aufgeweitet und erhielt mit dem eingestellten Kornhaus (1617; jetzt Rathaus) seine heutige Gestalt. Dieser Straßenmarkt setzt sich nach Süden mit der Martinskirchenstraße fort, an deren Westseite sich Chor und Turm der Martinskirche erheben. Vom Dielenmarkt im Osten wird das Quartier um die Peterskirche erschlossen. Am südlichen Ende der Stollbruckstraße, der Fortsetzung der Dielenmarktstraße, stand einst das dritte Stadttor, das Freiburger Tor.

Vor allem entlang der Hauptstraße und am Marktplatz wird das Stadtbild von einer geschlossenen traufständigen Bebauung aus zwei- bis dreigeschossigen Häusern mit Putzfassaden bestimmt, darunter qualitätvolle Barockbauten. Die im Kern z. T. spätmittelalterlichen Häuser sind meist im 18. oder 19. Jh. umgestaltet worden. In den Randbereichen des Stadtgebiets herrscht eine ländliche Bebauung mit Gehöften vor, die häufig in Fachwerk errichtet sind. Der Südwesten des Stadtgebiets ist bis heute nur schwach bebaut.

Die gut erhaltene Altstadt mit ihren beiden Schwerpunkten vermittelt anschaulich die regionale Herrschaftsgeschichte und die Entwicklung Endingens zur vorderösterreichischen Landstadt.

Seit 1964 steht die Gesamtanlage unter Denkmalschutz. ER

1 Marktplatz mit Kornhaus (heute Rathaus) und Turm der Martinskirche
2 Königschaffhauser Tor
3 Mittlerer Abschnitt der Hauptstraße zwischen Marktplatz und Dielenmarkt

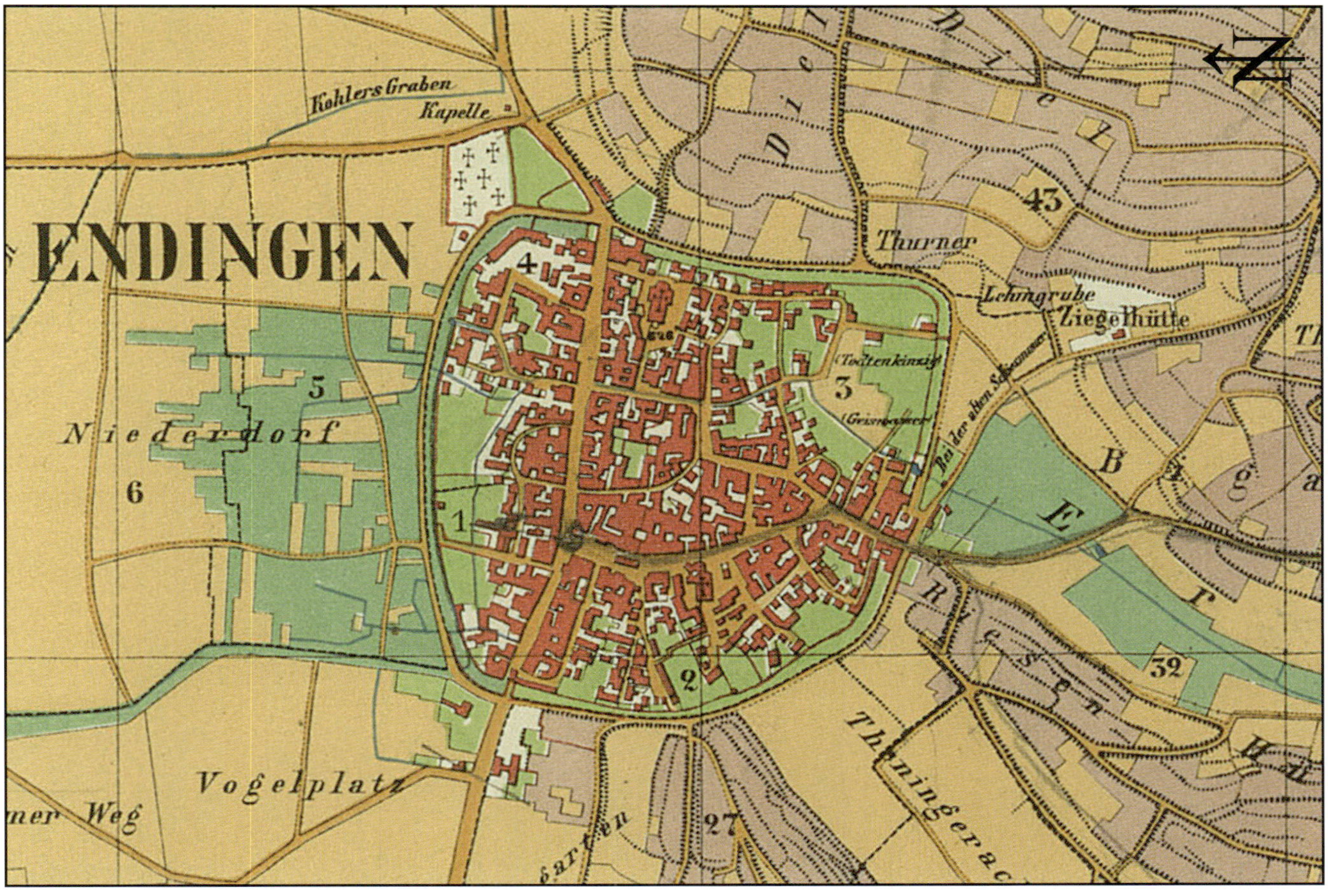

Ausschnitt aus dem badischen Gemarkungsatlas, Stand 1872

Luftbild von 2007

Engen
Landkreis Konstanz, Regierungsbezirk Freiburg

Engen liegt am Fuße des Südabbruchs der Schwäbischen Alb, in der sich gegen das Bodenseebecken öffnenden Landschaft des Hegaus. Die auf einem Geländesporn errichtete, weithin sichtbare Altstadt hat ihre spätmittelalterlich-frühneuzeitliche Prägung in wesentlichen Zügen bewahren können. Die Gründung der 1289 erstmals genannten Stadt erfolgte durch die Herren von Hewen. Der alte Handelsweg von Schaffhausen nach Rottweil und Stuttgart wurde über den Höhenrücken geführt. Im Bereich des späteren Marktplatzes bestand wohl schon ein älterer Herrenhof.

Die Kernstadt bildet ein der Topographie angepasstes, annähernd gleichseitiges Dreieck. Die Hauptstraße folgt – von Süden nach Nordosten – dem Verlauf des Geländesporns. Im nördlichen Abschnitt liegt erhöht der viereckige Marktplatz. Auf der nach Sü-

den vorspringenden Felsnase, durch einen Einschnitt abgesetzt, erhebt sich das Krenkinger Schloss. Die ehem. Burg sicherte hier den Zugang zur Stadt. Die im Kern romanische, später gotisch und barock umgestaltete Stadtkirche Mariä Himmelfahrt nimmt die nordöstliche, das Dominikanerinnenkloster St. Wolfgang, um 1300 als Beginensammlung gegründet, die nordwestliche Ecke der Stadtanlage ein. Im Norden schließt an die Kernstadt die im Spätmittelalter angelegte Vorstadt an (erste Nennung 1381). Der Hauptstraßenzug setzt sich hier fort und weitet sich zu einem großzügigen Straßenmarkt auf. Im Süden der Kernstadt und der Vorstadt zweigen von der Hauptstraße zwei ehemals zum Altdorf führende Straßen ab.

Die an der Kante des Geländeabbruchs errichtete Stadtmauer ist teils freistehend, vor allem aber in den Rückwänden von Bürgerhäusern erhalten. Diese sind überwiegend als traufständige Massivbauten aneinander gebaut und fügen sich so zu geschlossenen Straßenzügen zusammen.

Unter den Herren von Lupfen (ab 1404) und unter den Reichsmarschällen von Pappenheim (ab 1582) entstanden bis zum Dreißigjährigen Krieg stattliche Bürgerhäuser und kirchliche bzw. herrschaftliche Bauten: auf der Westseite der Hauptstraße eine Gruppe giebelständiger Gebäude (das Pfarrhaus, das ehem. Obervogteiamt, das Rentamt und das Wirtshaus zum Adler am Marktplatz), östlich der Straße, etwas

zurückgesetzt, das Rathaus und am Zugang zum Schloss das Kornhaus.

Der Straßenmarkt im Bereich der Vorstadt wird beidseits von kleinteiligerer Bebauung gesäumt. Auch hier sind einige Neu- und Umbauten des späten 16./frühen 17. Jhs. mitbestimmend, so ein herrschaftliches Beamtenwohnhaus, ein Schultheißenhaus und Kaplaneien.

Mit seiner markanten, von Schloss und Kirche dominierten Stadtsilhouette und der in hohem Maße erhaltenen historischen Bebauung ist Engen ein besonders anschauliches Beispiel der in exponierter Lage errichteten Hegauer Kleinstädte.

Seit 1980 steht die Gesamtanlage unter Denkmalschutz. ER, PW

1 Die Stadtanlage von Osten
2 Blick aus der Vorstadt auf Stadtkirche und Pfarrhaus
3 Marktplatz mit dem Wirtshaus „Zum Adler"
4 Bürgerhäuser in der Lupfenstraße

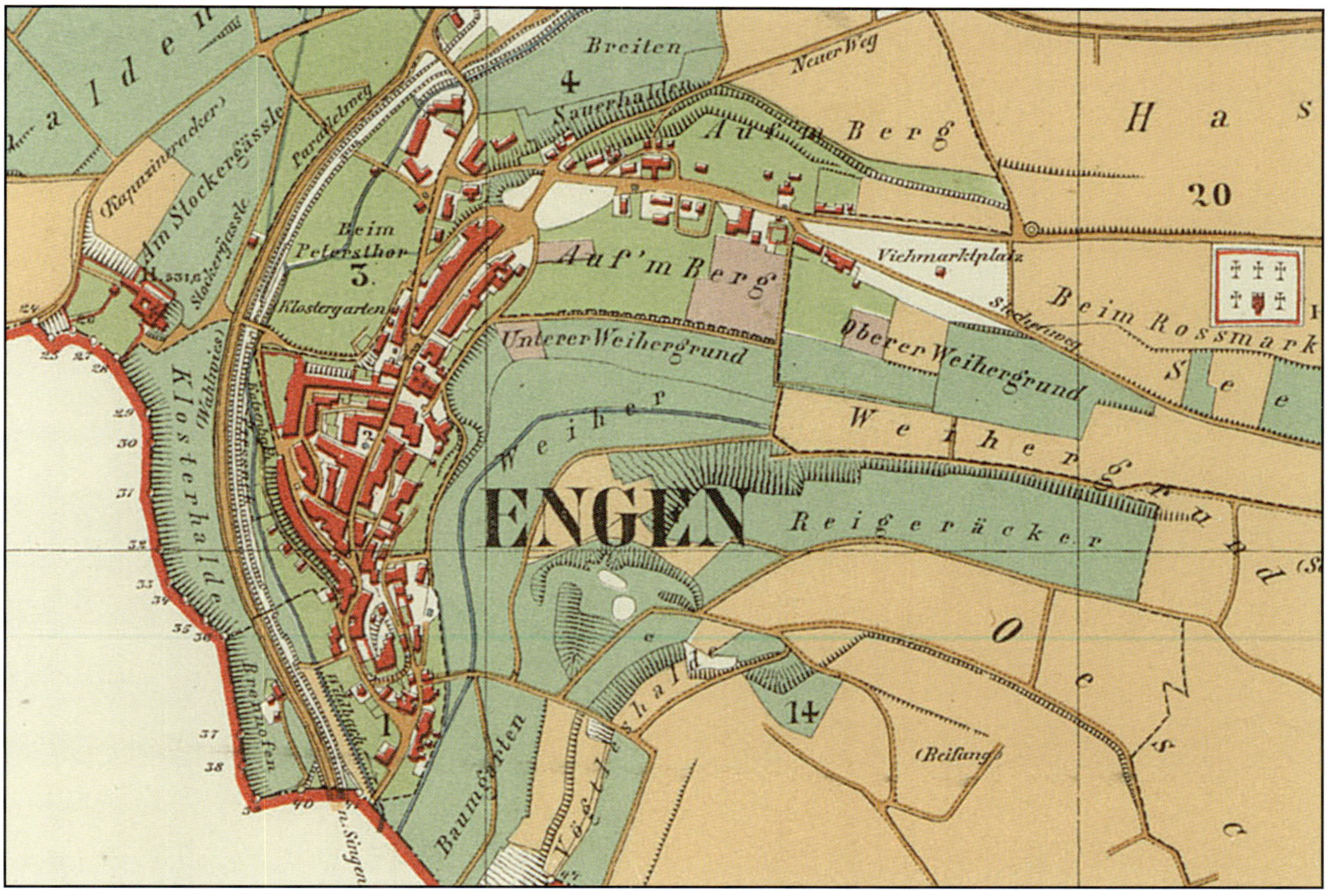

Ausschnitt aus dem badischen Gemarkungsatlas, Stand 1878

Luftbild von 2007

Eppingen
Landkreis Heilbronn, Regierungsbezirk Stuttgart

1

Eppingen liegt mitten im Kraichgau, einer fruchtbaren Lößebene, die als Altsiedelland gilt. Eine Siedlungsgründung ist demnach schon in frühmittelalterlicher Zeit anzunehmen, auch wenn der Ort erst 985 urkundlich erwähnt wurde. Das Bistum Mainz, die Salier und die Staufer wechselten sich im Mittelalter in der Besitzerfolge ab. Ende des 12. Jhs. erlangte die inzwischen angewachsene Siedlung das Stadtrecht. Zunächst konnte man sich die Reichsfreiheit sichern. 1462 fiel die Stadt aber der Kurpfalz zu, mit deren Geschichte sie nun als wichtiger Stützpunkt bis 1803 eng verbunden war.

Der Kernpunkt der Siedlung muss wohl im Bereich der erhöht liegenden Stadtkirche gesehen werden. Um diesen Kern sind die Wachstumsringe der Stadt bis zu ihrer ehemaligen Umwehrung deutlich zu erkennen. Über den eiförmigen Grundriss hinaus fand ab dem 16. Jh. eine Stadterweiterung nach Westen statt (Brettener Vorstadt). Diese Vorstadt mit einer quadratischen Grundform wurde mit einer Ummauerung an die ältere Stadt angegliedert. Eine weitere jüngere Vorstadt entwickelte sich im Nordwesten der Altstadt: Die Adelshofener Vorstadt zeigt in besonderem Maße mit ihrem geschlossenen Straßenbild mit Typengehöften des 18./19. Jhs. die landwirtschaftliche Prägung der Ackerbürgerstadt. Wichtige Impulse bekam die Stadt nochmals im 19. Jh. als Verwaltungsmittelpunkt, die ein Behördenviertel im Nordwesten des historischen Stadtkerns entstehen ließ.

2

Stadtbild beherrschend sind wie auf Merians Stich auch heute noch die spätgotische Kirche mit ihrem Turm sowie der Pfeifferturm als Rest der Stadtmauer. Das innere Bild der Stadt wird geprägt durch zahlreiche stattliche Fachwerkbauten. Die überwiegend giebelständigen Gebäude reichen teilweise in ihrer Konstruktion noch ins Mittelalter zurück, wie beispielsweise die Alte Universität, ein dreigeschossiger Fachwerkbau mit Verblattungen von 1495. Aber auch andere Epochen sind vertreten, wie mehrere Bauten mit Zierfachwerk des 16. und 17. Jhs. in der

3

4

Altstadtstraße zeigen, so dass nach zahlreichen Freilegungen die Entwicklung im Fachwerkbau in vielen Beispielen nachvollziehbar ist. Eppingen ist mit seinem sehr geschlossenen historischen Baubestand unterschiedlichster Zeitstellungen ein herausragendes Beispiel einer historisch geprägten Ackerbürgerstadt.

Seit 1983 steht die Gesamtanlage unter Denkmalschutz. MH

1 Stadtsilhouette von Südosten mit dem Turm der Stadtpfarrkirche
2 Adelshofener Vorstadt mit Typengehöften
3 Straßenbild der Altstadtstraße beim Baumannschen Haus
4 Die „Alte Universität", ein Fachwerkbau von 1495

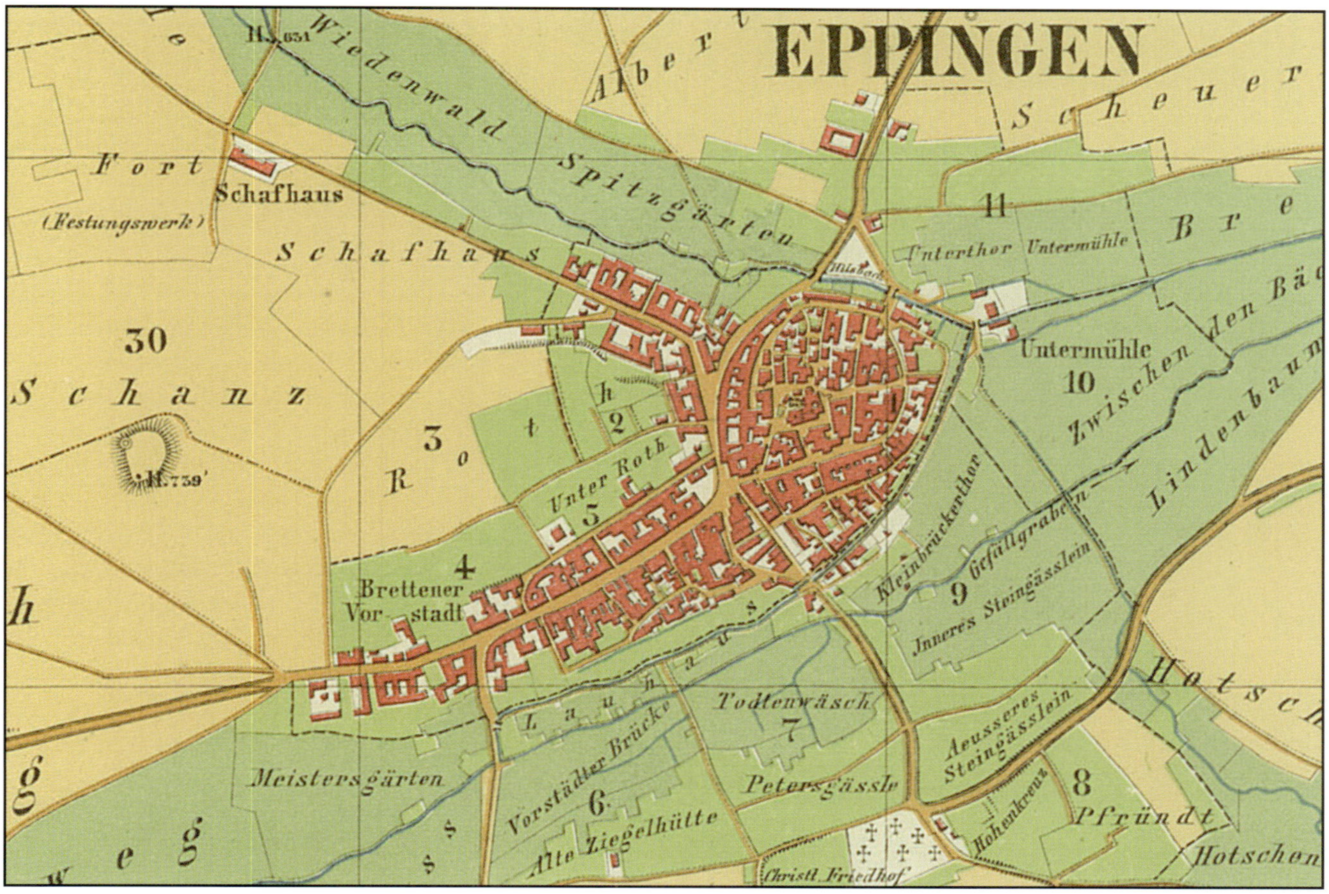

Ausschnitt aus dem badischen Gemarkungsatlas, Stand 1865

Luftbild von 2007

Esslingen

Landkreis Esslingen, Regierungsbezirk Stuttgart

1

Esslingen im dicht besiedelten Neckartal wird sowohl von der mittelalterlichen/frühneuzeitlichen reichsstädtischen Stadtbaugeschichte als auch von der besonderen Rolle im Industrialisierungsprozess Württembergs im 19. Jh. geprägt. Ältester Kern (7./8. Jh.) ist die Keimzelle um die Stadtpfarrkirche St. Dionys. Im 10./11. Jh. erstmals ummauert, wächst die Stadt durch die rasche wirtschaftliche Entwicklung nach Süden und Osten. Mit zunehmender Regelmäßigkeit des Straßengrundrisses wurde sie bis zum 12. Jh. ausgeweitet und um die Mitte des 13. Jhs. ummauert. In den Straßen- und Platzräumen, dem Parzellenzuschnitt sowie im Baubestand zeigt sich eine charakteristische Gliederung in verschiedene zeitliche Entwicklungsabschnitte, Wirtschaftszonen und damit auch eine sozialtopographische Differenzierung.

Außerhalb der staufischen Kernstadt bildeten sich schon im Mittelalter entlang der wichtigen Handelsrouten drei größere Vorstädte (Beutau-, Pliensau-, Obertorvorstadt), die ebenfalls ummauert wurden. Zahlreiche Sondergebäude, wie die Rathäuser, die drei erhaltenen Tortürme, die ehemaligen Klosteranlagen sowie in besonderem Maße die „Burg" genannte Stadtbastion haben stadtbildprägende Wirkung. Dies gilt ebenso für die Maille, eine seit dem 17. Jh. bestehende, nach dem aus Italien kommenden Malli-Spiel benannte Grünanlage sowie für die verschiedenen Neckarkanäle mit ihren beiden mittelalterlichen Bogenbrücken.

2

Die Bausubstanz Esslingens umfasst sowohl zahlreiche frühe Fachwerk- und Steinbauten des Mittelalters als auch alle anderen Epochen vom Schmuckfachwerk der Renaissance über barockes Bauen bis hin zur Auseinandersetzung der historistischen Architektur des 19. Jhs. mit der Altstadt. Sie reicht von charakteristischen Handwerker-, Weingärtner- und Händlerhäusern bis hin zu repräsentativen Bürgerpalais oder den zahlreichen Klosterpfleghöfen. Seit den 1830er Jahren setzte die frühe Industrialisierung ein, die die Stadt entscheidend veränderte. Die Stadtmauern wurden abgebrochen und die neue bauliche Entwicklung setzte an den alten Stadtkern an. Mit der Weststadt entstand auf einem charakteristisch systematischen Stadtgrundriss ein Industrieviertel mit Fabriken, Unternehmervillen sowie Arbeiterwohnhäusern. Im Osten der Stadt etablierte sich ein gehobenes Villenquartier der Jahrhundertwende mit repräsentativen Bauten.

3

4

Die mittelalterliche/frühneuzeitliche Kernstadt mit ihren Vorstädten verschmolz mit den Quartieren des 19. Jhs. zur heute überlieferten, vielschichtigen Stadtgestalt Esslingens.

Die Gesamtanlage steht seit 2001 unter Denkmalschutz. MH

1 Das alte Rathaus, ein repräsentativer spätmittelalterlicher Fachwerkbau
2 Dichte historische Bebauung im Stadtkern beim Bebenhäuser Pfleghof
3 Jugendstil und Mittelalter in direkter Nachbarschaft in der Vorstadt
4 Industriegebäude des 19. Jhs. in der Weststadt

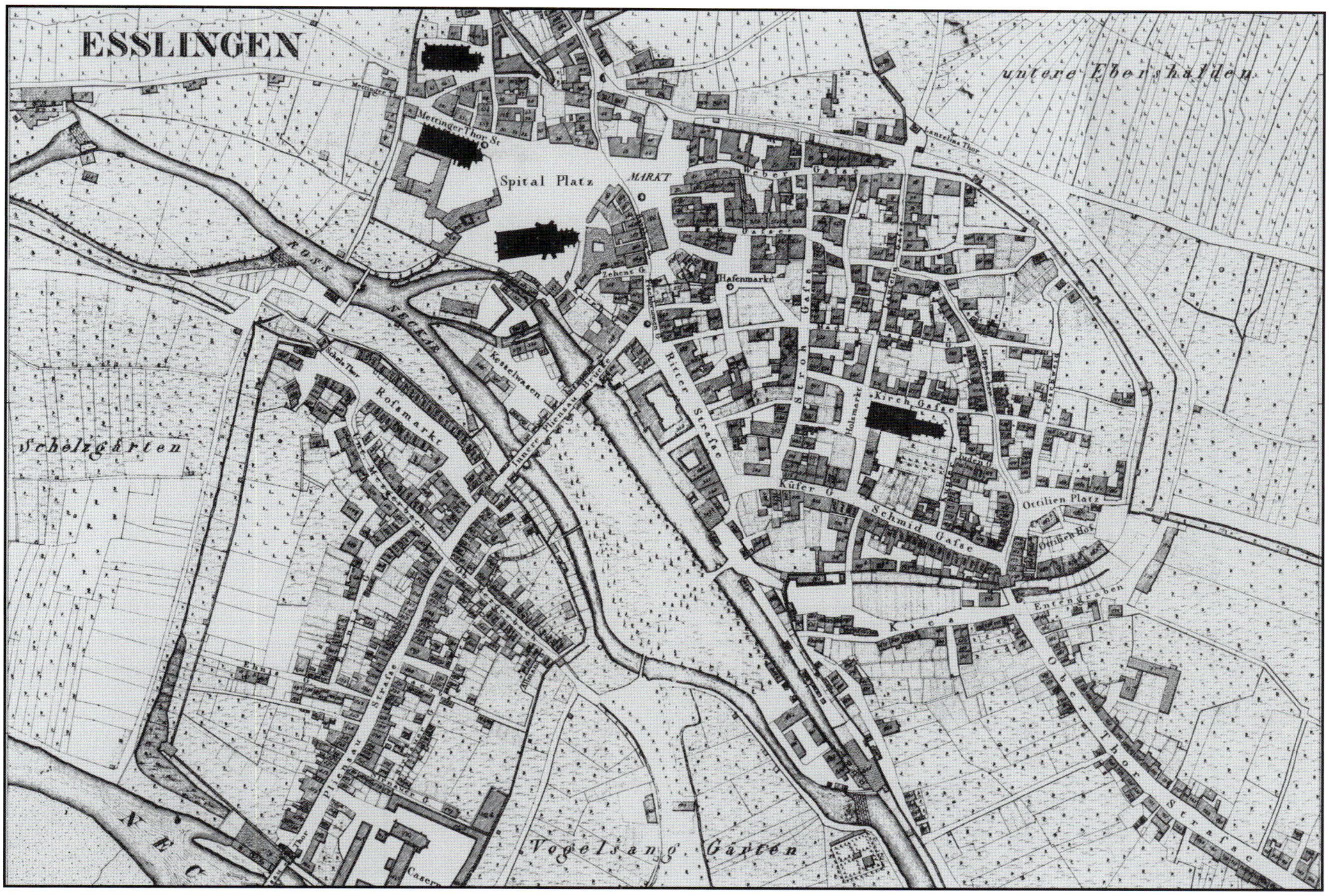

Ausschnitt aus der württembergischen Flurkarte, Stand 1824

Luftbild von 2007

Ettenheim

Ortenaukreis, Regierungsbezirk Freiburg

1

Die Stadt liegt am Talausgang des Ettenbachs aus der Vorbergzone des Schwarzwalds. Im 9. Jh. urkundlich erwähnt, war der Ort mit dem Kloster Ettenheimmünster und den Bischöfen von Straßburg verbunden. Spätestens im 13. Jh. ist Ettenheim Mittelpunkt ihrer Herrschaft rechts des Rheins. Vor 1221 erhält es das Marktrecht, vor 1304 das Stadtrecht. 1401 bis 1528 ist Ettenheim an die Stadt Straßburg verpfändet. Die Befestigung aus der Zeit der Stadtwerdung wird durch einen zweiten Mauerring verstärkt. 1637, im Dreißigjährigen Krieg, wird die Stadt bis auf wenige Gebäude niedergebrannt. Im 18. Jh. erlebt die bischöfliche Amtsstadt einen wirtschaftlichen Aufschwung; die öffentlichen Bauten werden umgestaltet oder neu errichtet. 1791–1803 ist Ettenheim Residenz des letzten Straßburger Fürstbischofs, des Kardinals Rohan, nachdem dieser seine linksrheinischen Besitzungen verlassen musste. 1802 kommt die Stadt an Baden.

Der runde Grundriss des mittelalterlichen Stadtkerns mit der Vorstadt (vor 1549) im Norden ist ungestört erhalten. Markt und Rathaus liegen mittig, Pfarrkirche und Kirchhof auf einer Erhöhung im Süden der Stadtanlage. Der Verlauf der inneren und der äußeren Befestigung des Stadtkerns ist an den heutigen Ringstraßen ablesbar.

Eine geradlinige Straßenachse, die Friedrichstraße, führt von Norden durch die Vorstadt zum Unteren Tor (1783), quert den Stadtkern im Osten und verlässt ihn durch das Obere Tor (1778) im Süden. Hinter dem Unteren Tor, am Nepomukbrunnen, zweigt eine zweite Achse zum westlichen Stadtausgang ab. Stichstraßen führen zur Stadtmitte.

2

Das Rathaus mit Volutengiebel (1757 mit älterem Kern) erhebt sich zwischen der steil ansteigenden Kirchstraße und dem Marktplatz. Dessen Westseite nimmt das Amsthaus (im Kern 16. Jh.) ein, ehem. Sitz des fürstbischöflichen Amtes. Am Ende der Kirchstraße führt eine dreiläufige Freitreppe zur hoch aufragenden spätbarocken Pfarrkirche St. Bartholomäus (1768–1771).

Dem großparzellierten Bereich im Südwesten mit ehem. herrschaftlichen Anwesen und zugehörigen Gärten mit Pavillons außerhalb des Stadtkerns steht im Südosten ein dicht bebautes kleinparzelliertes, bürgerliches Quartier gegenüber. Die Anwesen bestehen hier meist aus Vorderhäusern und rückwärtigen Wirtschaftsgebäuden auf tiefen Parzellen.

Spätbarocke und biedermeierliche Bauten, z. T. mit älterem Kern, prägen das Stadtbild. Die überwiegend trauf-, oft aber auch giebelständigen Bürger-

3

häuser weisen häufig Fachwerkobergeschosse auf.

Die mittelalterliche Stadtanlage und der gut überlieferte Baubestand des barocken Wiederaufbaus zeugen eindrucksvoll von der wechselvollen Geschichte Ettenheims und seiner baulichen Entwicklung als fürstbischöfliche Amtsstadt.

Seit 1963 steht der Altstadtkern unter Denkmalschutz, 2002 wurde die Gesamtanlage erweitert. ER

1 Die Stadtanlage von Nordosten
2 Die Kirchstraße mit der spätbarocken Pfarrkirche St. Bartholomäus
3 Torbogen am südlichen Zugang zur Altstadt

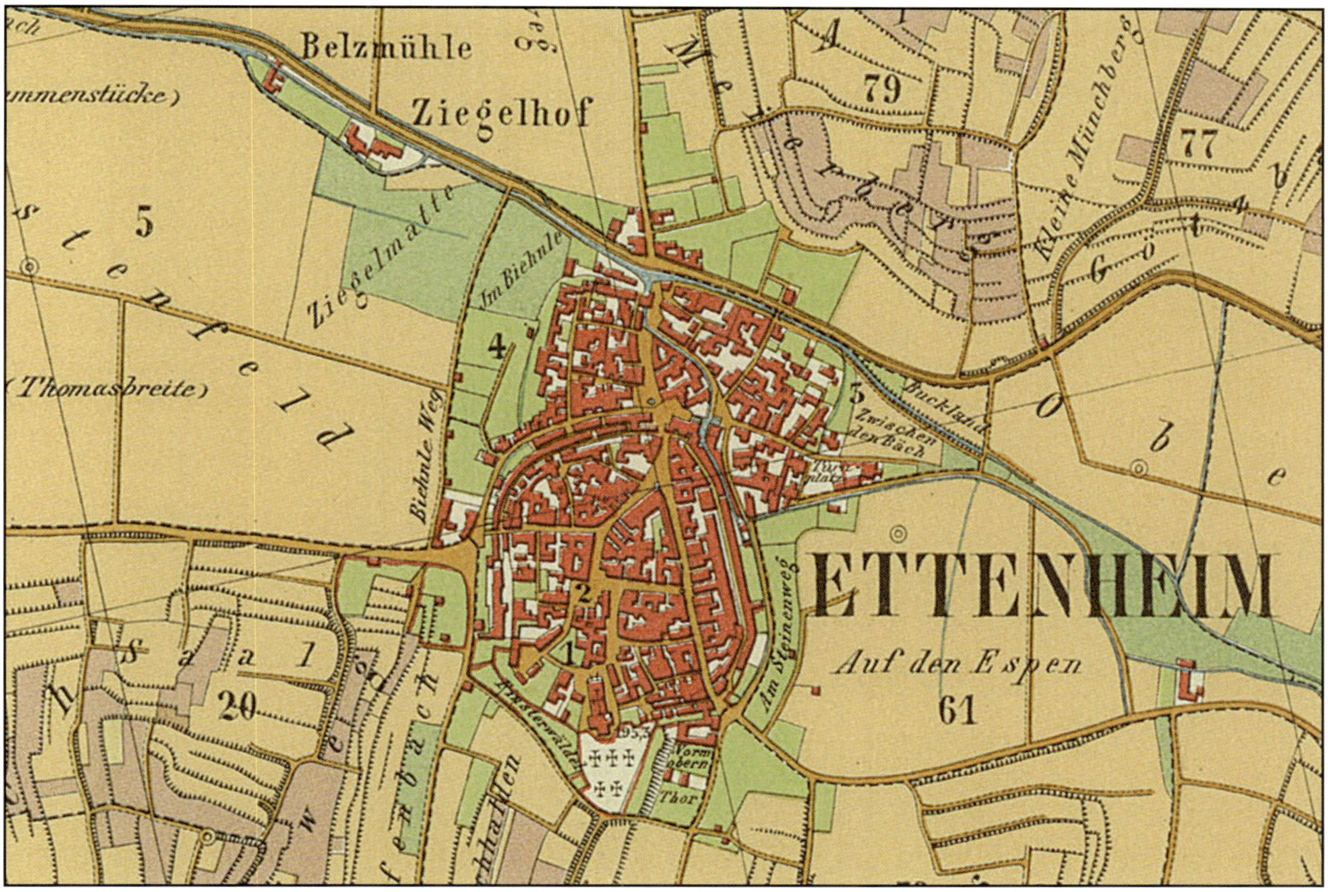

Ausschnitt aus dem badischen Gemarkungsatlas, Stand 1879

Luftbild von 2007

FORCHTENBERG
Hohenlohekreis, Regierungsbezirk Stuttgart

1

Forchtenberg entwickelte sich im 13. Jh. in Anlehnung an eine Burg der Herren von Dürn auf einem Bergsporn über den Flüssen Kocher und Kupfer. Auf der schmalen Hangterrasse entstand eine Burgsiedlung, die um 1300 ummauert und zur Stadt erhoben wurde. Nur zwei Jahrzehnte später kam Forchtenberg in hohenlohischen Besitz und wurde Amts- und Marktstadt. Die Stadt übernahm später zwar keine Residenzfunktion, erlangte aber als Kleinstadt im Kochertal eine wirtschaftliche Bedeutung.

Der Stadtkern besitzt den Grundriss eines Viertelkreises in Anlehnung an die Topographie. Oberhalb liegt die Burgruine mit den Schenkelmauern zur Stadt sowie einer mächtigen Abschnittsbefestigung. Vier Tore erschlossen früher die Stadt, von denen das Würzburger Tor ebenso wie die komplette, teilweise rekonstruierte Stadtmauer erhalten ist. Von der Hauptstraße im ummauerten Stadtkern zweigen steile Steigen ab, an denen sich eine dicht gedrängte und verwinkelte Bebauung orientiert. Eine Folge der Hanglage sind auch zahlreiche Treppen und Stützmauern in Natursteinmauerwerk. Zum Teil sind die Gebäude direkt auf die Stadtmauer aufgesetzt, besonders eindrucksvoll im Bereich der Unteren Gasse.

2

3

Die Bausubstanz reicht vom 16. bis 19. Jh. und ist in der Regel zweigeschossig mit massivem Sockel- und Erdgeschoss und Fachwerkobergeschossen. Die Fachwerktradition lebte mit historisierenden Beispielen der 1930er Jahre und der Altstadtsanierung der 1970/80er Jahre aber noch lange fort. Auffallend sind qualitätvolle Steinmetzarbeiten an den Fassadengliederungen, die die Bildhauertradition in Forchtenberg dokumentieren. Dominanten im Stadtbild sind das stattliche barocke Rathaus mit Mansarddach und die Pfarrkirche St. Michael.

Zwei vorstädtische Bereiche lagern sich an den ummauerten Stadtkern an, die eine handwerkliche und landwirtschaftliche Prägung im Baubestand erkennen lassen. Kennzeichnend für die Gesamtanlage ist auch die sehr gut erhaltene kulturlandschaftliche Einbettung mit zahlreichen Gärten im Vorfeld der Stadtmauer. Mit ihrem kleinteiligen Wegesystem, historischen Einfassungen und der Kleinstparzellierung bestimmen sie die Stadtsilhouette in besonderem Maße mit.

Forchtenberg ist ein Musterbeispiel einer Burgsiedlung in markanter topographischer Lage, die im ländlichen Raum ihren einstigen Charakter gut bewahrt hat.

4

Seit 2004 steht die Gesamtanlage unter Denkmalschutz. MH

1 Bebauung auf der Stadtmauer im Westen
2 Ehemaliger Stadteingang beim Backhaustor
3 Das Würzburger Tor, ein prachtvoller Renaissancebau von 1604
4 Krautgärten vor der Stadt mit dem barocken Gartenhaus des hohenlohischen Amtmannes

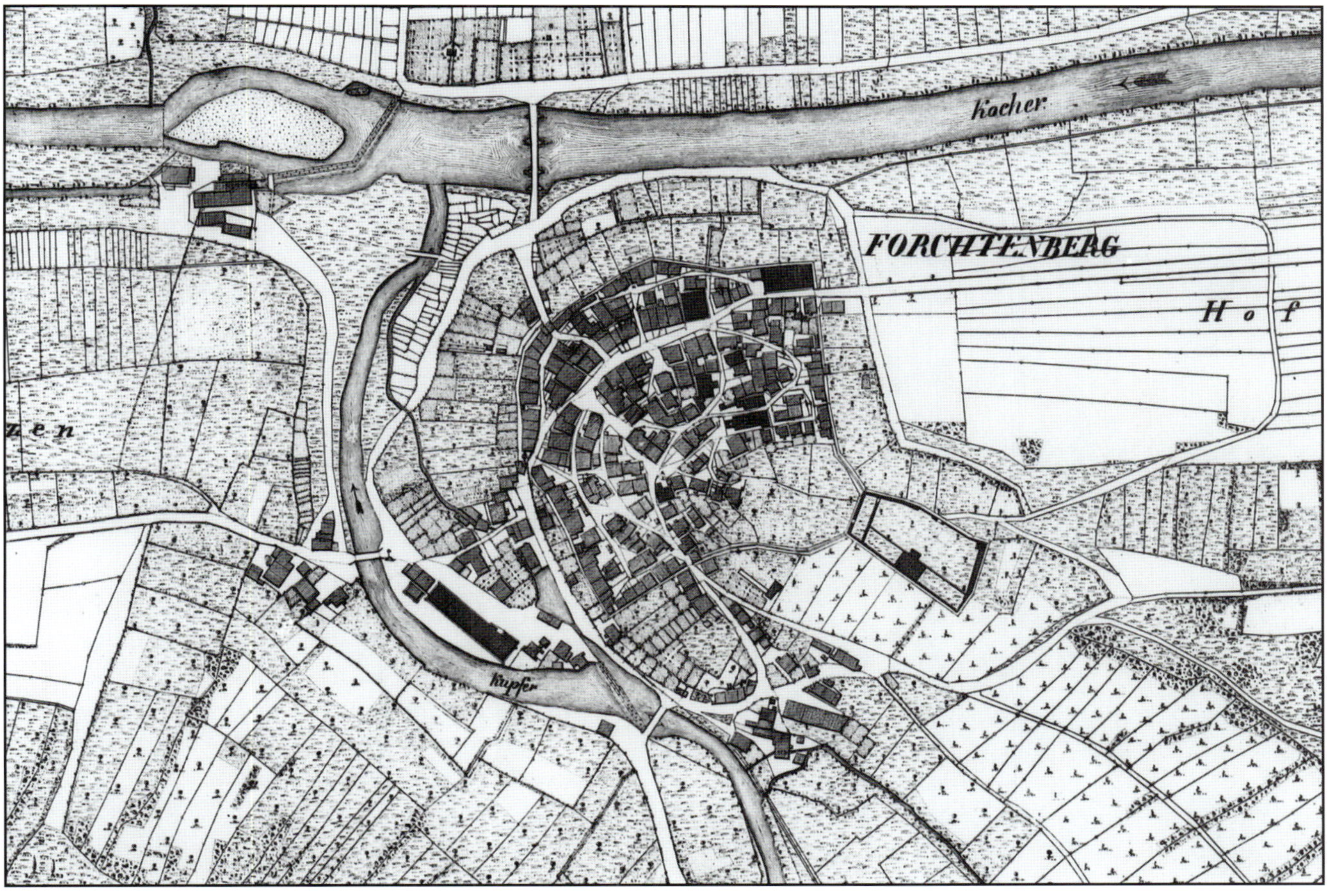

Ausschnitt aus der württembergischen Flurkarte, Stand 1833

Luftbild von 2007

Forchtenberg-**Sindringen**
Hohenlohekreis, Regierungsbezirk Stuttgart

1

Sindringen liegt im engen Kochertal in leicht erhöhter, hochwassersicherer Lage. Erstmals erwähnt wurde der Ort 1037 und nur wenig später errichtete der Ortsadel eine Burg, deren Bergfried erhalten ist. Anfang des 14. Jhs. kam der Ort an das Haus Hohenlohe und wurde Amtssitz. 1363 wurde das Markt- und Stadtrecht verliehen und bald darauf die Stadtmauer fertig gestellt. Die relativ späte Stadtgründung konnte in der Folge nicht mit einer weitergehenden wirtschaftlichen oder administrativen Funktion erfüllt werden, so dass die bauliche Entwicklung stagnierte. Es entstand eine typische Kleinst- oder „Minderstadt“, die sich von den umliegenden Dörfern durch die Ummauerung, die starke Verdichtung der Bebauung und die Auslagerung der Nutzgärten vor die Mauer unterscheidet.

2

3

Das Städtchen hat eine nahezu quadratische Befestigung. Die Mauer ist großenteils erhalten, ebenso der ehemalige Grabenbereich davor. Beide Tore waren schon im 19. Jh. abgegangen. Das Innere ist durch mehrere Straßenachsen erschlossen, die aber nicht streng schematisch angeordnet sind. Die Zerstörungen durch das Kriegsgeschehen 1945 sind an der aufgelockerten Neubebauung zwar erkennbar, der Wiederaufbau mit Fachwerkelementen war jedoch eher konservativ und der historischen Stadtgestalt angepasst.

Die Bebauung zeigt durchweg ackerbürgerlichen Charakter. Vorwiegend wurde in Fachwerk gebaut, seltener als Sicht- und Schmuckfachwerk, überwiegend als konstruktives und verputztes Fachwerk des 18. und 19. Jhs. Besondere Gestaltungselemente an den Gebäuden sind geschnitzte Eckständer oder auch profilierte Tür- und Fenstergewände des 18. Jhs. Innerhalb der Stadt befinden sich noch zahlreiche Fachwerkscheunen bzw. Ställe, die oft direkt an die Stadtmauer angesetzt sind. Fast geschlossene Scheunengürtel mit intakter Dachlandschaft sind so entstanden. Dominanten im Straßenbild sind die Pfarrkirche sowie das Schloss. Bemerkenswert sind zudem typische Kleinarchitekturen, wie der Arrest, das Backhaus oder die Kleintierställe an der Schlossmauer. Für die Stadtsilhouette besonders wichtig ist der Bereich vor der südlichen Stadtmauer, wo schon im 16. und 17. Jh. die Krautgärten der Stadt angelegt wurden.

Als Kleinststadt mit dörflichem Gepräge ist Sindringen ein außergewöhnlich gut erhaltenes Beispiel dieses eher seltenen Stadttypus. MH

1 *Krautgärten vor der Stadtmauer im Süden der Stadt*
2 *Bebauung an der Unteren Straße*
3 *Das Sindringer Schloss, eine mehrflügelige Anlage der Renaissance und markanter Blickpunkt im Nordosten des Städtchens*

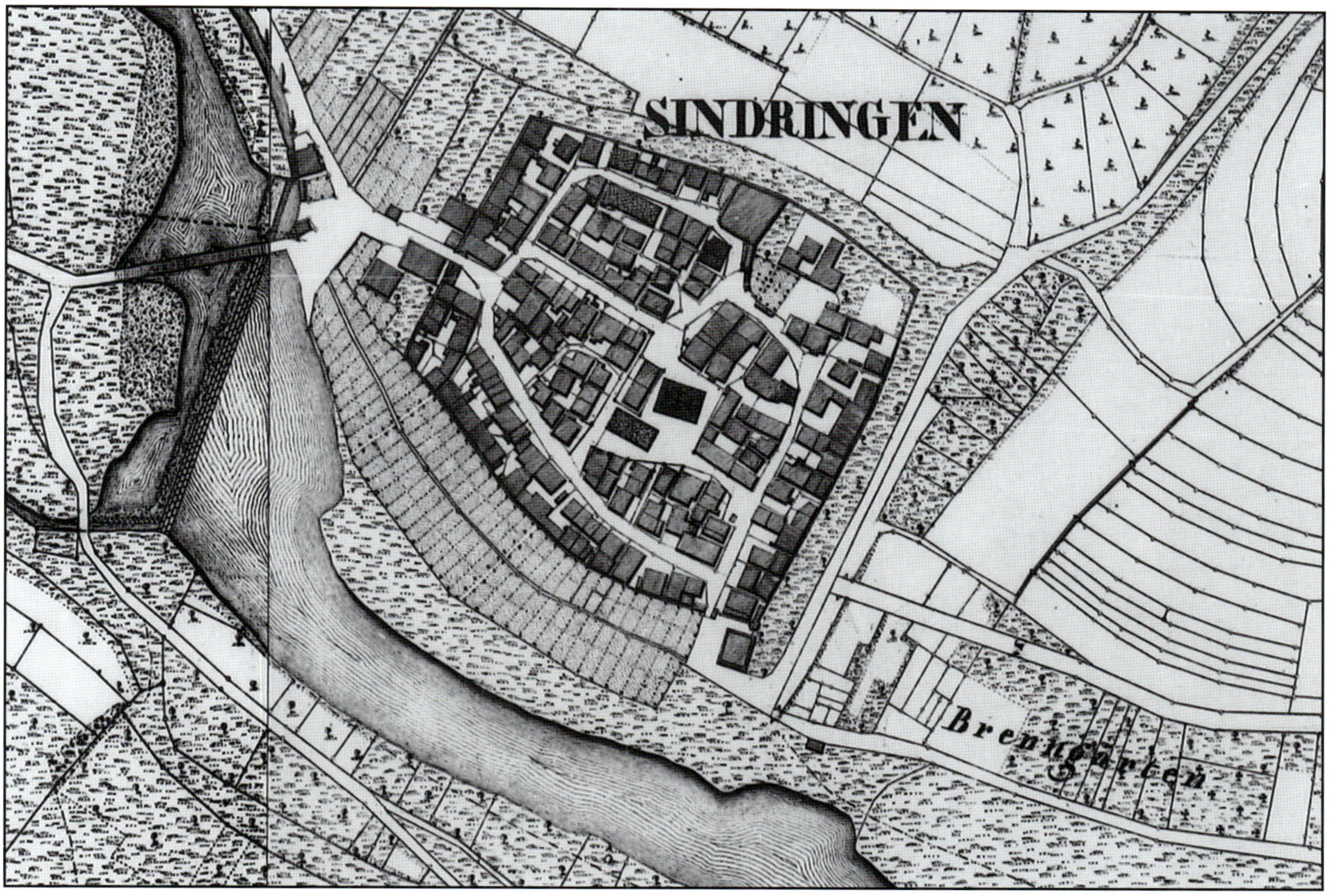

Ausschnitt aus der württembergischen Flurkarte, Stand 1834

Luftbild von 2007

Freiburg im Breisgau
Stadtkreis Freiburg, Regierungsbezirk Freiburg

1

Die Altstadt von Freiburg liegt am Ausgang des Dreisamtals zur Rheinebene, unterhalb des Schlossbergs, eines spornartigen Schwarzwaldausläufers. Herzog Bertold II. von Zähringen ließ wohl 1091 auf dem Sporn eine Burg errichten. Der Siedlung zu ihren Füßen verlieh sein Sohn Konrad 1120 das Marktrecht. Ein Straßenmarkt wurde angelegt, die Stadtanlage ummauert, eine Pfarrkirche errichtet. Schon im frühen 13. Jh. begann man, diese durch das Münster zu ersetzen. Die günstige Verkehrslage und die nahen Silbervorkommen begünstigten die Entwicklung der Stadt. Unter den Grafen von Freiburg (ab 1218) wurde der Münsterturm fertiggestellt; Vorstädte entstanden im Norden, Süden und Westen. 1368 kaufte sich die Bürgerschaft von den Grafen von Freiburg los und unterstellte sich den Habsburgern. Die Gründung der Universität und die Vollendung des Münsterchors zeugen vom Aufschwung der Stadt im 15./16. Jh. Nach der Eroberung durch die Armee Ludwigs XIV. (1677) erfolgte der Ausbau zur Festungsstadt nach Plänen Vaubans. Erst im 19. Jh. entwickelte sich die Stadt über den 1745 geschleiften Festungsgürtel hinaus. Nach schweren Zerstörungen im Zweiten Weltkrieg wurde der Stadtkern unter Beibehaltung wesentlicher Merkmale der mittelalterlichen Stadtanlage wiederaufgebaut.

2

Die Altstadt umfasst die Anlage des 12. Jhs. und die ehem. südliche Vorstadt. Vom Schwabentor im Südosten führen zwei Straßen, die auf alte Verkehrswege zurückgehen, nach Norden (Herrenstraße) bzw. Westen (Salz-/Bertoldstraße). Dieser Straßenzug wird in der Stadtmitte vom ehem. Straßenmarkt (Kaiser-Joseph-Straße) gequert, der in Nord-Süd-Richtung verläuft und dessen weiter Straßenraum im Süden mit dem zweiten erhaltenen Stadttor, dem Martinstor, abschließt. Der ehem. Kirchhof (Münsterplatz) im nordöstlichen Viertel wird vom Münster beherrscht; auf der Südseite das Historische Kaufhaus. Der Rathausplatz mit dem Alten und dem Neuen Rathaus (ehem. Universität) sowie der Martinskirche (ehem. Franziskanerkirche) bildet den Mittelpunkt des nordöstlichen Stadtviertels, im Südwesten ist das ehem. Augustinereremitenkloster (heute Museum) der prägende Baukomplex. Die einstige Vorstadt im Süden wird vom Gewerbebach durchzogen.

Straßenzeilen mit traufständiger Bebauung bestimmen das Stadtbild. Zahlreiche Bürgerhäuser, vor allem in dem vom Krieg verschonten südöstlichen Teil der Altstadt, enthalten hinter jüngeren Fassaden hochmittelalterlichen Baubestand. Die Kaiser-Joseph-Straße mit ihren Arkaden und der nördliche Teil der Altstadt sind durch den Wiederaufbau nach 1950 geprägt.

3

Trotz der Zerstörungen hat die Altstadt die Grundzüge der mittelalterlichen Anlage und einen bedeutenden historischen Baubestand bewahrt. Sie ist ein seltenes Beispiel für einen konsequenten Wiederaufbau nach traditionellen Architekturvorstellungen.

Seit 1987 steht die Gesamtanlage unter Denkmalschutz. ER

1 Münsterplatz mit Münster, Alter Wache, Wentzingerhaus und Historischem Kaufhaus
2 Bertoldstraße mit Alter Universität (Wiederaufbau 1950–1957) und Münsterturm
3 Oberlinden mit Schwabentor

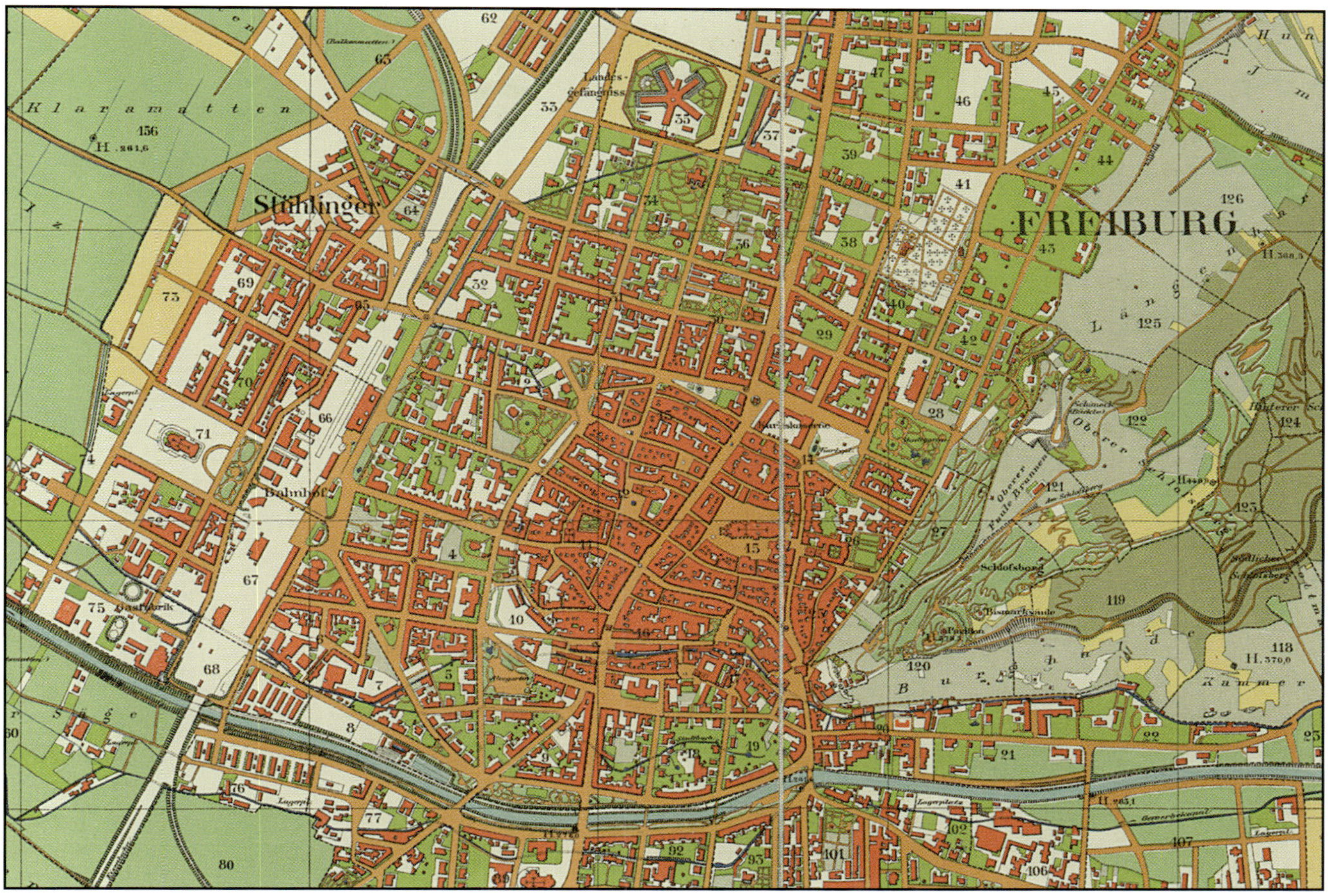

Ausschnitt aus dem badischen Gemarkungsatlas, Stand 1901

Luftbild von 2007

Freudenberg
Main-Tauber-Kreis, Regierungsbezirk Stuttgart

1 

Freudenberg ist eine idealtypische Burgsiedlung. Im engen Maintal liegt die Stadt angelehnt an die hoch über dem Tal thronende Burgruine, mit der sie durch Schenkelmauern verbunden ist. Die Burg Freudenberg wurde im ausgehenden 12. Jh. von den Würzburger Fürstbischöfen als Grenzfeste erbaut. Zeitweise wurde das Wertheimer Grafenhaus mit ihr belehnt. Im Markgräflerkrieg 1552 wurde die Burg zerstört und ist seitdem Ruine.

Zwischen Main und dem steilen Osthang eingezwängt, konnte sich die seit dem 13. Jh. entstandene Siedlung nur als lineare Form ausbilden. Stadtrecht erhielt sie 1333. Der engere, ältere Stadtkern im Süden wurde im 16. Jh. mit einer Vorstadt nach Norden verlängert und ebenfalls ummauert. Von der Befestigung sind die Schenkelmauern komplett und die eigentliche Stadtmauer in größeren Abschnitten erhalten bzw. in der mauernahen Bebauung integriert. Die Existenz der Stadt gründete sich auf die Landwirtschaft, vor allem auch auf den Weinanbau, der auf den steilen Hängen des Maintals seit dem Mittelalter von großer Bedeutung war. Für die Herrschaft und die Stadt war schließlich der Schifffahrts- und Wegezoll eine wichtige Einnahmenquelle.

2 

Von der Hauptstraße als Durchgangsachse zweigen kleine Gassen oder Treppen zum Hang bzw. zum Main ab. Die bürgerlichen Wohnhäuser des 16. bis 18. Jhs. stehen in giebelständiger Aufreihung an der Hauptstraße, nur das barocke Amtshaus und die barocke Pfarrkirche sind als öffentliche Gebäude im Sinne einer damals zeitgemäßen Stadtplanung traufständig angeordnet. Einen Kontrapunkt zwischen diesen beiden Barockbauten bietet der im Kern spätmittelalterliche Fachwerkbau des Rathauses. Zahlreiche Zierfachwerkformen des 17. Jhs. finden sich an den Fassaden, die zu einem größeren Teil jedoch im Zuge barocker bzw. klassizistischer Gestaltungsvorstellungen verputzt wurden. Typisch sind auch die in den Hang gebauten Kellerhäuser mit ihren imposanten Gewölbekellern zur Lebensmittel- und vor allem Weinlagerung.

3 

4 

Als Freifläche bildet nicht nur das Areal zwischen Stadt und Burg als ehemaliges Schuss- und Sichtfeld einen Schwerpunkt im Stadtbild, sondern auch das heute modern gestaltete Mainvorland vor der Mauer als einstiger Lagerplatz und Bleiche. Im Grund- und Aufriss ist Freudenberg als Straßensiedlung am Main unterhalb der stadtbeherrschenden Burg sehr anschaulich überliefert.

2004 wurde die Gesamtanlage unter Denkmalschutz gestellt. MH

1 Burgruine Freudenberg
2 Hauptstraße mit barockem Amtshaus und mittelalterlichem Fachwerkrathaus
3 Dichte Bebauung an der zentralen Achse der Stadt, der Hauptstraße
4 Stadtmauer am Mainufer

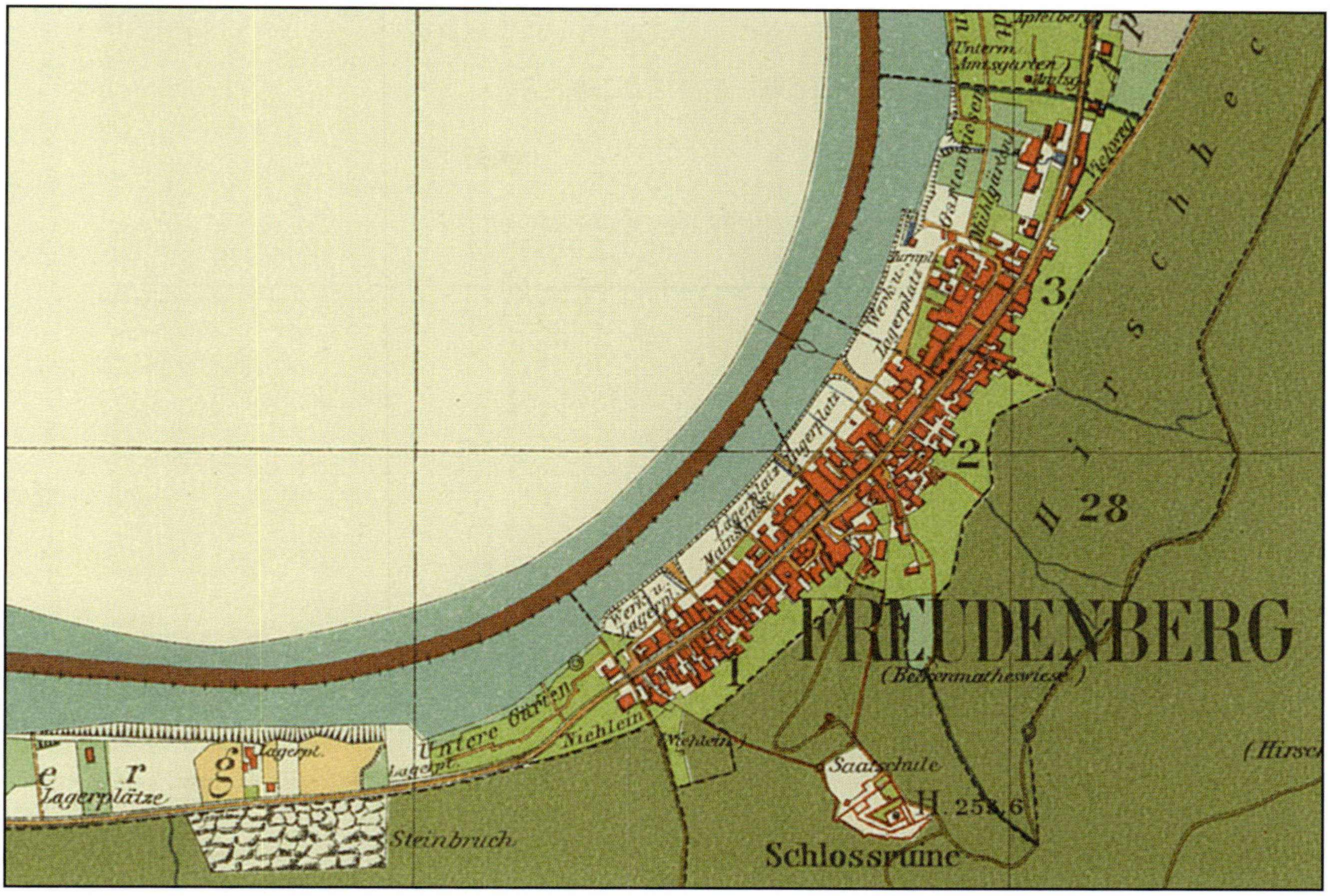

Ausschnitt aus dem badischen Gemarkungsatlas, Stand 1898

Luftbild von 2007

Freudenstadt
Landkreis Freudenstadt, Regierungsbezirk Karlsruhe

1

Freudenstadt wurde ab 1599 als Planstadt auf einem Höhenrücken über dem tief eingeschnittenen Christophstal am Ostrand des Schwarzwaldes von Herzog Friedrich I. von Württemberg angelegt. Es handelt sich um die älteste landesfürstliche Neuplanung einer Stadt in der Renaissancezeit in Deutschland. Der Generalplan stammt vom herzoglich-württembergischen Baumeister Heinrich Schickhardt. Ursprünglich als zentral gelegene Residenzstadt eines beträchtlich vergrößerten Territorialstaats geplant, verlor Freudenstadt bereits mit dem Tod des Gründers 1608 an Bedeutung. Erst im 19. Jh. dehnte sich die Stadt nach Abbruch der Stadttore über die Grenzen der Gründungszeit aus und entwickelte sich zu einem bekannten Kurort.

Bei einem Luftangriff 1945 wurde der Stadtkern fast vollständig zerstört. Der Wiederaufbau erfolgte ab 1948 nach Plänen des Stadtbaurates Ludwig Schweizer, der die Straßenzeilen und die Arkaden am Markt übernahm, die giebelständigen Häuser jedoch durch traufständige ersetzte.

Schweizer folgt dem auf dem Reißbrett entstandenen Idealgrundriss der Renaissancestadt, der sich an einem Mühlebrettspiel orientiert. Zentrum der Anlage bildet der 220 x 220 m große Marktplatz, in dessen Mitte ursprünglich ein Schloss entstehen sollte. Die rechtwinklig um den Platz geführte Wohnbebauung ist dreizeilig. Die Eckgrundstücke des Marktplatzes waren für Sonderbauten vorbehalten: An der Südwestecke erhebt sich die das Platzbild prägende Winkelkirche, die 1601–1608 errichtete ev. Stadtkirche. Korrespondierend entstand an der Nordwest-

2

ecke des Platzes der so genannte Schickhardtbau. Die Nordostecke des Markts beherrschte das Rathaus, an der Südostecke stand ein großes Gasthaus. Im Zentrum des Platzes wurde Ende des 19. Jhs. ein Postgebäude errichtet, außerdem standen Hauptwache und Amtshaus auf der Freifläche. Die den Markt säumenden giebelständigen Bürgerhäuser aus Fachwerk verfügten über einen umlaufenden Arkadengang mit Sandsteinsäulen. Die Winkelkirche mit ihren charakteristischen beiden Türmen wurde mit kleineren Veränderungen wiederaufgebaut, Teile des Schickhardtbaus wurden in das neue Polizeigebäude einbezogen. Das Rathaus des 17. Jhs. ersetzt ein Neubau von 1954 nach Plänen Ludwig Schweizers.

Neben dem beim Wiederaufbau überformten Postgebäude wurden von Schweizer 1954 im Zentrum des Marktplatzes das Stadthaus mit hohem Walmdach und Dachreiter errichtet, im gleichen Jahr folgte das Neue Kurhaus an der Lauterbadstraße.

Die Höhendifferenz von 12 m zwischen östlichem und westlichem Markt wird in der Randbebauung durch drei

3

bzw. zweigeschossige Bautypen unterstrichen. Die niedrige Zeile auf der Westseite des Platzes lässt den Blick von der Innenstadt auf die Höhenzüge jenseits des Christophstals frei.

Die einheitliche Architektur der Neubauten nach 1948 zeichnet sich durch hochformatige Sprossenfenster, regionaltypische Klappläden und hohe Satteldächer aus. Großenteils orientiert sich der Wiederaufbau an der Stuttgarter Schule der Zwischenkriegszeit. W

1 Marktplatz mit Rathaus und Renaissancebrunnen
2 Ev. Stadtkirche in Winkelhakenform
3 Stadthaus und Denkmal für den Wiederaufbau auf dem Marktplatz

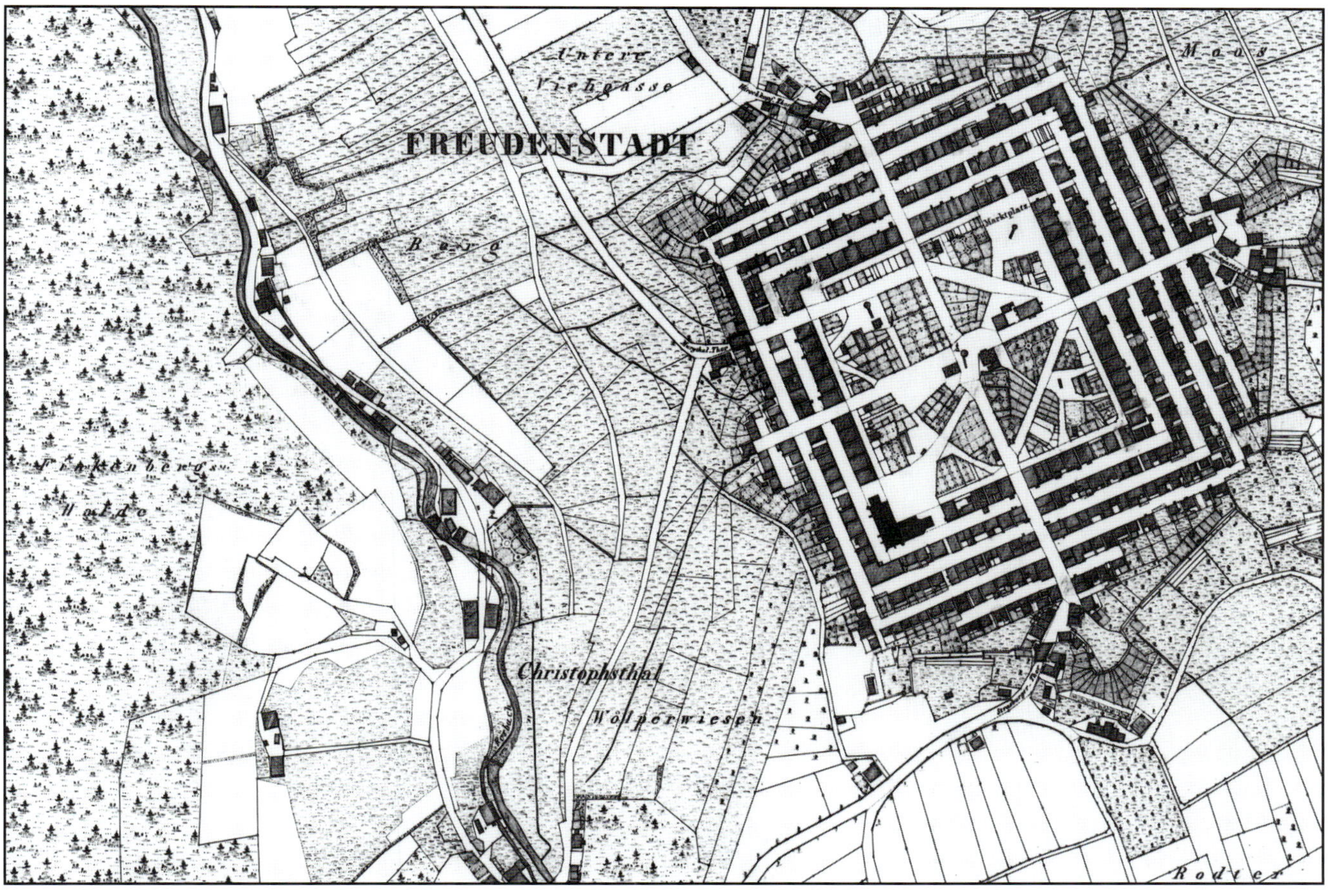

Ausschnitt aus der württembergischen Flurkarte, Stand 1837

Luftbild von 2007

Fridingen an der Donau

Landkreis Tuttlingen, Regierungsbezirk Freiburg

1

Die Vorgängersiedlung mit ihrer Kirche wird erstmals 861 in einer Urkunde des Klosters St. Gallen genannt, 1278 werden Martinskirche und Friedhof neu geweiht. Um 1330 baute Heinrich von Hohenberg in der Nähe der Donauquerung eine Wohnturmburg. Die alte Siedlung bei der Kirche wurde durch die Stadtanlage mit der Burg verbunden. 1372 erstmals als Stadt erwähnt, fiel Fridingen 1381 mit der Grafschaft Hohenberg an Österreich. Bis 1688 war es Sitz des Obervogts der oberen Herrschaft Hohenberg. 1806 kam Fridingen an Württemberg.

Im Dreißigjährigen Krieg erlitt die Stadt schwere Schäden. Nach 1800 wurden große Teile der Schlossanlage und die Stadttore abgebrochen. 1885 und 1920 fielen zwei Abschnitte der Altstadtbebauung Bränden zum Opfer.

Die annähernd rechteckige mittelalterliche Stadtanlage ist im Stadtgefüge deutlich ablesbar. Von der Stadtbefestigung sind Reste der Mauer in den Rückwänden der äußeren Häuserreihen erhalten; der Grabenbereich ist vor allem im Süden und Osten deutlich ablesbar (Hausgärten). Die Mittlere Gasse, eine breite Marktstraße, durchquert das Stadtgebiet vom ehem. Unteren Tor im Westen bis zum Litschenberg, dessen Häuserreihe den östlichen Abschluss der Altstadt bildet. Eine Querstraße führt vom ehem. Oberen Tor im Norden zum Kirchplatz im Südosten der Stadtanlage. Schon im Mittelalter nahmen Kirche und Rathaus die Süd- bzw. Ostseite des Platzes ein. Die Stadtkirche St. Martin, ein neuromanischer Tuffsteinbau mit markantem Nordturm, wurde 1851–1853 an Stelle des gotischen Vorgängerbaus errichtet, das klassizistische Rathaus 1876/77.

Die nordwestliche Ecke im Stadtgrundriss beherrscht das Ifflinger Schloss (heute Heimatmuseum „Oberes Donautal"), benannt nach dem Geschlecht der Ifflinger von Granegg, die es 1536–1793 als österreichisches Lehen innehatten. Das Gebäude entstand als Erweiterungsbau des älteren Wohnturms.

2

Die Mittlere Gasse wird im Norden von einer, im Süden von zwei Gassen begleitet, zwischen denen sich die ehem. herrschaftliche Zehntscheuer (1764) erhebt.

Die Ackerbürgerhäuser des 16.–18. Jhs. mit Wohnteil und Ökonomie unter einem Dach, als Fachwerkbauten über massivem Sockel errichtet, stehen meist mit ihrer Traufe zur Straße. Eines der besterhaltenen ist das „Scharfeck" (1554) beim ehem. Oberen Tor.

Die St.-Anna-Kapelle jenseits der Donaubrücke erhielt im 18. Jh. durch Umbau und Erweiterung einer gotischen Liebfrauenkapelle ihre barocke Gestalt mit anschließender Einsiedelei.

3

In Stadtanlage und Baubestand der kleinen Ackerbürgerstadt sind wesentliche Elemente des ehem. Amtssitzes bzw. der vorderösterreichischen Landstadt erhalten geblieben.

Seit 1984 steht die Gesamtanlage unter Denkmalschutz. ER

1 *Ifflinger Schloss, heute Museum Oberes Donautal*
2 *Gasthaus Scharfeck, Am Oberen Tor 3, erbaut 1554*
3 *Zehntscheuergasse 6, Anwesen mit Inschrift von 1707*

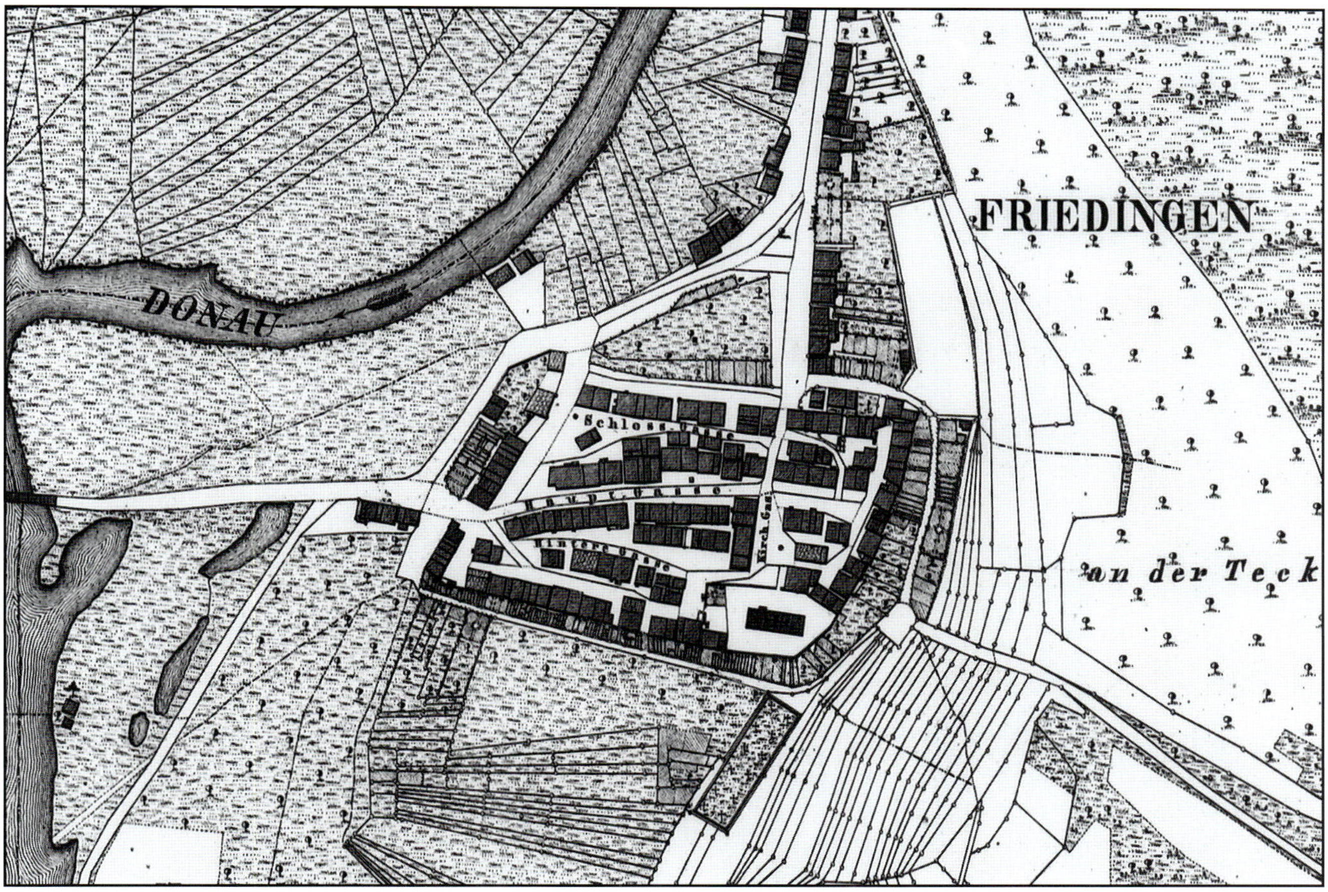

Ausschnitt aus der württembergischen Flurkarte, Stand 1839

Luftbild von 2007

Geislingen an der Steige
Landkreis Göppingen, Regierungsbezirk Stuttgart

1

Geislingens topographische Lage spielte in der Stadtgeschichte eine besondere Rolle. Am Fuß der Schwäbischen Alb nimmt die „Fünftälerstadt" die Rolle einer Talstation an der berühmten Geislinger Steige ein. Die Helfensteiner haben um die Mitte des 12. Jhs. den Ort als Zollstation an der wichtigen Reichsstraße Stuttgart – Ulm erbaut. Als Stadt wurde „Giselingen" im Jahr 1237 erwähnt. Die einstmals mächtige Burg der Stadtgründer ist als Ruine hoch über der Stadt zusammen mit dem Ödenturm des 15. Jhs. und den talraumprägenden bewaldeten Hängen erhalten.

2

1396 wechselte Geislingen den Besitzer und wurde Außenstützpunkt der freien Reichsstadt Ulm, die mit einem Vogt in der Stadt, speziell im ehem. Helfensteinischen Schloss bis zum Übergang an Württemberg 1802 präsent war.

3

Die historische Altstadt weist eine Dreiteilung auf: der ältere Stadtkern, eine rechteckige Anlage mit sehr schematischem Straßengrundriss, sowie zwei ältere Handwerkervorstädte im Norden und Süden (Obervorstadt, Untervorstadt). Während die Vorstädte durch die jüngere Siedlungsentwicklung stärker überformt sind und deshalb nicht mehr zum Stadtensemble gerechnet werden können, hat sich der Kern der Stadt in Grund- und Aufriss bis heute gut erhalten. Die historische Umgrenzung, d. h. die mittelalterliche Stadtmauer, ist noch vielfach in der Stadt präsent, wenn auch der einstige Graben überbaut wurde.

Die Hauptstraße trägt mit ihrer ungewöhnlichen Breite, den repräsentativen Fachwerkhäusern, mehreren Gasthöfen, der alten Zollstation, dem alten Kauf- und Rathaus des 15. Jhs. sowie seinem jüngeren Nachfolger von 1912/16 der besonderen Rolle als ehemaliger Hauptdurchgangsstraße Rechnung. In den anderen Stadtvierteln ist die Bebauung entsprechend kleinteiliger. Als Besonderheit in der Bausubstanz der Stadt sind zahlreiche Fachwerkhäuser zu nennen, die in ihrem Gefüge noch ihre mittelalterliche Herkunft verraten. Einen vertikalen Akzent im Stadtbild setzt die ev. Stadtpfarrkirche des frühen 15. Jhs. mit ihrem Westturm und dem hohen Dach.

Mit dem Bau der Eisenbahnstrecke der Geislinger Steige 1847–1850 setzte die frühe Industrialisierung Geislingens ein, die zu einer sprunghaften Stadtentwicklung im Außenbereich führte. Dennoch blieben die Kennzeichen der früheren Zoll- und Vogteistadt im historischen Stadtkern bewahrt. MH

1 Geislingen, die Fünftälerstadt
2 Bebauung an der Hauptstraße als zentraler Achse der Altstadt
3 Kornschreiberhaus und Kornspeicher

Ausschnitt aus der württembergischen Flurkarte, Stand 1825

Luftbild von 2007

Gengenbach
Ortenaukreis, Regierungsbezirk Freiburg

1 

Das Kloster Gengenbach im vorderen Kinzigtal erhielt vom Missionsbischof Pirmin die Benediktsregel. Von den fränkischen Königen gefördert, wurde es um 820 Reichsabtei. Schirmvögte waren Anfang des 12. Jhs. die Herzöge von Zähringen, 1218–1245 die Staufer. Die Stadt entstand aus der Siedlung beim Kloster. 1231 als ‚oppidum' erwähnt, wurde sie 1366 unter Karl IV. Reichsstadt. Im Dreißigjährigen Krieg (1643) und im Pfälzer Erbfolgekrieg (1689) erlitt sie erhebliche Zerstörungen, wurde aber unter Beibehaltung der Grundstruktur wiederaufgebaut. 1803 wurde die Abtei säkularisiert, die Reichsstadt in das Großherzogtum Baden eingegliedert.

Der Stadtkern ist noch in größeren Abschnitten von der mittelalterlichen Stadtbefestigung mit Mauer und unverbautem Grabenbereich umgeben. Das Obertor im Norden, das Kinzigtor im Süden, der Niklas- oder Niggelturm beim früheren Offenburger Tor im Westen sowie Rondelltürme (Schwedenturm, Prälatenturm) sind erhalten. Die drei Hauptstraßen der Altstadt treffen sich, von den Stadttoren kommend, in der Stadtmitte, am Marktplatz. Dessen Ostseite nimmt die repräsentative frühklassizistische Fassade des Rathauses (1780–1784) ein, im Süden steht der Marktbrunnen. Der nördlich anschließende Straßenraum (Victor-Kretz-Straße) bildet einen breiten Straßenmarkt mit dem Obertor als räumlichem Abschluss.

Das Stadtbild ist von Bauten des Wiederaufbaus nach 1689 geprägt. Neben öffentlichen Gebäuden, Adelshöfen und Bürgerhäusern mit Putzfassaden – so z. B. die ehem. Ratskanzlei mit Volutengiebel und das Löwenbergpalais (heute Städtisches Museum) am Marktplatz – finden wir zahlreiche Fachwerkhäuser, häufig giebelständig, entlang des westlichen Abschnitts der Stadtmauer (Engelgasse) auch als geschlossene traufständige Reihenbebauung.

Den gesamten östlichen Teil der Altstadt nimmt der ehem. Klosterbezirk ein, der früher durch eine Mauer von der bürgerlichen Stadt getrennt war. Die Klosterkirche, im Kern eine romanische Basilika (1. Drittel 12. Jh.), wurde zusammen mit den südlich anschließenden Konventsbauten ab 1690 durch die Vorarlberger Baumeister Franz Beer und Jakob Rischer in barocken Formen wiederhergestellt; 1714–1716 erhielt sie ihren markanten Glockenturm.

2 

Vorstadtbebauung des 18. und 19. Jhs. steht an der nördlichen und westlichen Ausfallstraße. Im Nordosten überragt das ‚Bergle' mit der St.-Jakobs-Kapelle (1681/82 neu errichtet) die Altstadt. Die ehem. Leutkirche St. Martin (Mitte 15. Jh., bis 1803 Pfarrkirche, heute Friedhofskirche) liegt nordwestlich des Stadtkerns.

3 

Die ummauerte Stadtanlage mit dem zentralen Marktplatz und dem Klosterbezirk, der dichte historische Baubestand und die Einbindung in die Kulturlandschaft tragen zum unverwechselbaren Charakter der ehem. Reichsstadt bei.

Seit 1956 steht die Gesamtanlage unter Denkmalschutz. ER

1 Marktplatz mit Rathaus, dahinter das Kinzigtor
2 Victor-Kretz-Straße mit Obertor
3 Ehem. Klosterbezirk im Osten der Altstadt

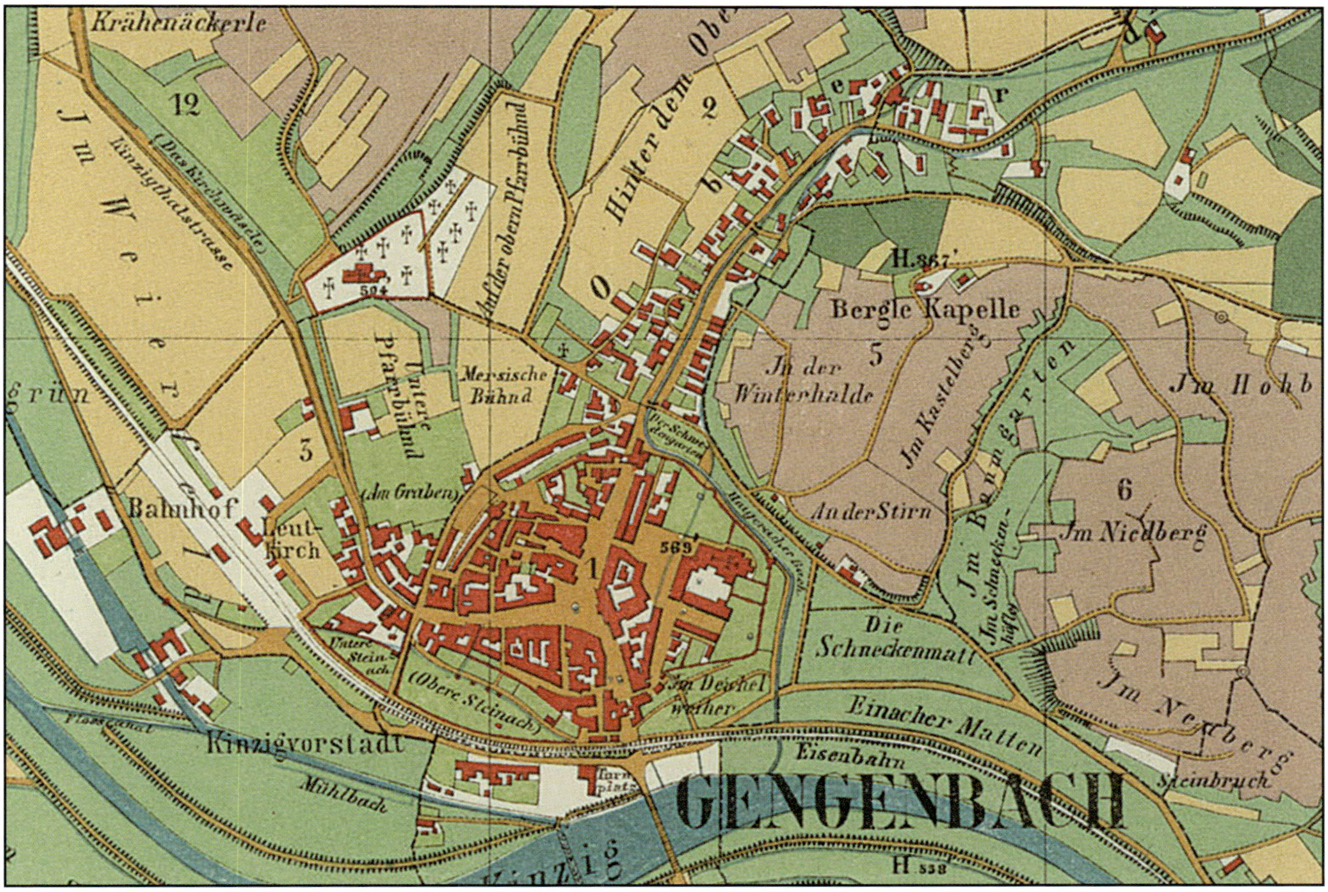

Ausschnitt aus dem badischen Gemarkungsatlas, Stand 1873

Luftbild von 2007

Gernsbach
Landkreis Rastatt, Regierungsbezirk Karlsruhe

1

Gernsbach liegt am östlichen Rand des nördlichen Schwarzwaldes auf einem Bergsporn, der von zwei Bachtälern (Waldbach im Süden, Ziegelbach im Norden) sowie dem Murgfluss im Osten begrenzt wird. Die heutige Altstadt hat ihren mittelalterlich geprägten Stadtgrundriss – trotz der beiden Stadtbrände von 1787 und 1798 und der nachfolgenden, spätbarocken Überformungen – weitgehend bewahren können.

Erstmals 1219 genannt, erhält Gernsbach bereits 1243 Stadtrechte. Ursprünglich im alleinigen Besitz der Grafen von Eberstein wird die Stadt nach einem Teilverkauf an den Markgrafen Rudolf VII. von Baden seit 1387 von beiden Häusern regiert. Nach Aussterben der Ebersteinschen Linie übernahm ab 1660 das Domstift Speyer die Lehensrechte. Während der Säkularisation kam 1803 die gesamte Stadt an das Haus Baden.

Der Stadtgrundriss bildet ein unregelmäßiges Rechteck, das mit Marktplatz und Amtsgasse und den geradlinig geplanten Zügen der Haupt- und Kornhausstraße in Längsrichtung sowie mit Storrentor- und Färbertorstraße in Querrichtung unterteilt wird. Auf dem höchstgelegenen Teil des Höhenrückens lag die mit Halsgraben (Streckfuß) bergseitig gesicherte Ebersteinsche Burg und die Oberstadt. Die Hofstätte, ein kleiner Platz am unteren Ende des Marktplatzes, markiert den Bereich zwischen den beiden ursprünglichen Siedlungskernen des später ummauerten Marktdorfes (Altstadt), des Kirchdorfes (um die Jakobskirche) sowie den ebenfalls nicht ummauerten, mittelalterlichen Vorstädten am Waldbach (Waldbachstraße) und Gass (im Bereich Schlossstraße).

2

Die mittelalterliche Stadtbefestigung ist in der westlichen Oberstadt gut erhalten und mit dem Storchenturm, dem Turm der Liebfrauenkirche (Turm der Ebersteinschen Burg) und dem Halsgraben sowie mit Stadtmauerzügen vor allem entlang des Waldbachs im Stadtbild gut ablesbar. Die städtische Bebauung wird geprägt durch ein- bis dreigeschossige, meist giebelständige Häuser des 18. und 19. Jhs., die fast durchgängig massive Untergeschosse und darüber Fachwerkkonstruktionen aufweisen. Im Bereich der Haupt-, Kornhaus- und Färbertorstraße überwiegen traufständige, zweigeschossige Gebäude aus der Zeit nach den beiden Stadtbränden, an deren Wiederaufbauplanung Friedrich Weinbrenner beteiligt war.

Dominierende Gebäude im heutigen Stadtbild sind die kath. Liebfrauenkirche (ab 1388), der Storchenturm (1449), das ehem. Rathaus (1617/18), die Kornspeicher an der Stadtmauer (1764/84, im Kern 16. Jh.), die ev. Jakobskirche (ab 1467) sowie die ehem. Speyerische Kellerei (1566). Von stadtgeschichtlich hohem Interesse sind die Grabstätten auf dem ev. Friedhof bei der Jakobskirche. Auf der rechten Murgseite sind insbesondere das Katzsche Wohnhaus (1797) sowie der Katzsche Garten (ab 1803) bemerkenswert.

Im Zuge der Industrialisierung und mit dem Bau der Murgtal-Eisenbahn (Strecke Rastatt – Gernsbach 1869) dehnte sich die Stadt im 19. und 20. Jh. vor allem auf der rechten Murgseite aus.

Die Gesamtanlage steht seit 1983 unter Denkmalschutz. UB

1 *Altstadt mit ev. Jakobskirche (1467–1471)*
2 *Hauptstraße mit Storchenturm (13. Jh.)*

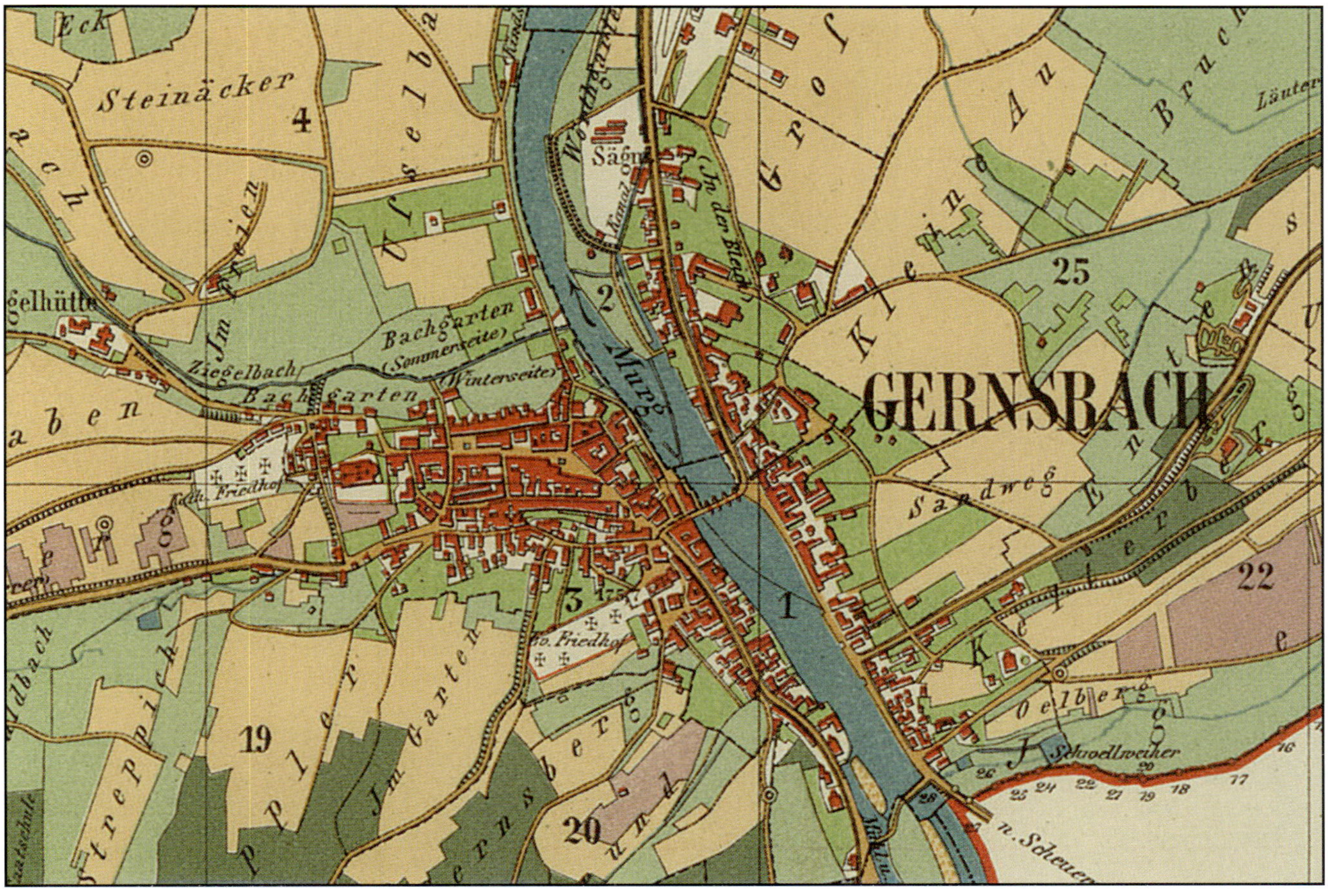

Ausschnitt aus dem badischen Gemarkungsatlas, Stand 1882

Luftbild von 2009

Gundelsheim
Landkreis Heilbronn, Regierungsbezirk Stuttgart

1

Gundelsheim hat noch Anteil am fruchtbaren Neckarbecken, markiert aber mit der Verengung des Neckartals gleichzeitig den Übergang zum Odenwald. Die Stadt liegt am steilen Hang einer Neckarschleife unterhalb der das Stadtbild beherrschenden Burg Horneck. Der historische Terrassenweinbau im Hintergrund ist eine eindrucksvolle Kulisse dieses Stadtbildes.

Eine Siedlung bestand aufgrund der Gunstlage wohl schon zu alamannischer Zeit, im 8. Jh. ist sie urkundlich bezeugt. Neben verschiedenen Eigentümern waren auch Ortsadelige, die nach ihrer Burg über dem Ort benannten Herren von Horneck, in Gundelsheim vertreten. Nach ihrem Eintritt in den Deutschen Orden 1250 fiel diesem der Besitz zu, bis gegen Ende des 13. Jhs. der ganze Ort dem Deutschen Orden gehörte. 1378 erlangte Gundelsheim Stadtrecht und wurde ummauert. Von 1438 bis 1525 war die Burg Horneck Sitz der Deutschmeister. Nach der Verlagerung der Deutschordensresidenz nach Mergentheim im 16. Jh. verlor die Stadt zwar an Bedeutung, der Orden blieb aber bis zur Auflösung 1806 stadtbeherrschende Macht.

Imposantes Zeugnis der Ortsgeschichte ist das mächtige Deutschordensschloss über der Stadt mit seinem Bergfried, den Nebengebäuden, dem Garten und den umfangreichen Befestigungen. Schräg unterhalb befindet sich die Stadt auf trapezförmigem Grundriss mit der Schlossstraße als zentraler Hauptachse. Ihren besonderen Reiz erfährt diese Straße durch den stetigen Anstieg des Geländes. Planmäßig zweigen kleinere Straßen und Gassen rechtwinklig von der Schlossstraße ab. Die Bausubstanz an der Schlossstraße reicht bis ins 16. Jh. zurück, überwiegend stammen die in der Regel verputzten

3

Häuser jedoch aus dem 17. und 18. Jh. Auch reich gestaltete Zierfachwerke sind zu finden. Die Bausubstanz in den kleineren Nebengassen ist zwar insgesamt bescheidener, zeugt aber mit den einfacheren ehemaligen Bauernhäusern und Scheunen von der ackerbürgerlichen Geschichte des Ortes. Südlicher Schlusspunkt der Bebauung ist die Pfarrkirche St. Nikolaus (im Kern 15. Jh., 1700 barockisiert), an die sich ein gut erhaltener Abschnitt der Stadtbefestigung anschließt.

In markanter topographischer Lage zeigt die ehemalige Deutschordensstadt Gundelsheim den Typus einer mittelalterlichen Burgsiedlung mit einer baulichen Überformung im Barock in unverfälschter Art und Weise. MH

2

1 Stadtansicht am Neckar mit Schloss Horneck
2 Repräsentative Bebauung an der nach Norden ansteigenden Schlossstraße
3 Das ehem. Spital, ein Renaissancebau des 16. Jhs.

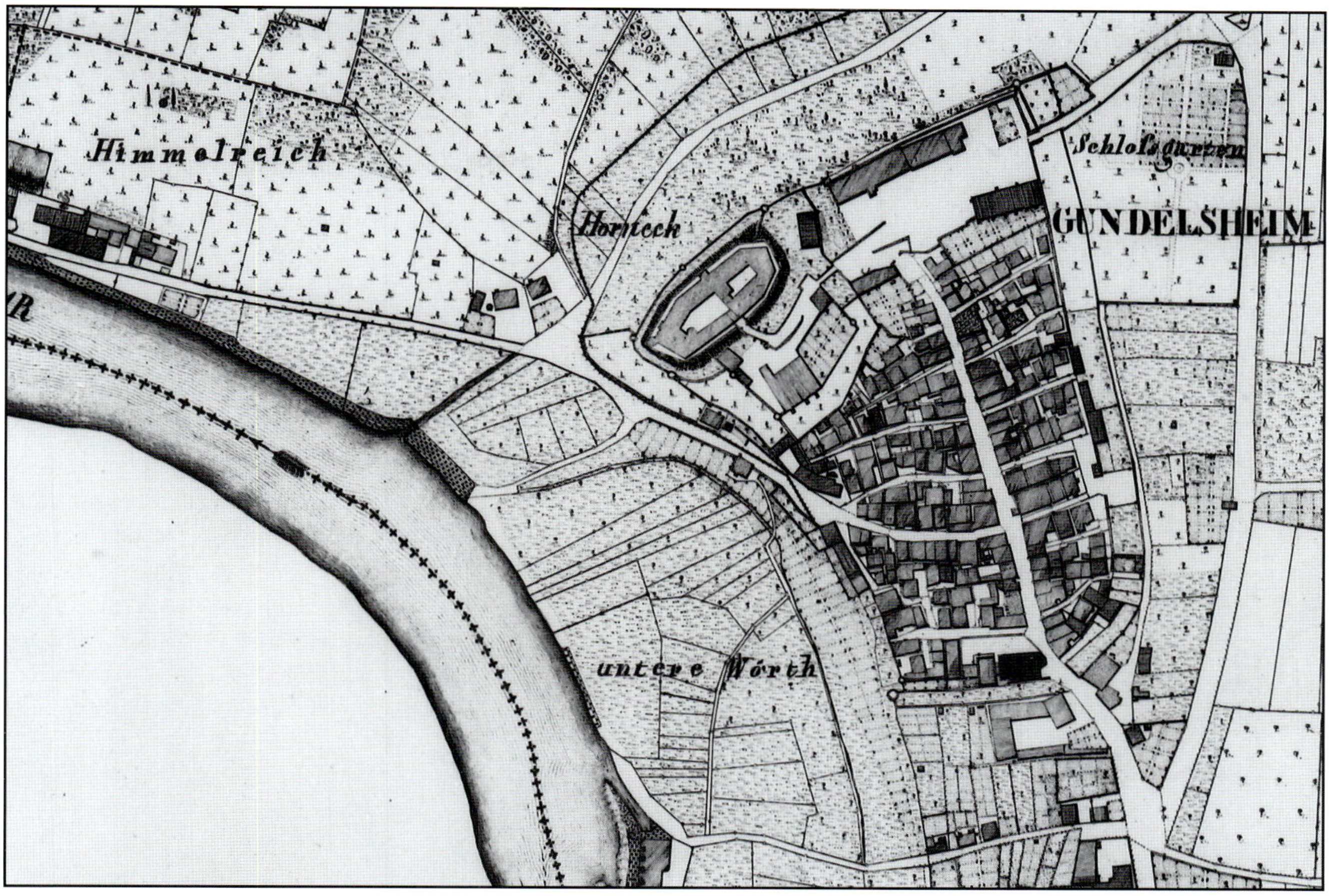

Ausschnitt aus der württembergischen Flurkarte, Stand 1834

Luftbild von 2007

Haigerloch
Zollernalbkreis, Regierungsbezirk Tübingen

1

Haigerloch liegt beiderseits des windungsreichen Flüsschens Eyach im westlichen Vorland der Schwäbischen Alb. Entstanden aus zwei Burgsiedlungen und schon vor 1237 mit Stadtrechten versehen, erlebte es bis 1381 eine erste Blüte unter den Grafen von Hohenberg, vorübergehend in zwei Städte geteilt. 1497 kam es in den Besitz der Grafen von Zollern und war später zeitweilig Residenzstadt.

Die Haigerlocher Altstadt erstreckt sich vom tief eingeschnittenen Flusstal über zwei Felssporne bis zur Hangkante. Die beiden ursprünglichen Siedlungen, Unter- und Oberstadt, trennt die Eyach als natürliche Grenze. Auf dem flachen Schwemmland im westlichen Bogen der großen Doppelschlinge des Flusses breitet sich die wohl im 13. Jh. planmäßig angelegte Unterstadt aus. Sie ist um den Sporn gelagert, auf dem das Schloss und wenig tiefer die Schlosskirche errichtet und im 16./17. Jh. zu ihrer heutigen Gestalt ausgebaut wurde. Unmittelbar am Flussufer erhebt sich die kleine Unterstadtkirche St. Nikolaus inmitten des ummauerten Friedhofs.

Wenige Schritte nordöstlich davon liegt der unregelmäßige Marktplatz direkt an der Eyachbrücke, umstanden von hohen Giebelhäusern. Etwas weiter nördlich zweigt ein Streichwehr in der Eyach das Wasser für die Unterstadtmühlen ab. Auch die Oberstadt ist um eine ehemalige Burg gruppiert: Der so genannte Römerturm diente ihr einst als Bergfried. Noch im 13. Jh. entwickelte sich eine Vorstadt innerhalb der nordöstlichen Flussschlinge, gesichert durch die Untere Burg, das spätere Schlössle. Die nur noch in wenigen Resten erhaltene Stadtmauer umfasste am Ende des 14. Jhs. alle drei Siedlungen. Ein weiterer, erst später hinzugekommener Stadtteil ist das seit dem 18. Jh. bebaute Haag, von der dritten, im Südosten gelegenen Eyach-Schlinge umfasst. An der Stelle eines alten Freihofs, dem ein nie ganz fertig gestelltes Lustschloss folgte, entstand hier 1780 ein Wohnquartier für die Neuansiedlung von Juden. Wohnhäuser des 18. bis 20. Jhs. umstehen die ehemalige Synagoge und Mikwe. Am südöstlichen Rand, außerhalb der Siedlung, befindet sich der jüdische Friedhof. MR

3

2

1 Blick auf die Stadt, deutlich erkennbar das Schloss mit der Schlosskirche
2 Oberstadtstraße Richtung Norden
3 Schlosskirche mit Schloss

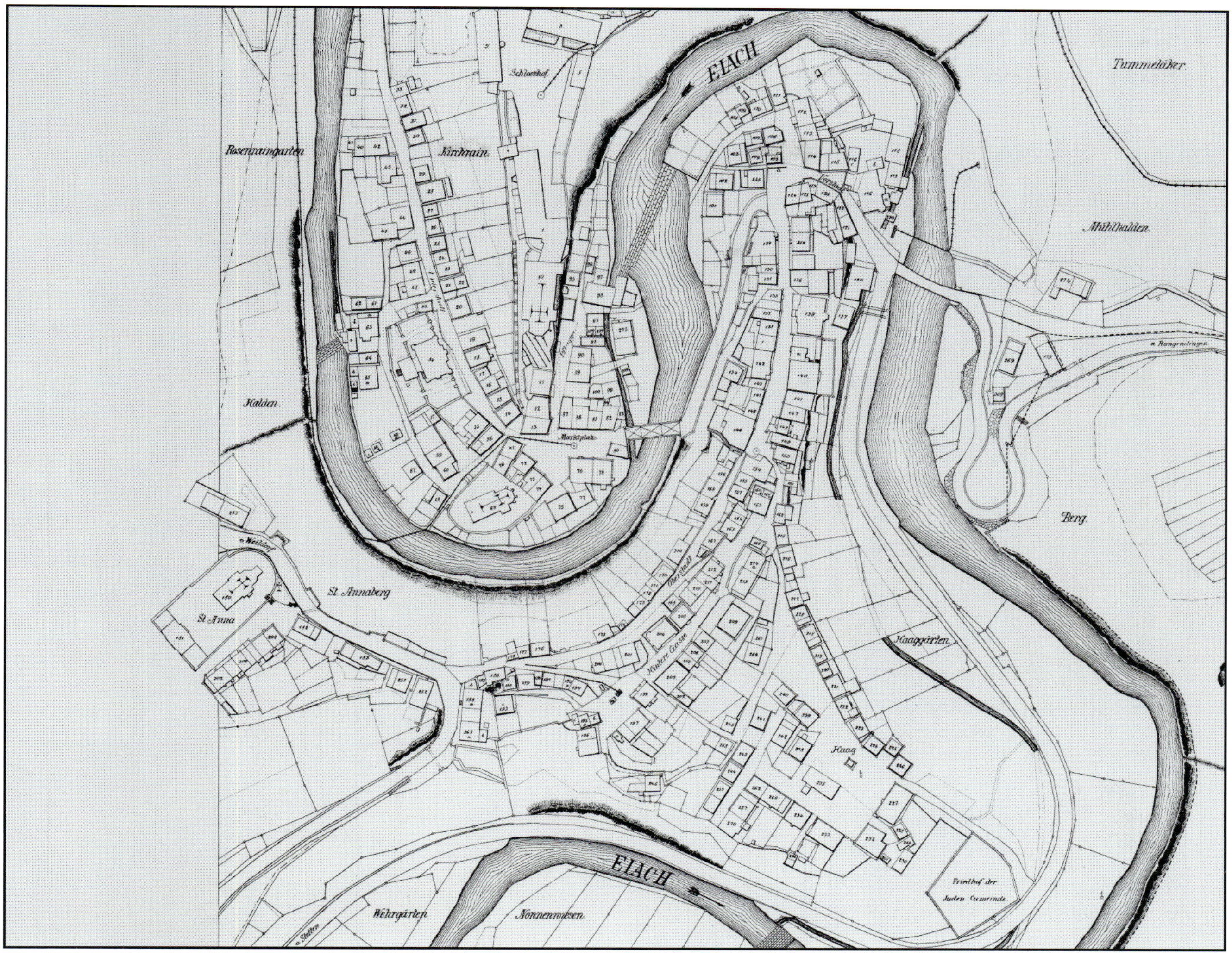

Ausschnitt aus der hohenzollerischen Flurkarte, Stand 1841

Luftbild von 2007

Haslach im Kinzigtal
Ortenaukreis, Regierungsbezirk Freiburg

1

Haslach ist wohl noch im 12. Jh. von den Herzögen von Zähringen als Hauptort des mittleren Kinzigtals, eines bedeutenden Bergbaureviers für Silbererz, gegründet worden. 1241 wird es als staufischer Reichssteuerort genannt. 1283 übertrug König Rudolf von Habsburg die 1278 privilegierte Stadt als Reichslehen den Grafen von Fürstenberg. Ab 1286 war Haslach Residenz der jüngeren fürstenbergischen Linie. Nach deren Aussterben 1386 kam es in Besitz der Hauptlinie. Residenz war es nur noch vorübergehend. Graf Heinrich VI. (1432–1490) ließ das Schloss umfassend instand setzen, die Kirche und wohl auch das Rathaus neu errichten. 1505 wurde die Straße durch das Kinzigtal in die Stadt verlegt. Die Stadtbefestigung erhielt einen zweiten Ring mit Mauer und Graben. Schon im Dreißigjährigen Krieg in Mitleidenschaft gezogen, wurden Stadt und Schloss 1704 im Spanischen Erbfolgekrieg durch die Franzosen niedergebrannt. Der Wiederaufbau der Stadt erfolgte unter Beibehaltung des alten Grundrisses; die Schlossruine wurde 1747 abgebrochen. 1806 kam Haslach an Baden.

Die Stadtanlage mit ihrem runden, zum Teil noch durch die äußere Stadtmauer begrenzten Umriss wird von der umgelenkten Kinzigtalstraße durchzogen und gegliedert. Diese tritt im Westen in die Altstadt ein und führt zum Marktplatz in der Stadtmitte. Im Osten bildet das alte Pfarrhaus von 1706 den räumlichen Abschluss dieser Achse. Südlich des Marktplatzes, im abgegrenzten Bereich des ehem. Kirchhofs, erhebt sich die kath. Pfarrkirche St. Arbogast. An den Westturm schließt der ‚Kasten', das fürstenbergische Zehntgebäude von 1550 an. Jenseits des Burggässchens, im Südwesten der Stadt, stand das Schloss der Stadtherren.

2

Am Rathaus an der Nordseite des Marktplatzes, 1732 über der Bogenhalle des Vorgängerbaus errichtet, knickt die Hauptstraße nach Norden ab. Begleitet von Parallelstraßen führt sie durch den bürgerlichen Stadtteil hindurch und verlässt die Altstadt, wieder rechtwinklig abbiegend, im Nordosten, an der Stelle des ehem. Oberen Tores. Der doppelte Befestigungsring ist noch am Verlauf der Straßen (Innerer Graben, Engelstraße) ablesbar. Die bürgerliche Bebauung besteht zum großen Teil aus giebelständigen Häusern, häufig mit

3

Fachwerk über gemauertem Erdgeschoss.

Südwestlich der Altstadt liegt das ehem. Kapuzinerkloster (1630–1633 errichtet, heute Heimatmuseum) mit der Grablege der Fürstenberger in der Klosterkirche.

Trotz Verlust des Schlosses lässt die gut erhaltene historische Bebauung die Bedeutung des einstigen Herrschaftssitzes erkennen.

Seit 1978 steht die Gesamtanlage unter Denkmalschutz. ER

1 Marktplatz mit dem Rathaus und dem Turm der Pfarrkirche
2 Häuser auf der Ostseite der Hauptstraße
3 Pfarrgasse

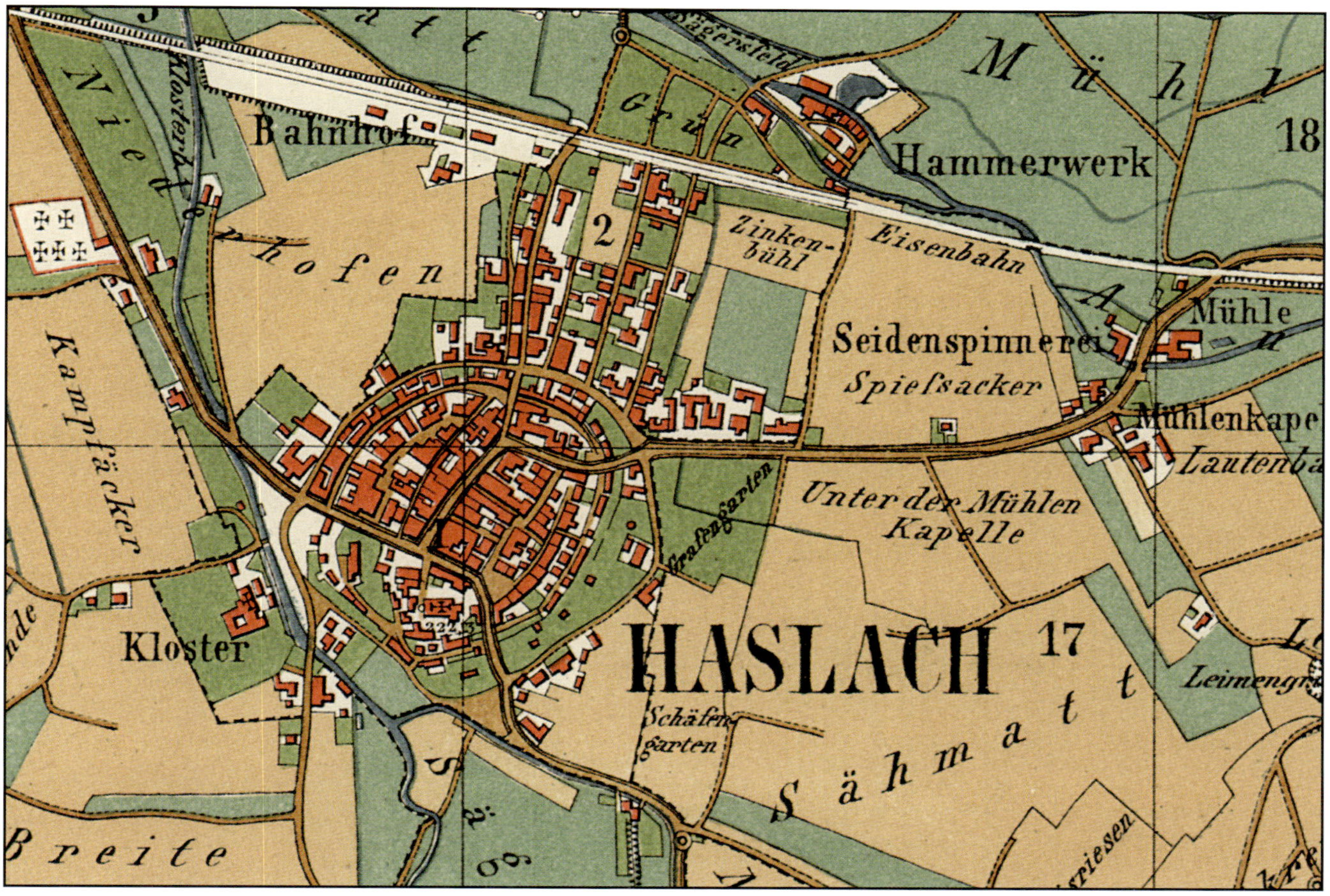

Ausschnitt aus dem badischen Gemarkungsatlas, Stand 1881

Luftbild von 2007

Hechingen

Zollernalbkreis, Regirungsbezirk Tübingen

1

Hechingen liegt im Vorland der Schwäbischen Alb an der alten Schweizer Straße, nur wenige Kilometer nördlich vom Hohenzollern, dem Stammsitz des gleichnamigen Grafen- und Fürstengeschlechts, von dem ein Zweig bis 1850 seine Residenz in der Stadt hatte.

Die 786 erstmals genannte Siedlung entwickelte sich zunächst im Tal der Starzel; seit dem 12. Jh. entstand ein neuer, städtischer Siedlungskern auf der Anhöhe südlich des Flusses neben einer von den Zollern gegründeten Burg. 1255 ist ein Hechinger Schultheiß urkundlich erwähnt. Ein verheerender Brand zerstörte 1401 die bis dahin gewachsene Bausubstanz. Das heutige Erscheinungsbild der Stadt hat außer dem regelmäßigen Straßennetz nur wenige Züge aus Mittelalter und früher Neuzeit bewahrt; seine wesentliche Prägung erhielt es während des 18. und frühen 19. Jhs.

Diese Oberstadt nimmt ein nahezu rechteckiges, nach Süden ansteigendes Plateau ein, dessen Konturen die hufeisenförmig gerundete, nur noch in Teilen erhaltene Stadtmauer nachzeichnete: bis heute erkennbar am Verlauf der äußersten Häuserreihe. Den Zugang regelten das Untere Tor von 1579, oberhalb der steilen Staig aus dem Starzeltal, und das inzwischen abgebrochene Obere Tor. Es markierte einst das südliche Ende der breiten Marktstraße, die immer noch den geschäftlichen Mittelpunkt von Hechingen bildet, eingespannt zwischen Kirche und Rathaus. Den Blick nach Süden fängt heute die Stiftskirche auf, ein frühklassizistischer Saalbau von Pierre-Michel d'Ixnard aus den Jahren 1779–1783 mit hohem Turm. Am entgegengesetzten, breiteren Marktplatzende liegt seit Jahrhunderten das Rathaus – unmittelbar auf einem Geländesprung, den es mit seinen unterschiedlich hohen Fassaden ausgleicht. Der gegenwärtige Bau wurde von Paul Schmitthenner 1955 entworfen und gehört mit seiner markanten Laterne zu den Hechinger Wahrzeichen. Nach außen wird die Oberstadt beherrscht vom weithin sichtbaren Schloss am westlichen Rand der Hochfläche. Es entstand 1818/19 nach Plänen von Rudolf Burnitz als klassizistischer, villenartiger Gruppenbau anstelle einer Vierflügelanlage der Renaissance, die außerhalb der Gründungsstadt lag.

2

3

Die aus verschiedenen Siedlungen gewachsene Unterstadt ist am Flussufer der Starzel orientiert. Sie war nicht ummauert und wuchs vor allem während des 19. und 20. Jhs. bis zur erhöht liegenden Eisenbahnlinie im Norden. Herausragende Bauten sind das heute hinter der Bahn gelegene ehemalige Kloster St. Luzen von 1586 bis 1589 und das 1602 begonnene Hospital mit seiner Kirche am Flussufer. MR

1 Das Hechinger Schloss
2 Blick in die Turmstraße
3 Die Stiftskirche mit dem Kirchplatz

Ausschnitt aus der hohenzollerischen Flurkarte, Stand 1861

Luftbild von 2007

Heidelberg

Stadtkreis Heidelberg, Regierungsbezirk Karlsruhe

Heidelberg liegt im Übergangsbereich von nördlicher Oberrheinebene, Bergstraße und Odenwald. Die oft gerühmte Lage der Stadt auf dem Talboden am Ausgang des tief eingeschnittenen Neckars verbindet die Gegensätze Enge und Weite mit- und bezieht bewaldete Berge, Ebene und Fluss harmonisch aufeinander. Gemeinsam mit der Stadtgestalt sowie geistes- und kulturgeschichtlichen Entwicklungen, die wichtige Elemente im kollektiven Gedächtnis nicht nur der Nation abgelagert haben, konstituiert die Landschaftssequenz die Einzigartigkeit der Stadt, die sich zu einem großen deutschen Mythos verdichtet hat.

Neben einem Burgweiler gründeten die Pfalzgrafen bei Rhein wohl erst im 13. Jh. die Stadt, ihre Residenz bis 1720, und errichteten über ihr eine prächtige Schlossanlage. Der auf einem Rechteck basierende Grundriss der Planstadt nähert sich durch Anpassung an die topographischen Gegebenheiten nach Osten der Dreiecksform an. Achse ist die von West nach Ost verlaufende Hauptstraße, parallel die Untere Straße sowie ein Straßenzug südlich der Hauptstraße. Mit Ausnahme der Südwestecke, ursprünglich offenbar herrschaftlicher Sonderbereich, später Universitäts- und Jesuitenviertel, gehen von den drei Straßen parallele Quergassen ab. Im Zentrum liegt der Marktplatz mit der Heiliggeist Kirche und dem 1701–1705 an Stelle eines Vorgängerbaus errichteten Rathaus; hier steht auch das Haus zum Ritter, ein reich gegliederter Renaissancebau von 1592. Westlich der Stadt wurde 1392 die Vorstadt gegründet und – zunächst entlang der Hauptstraße und weniger Quergassen – sukzessive bis ins 19. Jh. aufgesiedelt. Im Gegensatz zur rasch mit Mauer und Graben bewehrten Altstadt wurde die Vorstadt nur teilweise befestigt. Geringe Befestigungsreste haben sich erhalten (Hexenturm), doch ist der Verlauf im Stadtgrundriss gut ablesbar.

Nach der Zerstörung der Stadt 1693 durch die Franzosen erfolgte der barocke Wiederaufbau auf mittelalterlichem Grundriss. Das heutige Stadtbild wird primär von einfacher bürgerlicher Wohnbebauung des 18. Jhs. bestimmt, unterbrochen von repräsentativen Bauten des Adels und der kurfürstlichen Beamtenschaft, die in mittelalterlichen Adelshöfen Vorläufer haben, wie dem Großherzoglichen Palais und dem Palais Boisserée am Karlsplatz, wo bis 1804 das Franziskanerklosters lag. Prägend wirken kirchliche Bauten wie die Peterskirche oder die Jesuitenkirche mit Kolleg, Universitätsbauten sowie vor allem die Alte Brücke und das 1693 im Pfälzischen Erbfolgekrieg und durch Blitzschlag 1764 zerstörte Schloss über der Stadt. Die Altstadt ist seit 1998 als Gesamtanlage geschützt; seit 2012 die Weststadt als Quartier. WS

1 Blick auf die Altstadt, Heiliggeist Kirche und Schloss
2 Marktplatz mit Rathaus (1701–1705) und Herkulesbrunnen
3 Das Haus zum Ritter von 1592
4 Alte Brücke (1786–1788) mit Brückentor und Karl-Theodor-Denkmal

Ausschnitt aus dem badischen Gemarkungsatlas, Stand 1881

Luftbild von 2007

Herrenberg
Landkreis Böblingen, Regierungsbezirk Stuttgart

1

Schon von weitem kann man aus der Ebene des Gäus die eindrucksvolle Stadtsilhouette von Herrenberg erleben. Die charakteristische topographische Lage an einem Bergsporn des Schönbuchs hat ihre Ursache in einer Burggründung der Pfalzgrafen von Tübingen zu Beginn des 13. Jhs. Bald darauf entwickelte sich unterhalb der Burg eine Siedlung, die noch im 13. Jh. mit einer Mauer befestigt wurde. Mit Schenkelmauern sind die Stadt und die Schlossruine noch heute baulich verklammert. 1382 wurde die Stadt an die Grafen von Württemberg verkauft und war in der Folge Amtssitz.

An die Topographie angepasst ist der fächerförmige Grundriss der Stadt, der durch die Dachlandschaft der giebelständig gereihten Häuser noch unterstrichen wird. Die Hauptstraßenzüge, vor allem die Tübinger- und Stuttgarter Straße folgen den Höhenlinien. Verbunden werden sie durch steile Steigen, die teilweise als Staffeln oder Treppen ausgebildet sind. Zentrum der Stadt ist der Marktplatz, der mit dem klassizistischen Rathaus eine bauliche Dominante besitzt. Für das Stadtbild überaus wichtig ist aber in ganz besonderer Weise die Stiftskirche mit ihrer

2

massigen Westfront und der barocken Haube.

In der Bebauung lassen sich markante Unterschiede in wirtschafts- und sozialtopographischer Sicht ablesen: Während entlang der Stuttgarter- und Tübinger Straße eine enge Reihung zwei- bis dreigeschossiger, giebelständiger Gebäude der oberen sozialen Schichten entstand, sind die tiefer liegenden Stadtbereiche durch ihren ehemals ackerbürgerlichen Charakter mit Wohnstallhäusern und Scheunen geprägt. Die historischen Wohnhäuser der Altstadt sind zumeist aus dem 17. und 18. Jh. Den damaligen Gestaltvorstellungen zufolge wurden die Fachwerkbauten in der Regel verputzt, sind heute jedoch großenteils freigelegt. Ältere massive Erdgeschosse sowie die im Grunde mittelalterliche, kleinteilige Parzellierung weisen auf die Stadtgestalt vor dem Stadtbrand von 1635 hin. Von der einstigen Umwehrung der Stadt sind trotz der Abbrüche des 19. Jhs. noch größere Teilbereiche erhalten, so vor allem die Schenkelmauern zum Schlossberg sowie die Bereiche Auf dem Graben mit einer Stadtmauerüberbauung.

3

4

Die ehemalige württembergische Amtsstadt hat eine sehr geschlossene historische Bau- und Raumstruktur und hebt sich so aus der Stadtlandschaft des Gäus hervor.

Die Gesamtanlage steht seit 1983 unter Denkmalschutz. MH

1 Charakteristische Fachwerkbauten des 17. Jhs. am Marktplatz
2 Stiftskirche und ehemaliges Pfründhaus
3 Impression aus der Tübinger Straße
4 Kleinteilige Fachwerkbebauung in der Kirchgasse

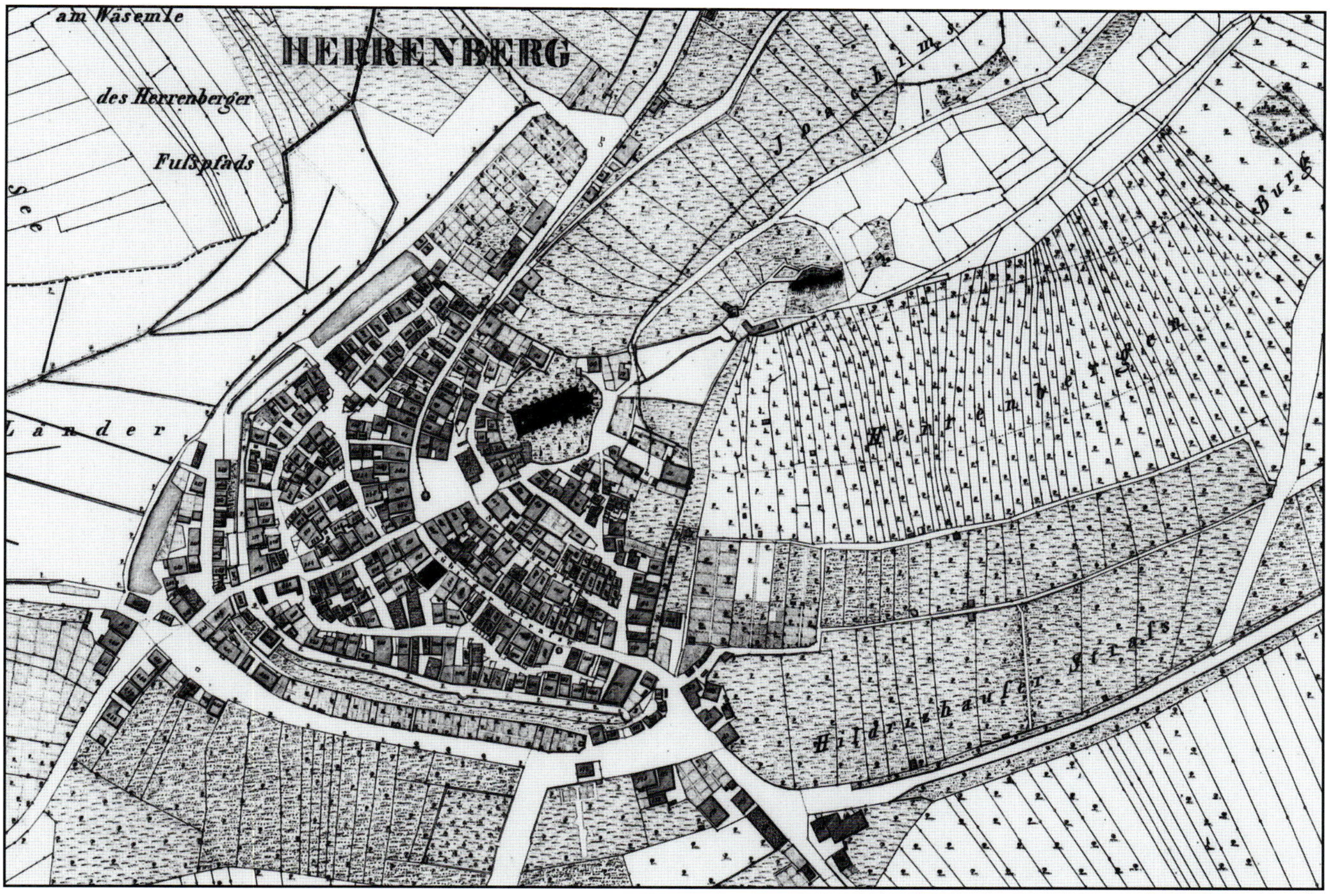

Ausschnitt aus der württembergischen Flurkarte, Stand 1830

Luftbild von 2007

Horb am Neckar
Landkreis Freudenstadt, Regierungsbezirk Karlsruhe

1

Die historische Kernstadt liegt auf einem Bergsporn über dem Neckartal und erstreckt sich mit ihren Vorstädten zu beiden Seiten des Sporns ins nördlich gelegene Tal des Grabenbachs sowie bis ans Ufer des Neckars. Sie hat ihre mittelalterliche, nach einem Stadtbrand barock überformte Prägung weitgehend bewahren können.

Horb wird erstmals urkundlich Ende des 11. Jhs. genannt. Die Pfalzgrafen von Tübingen erbauten über dem Neckar die Untere oder Burg Herrenberg – vermutlich die Gründungszelle der Stadt. Mitte des 13. Jhs erhielt Horb das Stadtrecht und eine Befestigung. Nach 1301 gelangte Horb in den Besitz der Grafen von Hohenberg, die auf dem oberen Plateau des Bergsporns (im Bereich des Schurkenturms) die mit Halsgraben gesicherte Obere oder Burg Hohenberg errichten. Durch Verkauf kam die Stadt 1381 an Herzog Leopold von Österreich. Mit der Mediatisierung gingen nach 1806 alle Rechte des Hauses Österreich an das Königreich Württemberg über.

Die Kernstadt bildet ein der Spornlage angepasstes U mit Ausläufern im Bereich der im Tal liegenden Altheimer- bzw. Neckarstraße. Marktstraße und Marktplatz liegen als zentrale Erschließung der Oberstadt auf dem Gratrücken.

2

Unter österreichischer Herrschaft wurde bis etwa 1500 die Stadt erweitert und ihre Befestigung ausgebaut. Es entstanden am Grabenbach die ummauerte „Vorstadt im Tal" sowie im Süden die an Neckar- und Ihlinger Straße gelegene, ummauerte „Neckar-Vorstadt". Von den Mauerzügen der erweiterten Stadtbefestigung sind größere Abschnitte, insbesondere nördlich der Altheimer Straße sowie im Bereich der Oberen Burg erhalten. Die Mauern hatten ursprünglich neun Tore, von denen das Schüttetörle nördlich unterhalb der Oberen Burg, das Wassertor am östlichen Mühlkanal, das Ihlinger Tor am Ende der Neckarstraße sowie das Gaistor am Ende der Froschgasse erhalten sind. Die übrigen Tore wurden spätestens 1836 abgebrochen.

Beim großen Stadtbrand von 1725 wurde fast zwei Drittel der Kernstadt zerstört, so dass die Bebauung bis auf wenige ältere Gebäude, z. B. im Bereich der Hirschgasse oder der Altheimer Straße, überwiegend aus der Zeit des 18. und 19. Jhs. stammt. Die neueren Gebäude sind in der Regel giebelständige, verputzte Fachwerkkonstruktionen, die älteren haben Sichtfachwerk. Dominante Gebäude in der Oberstadt sind der Schurkenturm (um 1270), die Stiftskirche (Chor Mitte 13. Jh., Schiff nach 1725) und die benachbarten ehem. Dominikanerinnen- (Untergeschoss 13. Jh., Aufbau nach 1725) und Franziskanerinnenklöster (13. Jh., überformt 1424 und 1715) sowie die repräsentativen Häuser des Marktplatzes. Unterhalb des Marktplatzes dominieren die Liebfrauenkirche (Chor Ende 13. Jh., Langhaus 1363, Turmneubau 1682) und als ehem. Kornhaus des Spitals das Steinhaus (1532).

3

Die Gesamtanlage Horb umfasst die gesamte Kernstadt mit den oben genannten Vorstädten, den östlich oberhalb der Stadt gelegenen Steilhang mit dem Schütteturm, das Obere Au genannte rechte Neckarufer, die Bebauung der Oberen Weingassberge mit der ev. Johanneskirche (1893/94) sowie eine Siedlungserweiterung des frühen 20. Jhs. im Bereich des Mühlener Torwegs.

Seit 1999 unter Denkmalschutz gestellt. UB

1 Altstadtansicht mit Stiftskirche (1387–1725) und Marktplatzbebauung
2 Stadtmauer an der Altheimer Straße mit Rundturm (um 1480) und Pförtnerhaus
3 Marktplatz mit Rathaus (1765) und BürgerKulturHaus (1887)

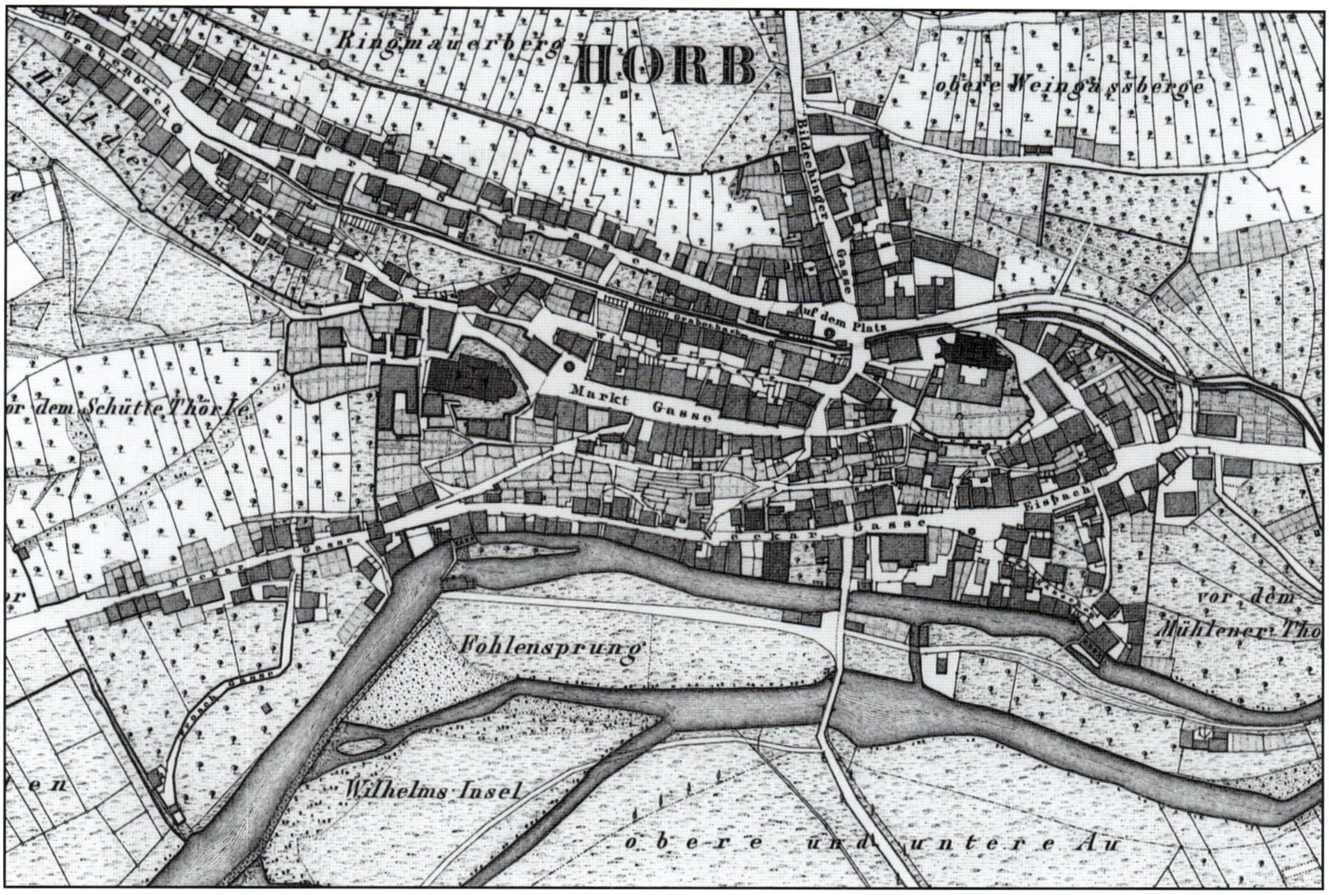

Ausschnitt aus der württembergischen Flurkarte, Stand 1829

Luftbild von 2007

Hüfingen
Schwarzwald-Baar-Kreis, Regierungsbezirk Freiburg

Hüfingen, 1083 urkundlich erwähnt, bestand zunächst aus einem Adelssitz (Burg), einem Dorf und der Pfarrkirche. Der Adelssitz in der Bregaue ging im 12. Jh. an die Herren von Blumberg über. Im Anschluss an die Burg bauten sie in der zweiten Hälfte des 13. Jhs. eine ummauerte Burgstadt (heutige Hinterstadt). Das Dorf und die Kirche lagen westlich vor den Mauern; hier wurde auch der 1274 von König Rudolf bestätigte Markt abgehalten. Wohl gegen Ende des 14. Jhs. wurde dieser Bereich als Vorstadt in die Stadtbefestigung einbezogen (heutige Vorderstadt). 1523 errichteten die Schnellenberger im Südwesten der Vorstadt das Vordere Schloss. Graf Froben Ferdinand von Fürstenberg baute es ab 1712 unter Einbeziehung des Obertors zu einem barocken Stadtschloss aus; die Burg wurde abgebrochen.

Die Umgrenzung der mittelalterlichen Stadt ist deutlich ablesbar: Im Osten und Süden begrenzen die Breg bzw. der Mühlkanal das Stadtgebiet. Die Rückwände der äußeren Häuserzeilen entsprechen dem Verlauf der Stadtmauer; zwei ehem. Wehrtürme – hinter dem Süßen Winkel und am Mühlkanal – treten halbrund vor. Die anschließenden Gärten lassen den Bereich zwischen Stadtgraben und -mauer erkennen. Innerhalb des Stadtgebietes ist die mittelalterliche bzw. frühneuzeitliche Straßen- und Parzellenstruktur, aber auch die historische Bebauung weitgehend erhalten.

In der Hinterstadt folgen die Sennhofstraße, Pfarrhausstraße und Hinterstadt dem äußeren Häuserring dieses ersten Stadtkerns. An drei Stellen weiten sich die Straßenräume; hier standen die Brunnen. Die Aufweitung der Sennhofstraße bildet den Vorplatz des Sennhofs (ehem. Vogtshof der Burg, später fürstenbergisches Rentamt); von hier aus erreichte man das westlich gelegene Burgareal. Neben zwei- bis dreigeschossigen traufständigen Ackerbürgerhäusern finden wir in der Hinterstadt das Gemeinde-Stadthaus (altes Rathaus) und die ehem. bischöflich konstanzische Zehntscheuer. Am Mühlbach liegt die ehem. Stadtmühle. Die Insel zwischen dem Mühlkanal und der Breg, vor den Mauern gelegen, war schon im Mittelalter gewerblich genutzt.

Die Vorderstadt wird vom Verlauf der Hauptstraße, der alten Marktstraße bestimmt. Das Stadtbächle betont ihre Mittelachse. Meist dreigeschossige traufständige Häuser, ehem. Ackerbürgerhäuser und Gasthöfe, begrenzen den Straßenraum. Die Flucht der östlichen Häuserzeile ist gekrümmt, so dass sich eine Aufweitung im mittleren Bereich ergibt. Hier erwarb die Bürgerschaft ein Gebäude und richtete darin 1741 das Rathaus ein. Im Süden schließt der Straßenraum mit dem Stadtschloss bzw. dem Torhaus ab, im Norden mit der Pfarrkirche, deren Turm die Marktstätte beherrscht.

Die Entwicklung mit den wechselnden Schwerpunkten von Burg, Markt und Schloss ist im Baubestand und im Stadtgefüge anschaulich überliefert.

Seit 1983 steht die Hauptstraße, seit 2002 die gesamte Altstadt als Gesamtanlage unter Denkmalschutz. ER

1 *Hauptstraße in der Vorderstadt mit Stadtbrunnen vor dem Rathaus*
2 *In der Hinterstadt (Sennhofstraße)*
3 *Blick aus der Hinterstadt zum Turm der Pfarrkirche*

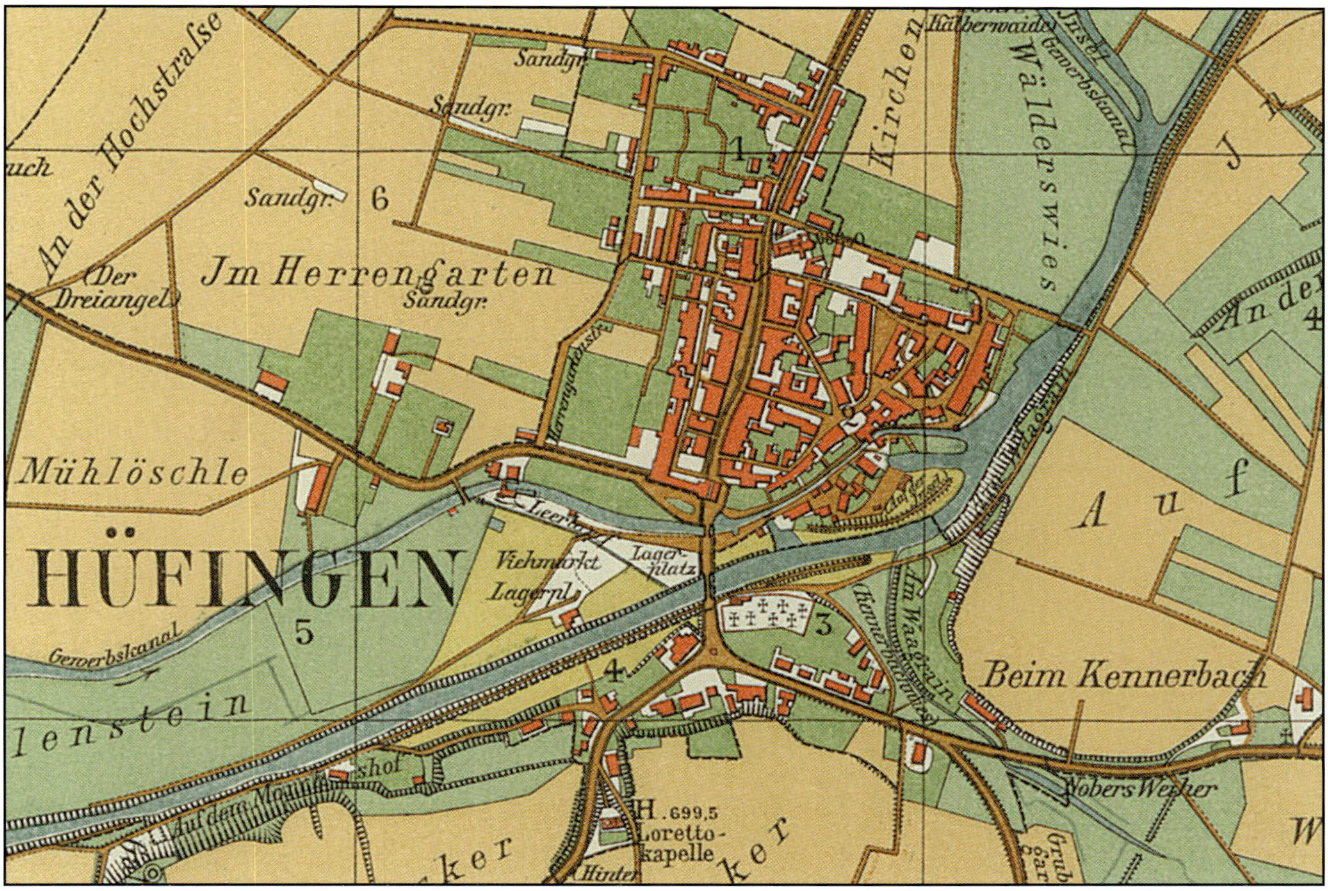

Ausschnitt aus dem badischen Gemarkungsatlas, Stand 1889

Luftbild von 2007

Ingelfingen
Hohenlohekreis, Regierungsbezirk Stuttgart

1

Ingelfingens historischer Stadtkern schiebt sich trichterförmig in ein kleines Seitental des Kochers hinein. Die trapezartige Stadtform steigt mit dem Gelände nach Norden stark an. Umgeben ist die Stadt von den Weinbergen des Kochertals, die noch heute intensiv genutzt werden und einen wichtigen historischen Erwerbszweig darstellten. Im Süden, der Mauer vorgelagert, beherrschen Krautgärten das Stadtbild.

Seit 1287 gehörte die Stadt, 1302 erstmals als solche bezeichnet, den Hohenlohern. Ihre Herrschaft drückt sich in drei Anlagen aus, die den Übergang von mittelalterlichen Höhenburgen über Stadtschlösser der Renaissance bis hin zu Residenzbauten des 18. Jhs. beispielhaft dokumentieren: von der Ruine Lichteneck über der Stadt zum Alten Schloss am nördlichen, hoch gelegenen Stadteingang und weiter zum barocken Neuen Schloss in der bequemen Tallage mit anschließendem Schlosspark.

Einen besonderen Aufschwung erlebte die Stadt zu Beginn des 18. Jhs., als Ingelfingen Residenzstadt wurde (bis 1806). Die Grafen, ab 1764 Fürsten von Hohenlohe, entwickelten mit einigem baulichen Anspruch ihre barocken Raumvorstellungen. Dazu gehörte zum einen der Neubau bzw. Umbau von

2

3

zahlreichen Gebäuden innerhalb des bestehenden mittelalterlichen Stadtkerns, zum anderen die Erweiterung der Stadt in Richtung Osten mit der so genannten Mariannenvorstadt (seit 1783 errichtet). Vergleichbar zu anderen Stadterweiterungen hohenlohischer Residenzorte, wie der Karlsvorstadt in Öhringen, wurde das Hauptaugenmerk auf Regelmäßigkeit und Proportion, wesentliche Begriffe barocker Stadtplanung, gelegt.

Das Innere des Stadtkerns lässt sich in einen öffentlichen Bereich an der West-Ost-Achse (Schlossstraße) gliedern, in dem sich das Neue Schloss, der Schwarze Hof (ein ehemaliges Stadtpalais), die Stadtkirche, die Kelter, das Rathaus und die Schule befinden, sowie in einen bürgerlichen Bereich entlang der Nord-Süd-Achse (Bühlhofer Straße), an dem die Wohnhäuser überwiegend giebelständig aufgereiht sind. Der Hausbestand geht dabei zumeist aufs 18. Jh. zurück, wenn auch immer wieder ältere, z. T. mittelalterliche Kerne in den Gebäuden vorhanden sind.

Als ummauerter mittelalterlicher Stadtkern mit einer augenfälligen barocken Überformung ist Ingelfingen ein Musterbeispiel einer kleinen hohenlohischen Residenzstadt. MH

1 Stadtansicht mit Stadtmauer und Neuem Schloss, davor die typischen Krautgärten
2 Die Schlossstraße mit dem so genannten Schwarzen Hof
3 Innenhof des Neuen Schlosses, heute Rathaus

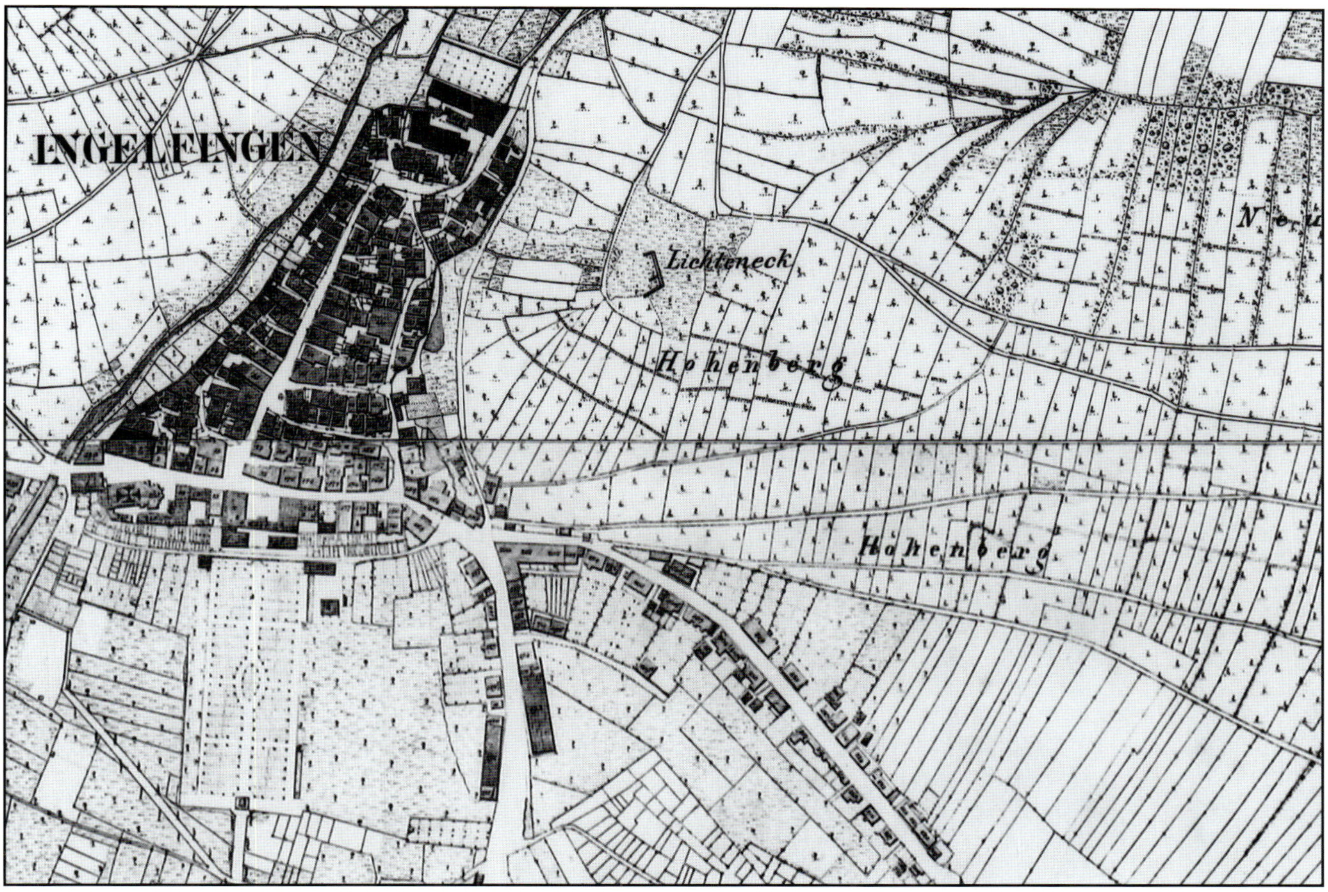

Ausschnitt aus der württembergischen Flurkarte, Stand 1833/34

Luftbild von 2007

Isny im Allgäu
Landkreis Ravensburg, Regierungsbezirk Tübingen

Isny liegt auf einer leichten Erhebung in einem Talbecken am Rande eines sich nach Westen erstreckenden großen Moores, umsäumt von Anhöhen und Bergen im Norden, Osten und Süden.

Die Stadt und Marktsiedlung hat die Form eines Ovals. Von Südwesten nach Nordosten wird der Ort durch die Hauptachse Obertorstraße – Wassertorstraße erschlossen. Am zentralen Schnittpunkt der Hauptachse mit der Querverbindung Espantorstraße – Bergtorstraße liegt der Marktplatz, der durch den Blaserturm dominiert wird. Das ehem. Benediktinerkloster (seit 1803 Schloss) sowie die ev. Pfarrkirche liegen peripher im Nordosten. Der Stadtgrundriss hat sich trotz mehrerer verheerender Stadtbrände (1284, 1401, 1631, 1864) noch weitgehend bis heute erhalten.

Die im Anschluss an eine Kirchenstiftung (1042) und darauf folgende Klostergründung (1096) entstandene Marktsiedlung wurde 1171 durch die Grafen von Altshausen planmäßig erweitert und schließlich 1235 zur Stadt erhoben. 1365 erhält Isny den Rang einer freien Reichsstadt, bis sie 1806 Württemberg zugeordnet wurde.

Die Stadtumgrenzung ist noch heute in weiten Teilen gut ablesbar. Der Mauerring des Ovals passt sich frei den topographischen Gegebenheiten an. Von der Stadtbefestigung sind der Wassertorturm (15. Jh.) und der Espanturm (1467) besonders erwähnenswert. Daneben bestehen noch einige Wehrtürme sowie im Norden und Süden größere zusammenhängende Stadtmauerabschnitte. Außerhalb des Stadtmauerringes ist noch bis heute der ehem. Grabenbereich durch den unbebauten Grüngürtel deutlich zu erkennen.

Als weithin sichtbare Elemente setzen die Zwiebelhauben der drei Türme (Blaserturm, Türme der ev. und kath. Pfarrkirche) unverwechselbar ihre Akzente über der Stadt. Eine besondere städtebauliche Dominante bildet das Ensemble aus Klosterareal mit kath. Stadtpfarrkirche St. Jakobus und Georg und ev. Pfarrkirche St. Nikolaus im Nordosten der bürgerlichen Stadt. Am Beginn der Wassertorstraße neben dem Marktplatz prägt ein prachtvoller Stadtpalast, das heutige Rathaus, die bauliche Situation.

Die städtische Bebauung wird maßgebend durch den Wiederaufbau nach dem Stadtbrand von 1631 geprägt. Damals wurden annähernd 380 Gebäude zerstört, darunter beide Kirchen, das Kloster und das Rathaus auf dem Marktplatz. Die Bebauung ist entlang der leicht geschwungenen Straßen vielfältig gegliedert und sowohl trauf- als auch giebelständig. An mehreren Stellen, so vor allem vor den Einmündungen in den Marktplatz, verengen sich die Straßen, wodurch immer wieder geschlossene Straßenräume in lebendigem Wechsel entstehen. Abseits der beiden Hauptachsen fällt die inhomogene Bebauungsstruktur mit ihren vielfältigen Veränderungen auf.

Seit 1983 denkmalgeschützt. MN

1 *Marktplatz mit Wassertorstraße*
2 *Espantor und Espantorstraße*
3 *Wassertorstraße, heute Fußgängerzone*

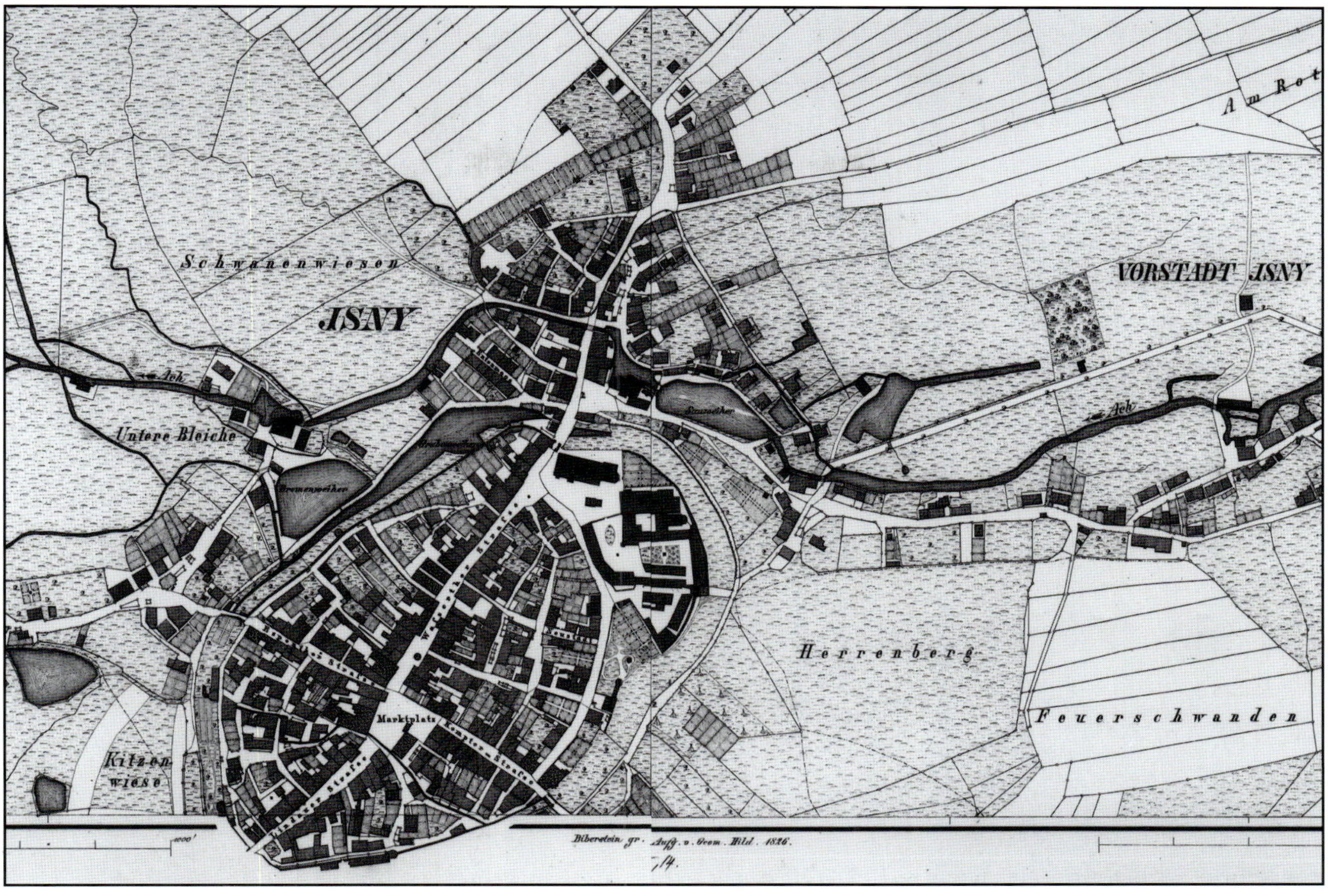

Ausschnitt aus der württembergischen Flurkarte, Stand 1826

Luftbild von 2007

Kandern
Landkreis Lörrach, Regierungsbezirk Freiburg

1 

Kandern im Markgräfler Hügelland, 776 erstmals erwähnt, entstand an einer alten, vom Rheintal ins Wiesental führenden Handelsstraße. Um 1240 errichteten die Markgrafen von Hachberg 3 km oberhalb des Ortes die Sausenburg; Kandern wurde herrschaftlich mit der Burg verbunden. 1503 kam die Herrschaft Sausenberg durch Erbschaft an die Markgrafen von Baden.

Der Ort entwickelte sich auf einer Anhöhe im Mündungswinkel von Lippisbach und Kander, um die Pfarrkirche St. Clemens (1083 genannt). Ein Rathaus ist seit 1571 im Bereich des Marktplatzes bezeugt. 1589 entsteht am östlichen Ortsausgang das markgräfliche Forst- und Jagdhaus. Zu dieser Zeit war Kandern bereits Marktort; eine Hammerschmiede, eine Papiermühle, eine Ziegelhütte und das Hafnergewerbe sind genannt. 1809 wurde es Sitz eines Bezirksamts, 1810 erfolgte die Stadterhebung.

2 

Die heutige Hauptstraße folgt dem Verlauf der alten Handelsstraße in Ost-West-Richtung. Die zwei- bis dreigeschossigen, überwiegend traufständigen Bürgerhäuser des 16.–19. Jhs. zeugen von der Bedeutung Kanderns als badische Landstadt. Giebelständig und freistehend tritt das alte Rathaus aus der Bebauung der südlichen Straßenseite vor. Von hier aus steigt der längsrechteckige Marktplatz nach Norden an und gibt den Blick frei auf die ev. Pfarrkirche, die 1825–1827 in Formen des Weinbrenner-Klassizismus neu errichtet wurde. Stufen führen zum baumbestandenen Kirchhof. Dieser bildet den Mittelpunkt des alten Ortskerns nördlich der Hauptstraße, der bogenförmig von der Ziegelstraße durchzogen wird. Aus den landwirtschaftlichen Anwesen des 17.–19. Jhs. hebt sich der dreigeschossige Staffelgiebelbau des heutigen Heimat- und Keramikmuseums (bez. 1706) hervor, dahinter ein Fachwerkbau von 1604.

Nach Süden weitet sich die Hauptstraße zum Blumenplatz, einem regelmäßigen Rechteck, das 1837 als Viehmarkt angelegt wurde. Im Osten und Süden ist der Platz von geschlossenen Reihen klassizistischer Bürgerhäuser mit rundbogigen Tordurchfahrten eingefasst. Östlich der Sitzenkircher Straße prägen der Gasthof „Ochsen“ und das ehem. markgräfliche Forst- und Jagdhaus mit seinem Park das Stadtbild, jen-

3 

seits der Kander die alte Mühle (im Kern 16. Jh.). Zwei weitere Mühlen – die Fischer- und die Blumenmühle – liegen flussabwärts, im Südwesten des Stadtkerns.

Das gut erhaltene historische Stadtgefüge mit Schwerpunkten um den Kirchhof, den Markt- und den Blumenplatz dokumentiert anschaulich die Entwicklung Kanderns vom Marktort zur badischen Amtsstadt.

Seit 1979 steht die Gesamtanlage unter Denkmalschutz. ER

1 Blumenplatz mit klassizistischer Randbebauung
2 Museumsgässle
3 Ev. Kirche

Ausschnitt aus dem badischen Gemarkungsatlas, Stand 1893

Luftbild von 2007

KARLSRUHE-**DURLACH**
Stadtkreis Karlsruhe, Regierungsbezirk Karlsruhe

1 

Im Pfälzischen Erbfolgekrieg hatten französische Truppen 1689 auch Durlach niedergebrannt. So wurde ein Wiederaufbau unternommen, der, nach markgräflichem Willen, von barocker Ästhetik und Planstadtphantasien durchdrungen war. Neben der gewünschten städtebaulichen Neuordnung sollte auch das Residenzschloss neu erstehen. Als mittelalterliche Stadt konnte Durlach freilich nicht wie auf dem freien Feld geplant werden. Der barocke Ordnungswille des Markgrafen beugte sich schon bald dem Diktat der komplexen Besitz- und Parzellenstruktur, die sich seit der Stauferzeit herausgebildet hatte. Immerhin blieb dem Fürsten die Hausgestaltung: Seine Bauvorschrift nötigte die Bürger zum Wiederaufbau nach vorgegebenen Modellhaustypen. Diese „Ziemlichkeit" wurde mit beträchtlichen Steuererlassen belohnt. Einige Durlacher wichen dennoch von der Vorgabe ab.

Als das neu gegründete Karlsruhe 1715 Residenzstadt wurde, fiel das Städtchen in einen Dornröschenschlaf, dessen politische und wirtschaftliche Folgen die gute Überlieferung der historischen Altstadt Durlachs bewirkten. Erst 1938 wurde Durlach nach Karlsruhe eingemeindet. Um die Durlacher Innenstadt vor dem in der Nachkriegszeit beschleunigt eingetretenen Verfall zu

2 

bewahren, hat die Stadt Karlsruhe 1983 ein Sanierungsgebiet ausgewiesen. Ergebnis war eine deutliche Aufwertung des historischen Zentrums dieses „Ur-Karlsruhes" und heute ist die Altstadt wieder ein beliebter Wohnort.

Die Gesamtanlage Durlach umfasst den mittelalterlichen Stadtkern – ein Oval mit östlich angegliederten Wohnvierteln – der spätestens seit dem 13. Jh. ummauert war. Zugehörig ist der Burgbereich mit dem sich nach Süden erstreckenden Schlossgarten. Aufgrund seiner baulichen Geschlossenheit kommt dem heutigen Ortsbild eine besondere Bedeutung zu. Beeindruckend

3 

sind die weit ausschwingenden Straßenräume, die sich am Verlauf der mittelalterlichen Stadtmauer orientieren. Hier reihen sich traufständige Torfahrthäuser in scheinbar unendlicher Folge – alle entstanden oder beeinflusst durch die Hausmodelle des Barockfürsten. Diese „Modellhäuser" ruhen fast stets auf älteren Kellern, die den Stadtbrand überdauerten, auch finden sich immer wieder mittelalterliche Bauteile in Zweitverwendung. Die alte Befestigung der Stadt ist sichtbar mit dem

4 

Basler Torturm, der Stadtmauer, der Zwingermauer und dem davor gelegenen Graben erhalten geblieben.

Neben der Stadtanlage ist der alte Residenzbezirk bis heute prägend: Die einst prächtige Gebäudegruppe der Karlsburg übernahm die Nachfolge der 1279 zerstörten Burg Hohenberg auf dem nahen Turmberg. Von dieser Anlage ist nur der Prinzessinnenbau vollständig erhalten. Der anschließende Kavaliersbau ist lediglich der innere Westflügel eines gigantischen Schlossneubauprojekts. 1698–1702 nach Entwürfen von Domenico Egidio Rossi und Giovanni Mazza begonnen, wurde jenes die Maßstäbe der alten Stadt Durlach missachtende Projekt mit der Verlegung der Residenz eingestellt.

Seit 1998 denkmalgeschützt. CK

1 Gesamtansicht vom Turmberg
2 Prinzessinnenbau und Kavaliersbau
3 Amtshausstraße, Modellhäuser und Stadtkirche
4 Basler Torturm

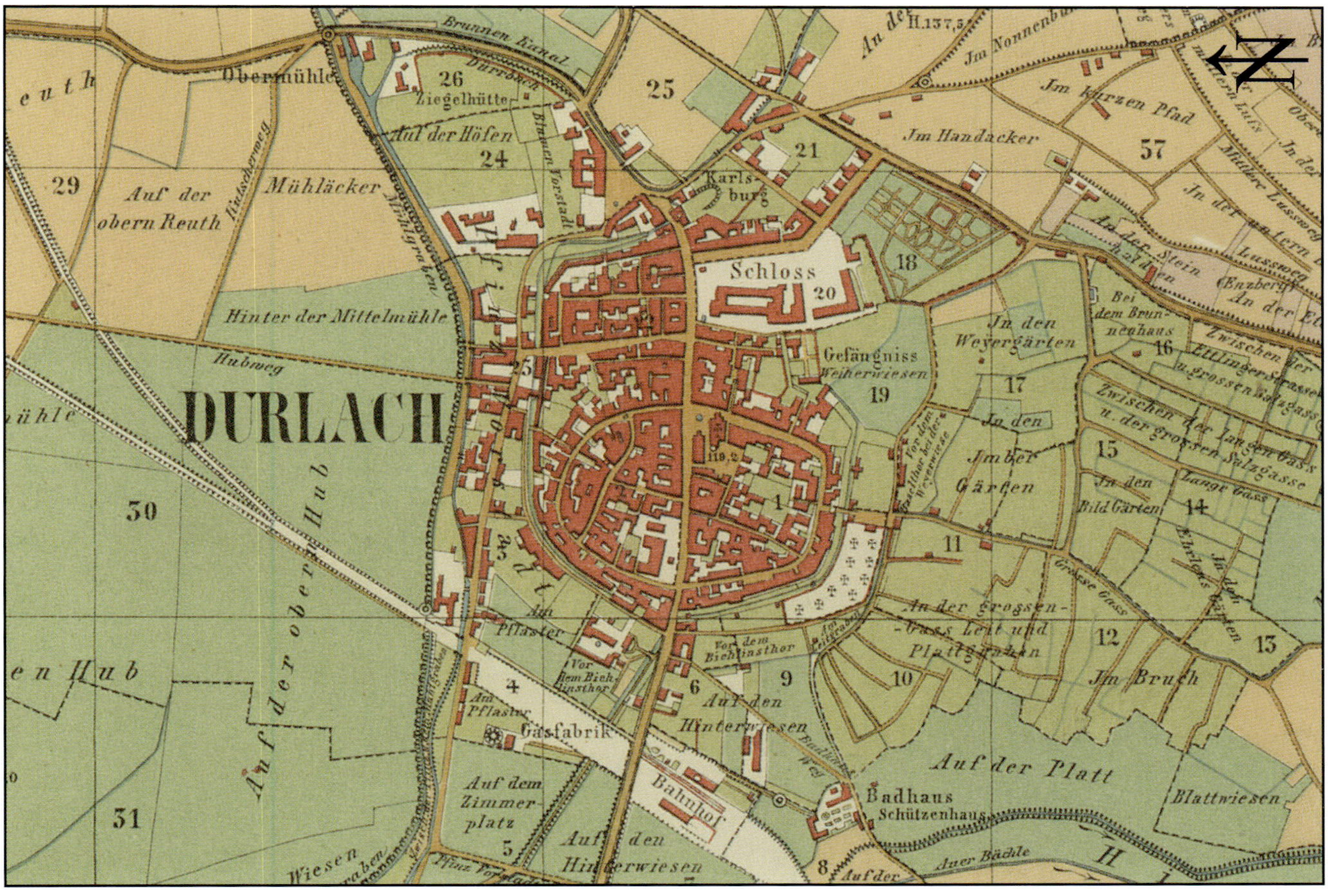

Ausschnitt aus dem badischen Gemarkungsatlas, Stand 1876

Luftbild von 2007

Kenzingen
Landkreis Emmendingen, Regierungsbezirk Freiburg

1

Die mittelalterliche Stadt wurde in der Elzniederung am Übergang der Vorbergzone des Schwarzwalds in die Rheinaue errichtet. Die 773 genannte dörfliche Siedlung lag weiter östlich; dort verlief die alte Landstraße von Basel nach Frankfurt. Die Stadtgründung erfolgte 1249 durch Rudolf II. von Üsenberg. Nach der Teilung der Herrschaft Üsenberg 1291/92 war Kenzingen Mittelpunkt der „Niederen Herrschaft". Diese kam 1343 an die Habsburger und 1805 an Baden.

Durch einen von der Elz abzweigenden Kanal, die Kleine Elz, wurde das Stadtgebiet umgrenzt und entwässert. Die querovale Stadtanlage, durch ein Straßenkreuz in vier Viertel unterteilt, war von einer Ringmauer umgeben. Zwei Tore schlossen die breite Marktstraße, die Querachse der Anlage, im Südwesten und Nordosten ab (1838 abgebrochen). Erst 1495 wurde die Landstraße durch die Stadt geführt. Die ebenfalls breite Längsachse hatte nur im Südosten eine Pforte (‚Schwabentor'), die die Stadt mit der alten Landstraße verband. Erst um 1845 erfolgte die Verlängerung nach Nordwesten über die Stadtbefestigung hinaus zum Bahnhof.

Die einzelnen Stadtviertel sind durch weitere Längsstraßen und kurze verbindende Quergassen erschlossen. Im nordöstlichen Viertel bestimmt der Kirchplatz mit der Stadtpfarrkirche die Baustruktur, im Nordwesten der Komplex des ehem. Franziskanerklosters (Kirche 1662 geweiht).

Geschlossene Zeilen traufständiger Bürgerhäuser prägen das Bild der Wohn- und Geschäftsstraßen. Die zugehörigen Wirtschaftsgebäude auf der Rückseite der tiefen Parzellen sind von den Nebenstraßen aus erschlossen. Die Bebauung ist heute noch weitgehend durch den Wiederaufbau des späten 17. und frühen 18. Jhs., nach der Zerstörung der Stadt im Dreißigjährigen Krieg, geprägt.

Die Hauptstraße zeichnet sich durch ihren breiten Straßenraum mit drei Brunnen, höhere Bebauung, Verwaltungsgebäude und stattliche Gasthöfe aus. Der Erker des Gasthofs „Zur Krone" betont die nordwestliche Ecke der Hauptkreuzung; schräg gegenüber, zwischen Hauptstraße und Kirchplatz, liegt das Rathaus. Beide Gebäude des 16. Jhs. wurden 1670/71 wiederaufgebaut.

Der Flusslauf der Elz im Westen und das Alte Grün, eine weite Wiesenfläche entlang des Flusses im Süden, bilden eine markante Zäsur zwischen der Stadt und ihrem Umland. Die ringförmige Bebauung, die den Stadtkern umgibt – seit dem 14. Jh. wurde stadtseitig an die Ringmauer angebaut, seit dem 16. Jh. der Bereich des ehem. Grabens bzw.

4

Zwingers (Oberer und Unterer Zirkel) bebaut – lässt deutlich den früheren Verlauf der Stadtbefestigung erkennen.

Mit seiner gut erhaltenen Stadtumgrenzung und dem dichten historischen Baubestand hat Kenzingen wesentliche Merkmale einer mittelalterlichen bzw. frühneuzeitlichen Landstadt bewahrt.

Seit 1959 steht die Gesamtanlage unter Denkmalschutz. ER

2

3

1 Hauptstraße mit dem Gasthof „Zur Krone" und dem Üsenbergerbrunnen
2 Blick von der Elzbrücke nach Norden
3 Hauptstraße mit dem Rathaus, dahinter die Stadtkirche St. Laurentius
4 Die Altstadt mit den Türmen der Stadtkirche St. Laurentius; Blick über die Elz von Süden

Ausschnitt aus dem badischen Gemarkungsatlas, Stand 1873

Luftbild von 2007

Kirchberg an der Jagst
Landkreis Schwäbisch Hall, Regierungsbezirk Stuttgart

1

Kirchberg liegt imposant auf einem schmalen Bergsporn hoch über dem Jagsttal. Schon von weitem sind das ehemalige hohenlohische Residenzschloss sowie die anschließende Stadtanlage als bauliche Dominanten in der eindrucksvollen Kulturlandschaft des Jagsttals zu erkennen. Kern der Siedlung ist eine spätmittelalterliche Burg, die im frühen 14. Jh. an die Grafen von Hohenlohe kommt. Nach einem reichsstädtischen Intermezzo in der Territorialgeschichte des Ortes bauten die Grafen von Hohenlohe die alte Burg zum befestigten Wohnschloss des 16. Jhs. um und erweiterten sie im 18. Jh. zur zeitgemäßen Dreiflügelanlage.

2

Die durch einen Graben vom Schloss getrennte bürgerliche Stadt hat ein leicht verschobenes Trapez als Grundfläche und wurde schon im letzten Drittel des 14. Jhs. ummauert. Aufgrund des sehr begrenzten Raums in der Kernstadt wurden die meisten Gebäude direkt in Randstellung an die heute noch bestehende Stadtbefestigung gebaut. Wichtige vertikale Elemente im Stadtbild sind die beiden Stadttürme an den Eckpunkten der Stadtbefestigung.

Die Bebauung, meist verputzte Fachwerkbauten, geht im Wesentlichen auf das 17. bis 19. Jh. zurück und zeigt typische Züge einer kleinen Residenzstadt mit barocken Gestaltvorstellungen. Während der ummauerte Stadtkern Zug um Zug mit neuen herrschaftlichen Gebäuden gefüllt wurde, entwickelte sich vor dem einzigen Stadttor eine Vorstadt mit den ausgelagerten bürgerlichen Anwesen in vereinheitlichender Bauweise.

Westlich der Vorstadt befindet sich der wohl schon im 16. Jh. angelegte Schlossgarten, der – topographisch bedingt – außerhalb des eigentlichen Schlossareals liegt. Südlich legte man 1614 einen ummauerten Friedhof an, der von historischen, kleinparzellierten Nutzgärten umgeben ist. Als Gegengewicht zur Bergstadt in Spornlage ist das alte „Kirchberg im Tal" weitgehend ungestört in die Wiesen und Äcker des Tales eingebettet und besitzt eine eher ländlich-vorstädtische Bebauung. Für das Stadtbild von Bedeutung ist schließlich die Steinbogenbrücke über die Jagst sowie die Steigen mit dem alten Ochsen als Steigengasthof.

Kirchberg kann sich als authentisch erhaltener hohenlohischer Stadtkern mit intaktem kulturlandschaftlichem Umfeld in die Reihe hohenlohischer Residenzen (Bartenstein, Langenburg) nahtlos einreihen.

Seit 2003 steht die Gesamtanlage unter Denkmalschutz. MH

3

1 Die Stadt und das Schloss in Spornlage oberhalb der Jagst
2 Innenhof des umfangreichen Schlossareals
3 Das barocke Torhaus, einziger Zugang zum ummauerten Stadtkern

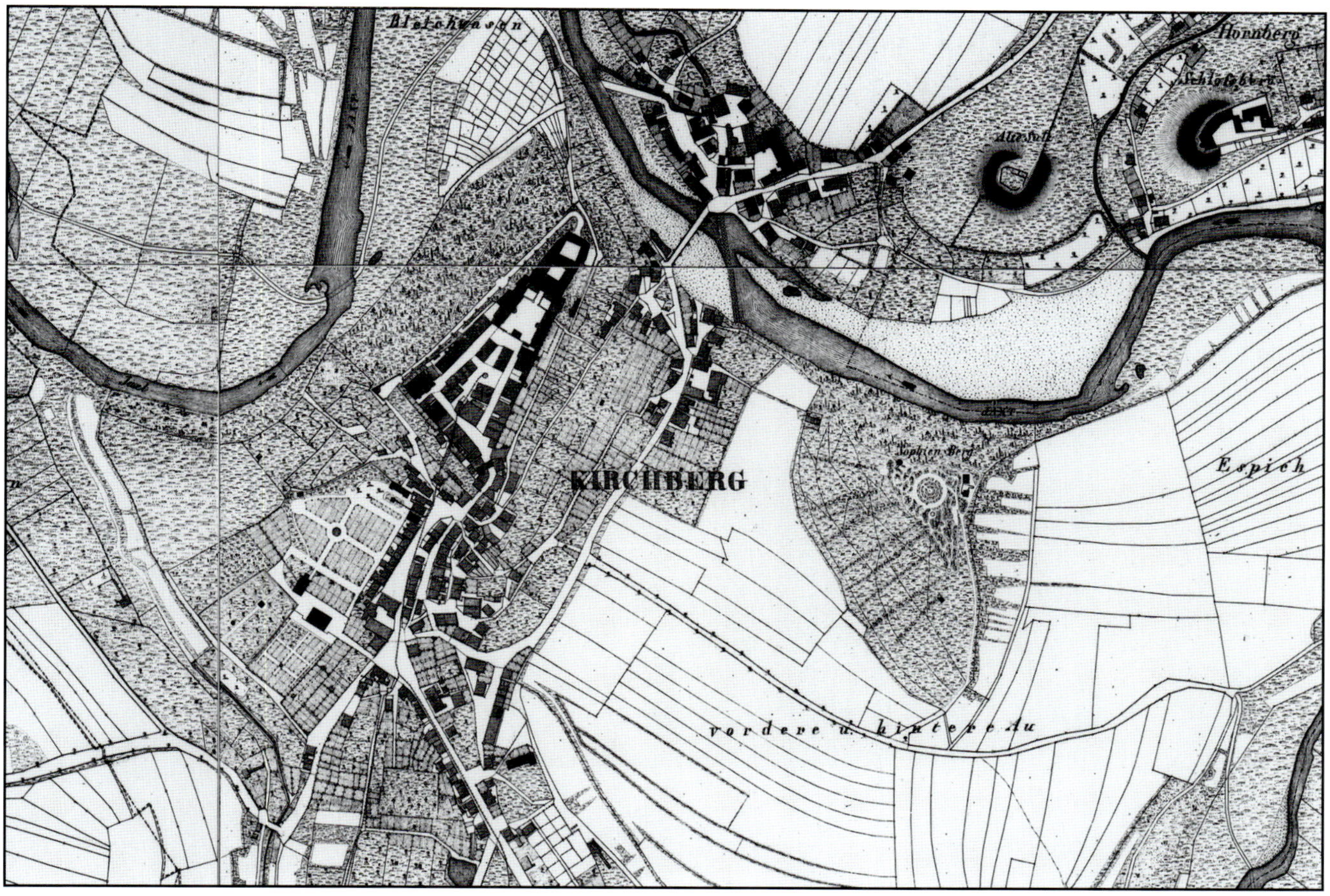

Ausschnitt aus der württembergischen Flurkarte, Stand 1829

Luftbild von 2007

Kirchheim unter Teck

Landkreis Esslingen, Regierungsbezirk Stuttgart

Kirchheim liegt im leicht gewellten Albvorland an der alten Straße von Stuttgart nach Ulm, noch bevor diese bei Lenningen die Alb erklimmt. Zwischen den Flüsschen Lauter und Lindach wurde die Stadt auf einer flachen Schotterterrasse angelegt. Bereits im 10. Jh. wird der Ort urkundlich erwähnt, ab der Mitte des 11. Jhs. auch sein Marktrecht. Dieses spielt in der weiteren Geschichte der Stadt eine große Rolle bis hin zum 1819 eingerichteten Hauptlandeswollmarkt.

Eine weitere Besonderheit der Stadtgeschichte ist die Funktion als Landesfestung. Die Württemberger, ab

dem 14. Jh. Stadtherren, bauten die Stadt neben Schorndorf ab 1539 mit einem frühneuzeitlichen Befestigungssystem aus. Vor der mittelalterlichen Stadtmauer entstanden Wälle und Bastionen. Wie andernorts wurde die Stadtbefestigung im 19. Jh. in weiten Teilen niedergelegt und das Gelände zu ebenen Marktflächen und einer umlaufenden Alleenstraße umgewandelt. Bis auf Reste der Bastion im Nordosten und im Südwesten beim Schloss ist der wehrhafte Charakter der Stadt zwar verloren gegangen, die besondere Rolle als Landesfestung jedoch in den ringsum verlaufenden Grün- und Freiflächen noch gut ablesbar.

Der innere Stadtgrundriss besitzt mit einem Hauptstraßenkreuz sowie zahlreichen schematisch verlaufenden Straßen ein hohes Maß an Regelmäßigkeit, was den Zähringern als Siedlungsgründern zugesprochen wird, die Kirchheim vor den Württembergern und den Herzögen von Teck besaßen. Für den Stadtgrundriss brachte daher auch der große Stadtbrand von 1690 keine allzu starken Veränderungen, wohl aber für die großenteils vernichtete Bausubstanz. In den zwei- bis dreigeschossigen, giebelständigen Fachwerkhäusern finden sich die zahlreichen Detailregelungen der Bauordnung von 1690 wieder. Dominanten im ebenen Stadtbild sind vor allem die Vertikalen des Stadtkirchen- und des Rathausturms, während das Schloss im Südwesten der Stadt – lange Zeit Witwensitz – eher in der Horizontalen wirkt. Die in alle Himmelsrichtungen strebenden Vorstädte sind durch die Bauentwicklung des 19. und 20. Jhs., ausgelöst durch die frühe Industrialisierung, stark überformt und nicht mehr Teil des Stadtensembles.

In der Zusammenschau, aber auch in kleinen Details, dokumentiert Kirchheim seine ehemalige Rolle als wichtige Oberamts-, Festungs- und Marktstadt im Herzogtum Württemberg.

2006 wurde die Gesamtanlage unter Denkmalschutz gestellt. MH

1 Das stadtbildbeherrschende Rathaus ist Abschluss des Wiederaufbaus im 18. Jh.
2 Das herzogliche Schloss im Südwesten, zugleich Teil der frühneuzeitlichen Stadtbefestigung
3 Für Kirchheim typische Fachwerkbebauung aus der Zeit um 1700

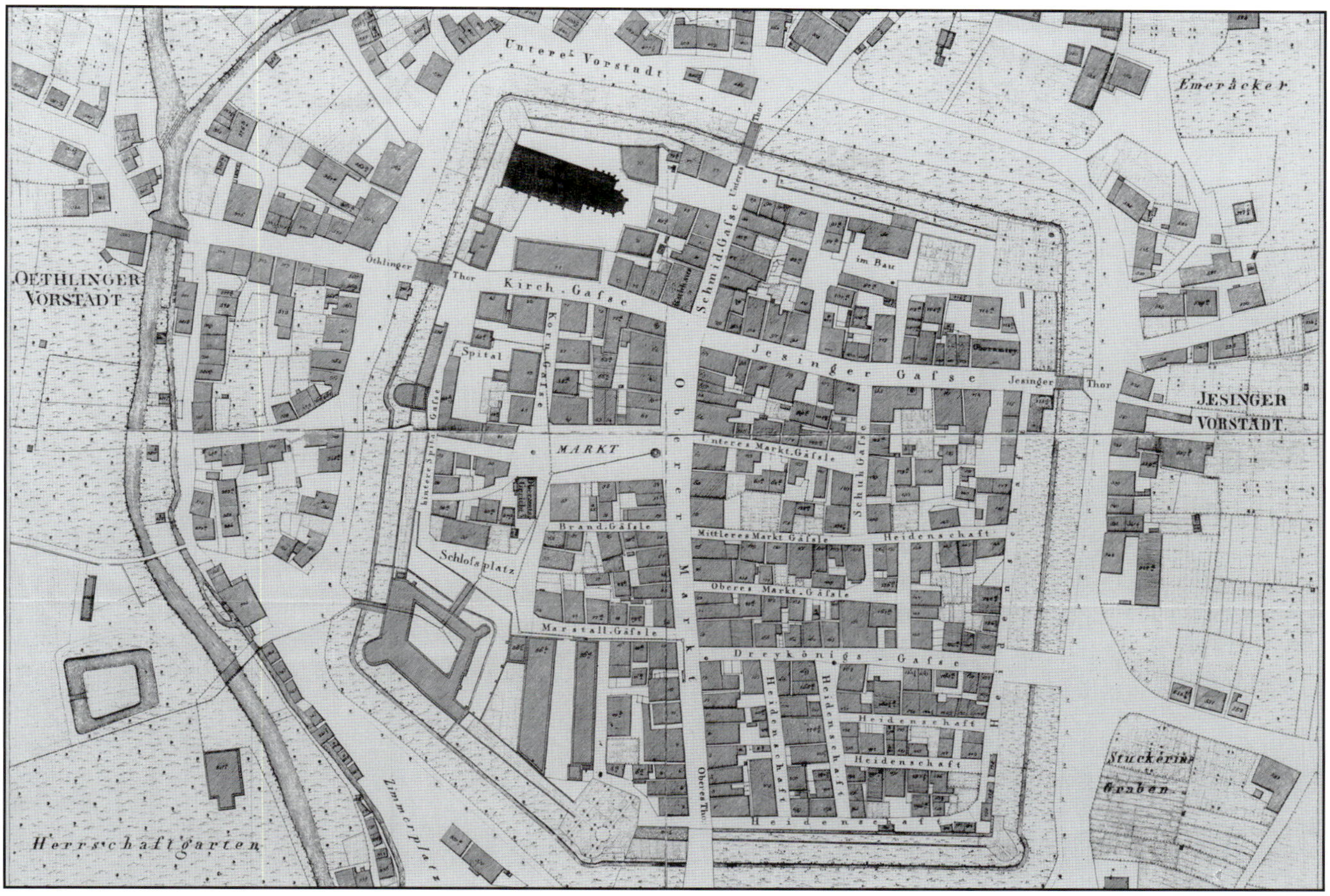

Ausschnitt aus der württembergischen Flurkarte, Stand 1829

Luftbild von 2007

Konstanz
Landkreis Konstanz, Regierungsbezirk Freiburg

Die Altstadt liegt auf einem Endmoränenrücken am Übergang des östlichen Bodensees (Obersee) in den Untersee. Im Osten wird sie vom Bodensee, im Norden vom ausfließenden Seerhein begrenzt, im Westen von der Laube, einer Allee, die dem Verlauf der landseitigen Stadtmauer folgt; im Süden reicht die Vorstadt Stadelhofen bis zur Schweizer Grenze.

Der Name geht auf das spätrömische Kastell Constantia auf dem heutigen Münsterhügel zurück. Der um die Wende vom 6. zum 7. Jh. gegründete Bischofssitz hatte bis 1821 Bestand. Der heutige Straßenzug Hussenstraße – Wessenbergstraße war Teil einer Fernverbindung, die von Süden kommend über den Höhenrücken zum Rheinübergang nach Petershausen führte. Entlang dieser Achse wurden im 10. Jh. Kirchenbauten errichtet, die nach dem Vorbild Roms eine ‚Kirchenfamilie' bildeten. Der Markt südlich des Bischofssitzes entwickelte sich zu einem bedeutenden Fernhandelsplatz. Im 12./13. Jh. wurde das Stadtgebiet durch Aufschüttungen zum See sowie nach Süden hin erweitert, die Marktstätte und der Hafen neu angelegt, ab 1388 das Kaufhaus am Hafen errichtet (später „Konzil" genannt). Seit dem ausgehenden 12. Jh. teilten sich Bischof und Kaiser die Stadtherrschaft, ab dem frühen 14. Jh. wird Konstanz als Reichsstadt bezeichnet. 1414–1418 tagte hier das Konzil. Die Reichsstadt, die 1527 den Bischof nach Meersburg verdrängte, gelangte 1548 unter die Herrschaft der Habsburger und verlor an Bedeutung. 1806 kam Konstanz an Baden. In der Folgezeit

wurde der mittelalterliche Befestigungsring geschleift und der Hafen ausgebaut; die Eisenbahn veränderte die Ufersituation zum Bodensee. Dank der Grenzlage zur Schweiz blieb Konstanz im Zweiten Weltkrieg vor Luftangriffen verschont.

Orientierungspunkte im mittelalterlichen Konstanz waren die Kirchen: vor allem das Münster, dazu die zahlreichen Pfarrkirchen und Klöster. Das Münster beherrscht und prägt einen eigenen Stadtbereich, den Münsterhügel. Neben stattlichen ehem. Domherren- und Klosterhöfen befindet sich hier das Haus zur Katz, das Gesellschaftshaus der Patrizier (1424), dessen monumentale Fassade an italienische Vorbilder anknüpft. Anspruchsvollen Charakter hat auch die Bebauung entlang des Straßenzugs Hussenstraße – Wessenbergstraße mit ihren (teils profanierten) Kirchen und den zahlreichen im Kern mittelalterlichen Patrizier- und Kaufmannshäusern. Während in der

nördlich des Münsters zum Rhein hin leicht abfallenden Niederburg seit Alters her der Charakter eines Handwerker- und Wohngebietes dominiert, ist der Stadtbereich südlich des Münsterbezirks auf die Handelsplätze Marktstätte, Obermarkt und Fischmarkt und auf den Hafen ausgerichtet. Nach Süden und nach Südosten folgen erst im fortgeschrittenen Mittelalter besiedelte Bereiche wie die Neugasse und die Vorstadt Stadelhofen, die von kleineren Handwerkerhäusern geprägt sind.

Konstanz ist damit nicht nur eine der geschichtlich bedeutendsten, sondern auch in Stadtgefüge und Baubestand besterhaltenen Altstädte im deutschen Südwesten.

Seit 1982 steht die Gesamtanlage unter Denkmalschutz. ER

1 Hafen und Konzil, dahinter der Münsterturm
2 Wessenbergstraße mit dem Münster
3 Zollernstraße, mittelalterliche Bebauung des ehem. Kaufmannsviertels

Ausschnitt aus dem badischen Gemarkungsatlas, Stand 1876

Luftbild von 2007

KRAICHTAL-**GOCHSHEIM**

Landkreis Karlsruhe, Regierungsbezirk Karlsruhe

1

Auf einem lang gestreckten Bergsporn, hoch über dem Tal der Kraich wurde von den Grafen Eberstein im 13. Jh. unterhalb ihrer bereits seit dem 7. Jh. bestehenden Burganlage die Stadt Gochsheim gegründet. Im Siedlungszusammenhang zu der planmäßig angelegten Stadt wird das im Tal gelegene Dorf Gozbodesheim (von Gottesbote) aufgegeben, das der Lorscher Kodex bereits 804 nennt.

Nach dem Erlöschen des ebersteinischen Mannesstammes kommt Gochsheim durch Heirat der Erbtochter an Württemberg. 1689 wird die Stadt im Pfälzischen Erbfolgekrieg fast vollständig niedergebrannt. Der Wiederaufbau stützt sich auf die Gründung einer Waldenserkolonie, die nur wenige Jahre Bestand hat. Der im Volksmund sog. „Bratpfannenbrand" führt 1739 zu weiteren Zerstörungen. Nach wechselnden Besitzverhältnissen gelangt Gochsheim 1806 durch Tausch von Württemberg an Baden.

Die Oberstadt mit einer erhaltenen Schlossanlage anstelle der abgegangenen Burg, die Mittelstadt und die am Fuß des Bergsporns gelegene Vorstadt zeigen die drei wesentlichen Wachstumsphasen der Stadtanlage. Die Stadtmauer ist weitgehend ablesbar erhalten. Türme und Tore sind bis auf wenige Reste abgebrochen. Vor der Stadtmauer prägen hohe Trockenmauern der hier in den steilen Hanglagen des Bergsporns angelegten, zum Teil bewirtschafteten Terrassen das Außenbild der Stadt.

2

3

Auf dem Standort der ehemaligen Burg werden im 16. Jh. (1560/80) zwei Schlossanlagen errichtet. Zwischen hoch aufragenden Ecktürmen bestimmt heute der Renaissancegiebel des erhaltenen südlichen Schlossgebäudes (Umbau 1906) die eindrucksvolle Silhouette der Stadtanlage. Das Rathaus mit seinem hohen Mansarddach (1773) und die Stadtkirche St. Martin ergänzen das Bild der Gesamtanlage.

Aufgrund der genannten Stadtbrände prägen heute insbesondere Hofanlagen und Stadthäuser des 18. und 19. Jhs. das Straßenbild der steil ansteigenden Hauptstrasse und der parallel geführten Hinteren Gasse. Neben der Vielzahl stattlicher Bürgerhäuser sind insbesondere die Synagoge (1764), der ehem. Menzinger Hof (1566) mit der später hier eingerichteten Stadtapotheke, das 1745 errichtete Amtshaus und das 1880 errichtete Gemeindebackhaus, in dem 1978 das badische Bäckereimuseum eingerichtet wurde, zu nennen. Ehemals vor der Stadtmauer am Kraichbach lag das Haus des Scharfrichters (1615), das wohl auf einen Vorgängerbau von 1518 zurückgeht. AV

1 Stadtansicht von Südwesten
2 Ansicht von Süden mit Renaissanceschloss, Teilen des ehem. Wirtschaftshofes und vorgelagerten Terrassen
3 Sog. Scharfrichterhaus an der Vorstadtstraße

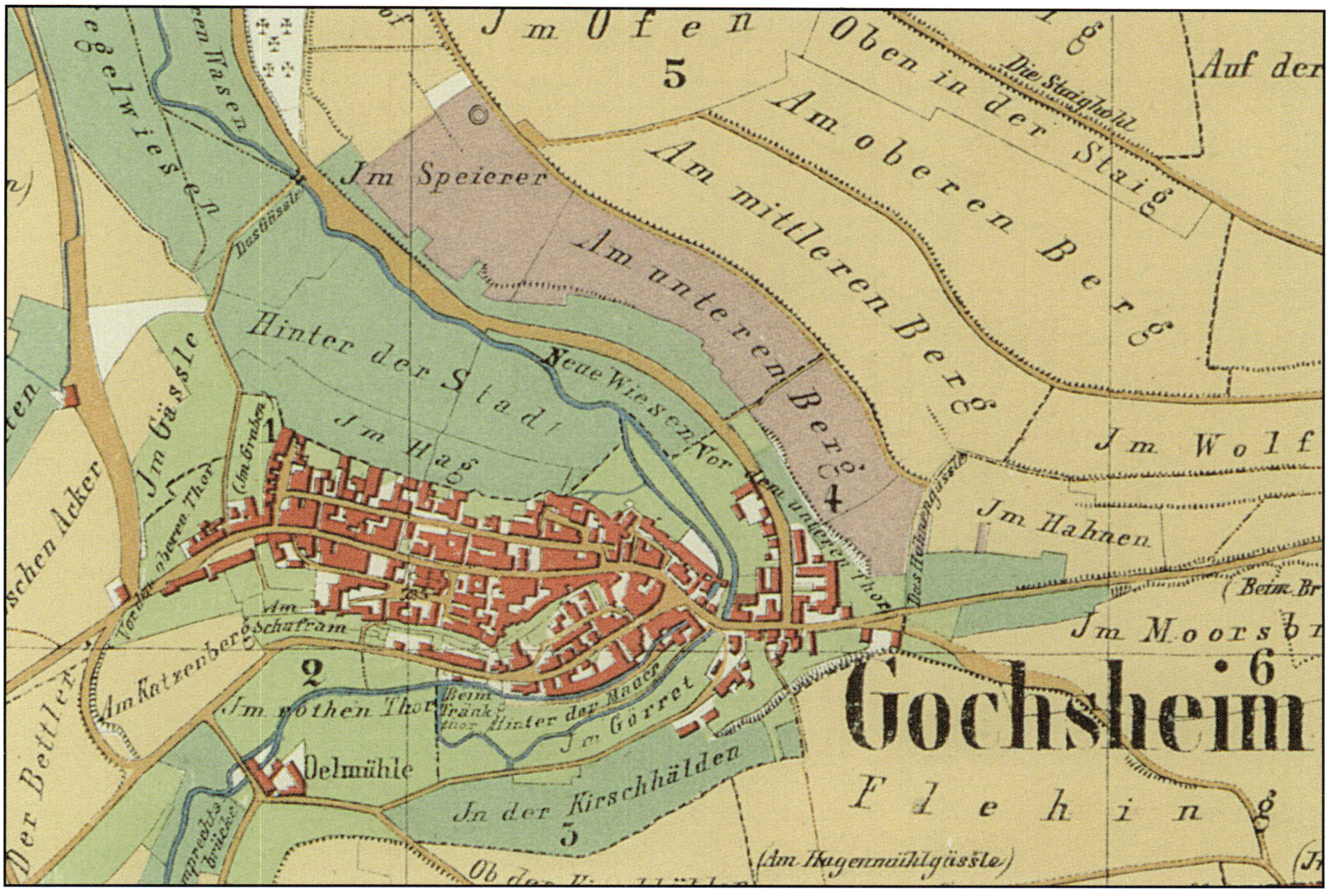

Ausschnitt aus dem badischen Gemarkungsatlas, Stand 1866

Luftbild von 2007

Ladenburg
Rhein-Neckar-Kreis, Regierungsbezirk Karlsruhe

1

Die Stadt, deren römische Wurzeln auf das in der zweiten Hälfte des ersten Jahrhunderts gegründeten Kohortenkastell zurückgehen, wurde unter Kaiser Trajan als Civitas Ulpia Sueborum Nicrensium ausgebaut. Die römische Stadt Lopodunum, mehrfach zerstört und zuletzt unter Valentian I. 369 zurückerobert, blieb als Trümmerstätte besiedelt und wird urkundlich erstmals für das Jahr 755 als Lobetdenburc bezeugt. Unter den Franken entstand im 5. Jh. der Königshof, der dann im 7. Jh. in Besitz der Wormser Bischöfe überging. In der Folge ab 1395 zur Hälfte und ab 1705 zur Kurpfalz gehörig, wurde Ladenburg 1803 badische Oberamtsstadt.

2

Der Burgus des Königshofes mit dem südlich daran anschließenden Bischofshof bilden den Kern für die sich daran auf der Rhein-Neckar-Aue gegen Osten entwickelnde mittelalterliche Kernstadt, an die sich hoch- und spätmittelalterliche Stadterweiterungen gegen Norden und Osten anschließen. Der Marktplatz, ein unregelmäßiges Geviert, liegt östlich der mittelalterlichen Kernstadt und ist so wohl bei den spätmittelalterlichen Stadterweiterungen angelegt worden.

Die Silhouette wird durch die Bauten der spätmittelalterlichen St.-Gallus-Kirche und der 1876/78 errichteten ev. Kirche sowie vom Norden auch durch das Martinstor und den Hexenturm bestimmt. Das Gebiet der Altstadt ist bis heute noch durch den Verlauf der mittelalterlichen Befestigung begrenzt, deren Bestand gegen Westen und im Norden zwischen Hexenturm und Martinstor die ehemalige Wehrhaftigkeit belegt.

Neben der St.-Gallus-Kirche, deren Krypta in die Umfassung der Apside der römischen Marktbasilika eingefügt ist, bezeugt die altkatholische St.-Sebastians-Kapelle, die aus dem karolingischen Vorgängerbau der bischöflichen Hauskapelle hervorging, mit dem steingedeckten Turm des 11. Jhs. die lange Stadtgeschichte.

Das Stadtbild wird durch den weitgehend geschlossenen Hausbestand des 15. bis 19. Jhs. geprägt, darunter eindrucksvolle Fachwerkhäuser. Anwesen früherer adeliger und kirchlicher Herrschaft wie der Bischofshof mit seiner wiederhergestellten Fassadenbemalung (heute Lobdengaumuseum), der Handschuhsheimer Hof und der Jesui-

3

tenhof bestimmen die weitgehend aus dem Spätmittelalter stammende und besonders durch die Barockzeit geprägte Struktur der Stadt. Die Dichte der archäologischen Befundlage ist durch eine Vielzahl von Aufschlüssen innerhalb der Stadt ablesbar gemacht.

Da die Stadt sowohl von den Zerstörungen des Pfälzischen Erbfolgekrieges wie auch des Zweiten Weltkrieges verschont blieb, konnte die schonende Sanierung der 1980er Jahre hier das geschlossene Stadtbild, welches in seiner Silhouette bis heute von störenden Hochbauten verschont blieb, als Zeugnis überliefern.

Seit 1983 ist die Gesamtanlage denkmalgeschützt. JW

1 Marktplatz mit Brunnensäule
2 Hexenturm, im Hintergrund das Martinstor
3 Bischofshof

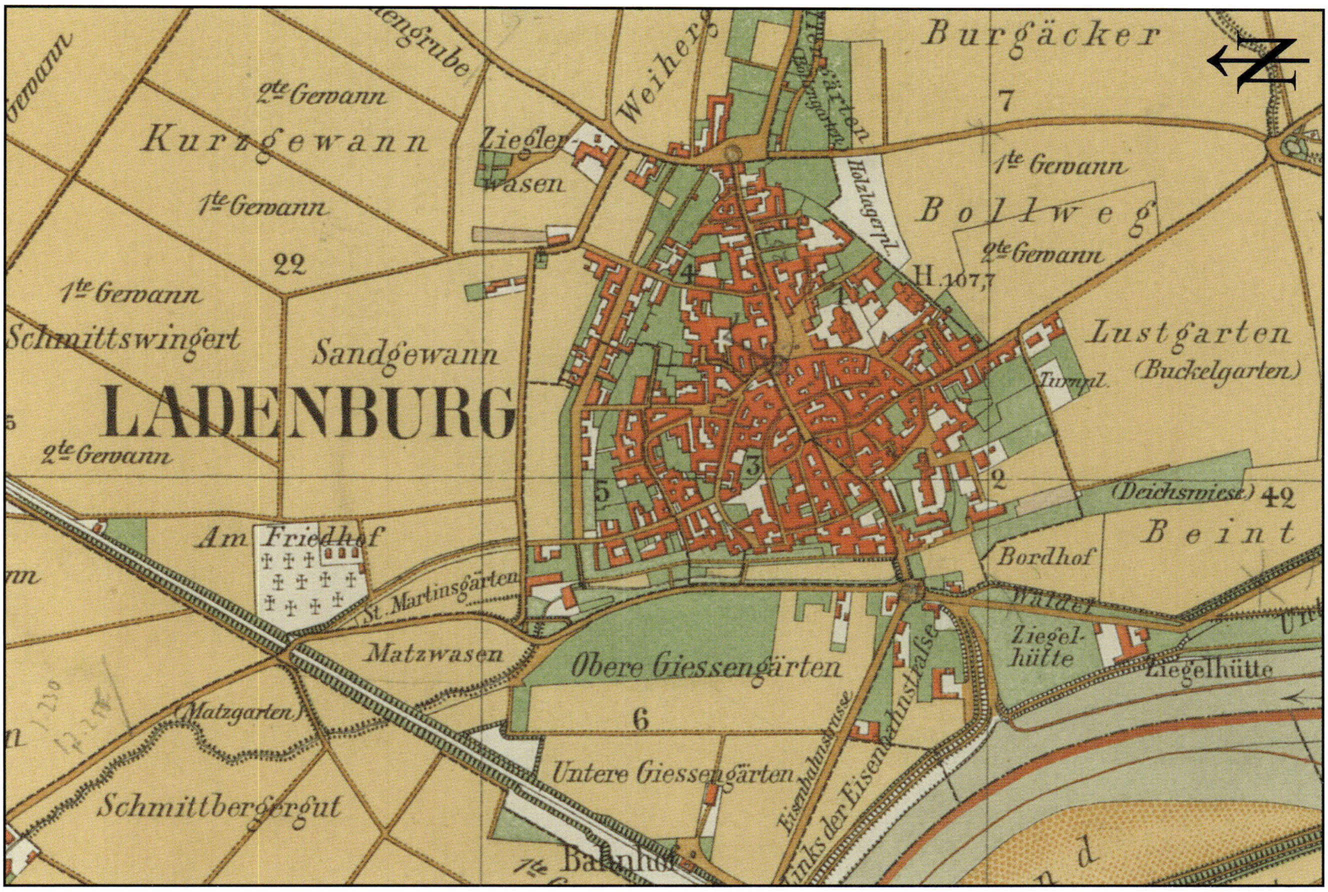

Ausschnitt aus dem badischen Gemarkungsatlas, Stand 1889

Luftbild von 2007

Langenburg
Landkreis Schwäbisch Hall, Regierungsbezirk Stuttgart

1

Die ehemalige hohenlohische Residenzstadt Langenburg zeigt eine idealtypische Spornlage. 140 Meter hoch über dem Jagsttal bietet die Stadt mit dem vorgelagerten Schloss einen eindrucksvollen Anblick. Die ungestörten Hangbereiche dienen als grüner Sockel für die Stadt.

2

Die Ortsgeschichte beginnt mit der Errichtung einer Höhenburg im 12. Jh. Vom Ortsadel kommt dieser Ansitz, an den sich bereits eine Siedlung angelagert hatte, 1236 an die Herren von Hohenlohe. Als strategisch wichtiger Ort wurde die Burg Zug um Zug ausgebaut und massiv befestigt. Erst in der Mitte des 16. Jhs. wurde Langenburg jedoch auch Residenz. Dies hatte nicht nur einen Umbau der mittelalterlichen Festung zum neuzeitlichen Renaissanceschloss im frühen 17. Jh. zur Folge, sondern auch eine Bedeutungssteigerung für die alte Burgsiedlung. Sie hatte sich um die Kirche und das Obere Tor herum entwickelt und erhielt schließlich 1567 das Marktrecht. Zahlreiche Hofbedienstete, Handwerker und Gastwirte siedelten sich nun an.

Die bauliche Entwicklung hatte bald die Errichtung einer Vorstadt im Osten notwendig gemacht. Sie ist an den Hauptausfallstraßen fächerförmig angeordnet und durch Bauten des 17. und 18. Jhs. geprägt. Eine repräsentative Gestaltung wie etwa in der Öhringer Karlsvorstadt fehlt aber. In der ummauerten Kernstadt orientiert sich die Bebauung an der Hauptstraße, die auf dem schmalen Bergsporn neben der untergeordneten Hinteren Gasse die einzige Straße bildet.

3

Die meist zweigeschossigen Fachwerkhäuser des 16. bis 18. Jhs. besitzen oft ein massives Erdgeschoss. In der giebelständigen Reihung fallen Fruchtkasten und Witwenbau mit ihren Staffelgiebeln besonders auf. Markante traufständige Bauwerke sind im Osten die Pfarrkirche, im Westen am Übergang zum Schloss der lang gestreckte Marstall. Der gegenüberliegende Hofgarten des 18. Jhs. markiert eine wichtige historische Freifläche innerhalb der Residenzstadt. Die hintere Gasse prägen ehemalige Stadttürme sowie zahlreiche Fachwerkscheunen an der Stadtmauer, die teilweise zu Wohnzwecken umgebaut wurden.

4

Die besonders eindrucksvolle kulturlandschaftliche Lage der Stadt und die geschlossene historische Stadtgestalt mit dem Schloss als Höhepunkt äußert sich seit dem frühen 20. Jh. auch in der touristischen Bedeutung Langenburgs.

1984 wurde die Gesamtanlage unter Denkmalschutz gestellt. MH

1 Höhepunkt der Bebauung des Stadtkerns: das Schloss mit Hofgarten
2 Eindrucksvolle Stadtansicht vom Jagsttal
3 So genannter Witwenbau in der Hauptstraße
4 Das Obere Tor am östlichen Zugang zur ummauerten Stadt

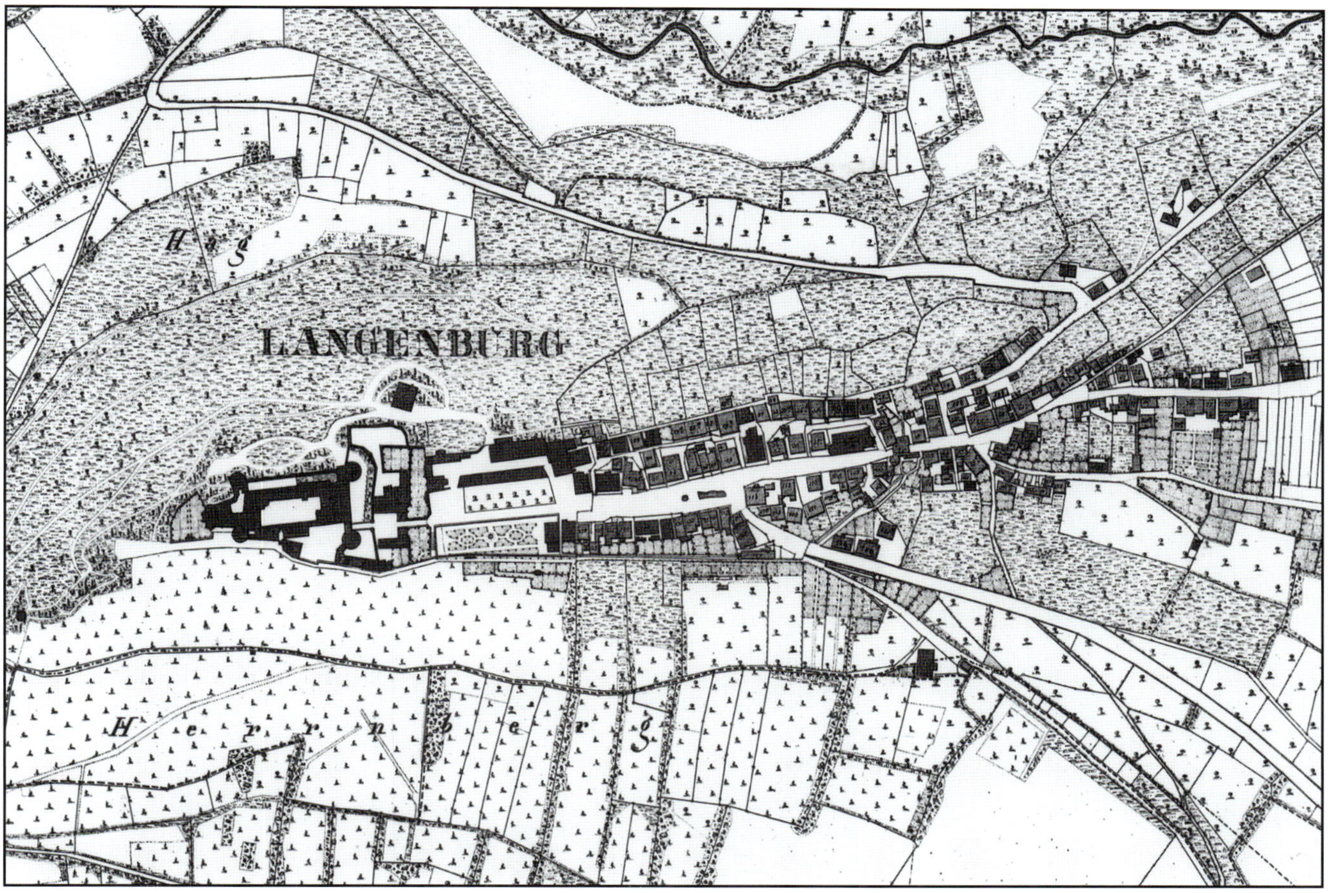

Ausschnitt aus der württembergischen Flurkarte, Stand 1833

Luftbild von 2007

Laufenburg (Baden)

Landkreis Waldshut, Regierungsbezirk Freiburg

Bis zum Beginn des 19. Jhs. bildeten das linksrheinische Großlaufenburg und das rechtsrheinische Kleinlaufenburg eine Einheit. Die Siedlung gehörte zur Grundherrschaft des Stiftes Säckingen. 1207 erhielten die Grafen von Habsburg, seit 1173 Schirmvögte des Klosters, Laufenburg zum Lehen. Damals bestanden bereits die Rheinbrücke und die Burgen, die beidseits des Stroms die Brücke schützten. 1270 ist Laufenburg einschließlich der Wasenvorstadt befestigt, 1276 wird es als Stadt bezeichnet. Seit 1324 wird urkundlich zwischen Groß- und Kleinlaufenburg unterschieden. Kirchenrechtlich waren die beiden Stadtteile getrennt: Die linksrheinische Pfarrei gehörte zum Bistum Basel, die rechtsrheinische zu Konstanz. Von 1386 bis 1801 vorderösterreichisch, kam Großlaufenburg 1803 an den schweizerischen Kanton Aargau, Kleinlaufenburg 1805 an das Großherzogtum Baden. Hier wurden nach 1810 die Türme der alten Stadtbefestigung abgebrochen. Der ‚Laufen', die Stromschnelle, der die Stadt ihren Namen verdankt, wurde 1910 im Zusammenhang mit dem Bau des Kraftwerks Rhina beseitigt.

Das schweizerische und das badische Laufenburg erheben sich beidseits des Rheins auf markanten Felsformationen, überragt von ihren Pfarrkirchen. Deutlich ist zu erkennen, dass es sich bei der Doppelstadt um eine zusammengehörende Anlage handelt.

Während im linksrheinischen (Groß-) Laufenburg die Marktgasse, die Hauptachse der Stadt, auf der Anhöhe liegt und nur über die Laufen- bzw. Fischgasse an die Brücke angebunden ist, erstreckt sich die rechtsrheinische Stadt – der alte Brückenkopf – entlang der Hauptstraße, die von der Rheinbrücke zum Waldtor im Osten ansteigt. Die Brücke führt auf den mächtigen Giebel des Gasthauses „Laufen" zu, danach wird die Hauptstraße zu beiden Seiten von geschlossenen Zeilen drei- und viergeschossiger traufständiger Bürgerhäuser gefasst, die z. T. ihre Aufzugsgauben bewahrt haben. Die heutige Gestalt des Waldtors (dat. 1526) geht auf den Umbau zum Rat- und Schulhaus (1811–1815) zurück. Über der bürgerlichen Bebauung erhebt sich die neugotische Heilig-Geist-Kirche, 1883/84 anstelle der 1324 erwähnten Pfarrkirche errichtet. Die Grünanlage am Hang, die im Nordwesten die Altstadt einfasst, gehört zum „Schlössle", einer Villa des späten 19. Jhs.

Als wesentlichem Bestandteil der einstigen Doppelstadt kommt dem badischen Laufenburg mit seinem historischen Baubestand eine hohe Bedeutung zu.

Seit 1958 steht die Gesamtanlage unter Denkmalschutz. Das Ortsbild von Laufenburg (Aargau) ist ein Objekt von nationaler Bedeutung gem. dem Schweizer Bundesgesetz über den Natur- und Heimatschutz. ER

1 Klein- und Großlaufenburg zu beiden Seiten des Hochrheins
2 Hauptstraße mit dem Waldtor im Osten
3 Laufenburg (Baden), der ehem. Brückenkopf der linksrheinischen Stadt
4 Die Heilig-Geist-Kirche über der Altstadtbebauung

Ausschnitt aus dem badischen Gemarkungsatlas, Stand 1895

Luftbild von 2007

Lauffen am Neckar
Landkreis Heilbronn, Regierungsbezirk Stuttgart

1

Lauffen fällt vor allem durch die Zweiteilung des heutigen Stadtgebietes auf. Erst 1914 wurden die ehemaligen Teile „Stadt“ und „Dorf“ mit der dazwischen liegenden Neckarinsel zusammengeschlossen.

Die Stadt rechts des Neckars zieht sich auf einem schmalen Bergrücken empor und ist mit seiner Stadtmauer und den vorgelagerten Weingärten stimmungsvoll abgegrenzt. Um 1200 wurde die Stadt unter den Grafen von Lauffen gegründet, 1234 offiziell als solche erwähnt und noch im 13. Jh. ummauert. Auf der schmalen, lang gezogenen Grundfläche der Stadt stehen die

2

Gebäude des 16. bis 18. Jhs. in enger giebelständiger Reihung. Die Heilbronner Straße übernimmt die Funktion der Hauptachse. Platzartige Aufweitungen an den Straßenkreuzungen sowie an der Martinskirche lockern das strenge Straßensystem ebenso auf, wie die beiden Heilbronner Tore sowie der stattliche Kelterbau im Norden. Die rundbogigen Kellertore der Gebäude verweisen immer wieder auf den Weinbau als die einstige wirtschaftliche Grundlage der Stadt.

3

Das Dorf links des Neckars wird von der Kies-, Langen und Mittleren Straße ringförmig umgeben und besitzt damit eine eiförmige Grundfläche. Ein relativ regelmäßiges Straßenraster erschließt die seit alamannischer Zeit bestehende Siedlung. Die Bebauung datiert überwiegend ins 18. und 19. Jh. Einen imposanten Point de vue setzt die am Neckar auf einem hohen Plateau stehende Regiswindkirche, im Mittelalter Wallfahrtskirche, seit der Reformation evangelische Pfarrkirche. Der heutige gotische Bau wurde 1567 nach einem Brand wiederhergestellt. Die ehemalige St.-Anna-Kapelle im einstigen Friedhof um die Kirche vervollständigt dieses von hohen Mauern umgebene Ensemble am Fluss.

Zwischen Dorf und Stadt steht die alte Neckarbrücke von 1532, mit über

4

220 m Länge lange Zeit Württembergs längste Neckarbrücke. Von den ursprünglich 11 Jochen sind noch 6 erhalten. Nördlich davon befindet sich die Neckarinsel, auf der im 11. Jh. die Stadtburg der Grafen von Lauffen errichtet wurde. Später wurde sie als Wohnung und Sitz des Oberamts der württembergisch gewordenen Stadt genutzt und beherbergt seit 1818 das Rathaus der Stadt Lauffen. Durch die Neckarkanalisierung sind Brücke und Insel zwar stärker verändert worden, sie verbinden aber heute noch eindrucksvoll die beiden so unterschiedlichen Stadtteile von Lauffen am Neckar.

Seit 1984 steht die Gesamtanlage unter Denkmalschutz. MH

1 Stadtansicht mit Stadtmauer
2 Straßenansicht Heilbronner Straße
3 Regiswindkirche am Neckar
4 Neckarbrücke

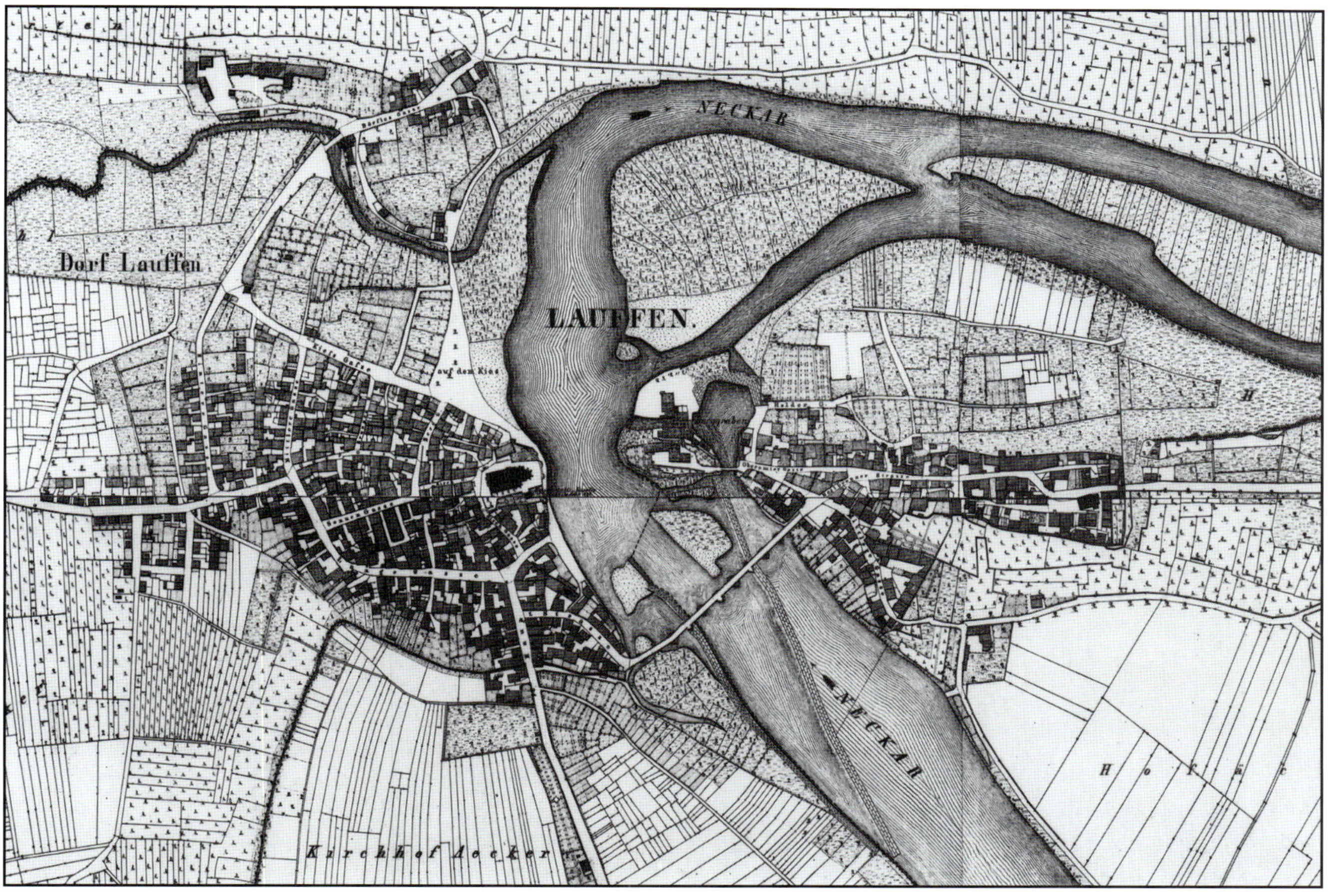

Ausschnitt aus der württembergischen Flurkarte, Stand 1833

Luftbild von 2007

Leonberg
Landkreis Böblingen, Regierungsbezirk Stuttgart

Leonberg war eine strategische Stadtgründung der Württemberger Herzöge zur Sicherung ihres Herrschaftsbereiches im Westen. Daher rührt die fortifikatorisch günstige Lage auf einem Bergsporn über dem Glemstal, die im flachen Osten durch einen mächtigen Graben zusätzlich geschützt war. Heute ist die ehemals eindrucksvolle Stadtansicht durch die modernen Hochhausbauten des 20. Jhs. etwas verstellt.

1240 gegründet, erlebte die Stadt vor allem im 16. Jh. einen Aufschwung, als die ältere Burg zu einem modernen Schloss umgebaut wurde. Es sitzt traufständig auf der südwestlichen Stadtmauer auf und prägt das Stadtbild am steil abfallenden Hang. Vorgelagert ist der 1980 rekonstruierte Pomeranzengarten, ein 1609–1614 erstmals angelegter, terrassenförmig gegliederter Lustgarten nach Entwürfen von Heinrich Schickhardt. Im Hintergrund ist die für das Stadtbild ebenso wichtige Pfarrkirche mit ihrer charakteristischen Renaissanceturmhaube erkennbar. Der Marktplatz bildet eine Besonderheit im sonst relativ regelmäßigen Grundriss des kleinen Stadtkerns. Er hat die Form eines dreiecksförmig aufgeweiteten Straßenmarktes, der mit stattlichen, giebelständig stehenden Fachwerkhäusern des 15.–17. Jhs. umgeben ist, unter denen das alte Rathaus von 1460/80 die Rolle des Primus inter Pares einnimmt. Im Zentrum des Platzes steht der Schmuckbrunnen mit dem Standbild des Wappners.

Moderne Veränderungen im Stadtbild sind das Quartier östlich der Stadtkirche, 1895 nach Brand mit Backsteinbauten neu errichtet, besonders aber die Spitalschule von 1974/75 im Nordwesten an der Stelle des ehem. Franziskanerklosters und späteren Spitals. Der historische Baubestand zeigt zahlreiche Fachwerkbauten des 16.–17. Jhs., die von der wirtschaftlichen Blüte der Oberamtsstadt in der frühen Neuzeit – ausgelöst durch Weinbau und -handel sowie die Residenzhaltung – zeugen. Die Stadtmauer ist in größeren Teilen erhalten geblieben, teils sichtbar, teils in die oft direkt angebauten Gebäude integriert. Zwinger und Graben im Osten wurden ab 1786 zugeschüttet, später bebaut und im Zuge der Stadtsanierung der 1980er Jahre nochmals mit Neubauten verändert.

Leonberg spiegelt in seinen historischen Bau- und Raumstrukturen den Charakter einer ehemaligen württembergischen Residenz- und Amtsstadt sehr lebendig wider. MH

1 Pomeranzengarten mit Schloss
2 Das alte Rathaus als "Primus inter Pares" am Marktplatz
3 So genanntes Steinhaus mit Teilen der Stadtbefestigung
4 Dichte historische Bebauung in der Pfarrstraße

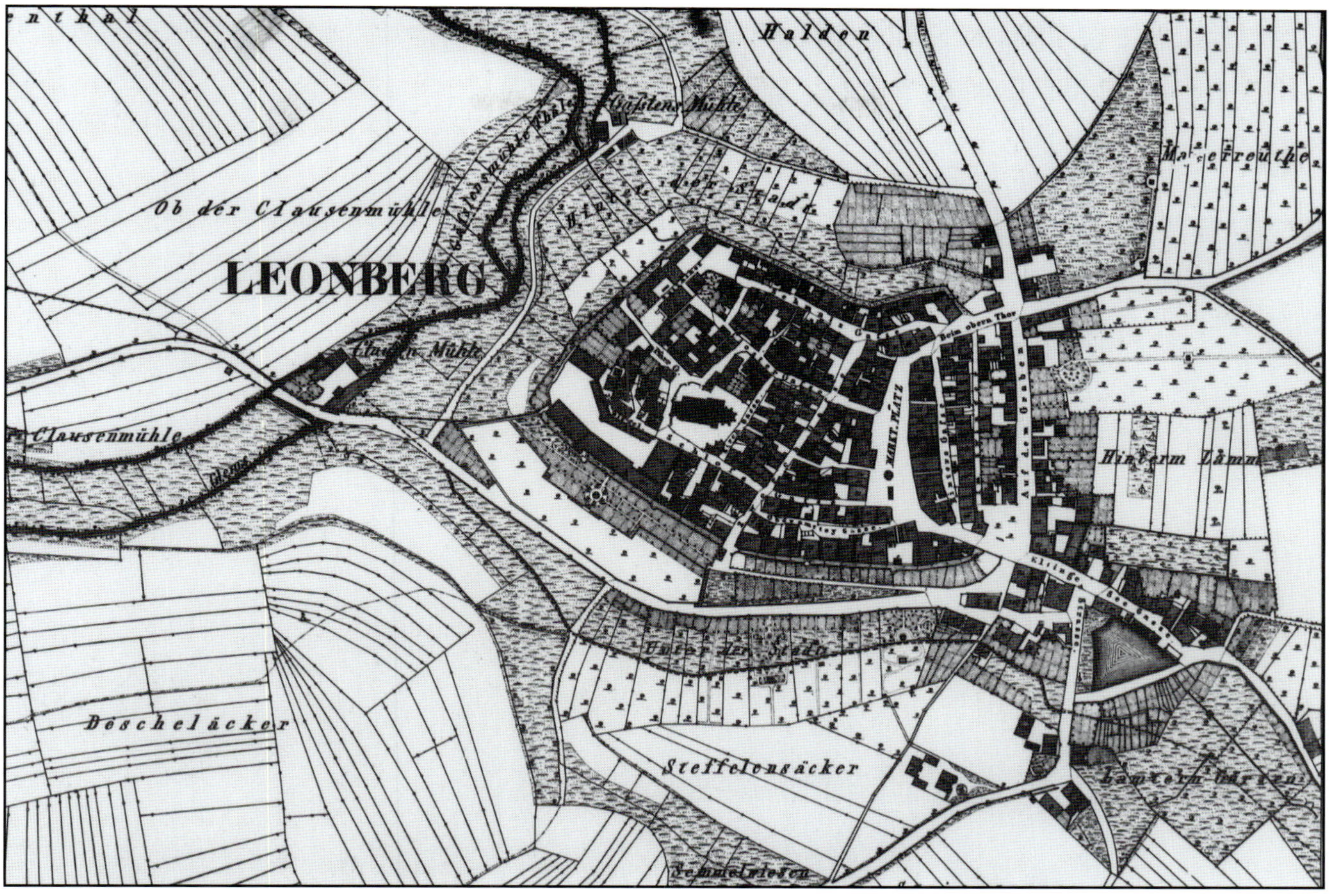

Ausschnitt aus der württembergischen Flurkarte, Stand 1831

Luftbild von 2007

Leutkirch im Allgäu
Landkreis Ravensburg, Regierungsbezirk Tübingen

1 

Die Altstadt von Leutkirch breitet sich nahezu kreisförmig zwischen dem Abhang der Wilhelmshöhe im Osten und dem leicht gewundenen Lauf der Eschach im Westen aus.

Die Erschließung des noch weitgehend historisch überlieferten Stadtgrundrisses erfolgt durch die breite Nord-Süd-Achse, die Marktstraße, sowie durch die annähernd parallel dazu verlaufende Bachgasse. In zentraler Ortslage befinden sich an der Marktstraße die Aufweitungen zum Marktplatz und dem gegenüber liegenden Gänsbühl, der durch stattliche Gebäude geprägt wird.

2 

Im Südosten des Altstadtgefüges bildete sich am Martinsberg eine Art „geistliches Viertel" mit kath. Stadtpfarrkirche St. Martin, ehem. Franziskanerinnenkloster und Heiliggeistspital. Hier wird bereits 788 eine Martinskirche als kirchliches Zentrum des Nibelgaus erwähnt. Noch im Frühmittelalter entstand unterhalb dieser „Leute Kirche" (848) der danach genannte Ort. 1240 gelangte der damals als „burgum" bezeichnete Ort in staufischen Besitz und erhielt 1293 die Rechte einer Freien Reichsstadt. Leutkirch kam 1810 an Württemberg.

In der ersten Hälfte des 14. Jhs. wurde die Stadtmauer errichtet, wobei die nördliche und die südliche Vorstadt nicht einbezogen wurden. Der südliche und östliche Stadtmauerverlauf ist noch in Teilen erhalten, ebenso wie der Bock- oder Blaserturm und der runde Pulverturm.

Neben den beiden Stadtpfarrkirchen zeugen nur wenige Großbauten, so etwa das sog. Hohe Haus in der Marktstraße oder das Kornhaus westlich des Marktplatzes von der ehem. Bedeutung der Stadt. Eine städtebaulich bedeutsame, für den Repräsentationsanspruch der Stadt charakteristische Situation hat sich in der Mitte der Marktstraße beim nach Osten hin platzartig erweiterten Gänsbühl erhalten. Hier befindet sich das Rathaus (1407, Neubau 1739), daneben das stattliche Gebäude der Kanzlei (1617) sowie das mittelalterliche, ehem. Gasthaus zum Steinbock neben dem Blaserturm.

Die bedeutendsten Bürgerhäuser der Freien Reichsstadt, die Stadtapotheke und die großen historischen Gasthöfe stehen entlang der Marktstraße. Häufig sind flachbogige Arkadengänge im Erdgeschoss. Innerhalb der Altstadt überwiegt die Giebelständigkeit, doch finden sich auch traufständige Gebäu-

3 

de, die dann in ihrer Fassadenmitte meist eine hohe Toreinfahrt besitzen. Erwähnenswert sind mehrere Gebäude im Bereich der Gerberstraße, welche noch über sog. Gerberbalkone verfügen und dadurch ein ehem. Handwerkerviertel ausweisen.

Seit 1982 denkmalgeschützt. MN

1 Gänsbühl mit Brunnen und historischem Rathaus
2 Kornhausstraße mit Kornhaus
3 Marktstraße mit Bürgerhäusern und Gasthof Krone

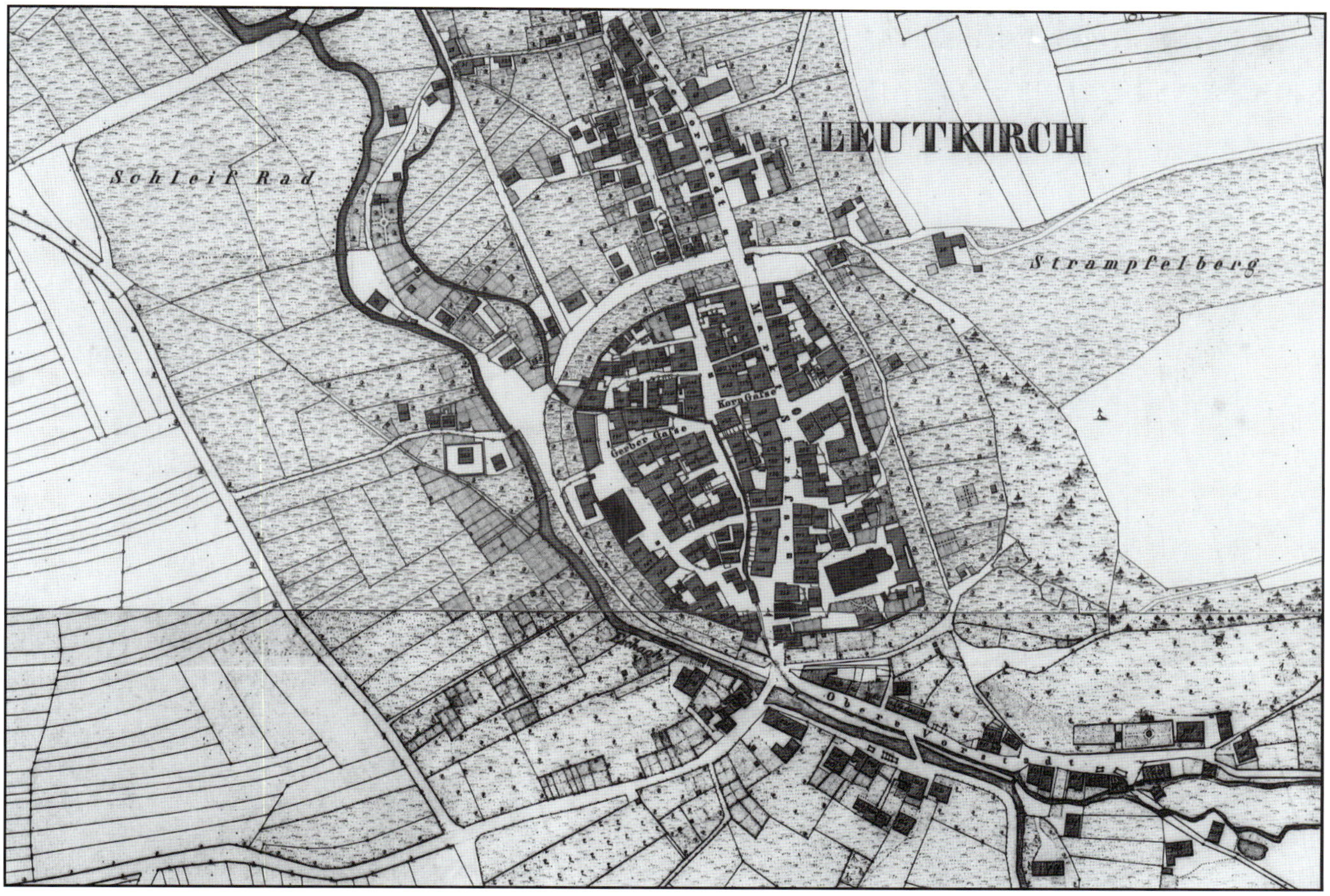

Ausschnitt aus der württembergischen Flurkarte, Stand 1826

Luftbild von 2007

Marbach am Neckar
Landkreis Ludwigsburg, Regierungsbezirk Stuttgart

Marbach liegt über einem unverbauten Steilhang des Neckartals in einer Art Höhenlage. Die Fläche der Altstadt senkt sich dabei leicht talwärts, das ehemalige Schloss steht im Südosten am höchsten Punkt.

Als Siedlung im Altsiedelland des Neckarraums wird Marbach schon früh urkundlich erwähnt. 972 wird erstmals die Vorstadt im Nordosten in Richtung Alexanderkirche genannt. Mit dem Bau einer befestigten Burg Ende des 12. bzw. zu Beginn des 13. Jhs. ging eine Verlagerung dieser ersten Ansiedlung auf die heute bestehende Stadtanlage einher. Ende des 13. Jhs. wird sie mit einer eigenen Mauer umgeben, die noch heute – trotz einiger Abbrüche im 19. Jh. – den regelmäßigen Stadtgrundriss des historischen Kerns von der Umgebung abgrenzt. Wechselnden Herrschaften im Mittelalter folgten später die Grafen von Württemberg, die bis ins 16. Jh. hier eine schlossartig ausgebaute Nebenresidenz unterhielten.

Im Gesamtumriss der Stadt wird noch heute die Planmäßigkeit dieser Siedlungsanlage anschaulich. Die Marktstraße als lineare West-Ost-Achse und die Niklastorstraße als ältere Verbindung zur außerhalb liegenden Alexanderkirche sind die wichtigsten Straßen der Stadt. Parallel zur Marktstraße verlaufen vier nachgeordnete Gassen, die wiederum von kleineren Gassen, auch Staffeln verbunden werden. Die ältere Vorstadt in Richtung Alexanderkirche sowie die Mühlen im Tal sind stadtgeschichtlich wichtige Vorstadtbereiche. Die einstige Sozialtopographie der Stadt (prominente Lagen an der Hauptstraße, Handwerker und Weingärtner an den kleineren Gassen) ist noch heute in der Bebauung ablesbar. Stattliche zwei- bis dreigeschossige Häuser stehen kleineren Gebäuden gegenüber. Einschneidendes Ereignis in der Stadtgeschichte war die Zerstörung im Pfälzer Erbfolgekrieg 1693. Im Wiederaufbau findet sich ein Kompromiss zwischen dem Ideal einer neuzeitlichen Stadt und der Rücksichtnahme auf die noch vorhandene Bausubstanz. Einheitlichere Fluchtlinien und kleinere Aufweitungen von Straßen waren das Ergebnis. Die traditionell giebelständigen Fachwerkhäuser des späten 17. und 18. Jhs. besitzen aber oft noch ältere massive Erdgeschosse.

Mit der Geschlossenheit der historischen Bebauung in ihrer sozialen Differenzierung verkörpert Marbach sprechend den Typus einer alten württembergischen Land- und Amtsstadt.

Die Gesamtanlage wurde 1983 unter Denkmalschutz gestellt. MH

1 Ackerbürgerhäuser in der Mittleren Holdergasse
2 Repräsentative Bebauung in der Niklastorstraße
3 Bei der Alexanderkirche
4 Das Schiller-Geburtshaus von 1703/05, seit 1859 Gedenkstätte für den berühmten Sohn der Stadt

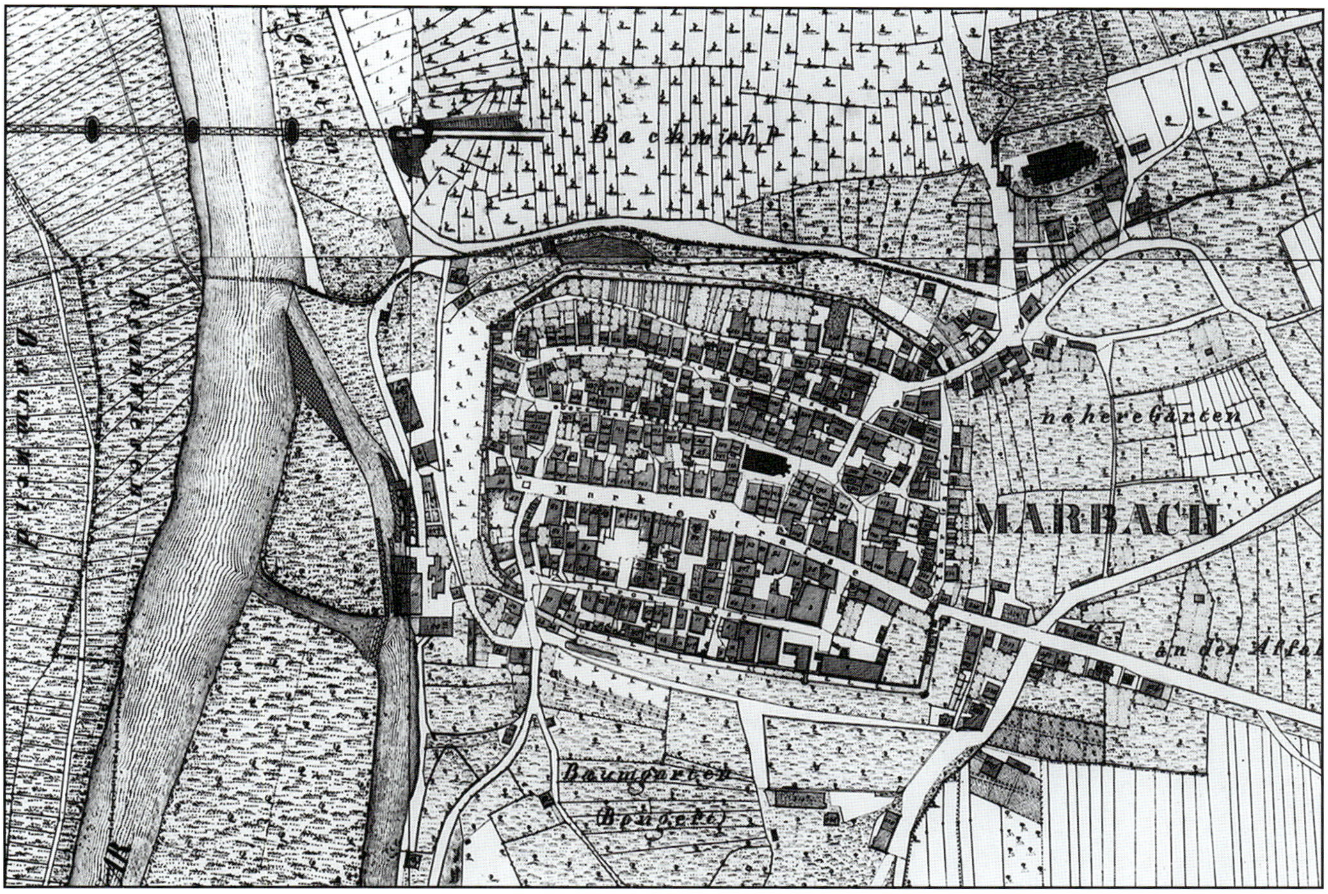

Ausschnitt aus der württembergischen Flurkarte, Stand 1832

Luftbild von 2007

Markdorf
Bodenseekreis, Regierungsbezirk Tübingen

Die Stadt Markdorf liegt am Südabhang des Gehrenbergs in der Mitte des Linzgaues unweit vom Bodensee.

In ihrer Grundform bildet die Stadt ein unregelmäßig gestrecktes Rechteck, welches von einer Hauptachse, der Marktstraße, in westöstlicher Richtung durchzogen wird. Der nördliche Abschnitt der Altstadt, die sog. Oberstadt, fiel 1842 einer Feuersbrunst zum Opfer und wurde in der Folge mit vergrößertem Marktplatz und geändertem Stadtbild vollständig neu erbaut. Die Trennung zwischen Ober- und Unterstadt ist fließend und kaum wahrnehmbar.

Mitte des 13. Jhs. erhoben die seit 1134 nachweisbaren edelfreien Ortsherren Markdorf zur Stadt. Zuvor bestand hier schon eine dörfliche Ansiedlung neben einer 817 erstmals erwähnten Burg. Nach dem Aussterben der Herren von Markdorf ging die Stadt 1356 an die Bischöfe von Konstanz, deren Anspruch auf die Stadt bis zum Übergang an Baden 1803 andauerte.

Auf der West- und Südseite ist die Stadtbefestigung noch in Teilen, etwa mit dem Torturm des Unteren Tores (Mitte 13. Jh.), erhalten. Vom Obertor, das 1842 ebenfalls durch den Stadtbrand in Mitleidenschaft gezogen wurde, steht heute nur noch die spitzbogige Durchfahrt.

Neben dem großen, das Landschaftsbild prägenden basilikalen Bau der kath. Pfarrkirche St. Nikolaus wird das Stadtbild durch das alte turmartige Schloss, das sog. Bischofsschloss beherrscht, dessen erste Anlage wohl im 14. Jh. entstand und zeitweilig auch von den Konstanzer Bischöfen bewohnt wurde. Ebenso prägen das Untere Tor und der sog. Hexenturm das historische Stadtbild. Der nach dem Stadtbrand vergrößerte Marktplatz dominiert als mächtiger Freiraum das Stadtgefüge und wird neben der Kirche durch das westlich gelegene Kaplaneigebäude geprägt.

Die Markdorfer Altstadt erhielt ihr heutiges Bild nach dem Großbrand von 1842. Während damals die Untere Stadt mit ihrem vom Fachwerk geprägten Baubestand entlang der Markt- und Ulrichstraße verschont blieb, wurden der Marktplatz und die Obere Stadt mit der Obertorstraße neu nach regelmäßigem Fluchtlinienplan mit aneinander gereihten verputzten Fassaden erbaut.

Innerhalb der kleinen, leider durch einige moderne Änderungen gestörten Altstadt, dominiert die traufständige Bebauung das Stadtbild. Neben den be-

reits erwähnten, das Stadtbild beherrschenden Großbauten im Bereich der Unterstadt finden sich heute noch einzelne überlieferte Bürger- und Handwerkerhäuser. Erwähnenswert sind jedoch die Gebäude entlang der in der Mitte des 19. Jhs. wiederaufgebauten Obertorstraße mit ihrer markanten abgetreppten Trauflinie. MN

1 Obertorstraße mit den Resten des Obertores
2 Marktstraße mit Blick auf das Untertor
3 Obertorstraße mit kath. Stadtpfarrkirche

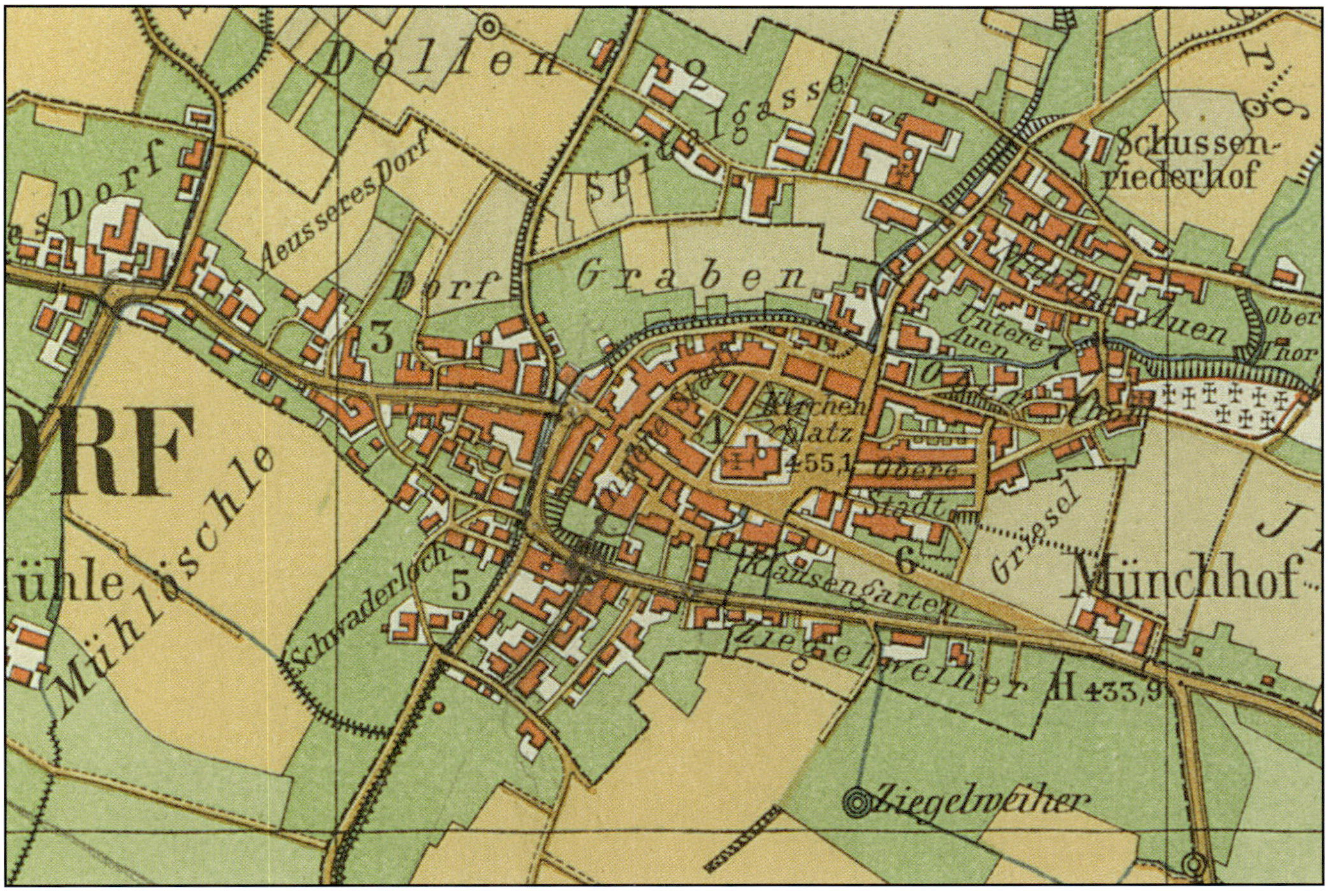

Ausschnitt aus dem badischen Gemarkungsatlas, Stand 1889

Luftbild von 2007

Markgröningen
Landkreis Ludwigsburg, Regierungsbezirk Stuttgart

1

Markgröningen liegt erhöht über dem Glemstal auf einem leicht abfallenden Hanggelände. Die Stadt befindet sich am nördlichen Ende des Langen Feldes, eines agrarischen Gunstgebietes, das schon früh besiedelt war. 779 trat die Siedlung erstmals urkundlich in Augenschein. Allgemein wird Markgröningen als späte staufische Stadtgründung der Zeit nach 1240 angesehen. Ein älterer Kernbereich um die angerartige Wettegasse bzw. um die frühe Kirchengründung wurde im 13. Jh. mit einem Burgenbau am nordwestlichen Ende erweitert. Ebenfalls noch ins 13. Jh. datiert die Ummauerung der Stadt, die im 16. Jh. mit einem Zwinger verstärkt, aber im 19. Jh. bis auf kleinere Abschnitte wieder abgetragen wurde. Nach kurzer reichsstädtischer Zeit wurde Markgröningen 1336 württembergische Amtsstadt.

2

3

Im Stadtgrundriss sind der ältere Kern um Bartholomäuskirche sowie der ehemalige Burgbezirk mit dem einstigen Schlossgarten und den herrschaftlichen Wirtschaftsgebäuden (Fruchtkasten, Zehntscheuer und Keltern) noch deutlich erkennbar. Gleichzeitig bilden die gotische Kirche mit ihrem hoch aufragenden spätgotischen Chor und der markanten Doppelturmfassade sowie das im Kern mittelalterliche, sonst vom 19. und 20. Jh. geprägte ehemalige Schloss markante Bauwerke innerhalb der Stadt. Dazu kommen noch der Chor der Hl.-Geist-Spitalkirche im Süden sowie das freistehende, mittelalterliche Fachwerkrathaus am keilförmigen Marktplatz in Stadtmitte.

Durch die Umwandlung der Stadtbefestigung im 19. Jh. in eine bebaute „Ringstraße" sowie die flächenhafte Stadterweiterung im 20. Jh. ist Markgröningen als historischer Stadtkern von außen nur noch schwer erfahrbar. Im Inneren ist die historische Struktur und Gestalt einer altwürttembergischen Amtsstadt im mittleren Neckarraum aber noch gut zu erkennen. Die für diese Städte typische Hauslandschaft ist u. a. durch die giebelständige Fachwerkbauweise ausgeprägt. Der vorherrschende Gebäudebestand des 17.–19. Jhs. ist durchsetzt von bemerkenswerten Beispielen spätmittelalterlichen Fachwerkbaus mit starken Geschossvorkragungen. Die soziale Differenzierung der Stadt zeigt sich z. B. in den einfacheren Ackerbürgergehöften mit Scheunen und Ställen in den Nebengassen. Trotz mancher moderner Veränderung ist ein sehr geschlossenes historisches Stadtbild erhalten geblieben.

4

Die Gesamtanlage steht seit 1984 unter Denkmalschutz. MH

1 Der Marktplatz mit dem beherrschenden Rathaus
2 In der Finsteren Gasse
3 Fruchtkasten und Zehntscheuer
4 Das so genannte Wimpelinhaus am Oberen Tor

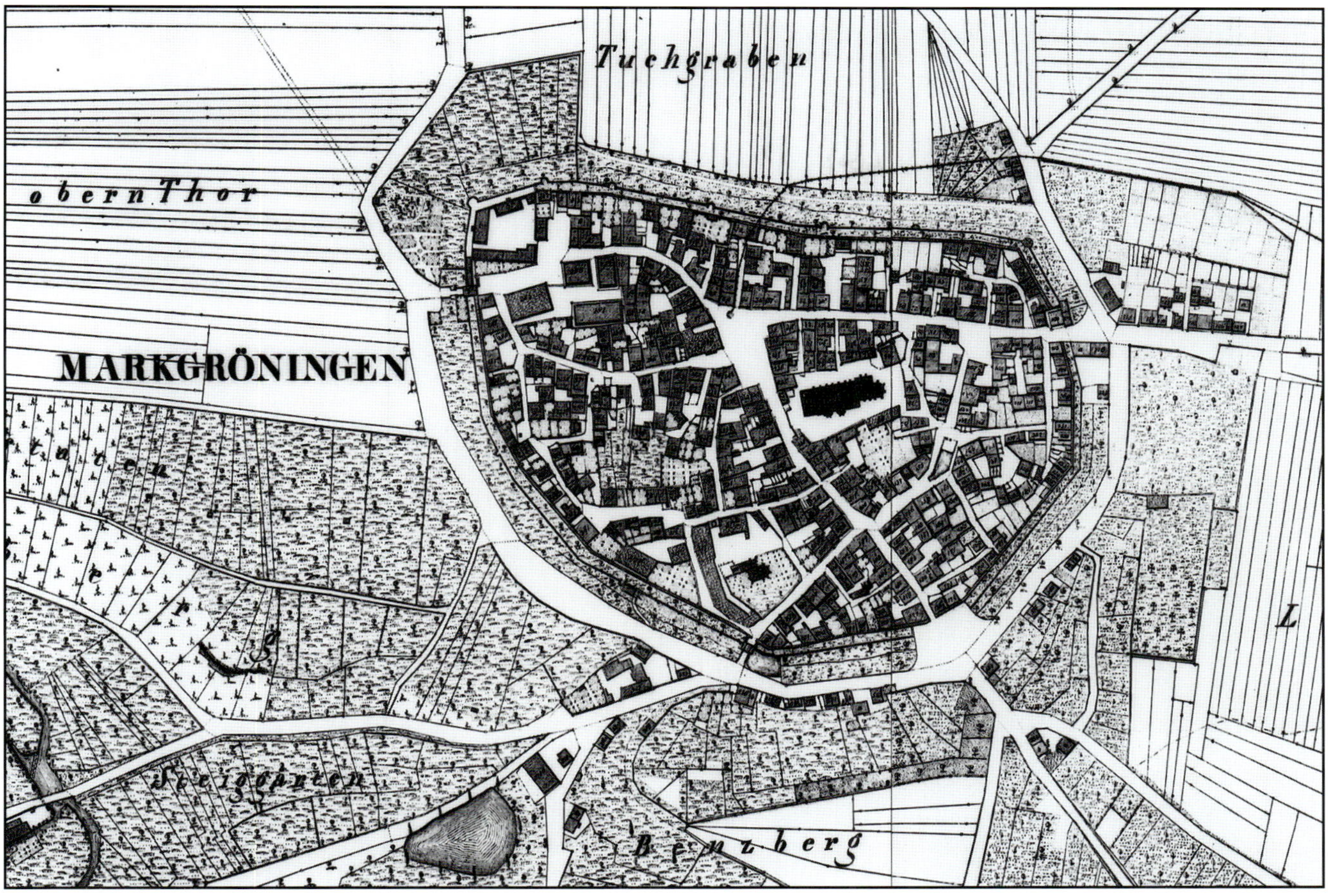

Ausschnitt aus der württembergischen Flurkarte, Stand 1831/32

Luftbild von 2007

Meersburg
Bodenseekreis, Regierungsbezirk Tübingen

1

Das Gesamtbild der ehem. Residenzstadt Meersburg wird durch die markante Stufenlage am Nordufer des Bodensees gekennzeichnet. Auf einem hoch über dem Bodensee gelegenen Plateau erstreckt sich die Oberstadt, welche sich aus dem sog. Alten Schloss, der nördlich angrenzenden „Usserstadt" mit Stadtpfarrkirche, der ehem. Vorburg mit Neuem Schloss und der östlich anschließenden, barocken Sentehard-Vorstadt bildet. Die Oberstadt wird nach Westen durch eine tief eingeschnittene Schlucht begrenzt.

2

Nach Norden verläuft die Altstadtgrenze in einer flachen Hangmulde der allmählich ansteigenden Terrasse. Südlich der Oberstadt erstreckt sich am Bodenseeufer in lang gezogener, rechteckiger Form die Unterstadt.

Hauptadern der Altstadt sind die Steigstraße und die Unterstadtstraße, welche sich im Westen vor dem Vorderen Seetor auf dem heutigen Bismarckplatz treffen. In leicht S-förmigem Verlauf verbindet die Steigstraße die Unterstadt mit der Oberstadt. Die Unterstadt wird durch den breiten, ehem. Straßenmarkt (heute Unterstadtstraße) geprägt und weist nur wenige Quergassen auf.

Als Keimzelle der 988 erstmals erwähnten Stadt darf das, auf einem Molassefelsen stehende Alte Schloss angesehen werden, das in seinem Ursprung bis ins 7. Jh. zurückdatiert wird. Der heutige Bau dürfte dem 12./13. Jh. entstammen. Von hier aus bildete sich in nordöstlicher Richtung der Vorburgbezirk, im Süden die Unterstadt und nördlich schließlich, kurz nach 1300 die „Usserstadt". Bereits seit dem 12. Jh. sind Besitzrechte der Bischöfe von Konstanz in Meersburg belegt. Meersburg wurde zur fürstbischöflichen Residenz ausgebaut. Im 18. Jh. wurde mit der Anlage der östlich gelegenen, trapezförmigen Sentehard-Vorstadt begonnen. 1803 kam Meersburg an Baden.

Von der ehem. Stadtbefestigung haben sich noch größere Teile erhalten. So etwa das Vordere Seetor am Bismarckplatz, der Pfarrhofturm am Stadtgraben, das Obertor oder die beiden Tordurchlässe Falbentor und Wolfenbogen.

Stadtbildbestimmend ist die Reihe der vier großen Monumentalbauten der Oberstadt: Altes Schloss, Neues Schloss, Reithof und Seminar. Den höchsten Geländepunkt des Stadtgebietes nimmt die an die Stadtmauer an-

3

gelehnte und im 19. Jh. erneuerte Stadtpfarrkirche ein.

Die Bebauung der Meersburger Altstadt spiegelt noch immer das typische Bild des mittelalterlich-barocken Residenzortes wider. Während die Oberstadt von den erwähnten Großbauten dominiert wird, schließt sich nach Norden, Westen sowie Süden die kleinteiligere, zumeist traufständige Bebauung der vielen Bürgerhäuser an.

1954 wurde die Gesamtanlage unter Denkmalschutz gestellt. MN

1 Unterstadtstraße mit dem Vorderen Seetor
2 Blick auf das Alte Schloss
3 Steigstraße mit Marktplatz

Ausschnitt aus dem badischen Gemarkungsatlas, Stand 1883

Luftbild von 2007

Möckmühl
Landkreis Heilbronn, Regierungsbezirk Stuttgart

1

Halbkreisförmig um den Schlossberg angelegt, liegt Möckmühl mit einer weithin sichtbaren Stadtsilhouette im Jagst- bzw. Seckachtal. An den umgebenden Hängen des Tales wurde früher Weinbau betrieben, Terrassen und Steinriegel weisen heute noch auf die wirtschaftliche Grundlage der Ackerbürger- und Weinbauernstadt hin. Der Ort ist schon in der zweiten Hälfte des 8. Jhs. urkundlich belegt. Die Erhebung zur Stadt erfolgte aber erst um 1250. In der Besitzerfolge wechselten sich Ortsadelige, Hohenloher, Kurpfälzer und Württemberger ab. Vom 16. bis zum 19. Jh. besaß die Stadt schließlich die lange prägende Rolle einer württembergischen Oberamtsstadt.

Von den neueren Baugebieten des 19. und 20. Jhs. grenzt sich die Stadt durch ihre in weiten Teilen erhaltene, zum Teil auch rekonstruierte mittelalterliche Stadtbefestigung in der Form eines unregelmäßigen Fünfecks ab. Zahlreiche Türme und Tore sind ebenso überliefert. Die Straßenführung im Inneren der Stadt passt sich dem Gelände in Bogenform an. Die Straßen und Gassen, zuweilen auch Staffeln, sind eng bebaut, wobei zweigeschossige, giebelständige Fachwerkhäuser vorherrschen. Sowohl im Grundriss als auch im Aufriss der Stadt erheben sich zwei Dominanten aus ihrem Umfeld. Zum einen steht in der unteren Stadt die ev. Stadtkirche mit ihrem spitzen Kirchturm, ein Werk des Stuttgarter Architekten Dolmetsch in gotisierendem Stil von 1900 anstelle der zwei Jahre zuvor abgebrannten Stadtkirche. Zum anderen erhebt sich am Berg als Stadtkrone das Schlossareal mit seinem runden, mittelalterlichen Bergfried sowie dem Schlossbau des frühen 20. Jhs. anstelle älterer Bauteile. Das in Merianstichen überlieferte Stadtbild ist aufgrund dieser beiden historisierenden Hauptgebäude immer noch bzw. wieder aktuell. Auch die Maßnahmen der Stadtsanierung ab 1975 zielten immer auf die Bewahrung des Altstadtbildes, wenn auch bisweilen unter Verlust historischer Substanz bzw. in der Setzung neuer Akzente wie mit dem Jagsttorzentrum. Neben den vielen Fachwerkhäusern des 17. und 18. Jhs. sind das Rathaus, die Probstei und das Amtsgericht weitere stadtbildprägende Bauten.

2

4

3

Möckmühl besitzt im Hausbestand die Charakteristika anderer altwürttembergischer Amtsstädte sowie im Grundriss die typischen Merkmale einer mittelalterlichen Burgsiedlung.

Die Gesamtanlage steht seit 1983 unter Denkmalschutz. MH

1 Oberer Marktplatz mit dem Fachwerkrathaus von 1589/90
2 Stadtmauer mit Türmen
3 Gestaffelte Fachwerkbauten in der Hauptstraße
4 Impressionen am Marktplatz

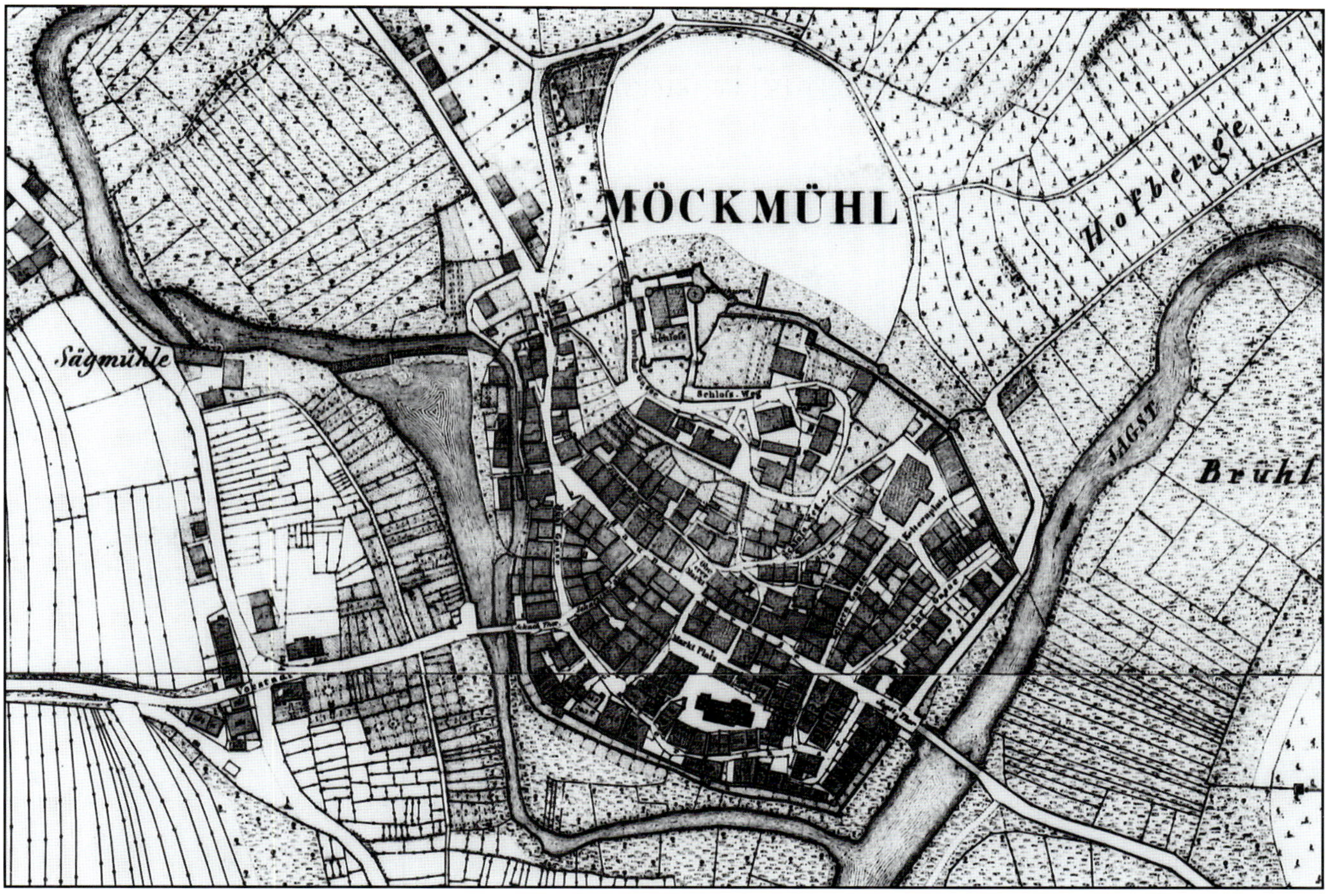

Ausschnitt aus der württembergischen Flurkarte, Stand 1834

Luftbild von 2007

Mosbach
Neckar-Odenwald-Kreis, Regierungsbezirk Karlsruhe

1

Nur wenige Kilometer östlich des Neckars liegt die Stadt Mosbach in dem von steilen Odenwaldhängen begrenzten Elztal. Sie entstand aus einer Siedlung, die sich um eine 826 erstmals erwähnte Benediktinerabtei gebildet hatte. Bis zur Mitte des 13. Jhs., als Mosbach wohl zur Reichsstadt erhoben wurde, hatte sich bereits der bis heute erhaltene Stadtgrundriss ausgebildet. Der Marktplatz und die 1016 in ein Kollegialstift umgewandelte ehemalige Abtei mit dem Kirchplatz bildeten das Zentrum. Um diesen Kern sind unregelmäßig Gassen angeordnet, die die ansteigende Topographie berücksichtigen.

2

Der Verlauf der mittelalterlichen Befestigung lässt sich noch heute im Stadtgrundriss anhand der überlieferten Parzellenstruktur ablesen. Nach der Darstellung von Matthäus Merian bestand sie aus einem doppelten Mauerring mit mehreren Türmen und einem

3

Graben. Erhalten sind davon einige Partien, etwa im Südwesten, wo sich auch die Burg der ehemaligen Reichsstadt befand.

Nachdem Mosbach nach zeitweiligen Verpfändungen endgültig in den Besitz der Kurpfalz gelangt war und den Status einer Reichsstadt 1329 verloren hatte, wurde der Ort vorübergehend zur Residenz eines eigenständigen kurpfälzischen Fürstentums (1429-1448). Aus diesem Anlass wurde die Burg erweitert. In den darauf folgenden Jahrhunderten wurden ihre Bauten teils abgetragen, teils in das so genannte Alte und das Neue Schloss – Gebäude aus dem 16. bis 19. Jh. – integriert. Die ehemalige Stiftskirche St. Juliana und das Rathaus bestimmen mit ihren Türmen die Silhouette von Mosbach. Das Rathaus wurde 1558 anstelle und unter teilweiser Einbeziehung der ehemaligen Pfarrkirche St. Cäcilia an der Westseite des Marktplatzes errichtet. Der dreigeschossige Bau mit seinem Treppengiebel wird vom nebenstehenden Turm überragt. Die ehemalige Stiftskirche, eine dreischiffige Basilika mit polygonalem Chor aus dem 14. und 15. Jh., ersetzt einen früheren Bau. Ihr Inneres mit der Chor und Langhaus trennenden Mauer zeugt von ihrer wechselvollen Geschichte. Nachdem 1556 die Reformation in Mosbach eingeführt und das Chorherrenstift aufgelöst worden war, diente die Kirche bis 1685 ausschließlich dem reformierten Gottesdienst. Anschließend erlaubte man den Katholiken eine eingeschränkte Nutzung, bevor man sich 1708 zur endgültigen Trennung entschloss. Fortan dient das Langhaus der evangelischen, der Chor der katholischen Gemeinde. Neben diesen beiden Bauten prägen besonders die vielen Fachwerkhäuser, die meist aus dem 16. und 17. Jh. stammen, das Bild der Stadt. Von den repräsentativen Bauten,

4

die besonders die Hauptstraße und den Marktplatz säumen, seien hier nur das viergeschossige Haus Lindenlaub von 1598 (Marktplatz 2) sowie das 1610 an der Nordostecke des Marktplatzes erbaute so genannte Palm'sche Haus (Hauptstr. 46) mit seinem dreigeschossigen Erker angeführt. CBS

1 Blick auf die Stadt, im Zentrum der Turm der ehem. Stiftskirche St. Juliana
2 Das Mosbacher Rathaus
3 Fachwerkensemble am Marktplatz, im Vordergrund das Gebäude Marktplatz 2
4 Das sog. Palm'sche Haus von 1610, im Hintergrund die ehem. Stiftskirche St. Juliana

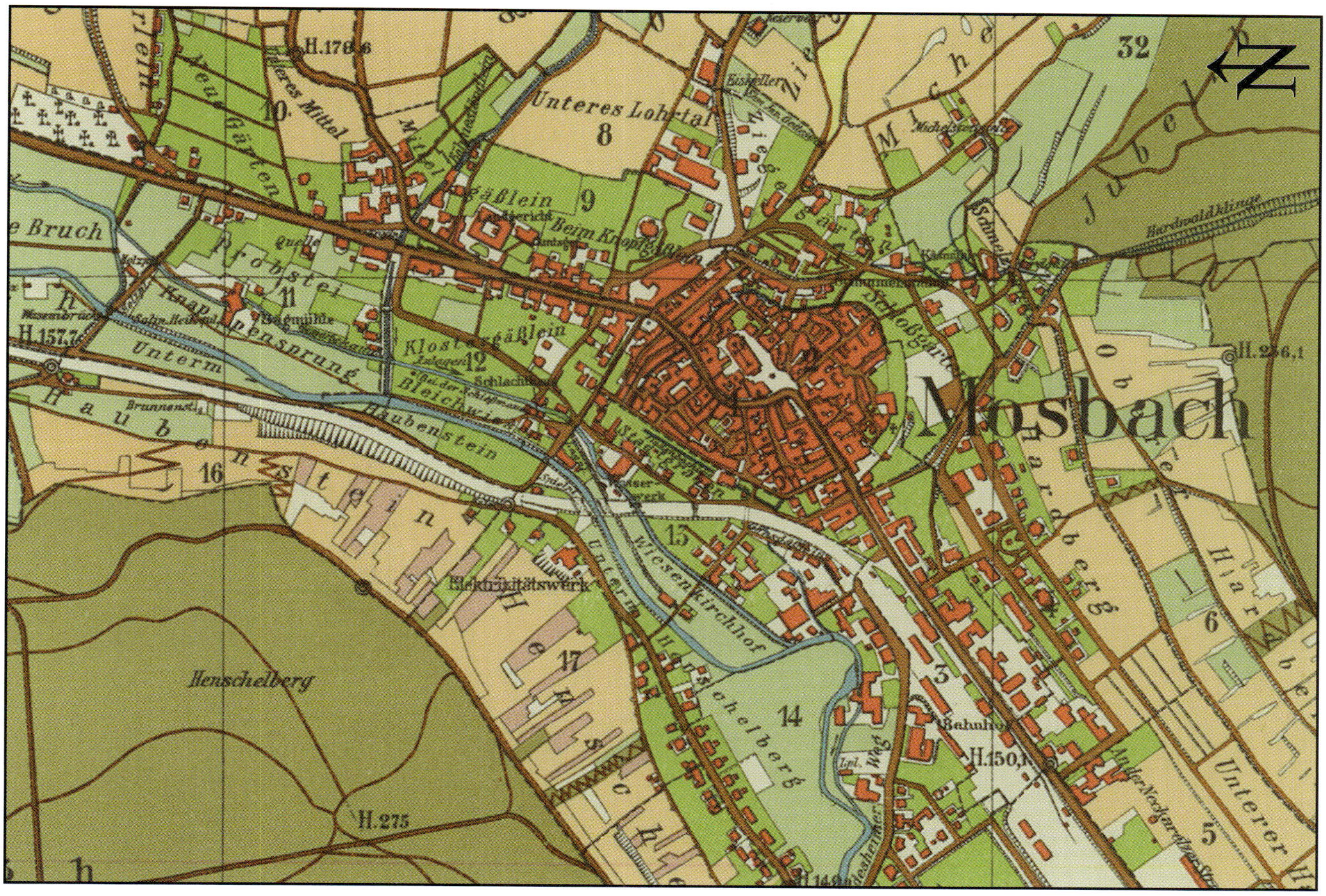

Ausschnitt aus dem badischen Gemarkungsatlas, Stand 1891

Luftbild von 2007

Mühlheim an der Donau
Landkreis Tuttlingen, Regierungsbezirk Freiburg

1

Die Erwähnung in einer Urkunde von 843 bezieht sich auf die nördlich der heutigen Stadt, jenseits der Donau, am Ort einer römischen Niederlassung entstandene Siedlung. 1303 wurde sie bereits als ‚Altstadt' bezeichnet. Die St. Galluskirche war die erste Pfarrkirche von Mühlheim. Zu Beginn des 13. Jhs. legten die Grafen von Zollern die heutige Stadt auf einem Bergsporn über dem rechten Donauufer, im Anschluss an die Burg, als Hauptort ihrer Herrschaft an. Die Reichsstraße vom Bodensee zur Alb führte durch die Stadt und hinab zur Donau. 1391 verkauften die Zollern Stadt und Herrschaft. 1409 gelangte Mühlheim an die Herren von Enzberg, bei denen es bis zum Übergang an Württemberg (1805/06) verblieb. Die Stadt erlitt Zerstörungen im Dreißigjährigen Krieg, weitere Schäden 1890 durch einen Brand.

Die trapezförmige Stadtanlage folgt dem Bergrücken. Die Stadtsilhouette über den unverbauten Hängen im Westen über der Donau und im Osten über dem Ostertal wird von den Bauten des Schlosses im Norden und der Stadtkirche im Süden beherrscht.

Von den Haupttoren, die den südlichen und den nördlichen Zugang zur Stadt sicherten, ist das südliche, das Obere Tor, erhalten.

Die breite Hauptstraße wird von Nebengassen begleitet. Die traufständigen Bürgerhäuser, die älteren meist aus Fachwerk über gemauertem Sockel, bilden geschlossene Reihen. An der Kreuzung der Hauptstraße mit der Schlossstraße steht das Rathaus, ein Fachwerkbau des 15. Jhs. mit einer z. T. noch offenen Halle im Erdgeschoss. Sein Giebel, dem Schloss zugewandt, tritt in den Straßenraum vor.

Den Nordwesten des Stadtgebietes nimmt die Schlossanlage der Freiherren von Enzberg ein. An der Spitze des Sporns, an der Stelle der alten Burg, erhebt sich das Hintere Schloss mit zwei Rundtürmen zum Tal. Weiter südlich, an der Nahtstelle zur bürgerlichen Stadt, liegt das Vordere Schloss, heute Kulturhaus mit Museum. Im Südwesten befindet sich die Stadtkirche St. Maria Magdalena. 1794–1796 wurde sie in klassizistischen Formen neu erbaut, wobei der Turm des mittelalterlichen Vorgängerbaus einbezogen wurde.

2

Von der mittelalterlichen Stadtmauer sind größere Abschnitte in den Rückwänden der äußeren Hauserreihen und in der Umfassungsmauer des Schlossbezirks erhalten.

Am Alten Steig, der zur Donau hinabführt, steht die nach der Pest von 1610 erbaute Sebastianskapelle.

3

Zur besonderen Bedeutung der kleinen Stadtanlage tragen neben dem geschlossenen historischen Baubestand und der Gliederung in Schlossareal und Bürgerstadt ihre markante Silhouette und die Einbindung in die Kulturlandschaft bei.

Seit 1979 steht die Gesamtanlage unter Denkmalschutz. ER

1 Das Rathaus tritt aus der östlichen Flucht der Hauptstraße vor
2 Das Hintere Schloss auf der Spitze des Bergsporns über dem Donautal
3 Der Alte Steig mit der Sebastianskapelle

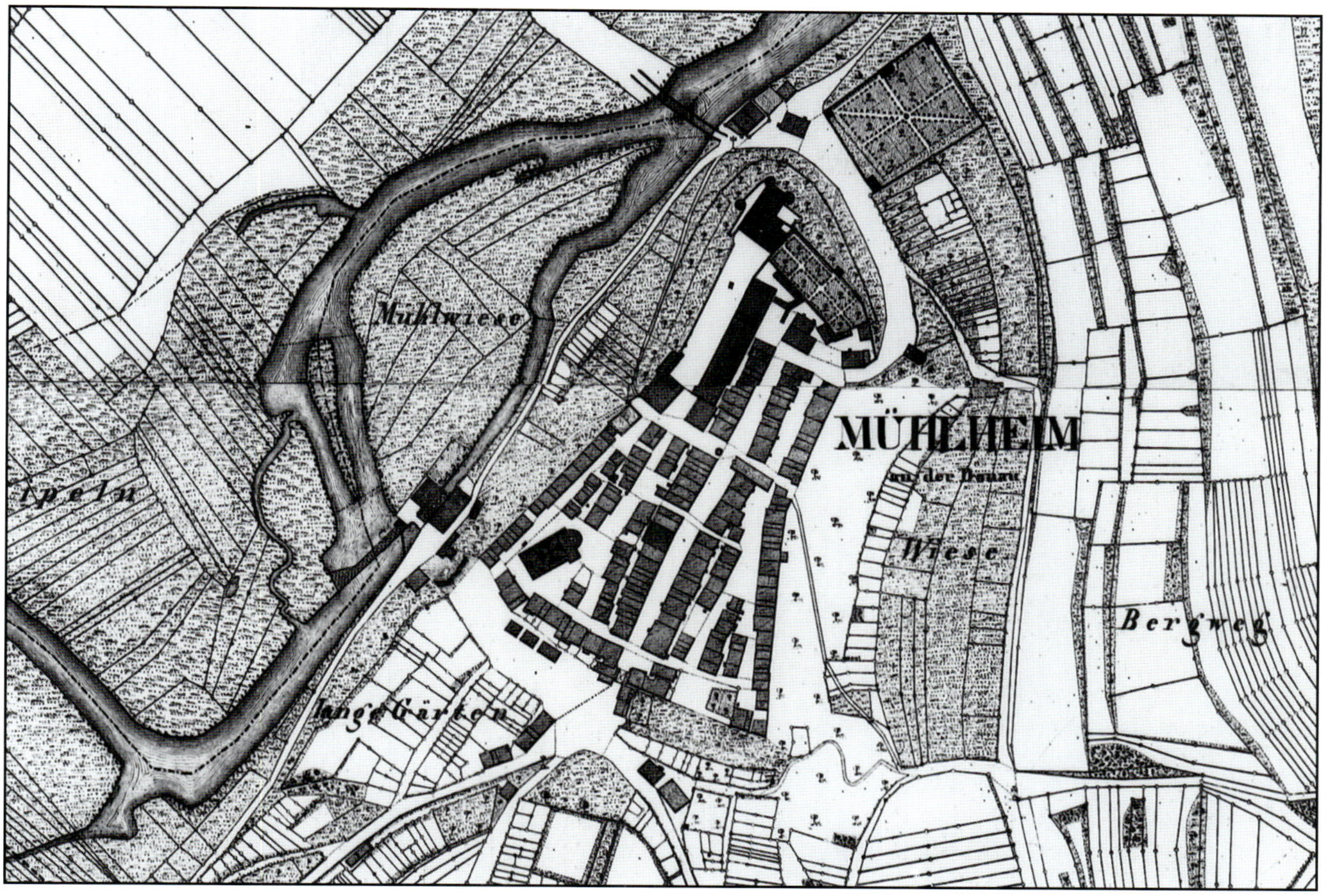

Ausschnitt aus der württembergischen Flurkarte, Stand 1839

Luftbild von 2007

MUNDERKINGEN

Alb-Donau-Kreis, Regierungsbezirk Tübingen

1

Der alte Siedlungskern der Stadt Munderkingen liegt auf einem von der Donau umflossenen Felsen in einer Halbinsellage am Fuß der Schwäbischen Alb. Nach Südosten öffnet sich die Stadt in die Donauebene.

Der Grundriss der Stadt wird wesentlich durch die Lage innerhalb der Donauschlinge geprägt. Eine wichtige Erschließungsachse bildet die von Norden über die Donaubrücke kommende Donaustraße, die geradewegs auf die kath. Pfarrkirche St. Dionysius zuführt. Von dieser Nord-Süd-Achse geht die breit gelagerte Marktstraße in westlicher Richtung ab und bildet so die zentrale Achse innerhalb des Stadtgrundrisses. In gerader Weiterführung der Marktstraße schließt sich im Westen die Vorstadtstraße an.

Der Ort wird bereits 792 als „Marcha Muntariheshuntari" erwähnt. Vor 1266 wurde die Stadt von den Herren von

2

3

4

Emerkingen gegründet und kam schon vor 1297 an Österreich. Als Keimzelle darf die 1262 erstmals erwähnte Kirche angesehen werden. 1805 kam die Stadt Munderkingen an Württemberg.

Von der ehem. Stadtbefestigung sind heute noch Teile der südlichen und westlichen Stadtmauer erhalten, im Norden finden sich weite Teile der Befestigung innerhalb der historischen Gebäude. Ansonsten bildet der Verlauf der Donau von je her einen natürlichen Schutz.

Das heutige Stadtbild Munderkingens wird durch die kath. Pfarrkirche (urspr. romanische Basilika; Umbau 1500-1510) in besonderem Maße dominiert. Daneben formt das klerikale Viertel aus Pfarrhof (1706/07), als ehem. Gästehaus des Klosters Marchtal, Pfarrscheune, Praezeptorat sowie Terziarinnenkloster (1688, Umbau 1782) eine städtebaulich bestimmende Situation. Der Marktplatz wird durch das Rathaus (1563) mit seinem reich verzierten Giebel beherrscht. Eine weitere Dominante wird am nördlichen Stadteingang durch das ehem. Heiliggeistspital (Ende 14. Jh.) mit seinem markanten Treppengiebel geschaffen.

Die Kernstadt geht in einem fließenden Übergang in die westlich gelegene Vorstadt über. In ihrem baulichen Erscheinungsbild unterscheidet sich die Vorstadt durch kleinteiligere und bescheidenere Gebäude, die vornehmlich dem Handwerk und Gewerbe dienten. Innerhalb der Kernstadt finden sich dagegen stattlichere, sowohl giebel- als auch traufständige Bürgerhäuser, die sich im Bereich des Marktplatzes und seinen Nebenstraßen gruppieren. MN

1 Marktplatz von Munderkingen mit dem Martinsbrunnen
2 Blick in die Vorstadtstraße
3 Kath. Pfarrkirche St. Dionysius
4 Das Rathaus am Marktplatz

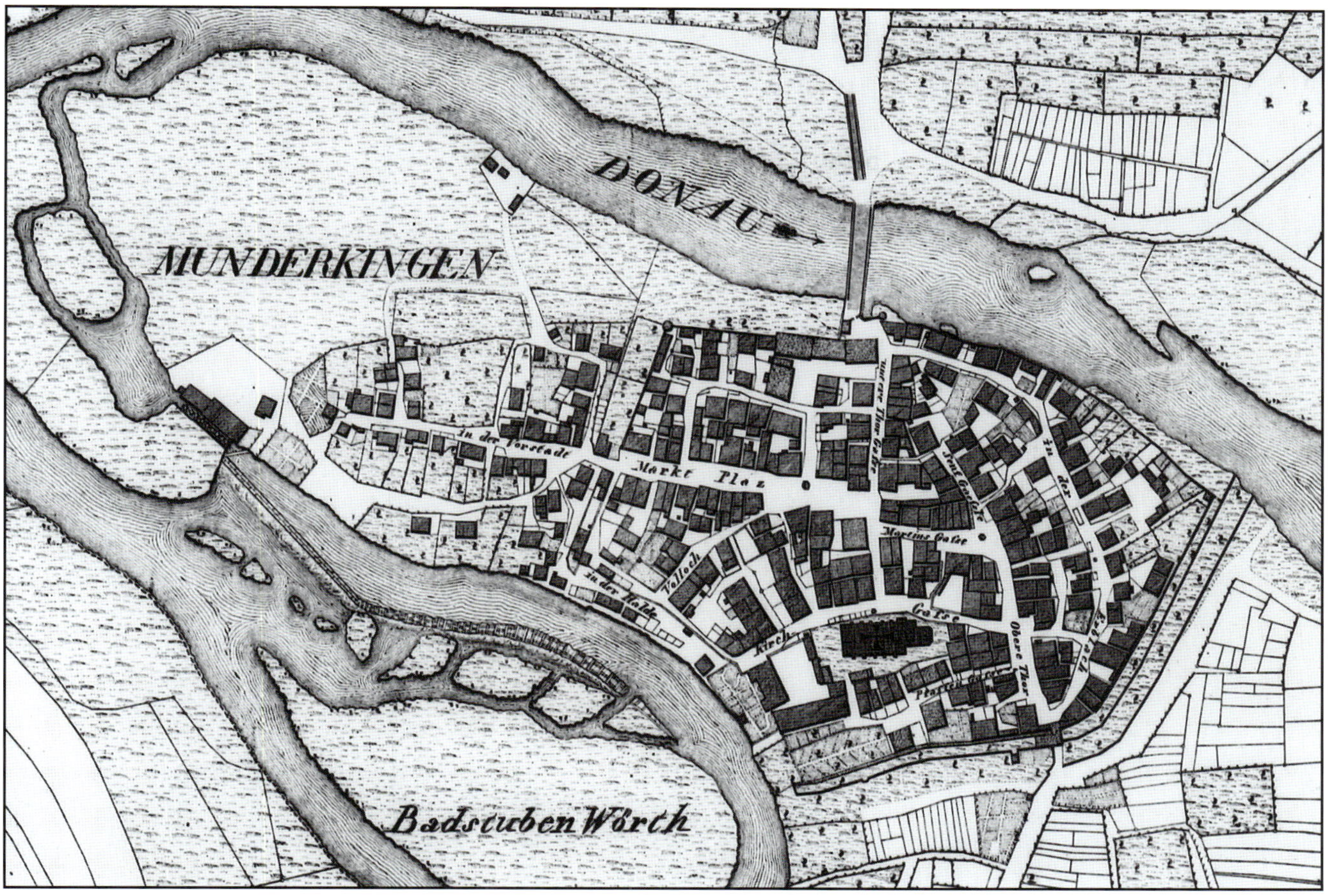

Ausschnitt aus der württembergischen Flurkarte, Stand 1821

Luftbild von 2007

Murrhardt
Rems-Murr-Kreis, Regierungsbezirk Stuttgart

1

Murrhardt liegt naturräumlich im Murrhardter Wald, einem Teil der Schwäbisch-Fränkischen Waldberge. Mit einem Römerkastell bildete der Ort einst die Grenze zwischen römisch und germanisch besiedeltem Gebiet. Die Geschichte der Stadt im Tal der Murr beginnt im 7. Jh. auf den Resten des Kastells bzw. Lagerdorfes. Ein Anfang des 9. Jhs. gegründetes Benediktinerkloster darf aber als eigentlicher Auslöser der Siedlungsentwicklung im Mittelalter gelten. Die Stadtgründung geht auf die Vögte des Klosters, die Grafen von Löwenstein, zurück. Obwohl schon 1378 als civitas erwähnt, erhält der Ort erst rund 100 Jahre nach dem Übergang an Württemberg (1395) eine Stadtmauer.

Im Grundriss der Stadt zeichnen sich die beiden Grundelemente Kloster und Bürgerstadt noch deutlich voneinander ab. Im Westen dominiert der locker bebaute Klosterhof mit den Resten des nach der Reformation aufgelösten Benediktinerklosters. Neben der zweitürmigen und doppelchörigen ehemaligen Klosterkirche (heute Pfarrkirche) muss auch die kleine spätromanische Walterichskapelle am nördlichen Kirchturm erwähnt werden, die als Gedächtniskapelle für den ersten Abt des Klosters um 1230 erbaut wurde. Mit ihnen korrespondiert die erhöht liegende ehemalige Pfarrkirche (heute Friedhofskirche), ein schlichter spätgotischer Bau in Nachfolge der Einsiedlerklause des Walterich auf den Resten eines römischen Tempels.

Im Gegensatz zum Klosterhof ist die bürgerliche Stadt im Osten eng bebaut. Sowohl der relativ strenge, rasterförmige Stadtgrundriss als auch die sehr einheitliche Bebauung lassen Murrhardt aber nicht als mittelalterlich geprägte Stadt, sondern als Ergebnis eines planmäßigen Wiederaufbaus erkennbar werden. 1765 zerstörte ein Großbrand die Stadt. Die Pläne des Landbaumeisters Johann Adam Groß d. J. beinhalteten Straßenbegradigungen und neue Brandgassen, wenn auch nicht mit der Konsequenz wie im Schachbrettgrundriss von Göppingen. Die breite Hauptstraße ist die Achse der Stadt und besitzt mit dem Marktplatz mit freistehendem Rathaus einen dreiecksförmigen Mittelpunkt.

Als Klosterstadt angelegt, zeigt Murrhardts Stadtkern heute im westlichen Teil mittelalterliche Wurzeln, im östlichen bürgerlichen Teil dagegen in sehr guter Überlieferung die auf Einheitlichkeit abzielende Stadtgestalt des 18. Jhs. MH

3

4

2

1 Marktplatz mit zentralem Rathaus von 1784
2 Ehemalige Klosterkirche mit Walterichskapelle
3 Pfarrhof auf dem ehemaligen Klosterareal
4 Nach dem Stadtbrand von 1765 errichtete Gebäude im östlichen Stadtkern

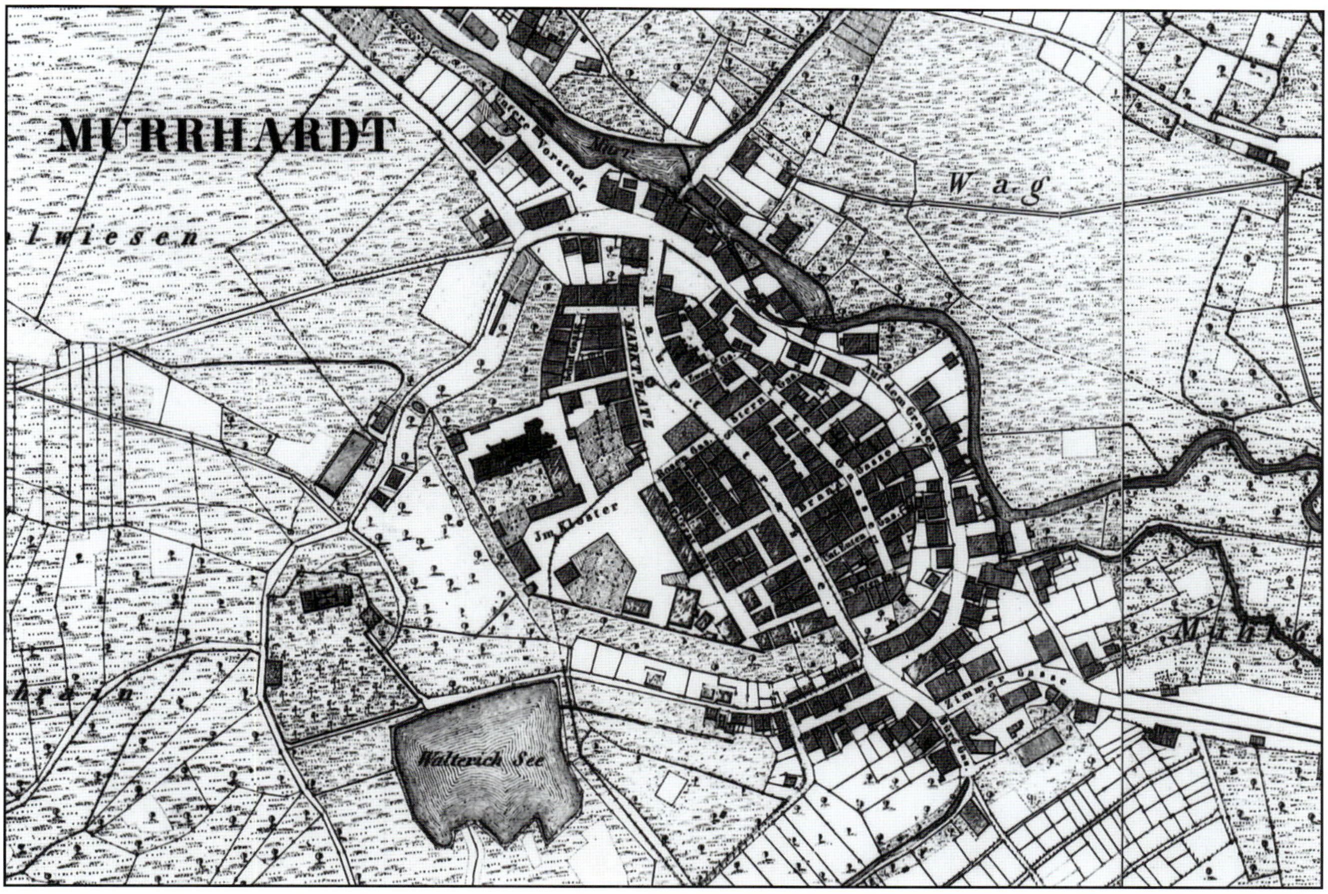

Ausschnitt aus der württembergischen Flurkarte, Stand 1831

Luftbild von 2007

Neckargemünd
Rhein-Neckar-Kreis, Regierungsbezirk Karlsruhe

1

Neckargemünd liegt im Kleinen Odenwald, südlich des Neckars. Das alte Siedlungsgebiet erstreckt sich in einem zunächst flach, dann steil ansteigenden Dreieck zwischen dem Neckartal und dem Tal der Elsenz, die in den Neckar mündet. Von der Spitze dieses Dreiecks entwickelte sich zunächst die kleine Vorstadt und dann die Altstadt hinauf zum Hügelsporn des Hollmuthrückens.

988 wird die spätere Stadt erstmals als „gemundi" erwähnt und taucht wieder 1241 im Steuerverzeichnis der Reichsstädte auf. 1312 wurde die Stadt von König Heinrich VII. an die Herren von Weinsberg verpfändet und kommt 1329/30 an Kurpfalz. 1803 wurde die Stadt badisch.

Die topographische Situation prägt das Siedlungsbild entscheidend: die Vorstadt auf dem flachen Uferdreieck, etwas erhöht die ummauerte ev. Kirche, dann steil ansteigend die ummauerte Stadt als unregelmäßiges Viereck. Die Vorstadt gruppiert sich um den dreieckigen Hanfmarkt von dem aus die Hauptstraße in sehr engem Halbkreis bergauf führt. Das Straßennetz ist unregelmäßig. Neckarstraße und Hauptstraße bilden zwei Zinken einer Gabel, die Querstraßen nur unregelmäßige Rippen. Im Zentrum der Altstadt, entlang der Hauptstraße, befindet sich der längsrechteckige Marktplatz mit der kath. Kirche, einem Bau in neoromanischem Stil.

2

4

Von der Stadtbefestigung haben sich weite Teile erhalten. Die Stadtmauer, obwohl durchweg überbaut, ist besonders gut entlang des Neckars, entlang der Straße „Am Katzenbuckel" und vom Elzenztal aus zu sehen. Die Tortürme sind verloren, aber im Süden ist eine Bastion erhalten, die den ehemaligen Zwingerbereich deckte. Das barocke Karlstor von 1788 am südlichen Ende der Hauptstraße, deutlich vor den Zwinger gerückt, bezeugt die endgültige Aufgabe der Stadtbefestigung.

3

Die Altstadt wird in gleichem Maße von Fachwerk- und verputzten Bauten geprägt. Schon die Vorstadt überrascht mit zwei älteren Fachwerkhäusern: Am Hanfmarkt 4 datiert 1569, das Nachbarhaus Nr. 12 ist von 1605.

In der Altstadt ist Hauptstraße 65 von 1483(d) das älteste bekannte Haus mit einem Schwebgiebel an der Rückseite. Reiches Zierfachwerk zeigt das „Lamm" von 1507. Daneben gibt es weniger spektakuläre Bauten des 16. Jhs. und spätere Fachwerkhäuser des 17. und 18. Jhs. mit ebenfalls verringerter Bauzier. Schwer wiegt der Verlust des „Ritter" in der Neckarstraße 40. Errichtet 1579 fiel er 2003 einem Brand zum Opfer. Von den zahlreichen barocken Putzbauten ist das ehemalige Elisenstift in der Neckarstraße als besonders schönes Beispiel zu erwähnen. UFD

1 Ansicht von Norden
2 Der Marktplatz mit der kath. Kirche
3 Das Karlstor und die Hauptstraße
4 Marktplatz 14

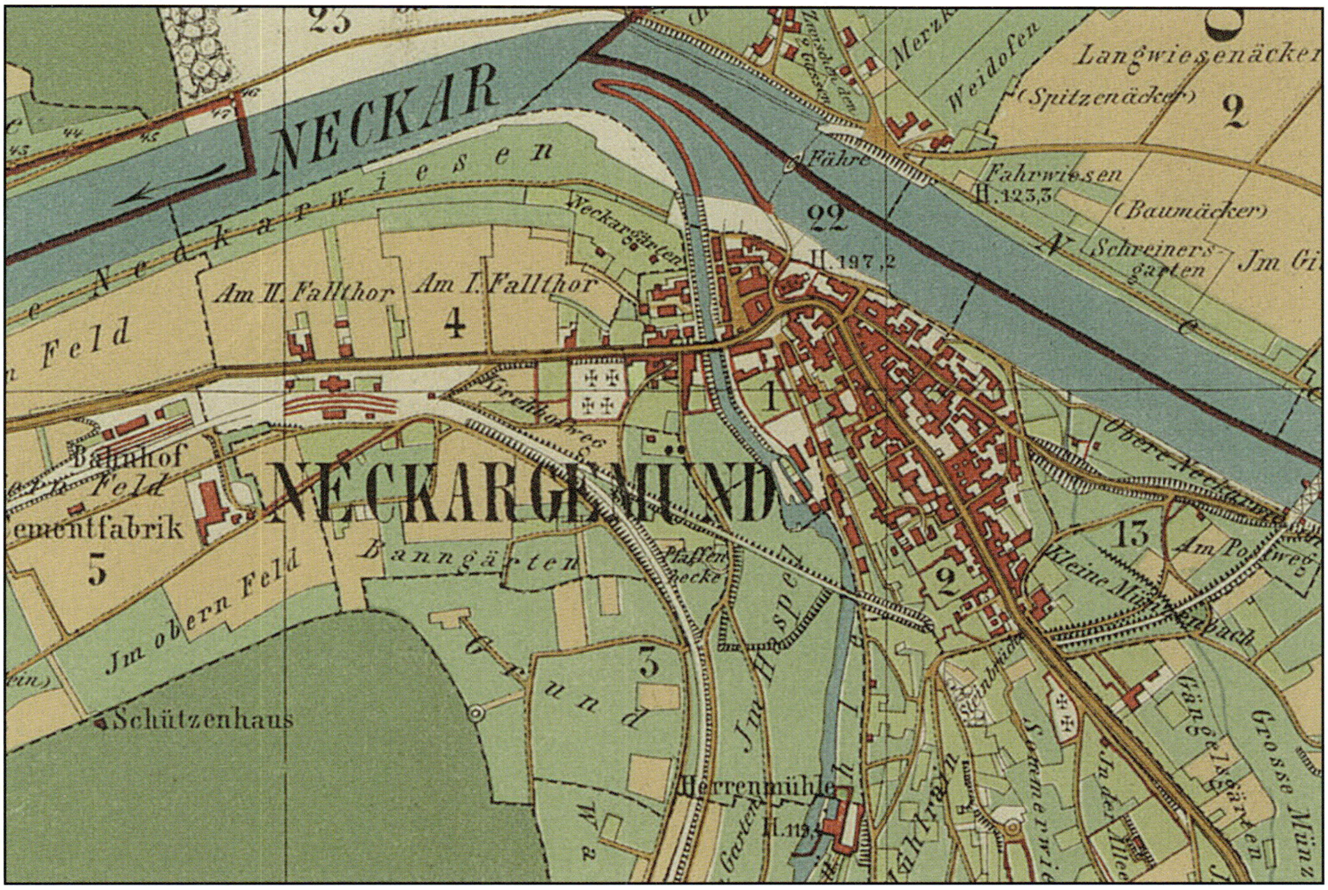

Ausschnitt aus dem badischen Gemarkungsatlas, Stand 1876

Luftbild von 2007

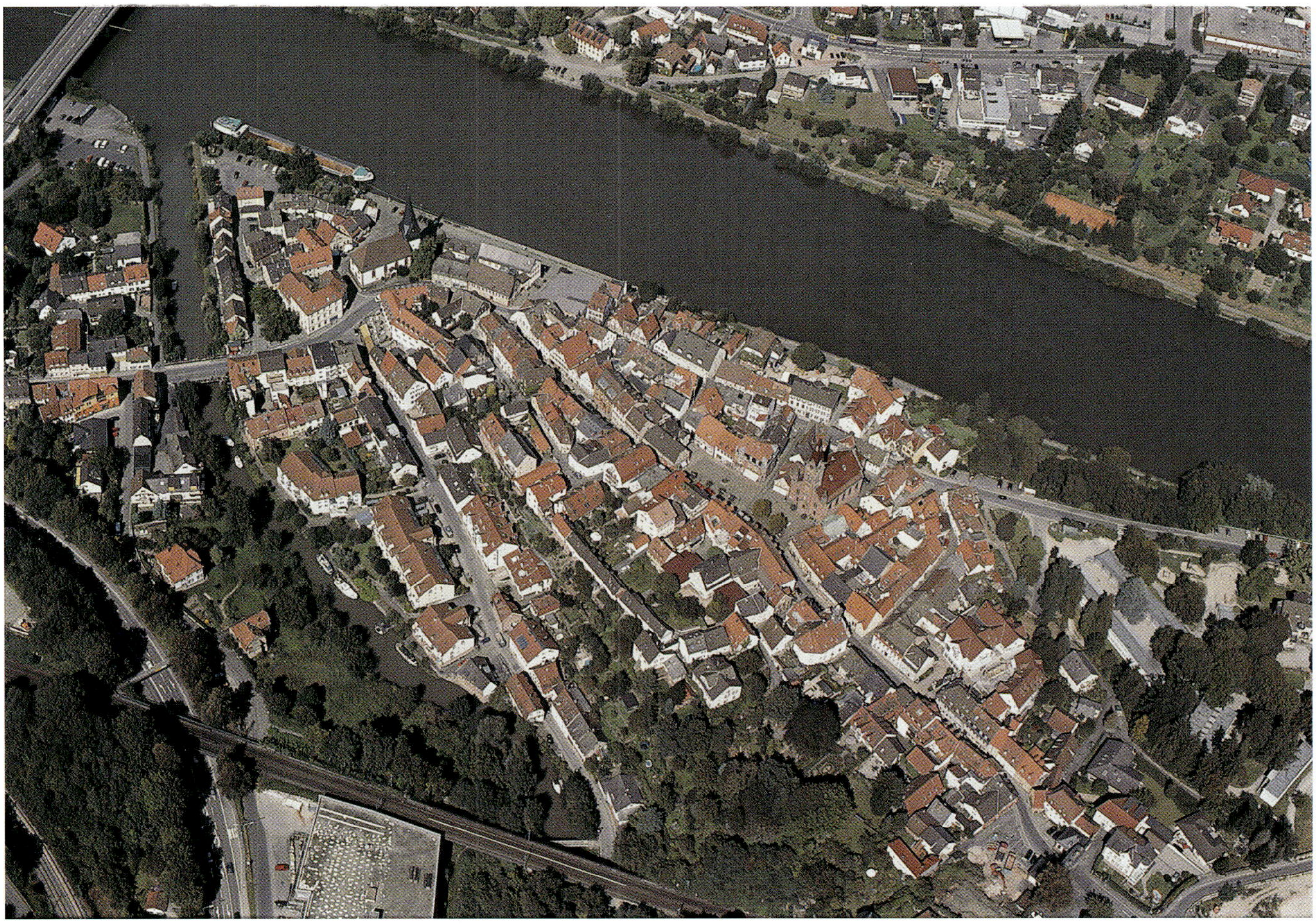

Neubulach
Landkreis Calw, Regierungsbezirk Karlsruhe

1

Neubulach – bis 1799 nur Bulach genannt – liegt auf einer flach geneigten Sandsteinhochfläche zwischen Nagold- und Teinachtal. Die Siedlung verdankt ihre Entstehung dem Abbau von Silber und Kupfer seit dem 11. Jh. Kristallisationspunkt der Siedlung auf den älteren Gemarkungen von Altbulach und Oberhaugstett war ein Wehrbau an der Stelle der heutigen Burg. Der Reichsadler im Wappenschild der 1281 erstmals als Stadt genannten Siedlung ist Hinweis auf eine staufische Gründung, deren Beginn um 1200/10 zu datieren ist. Die erste Ummauerung der Siedlung mit gleichzeitigem Neubau der Burg erfolgte 1220/25 durch Graf Burchard III. von Hohenberg, der 1228/30 die Stadt als Reichslehen von König Heinrich (VII.), dem Sohn und Gegner Kaiser Friedrichs II., erhielt. Er begann 1228/35 mit dem Ausbau der Verteidigungsanlagen, d. h. der Erstellung eines zweiten Mauerrings an der Südwestseite und der Verstärkung des inneren Rings durch den Bau von zwei weiteren Türmen, von denen der Diebsturm an der Nordostecke erhalten ist. Dieser Ausbau wurde nach der Heirat mit der Pfalzgräfin Mechthild von Tübingen aufgrund der militärisch günstigen Gebietsarrondierung eingestellt und der Amtssitz nach Wildberg verlegt. Die fast kreisförmig geführte Stadtmauer, welche die ehemalige Burg, die ihrerseits befestigt war, einbezieht, ist in einer seltenen Geschlossenheit erhalten. Von den ursprünglich zwei Toren, die durch eine abknickende Straßenverbindung miteinander verbunden sind, ist das Calwer Tor noch am Ort, während das Wildberger Tor 1817 abgerissen wurde. Die wichtigste Straße führte vom Wildberger Tor direkt auf die ehemalige Burg zu. Von 1364 bis 1440 wurde die Stadt von den Pfalzgrafen bei Rhein regiert und dann an die Grafen von Württemberg verkauft.

2

Das heutige Ortsbild ist noch von den sternförmig aufeinander zuführenden drei Hauptstraßen und den drei Plätzen, dem Marktplatz, dem Kirchplatz und dem Brunnenplatz, auf dem im Mittelalter die Badstube stand, geprägt. Trotz eines verheerenden Brands im Jahr 1505 sind entgegen anders lautender Überlieferungen einige Gebäude aus der staufischen Zeit erhalten. Neben dem romanischen Kirchturm der Jodokuskirche und dem Calwer Tor seien die repräsentativen Gebäude wie das Haus Auer, Kirchplatz 5, und das

3

Gasthaus Rössle, Obere Torstraße 8, hervorgehoben. Von den nach 1505 entstandenen Gebäuden prägen die Jodokuskirche, deren Schiff im 16./17. Jh. erneuert und um 1900 in bemerkenswerter Qualität überformt wurde, und die Fachwerkhäuser der Bergvogtei und des Rathauses von 1604 im Zentrum, beide mehrfach erneuert und eng mit der politischen Geschichte verbunden, das Zentrum im besonderem Maß. Das etwas erhöht liegende Anwesen Burgstraße 1 von 1794 auf den Fundamenten der ehemaligen mittelalterlichen Burg errichtet, verweist noch heute auf deren Bedeutung. HO

1 Marktplatz mit altem Rathaus (Kern um 1600)
2 Stadtmauer mit Diebsturm
3 Jodokuskirche mit romanischem Wehrturm

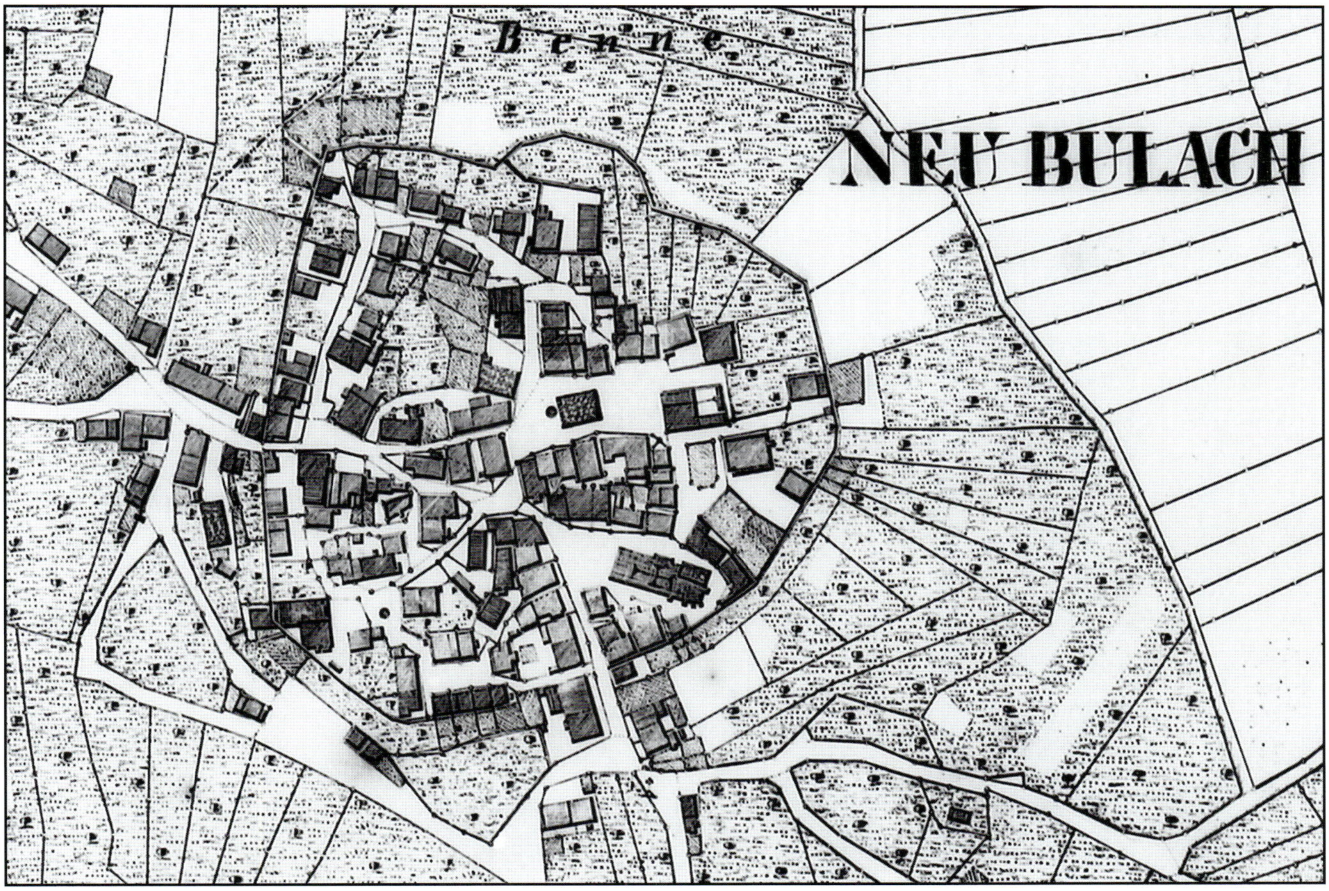

Ausschnitt aus der württembergischen Flurkarte, Stand 1836

Luftbild von 2007

Neudenau
Landkreis Heilbronn, Regierungsbezirk Stuttgart

1

Auf einem steil ansteigenden Hang über dem unteren Jagsttal liegt Neudenau. Eine frühere Siedlung befand sich zunächst im Talboden. Der Busingen genannte Ort wurde aber schon im 13. Jh. auf den heutigen, erhöhten Platz verlagert, da dieser strategisch günstiger im Schutz der schon zuvor erbauten Burg der Herren von Dürn lag. Diese Burgsiedlung erhielt 1236 das Stadtrecht. Über verschiedene Besitzerwechsel gelangte Neudenau 1364 an das Erzstift Mainz, das, von verschiedenen Verpfändungen abgesehen, bis 1802 Stadtherr blieb.

3

2

Der historische Stadtkern bildet, bedingt durch die Spornlage, ein längliches Oval, dem im Norden der Burgberg als separater Bereich vorgelagert ist. Als südliches Anhängsel kann die ehemalige, im Kern mittelalterliche, heute durch das 19. Jh. geprägte Vorstadt an der Auffahrt vom Jagsttal bezeichnet werden. Von der Stadtummauerung sind trotz Reduzierungen im 19. Jh. noch stadtbildprägende Abschnitte, insbesondere zur Jagst hin mit direktem Gebäudeanschluss, erhalten. Im Westen dagegen sind Mauer und Graben in der Neuen Anlage aufgegangen, einer frühen „Umgehungsstraße" des verwinkelten Stadtkerns. Die alte Hauptstraße durchzieht das Oval der Stadt in Längsrichtung und schmale, verwinkelte Gassen zweigen von ihr ab. Im eng bebauten Stadtkern ist neben dem Kirchhof der Marktplatz die einzige größere historische Freifläche, weshalb ihm eine besondere Bedeutung zukommt. Mit dem Rathaus von 1586 bzw. 1640, dem barocken Röhrenbrunnen sowie weiteren repräsentativen Fachwerkbauten besteht hier der Mittelpunkt der Bürgerstadt.

Der Baubestand umfasst ehemalige Ackerbürgerhäuser, in der Regel zwei- bis dreigeschossige Fachwerkbauten mit massivem Erd- und Kellergeschoss. Besonders auffällig ist die hohe Anzahl von Scheunen im Stadtbild. Rundbogenkellertore weisen immer wieder auf die Weinbautradition des Ortes hin. Vom späten Mittelalter über bemerkenswerte Beispiele des 16. und 17. Jhs., z. B. am Marktplatz, bis zum frühen 19. Jh. reicht die Palette historischer Gebäude in Neudenau. Einen markanten Blickpunkt setzen die barocke Pfarrkirche St. Laurentius mit ihrem gotischen Turm sowie der mächtige Bergfried des 13. Jhs. und der veränderte Palas der Burg im Stadtbild. Mit Neudenau ist eine typische kleine Burg- und Amtsstadt im Jagsttal vertreten. MH

1 *Im Herzen des Städtchens: das Rathaus mit Standerker am Marktplatz*
2 *Fachwerk am Marktplatz*
3 *Häuser auf der Stadtmauer*

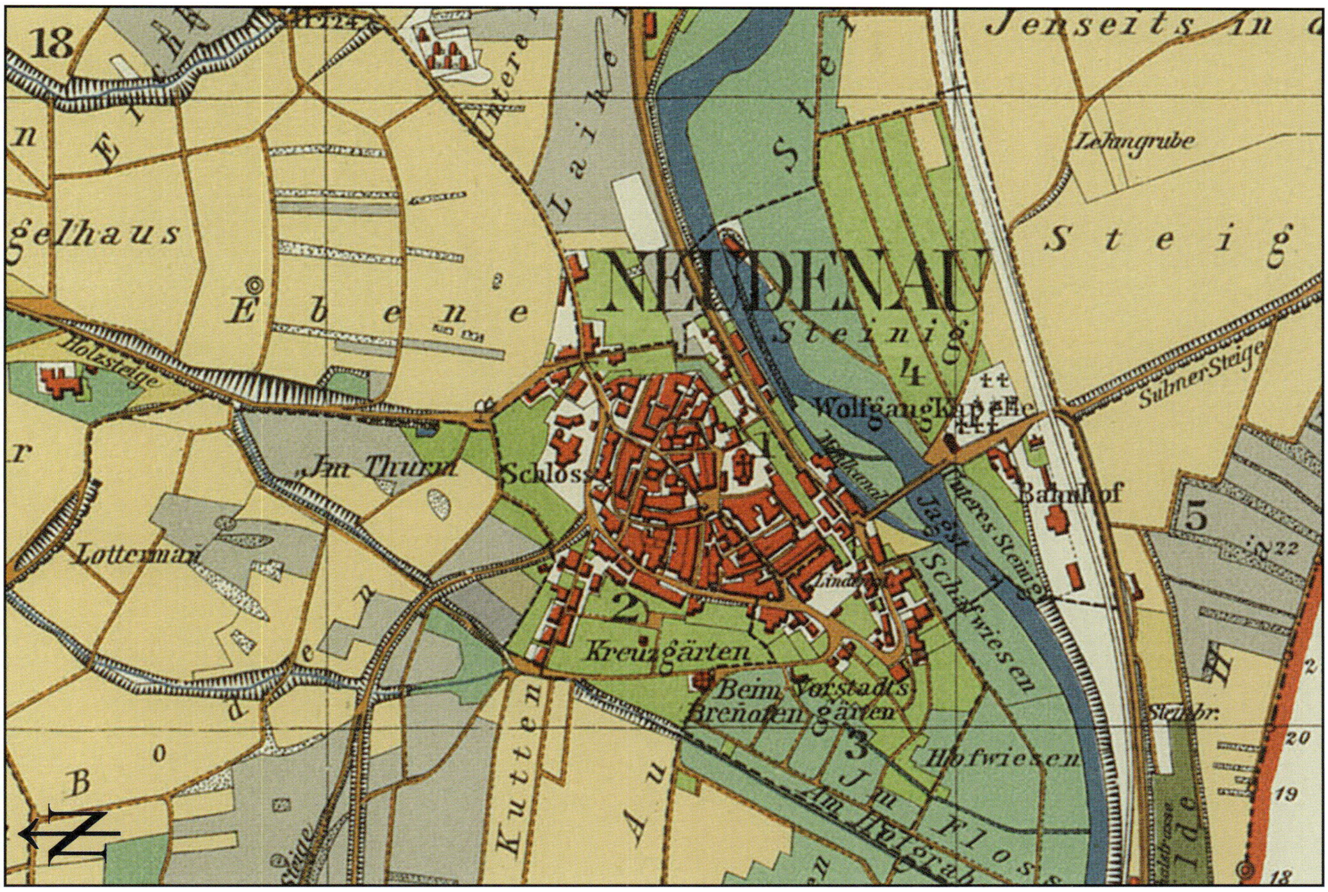

Ausschnitt aus dem badischen Gemarkungsatlas, Stand 2. Hälfte 19. Jh.

Luftbild von 2007

NEUENBÜRG
Enzkreis, Regierungsbezirk Karlsruhe

1 

Die Altstadt liegt unterhalb eines Umlaufberges, in einer tief in die umgebenden, bewaldeten Höhen des Buntsandsteins eingeschnittenen Schleife des Enztals. Sie steht in direktem topographischen Bezug zur repräsentativen Dreiflügelanlage des ausgebauten neuen Schlosses (1550) und zur etwas zurückliegenden Ruine des Vorgängerbaues, mit denen der landschaftsbeherrschende Bergsporn herrschaftlich besetzt ist. Auf halber Höhe zwischen Stadt und Schloss befindet sich an der steilen, gepflasterten Burgsteige auf dem terrassierten Friedhofgelände die heute St. Georgskirche genannte ehem. Marienkirche, mit ihrem wohl noch ins 13. Jh. zurückreichenden und im 16. Jh. in Fachwerk aufgestockten Turm und den bedeutenden Wandmalereizyklen des 14. Jhs.

3 

2 

Als Ansiedlung zu einer „neuen Burg“ wird Neuenbürg Ende des 13. Jhs. urkundlich als Stadt genannt, die bis zum Stadtbrand 1783 mit Zwinger- und Stadtmauer umwehrt war, von denen nur noch geringe Reste erhalten sind. Seit 1320 unter württembergischer Herrschaft und seit 1361 böhmisches Kronlehen, erhielt die Stadt 1431 Marktrechte. Eine selbstständige Pfarrei ist seit 1393 belegt. Bis 1939 war Neuenbürg zum Kreis Calw gehörige Oberamtsstadt, die seit der Kreisreform 1975 zum Enzkreis gehört.

Der Bereich um Neuenbürg ist ein altes Bergbaurevier. Die wirtschaftliche Existenz der Stadt gründete außerdem auf die Enztalflößerei und die Gerberei sowie die bis in vorgeschichtliche Zeit zurückreichende Eisenerzverhüttung, aus der 1803 eine bedeutende Sensenfabrik hervorging.

Das Bild der ehem. umwehrten Stadt ist im Wesentlichen durch den Wiederaufbau nach dem Stadtbrand 1783 und die damals im Stadtgrundriss vorgenommenen planerischen Ordnungsmaßnahmen geprägt. An der zum Marktplatz erweiterten mittigen Hauptstrasse dominieren die evangelische Kirche und das Rathaus das Ortsbild. Neben den vorwiegend verputzten Satteldachhäusern geben sich die wenigen Bauwerke mit Sichtfachwerk als vom Brand verschonte Vorgängerbebauung zu erkennen. ZL

1 Das Renaissanceschloss und die Georgskirche mit der dicht gedrängten Bebauung entlang der Enzschleife
2 Die Ruine des Alten Schlosses, das im 16./17. Jh. als Fruchtkasten diente
3 Marktplatz mit ev. Kirche

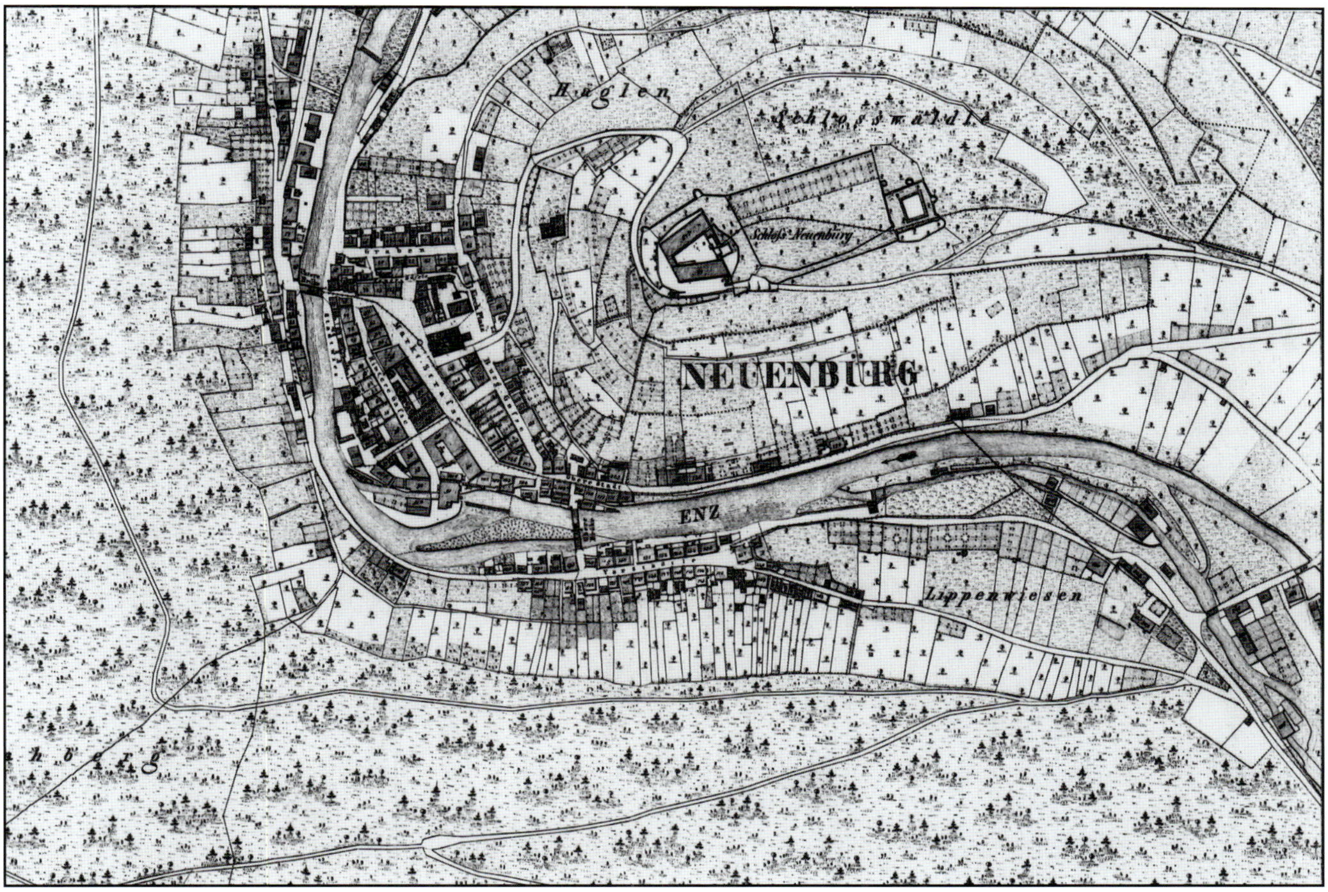

Ausschnitt aus der württembergischen Flurkarte, Stand 1836

Luftbild von 2007

Neuenstein
Hohenlohekreis, Regierungsbezirk Stuttgart

1

Neuenstein befindet sich in der den Waldenburger Bergen vorgelagerten Ebene. Der Stadtbereich selbst liegt leicht erhöht am Zusammenfluss zweier kleinerer Bäche. Ursprung der Siedlung war eine Niederungs- bzw. Wasserburg der Zeit um 1200. In der späteren Geschichte des Ortes spielte das Haus Hohenlohe eine dominante Rolle. Besonders zwei Vertreter dieses Adelshauses haben Geschichte in Neuenstein geschrieben: Kraft III. von Hohenlohe brachte um die Mitte des 14. Jhs. mit der Stadtgründung Bewegung in die Siedlungsgeschichte, Lud-

2

wig Casimir ließ 1553/55 der Stadt die Funktion einer Residenz (bis 1698) seiner Teillinie zukommen.

Die mittelalterliche Wasserburg, dominierender Teil der Stadtanlage im Westen, wurde nach damaligen Vorstellungen zum Renaissanceschloss ausge-

3

baut. Östlich an das Schloss lagert sich die Stadtkirche an, 1609–1611 von Georg Kern erbaut, der auch andernorts im Stadtbild seine architektonischen Spuren hinterließ. Daran schließt die bürgerliche Stadt an, die in der Grundform ein Oval beschreibt. Die Schlossstraße ist die wichtigste Achse in West-Ost-Richtung. Mit der nördlich liegenden Hinteren Straße wird in der Stadtmitte ein weiteres kleineres Oval beschrieben. Dieser Binnenbereich wurde 1885 von einem Großbrand und nochmals 1984 von einer großflächigen Sanierung verändert.

Entlang der Hauptstraßen sowie der kleinen abzweigenden Nebengassen (oft Sackgassen) hat sich jedoch eine hochwertige historische Bausubstanz erhalten. Viele Gebäude stammen noch aus dem 16. und 17. Jh., in einzelnen Beispielen wie dem so genannten Spital sogar im Kern aus dem 15. Jh. Auffallend ist die hohe Anzahl von stattlichen Steinfassaden mit Architekturgliederungen aus dem örtlich anstehenden Sandstein. In sehr gutem Überlieferungszustand ist auch die nahezu ringsum erhaltene Stadtmauer mit ihren vorgelagerten Zwinger- und Grabenbereichen sowie dem Bürgerturm, ebenfalls ein Werk des Baumeisters Kern. Vor dem ehemaligen oberen Tor hat sich in der Mitte des 16. Jhs. mit dem Ausbau zur Residenz das kleine Städtchen in einer Vorstadt erweitert.

4

Die repräsentativen, oft von den Hohenlohern initiierten Bauten sowie die zahlreichen bescheideneren Wohnhäuser mit ihren Scheunen zeigen die zwei Gesichter dieser authentisch erhaltenen hohenlohischen Ackerbürger- und Residenzstadt. MH

1 Das so genannte Spital auf der Stadtmauer
2 Hohenlohisches Schloss im Südwesten
3 Rathaus an der zentralen Achse des Städtchens
4 So genannter Fräuleinsbau oder Schnecke, von Georg Kern erbautes Zeug- und Wohnhaus der herrschaftlichen Bediensteten

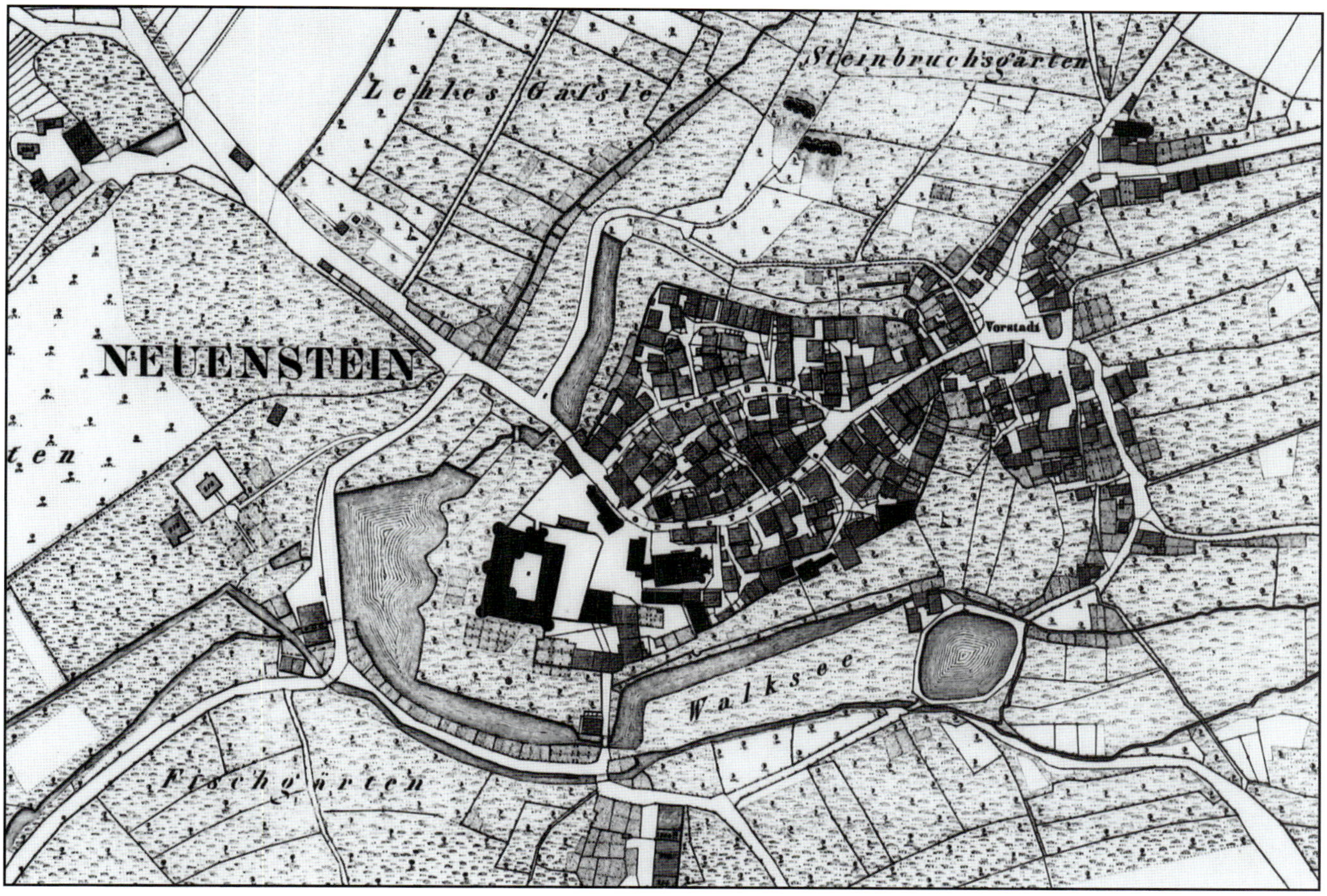

Ausschnitt aus der württembergischen Flurkarte, Stand 1834

Luftbild von 2007

Niedernhall
Hohenlohekreis, Regierungsbezirk Stuttgart

Niedernhall liegt im Kochertal und füllt beinahe dessen ebenen Talboden ganz aus. Schon im Ortsnamen klingt die Salzgewinnung als wichtiger Wirtschaftszweig an. Neben Schwäbisch Hall wurde Niedernhall 1037 erstmals urkundlich benannt. Als Stadtherren fungierten teilweise die Hohenloher, teilweise das Kloster Schöntal, später auch Kurmainz. Der Mainzer Erzbischof betrieb auch die Stadterhebung, die 1356 von Kaiser Karl IV. bestätigt wurde. In der Folge blieb die Stadt in weltlicher und geistlicher Hand. Baulicher Ausdruck dieser gemeinsamen Herrschaft ist u. a. auch das Vorhandensein zweier unterschiedlicher Keltern (der Schöntalischen Kelter des 18. Jhs. und der Hohenlohischen Kelter des 17. Jhs.), denn der Weinbau auf den umgebenden Hängen war neben der Salzsiede ein Haupterwerbszweig der Stadt.

Der historische Stadtkern ist fast quadratisch, wobei die großenteils erhaltene mittelalterliche Stadtmauer noch mehr Regelmäßigkeit besitzt als das Straßensystem im Inneren. Über weite Strecken ist die Mauer mit dem Salztor, dem Malefiz- und dem Säuturm erhalten bzw. wurde ab den 1960er Jahren schrittweise rekonstruiert. Besonders eindrucksvoll ist die ehemalige Stadtumwehrung an ihrer unverbauten Südseite, an der Krautgärten vorgelagert sind und eine selten gut überlieferte historische Stadtansicht ausgebildet wird. Einen Beitrag dazu liefern auch die vielfach an die Mauer heran gebauten historischen Wohn- und Wirtschaftsbauten mit ihrer Dachlandschaft, auch die der Stadtsanierungsphase der 1980er Jahre.

An der S-förmigen Mittelachse der Stadt, der Hauptstraße, reihen sich repräsentative Wohnhäuser, meist Fachwerkbauten des 16. bis 19. Jhs., in giebel- und traufständiger Stellung auf. Zur Hauptstraße verlaufen annähernd parallel weitere Gassen mit eher ackerbürgerlicher Bebauung, so dass sich insgesamt ein relativ regelmäßiges Straßennetz als Zeugnis einer geplanten Stadtanlage des Mittelalters ergibt.

Innerhalb der Bebauung mit Wohnhäusern, aber auch den ganz besonders zahlreich vorhandenen Scheunen des 16. bis 18. Jhs. ragen einzelne Bauten hervor: die beiden Keltern, die im Kern romanische Basilika der Stadtkirche und das stattliche dreigeschossige Rathaus von 1477 in der Flucht der Hauptstraße.

Mit der funktionalen und baulichen Differenzierung zeigt die Bebauung des Ortes noch anschaulich den Charakter einer kleinen Ackerbürgerstadt im städtereichen Kochertal.

Seit 1983 steht die Gesamtanlage unter Denkmalschutz. MH

1 Blick vom Kocher auf die Stadt
2 Die Krautgärten an der südlichen Stadtmauer
3 Fachwerkbauten an der Hauptstraße, darunter das mittelalterliche Rathaus
4 Eingang zum Hof der Schöntalischen Kelter

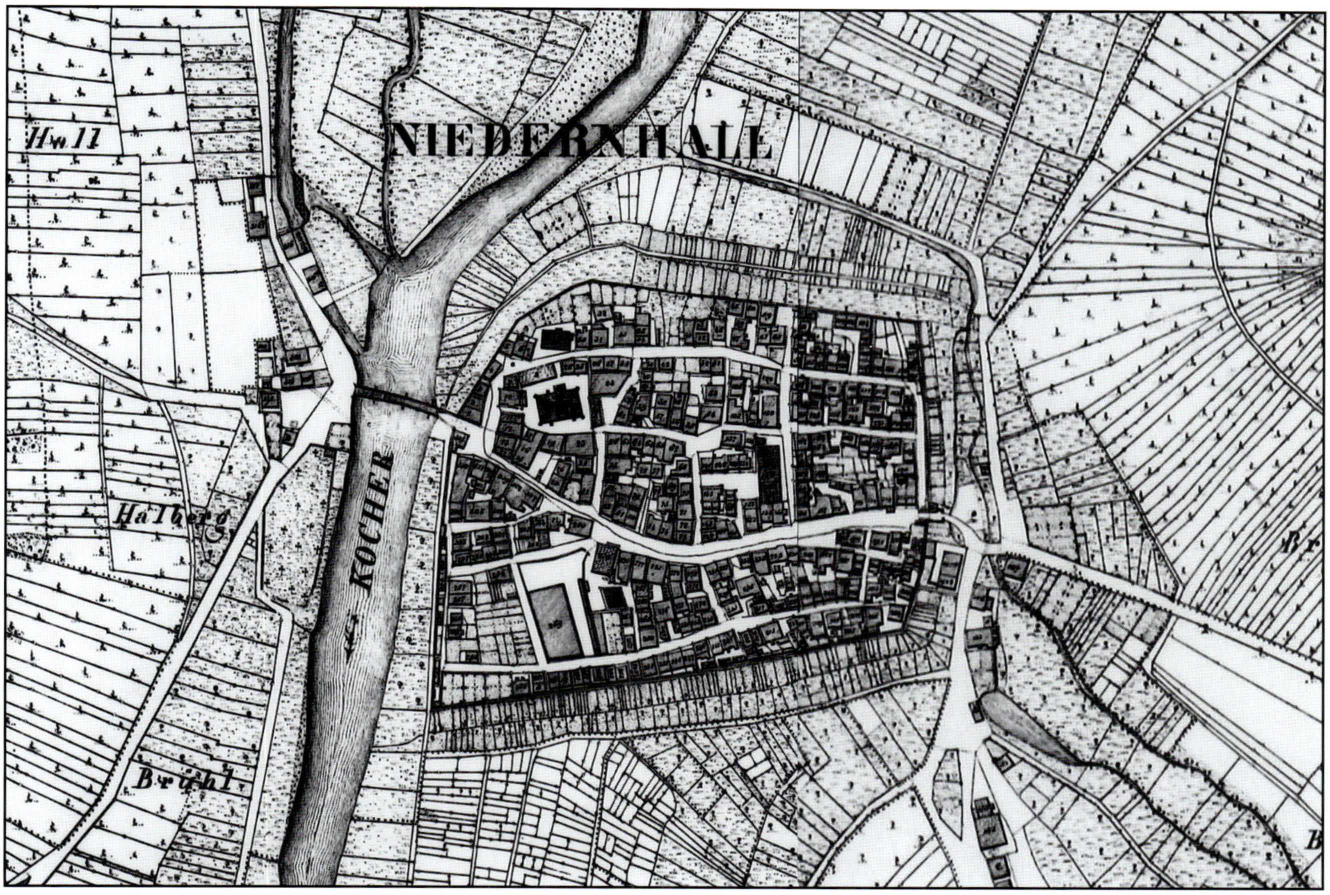

Ausschnitt aus der württembergischen Flurkarte, Stand 1833

Luftbild von 2007

Öhringen
Hohenlohekreis, Regierungsbezirk Stuttgart

Öhringen liegt in der Hohenloher Ebene, leicht erhöht nördlich des Flüsschens Ohrn, das in den Kocher mündet. Schon in römischer Zeit war diese Ebene besiedelt, als hier der Limes die Grenze des römischen Imperiums sicherte. Die mittelalterliche, nachrömische Geschichte beginnt mit einer Nennung im Jahr 1037. Bedeutung erlangte Öhringen besonders durch die hohenlohische Herrschaft, die von 1253 bis zur Mediatisierung 1806 andauerte.

In zwei das Stadtbild prägenden Bauten ist ihr Wirken in besonderem Maße verwirklicht: dem Stiftbezirk mit der spätgotischen Kirche, die zahlreiche berühmte Grabdenkmäler des Herrschergeschlechtes birgt, und im unmittelbar benachbarten Schloss, das 1610–1616 als Witwensitz erbaut und im 18. Jh. mehrfach umgebaut wurde. Im Halbrund des Marktplatzes (ehemaliger Friedhof), der ursprünglich von Chorherrenhäusern umgeben war, ist der alte Kirchenbezirk im Stadtgrundriss noch deutlich ablesbar. Die anschließende bürgerliche Stadt gliedert sich deutlich in drei Teile: der relativ planmäßigen, von einem Straßengitter durchzogenen und eng bebauten Stadt im Westen von Stift und Schloss, der südlich jenseits der Ohrn liegenden „Altstadt" als Vorgängersiedlung mit dem 1353 gegründeten Spital als Zentrum sowie der städtebaulichen Meisterleistung des 18. Jhs., der linear angelegten Karlsvorstadt im Osten, die das Thema Stadterweiterung im Barock auf ganz besonders eindrucksvolle Weise darstellt. Der Schlossgarten im Südosten ist die bedeutendste Freifläche der Stadt und bestimmt in hohem Maße das Stadtbild. In diesem Bereich zur Flussaue haben sich auch größere Teile der Stadtbefestigung des 13. Jhs. erhalten.

Zahlreiche Beispiele von Wohn- und Wirtschaftsbauten, vom 15. bis zum 18. Jh., sind in der Stadt überliefert, vom mittelalterlichen Fachwerkbau bis zu barocken Massivbauten, von einfachen Handwerkerhäusern bis zu prachtvollen Palais. In der besonderen Dichte und Qualität der historischen Bausubstanz aller Epochen ist ein Merkmal der ehemaligen hohenlohischen Residenzstadt Öhringen verankert. Sowohl mittelalterliche Stadtgestalt als auch zahlreiche Umgestaltungen in der frühen Neuzeit mit der Karlsvorstadt als städtebaulichem Höhenpunkt prägen Öhringen als vielschichtigen historischen Stadtkern von großer Bedeutung. MH

1 Ehemaliges Spital und Stadtmauer in der Altstadt
2 Stiftskirche und hohenlohisches Schloss am Marktplatz
3 Blick auf das alte Rathaus von 1504
4 Barocke Karlsvorstadt

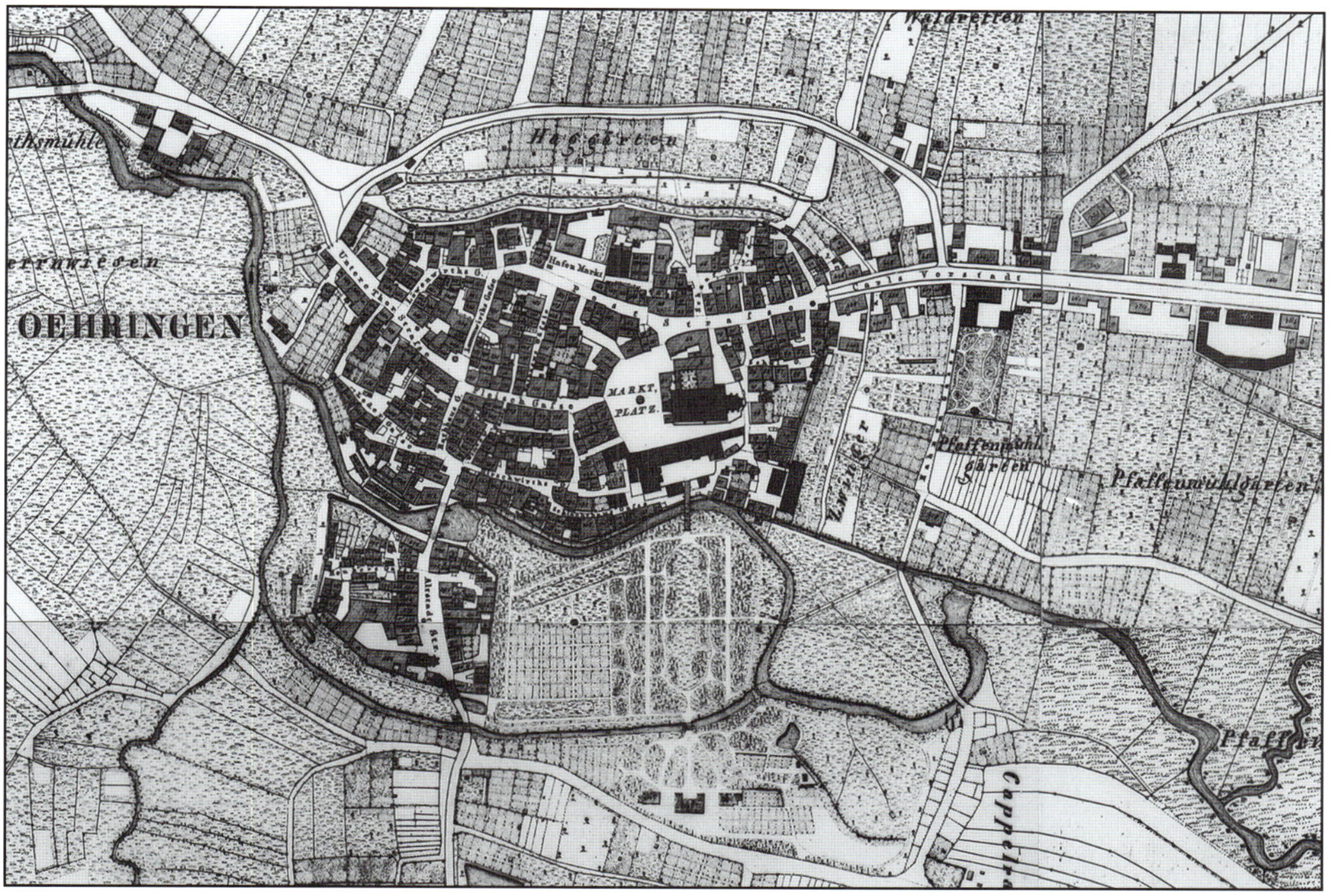

Ausschnitt aus der württembergischen Flurkarte, Stand 1833

Luftbild von 2007

PFULLENDORF

Landkreis Sigmaringen, Regierungsbezirk Tübingen

Die Stadt Pfullendorf liegt im oberen Linzgau zentral zwischen der Schwäbischen Alb und dem Bodensee an einem terrassierten Südhang zwischen Kehl- und Andelsbach.

Die Pfarrhofgasse, Rossmarktgasse und die Gasse An der Mauer zeichnen einen nahezu kreisrunden Stadtgrundriss, welcher von der von Nordost nach Südwest verlaufenden, leicht geschwungenen Hauptstraße sowie der dazu parallel verlaufenden Alten Postgasse durchschnitten wird. Am südwestlichen Ende der Hauptstraße bildet sich der vom Rathaus dominierte Marktplatz aus.

Im 12. Jh. entwickelte sich in Anlehnung an die Burg der Linzgaugrafen der Marktflecken Pfullendorf, der zusammen mit der Burg des Grafen Rudolf von Pfullendorf um 1180 an die Staufer überging. Unter Kaiser Friedrich II. wurde der Marktflecken ummauert und 1220 zur Stadt erhoben. 1803 kam die Stadt Pfullendorf schließlich an Baden. Von der einstigen Stadtbefestigung überliefert das Obere Tor, eine mächtige Doppeltoranlage, ein besonders eindrucksvolles Zeugnis. Darüber hinaus sind noch vereinzelte Reste des ehem. Stadtmauerringes mit Teilen des Wehrganges überliefert.

Für die historische Stadtgestalt ist die kath. Stadtpfarrkirche St. Jakob von Bedeutung. Sie wurde auf einem steilen Molassehang anstelle der ehem. Burgkapelle erbaut und vermutlich Anfang des 14. Jh. vergrößert. Daneben prägen das Rathaus (1524), der stattliche Bau des ehem. Dominikanerinnenklosters (1250, Neubau 1731) sowie etliche bürgerliche Wohnbauten das Stadtbild Pfullendorfs. Erwähnenswert ist hier das Ensemble der beiden Fachwerkwohnbauten des 14. Jhs. im Nordwesten der Altstadt, welche in ihrer Art zu den ältesten bürgerlichen Wohnbauten Südwestdeutschlands zählen. Am nördlichen Rand des historischen Stadtgefüges dominiert an höchster Stelle über der Stadt das Obere Tor (13. Jh., Vortor 1505) zusammen mit dem östlich davon gelegenen, gewaltigen Baukomplex des ehem. Salmannweilerschen Pfleghofes (um 1250, Umbau 1842–1848).

Innerhalb der terrassierten Hanglage der historisch gut überlieferten Altstadt Pfullendorfs prägen die überwiegend giebelständigen Gebäude das Erscheinungsbild. Charakteristisch für das historische Stadtgefüge sind die vielen fachwerksichtigen Bürger- und Handwerkerhäuser entlang der innerstädtischen Hauptachsen. MN

1 Hauptstraße mit giebelständigen Fachwerkhäusern
2 Blick in die Metzgergasse
3 Das Obere Tor, Bestandteil der ehemaligen Stadtbefestigung
4 Der Marktplatz mit dem Rathaus

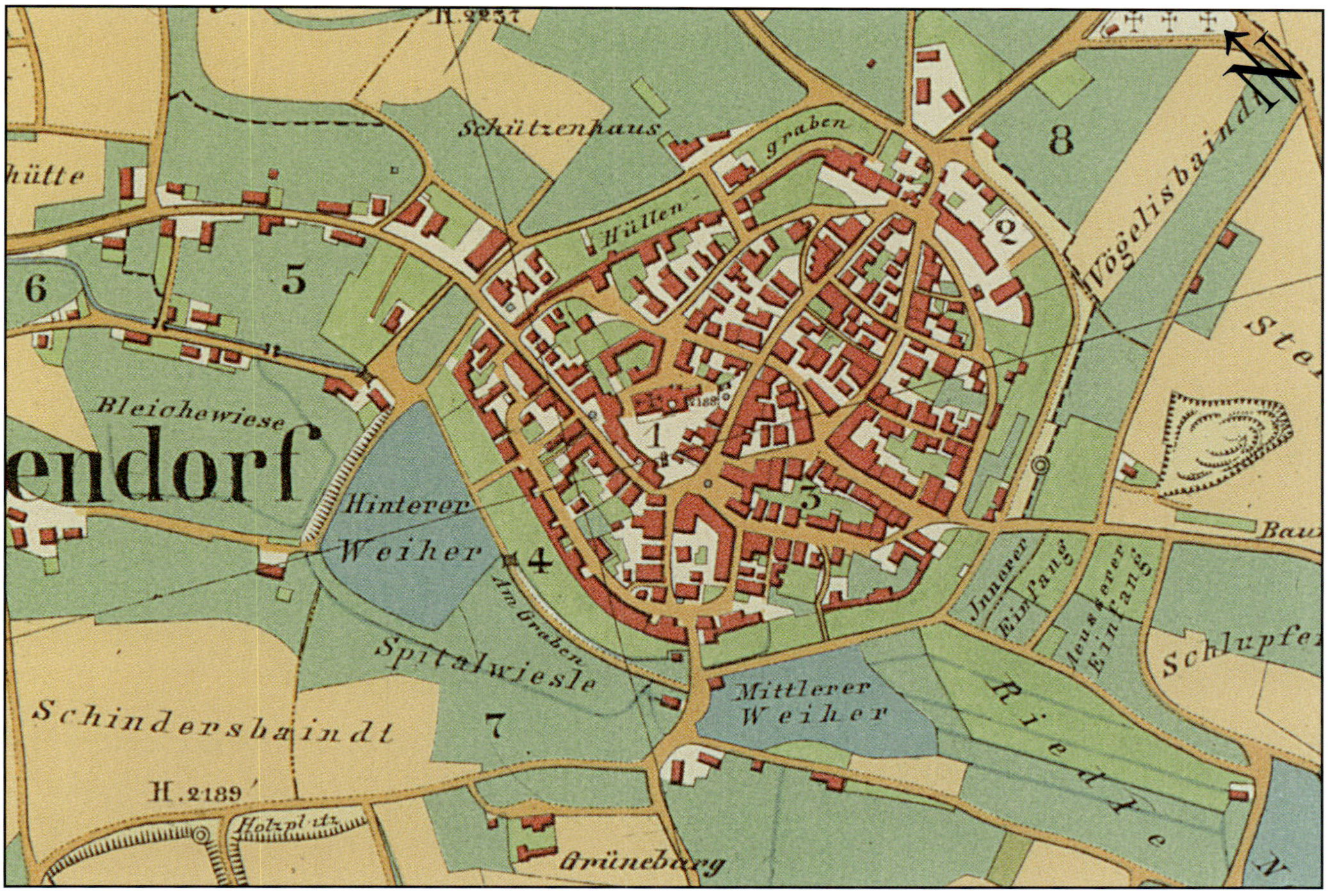

Ausschnitt aus dem badischen Gemarkungsatlas, Stand 1862

Luftbild von 2007

Radolfzell am Bodensee
Landkreis Konstanz, Regierungsbezirk Freiburg

1

Die Altstadt von Radolfzell liegt auf einem Endmoränenschotterhügel am Nordufer des westlichen Bodensees (Untersee) und erstreckt sich entlang des abfallenden Geländes bis an das Seeufer. 826 ließ Bischof Ratold von Verona bei einem Kehlhof des nahe gelegenen Klosters Reichenau eine "Zelle" errichten, aus der sich ein Chorherrenstift entwickelte. Daneben entstand ein 1100 privilegierter, umwallter Handelsplatz des Klosters Reichenau, in den Stift und Kirche – die spätere Pfarrkirche – einbezogen wurden. 1267 erhielt dieser Marktort Stadtrechte.

Ab 1298 begann Habsburg die Stadt in seinen Besitz zu bringen. 1415–55 war Radolfzell Reichsstadt, danach wieder unter österreichischer Herrschaft. Die Stadt prosperierte aufgrund der verkehrsgünstigen Lage und ihres Seehafens als Umschlagplatz von Korn, Salz und Wein zwischen dem Hegau und der Schweiz. Folglich bauten Adel und Klöster vom Spätmittelalter bis ins 18. Jh. Niederlassungen in der Stadt, die Hegauritter tagten ab 1609 in einem zum Ritterschaftshaus ausgebauten Adelssitz. 1618–21 wurde mit dem Bau des sog. Österreichischen Schlösschens am Marktplatz begonnen. 1806 kam Radolfzell an Württemberg, 1810 an Baden. Seit dem Bau der Bahnlinie 1863 trennte der Schienenverkehr die Altstadt vom Seeufer.

Die Stadtanlage wurde entlang von drei Straßen ausgebaut, die um den Marktbereich und den seit dem 14. Jh. westlich davon entstandenen Spitalkomplex geführt wurden. Der Kehlhof, später Burg- und Ammannsitz, lag im Nordosten. Die Stadtmauer mit drei Toren folgte dem keilförmigen Stadtumriss.

Das spätgotische Münster am Marktplatz steht erhöht am Rande des Schotterkegels und hat vom See her eine landschaftsprägende Fernwirkung. Um den großen Platz gruppieren sich Chorherrenhäuser und der repräsentative Spätrenaissancebau des Österreichischen Schlösschens. Von Süden, vom Hafen und ehem. Seetor kommend, quert die breite Seetorstraße die Stadtanlage. Hier stehen, dem Westportal des Münsters gegenüber, das Rathaus im spätklassizistischen Rundbogenstil, das Ritterschaftshaus und die Stadtapotheke von 1688/89 (heute Stadtmuseum). Im ehem. Burgbezirk ist ein hochmittelalterliches Stein-Turmhaus erhalten. Die zwei- oder dreigeschossigen Bürgerhäuser des 15. bis 18. Jhs. sind traufständig, in geschlossener Bauweise, meist massiv aus Seewacken, nur manchmal aus Fachwerk errichtet. Dazwischen liegen herrschaftliche Höfe, so der Hof der Fürstenberger mit steinernem Getreidespeicher in der Höllstraße. Die Stadtmauer ist im Norden und Süden abschnittsweise in Hausrückseiten überliefert, im Osten blieb sie mit Obertor, Türmen und Graben (seit 1924 Stadtgarten) zusammenhängend erhalten. Hier ist die Außenansicht der historischen Altstadt besonders anschaulich überliefert.

Seit 1992 steht die Gesamtanlage unter Denkmalschutz. ER, PW

2

3

1 Blick von der Höri über den Zeller See
2 Münster und Österreichisches Schlösschen
3 Seetorstraße mit der ehem. Stadtapotheke (heute Stadtmuseum)

Ausschnitt aus dem badischen Gemarkungsatlas, Stand 1875

Luftbild von 2007

Rastatt

Landkreis Rastatt, Regierungsbezirk Karlsruhe

1

Rastatt wurde um 1084 als „Rasteten" erstmals urkundlich erwähnt. Seit 1404 Marktflecken, hatte der Ort den Dreißigjährigen Krieg glimpflich überstanden, wurde dann aber 1689 durch französische Soldaten zerstört. Bevor Markgraf Ludwig Wilhelm 1705 seine Residenz von Baden-Baden hierher verlegte, hatte Rastatt die Stadtrechte bekommen. Mit eindrucksvoller Geschwindigkeit wurde der grandiose Schlossbau auf dem trockenen Hochgestade über der Murg vorangetrieben, der den Stadtgrundriss bis heute beherrscht. Nach Aussterben der katholischen Linie kam Rastatt 1771 an die Markgrafen von Baden-Durlach, die in Karlsruhe residierten. Ab 1842 zu einer der vier Festungen des Deutschen Bundes gegen Frankreich ausgebaut, wurde es bereits 1890 und nach 1919 wieder entfestigt. Seit 1971 ist Rastatt Sitz des gleichnamigen Landkreises.

Als der Schlossarchitekt Domenico Egidio Rossi begann auch das alte Rasteten neu zu planen, war nach dem Dreißigjährigen Krieg noch ein beträchtlicher Häuserbestand vorhanden. Der rigorose Neubau von Modellhäusern auf nunmehr streng geometrischem Grundriss wurde den zunächst siedlungsunwilligen Untertanen mit Bauholz und Steuerfreiheit versüßt. Dennoch haben die damals erlassenen Bauvorschriften bis weit in das 19. Jh. gewirkt. Trotz aller späteren Veränderungen, die vor allem nach dem Zweiten Weltkrieg eintraten, prägt der barocke Formwille bis heute das Gesicht der Stadt. Ein Rundgang durch die barocken Straßen zeigt, dass gerade nicht das Einzelgebäude, sondern die Folge der gleichmäßigen, obschon in Einzelheiten unterschiedlichen zweistöckigen Traufenhäuser die schützenswerte historische Bebauung Rastatts ausmacht. Seit 1979 versucht die Stadt, mit einer Gestaltungssatzung Bauentwicklung in der barocken Stadtanlage zu steuern. Während viele der einheitlich zweistöckigen Modellhäuser erhalten werden konnten, war die Absicht, durch einheitliches Aufstocken der Platzwände in der breiten Kaiserstraße eine neue, aber einheitliche Traufhöhe zu gewinnen, bisher noch kaum von Erfolg gekrönt. Durch Sanierungsprogramme in den ehemaligen Vorstädten, in denen sich für die Stadtanlage ebenso wertvolle, aber einfachere, gelegentlich sogar noch eingeschossige Gebäude befinden, erreichte man sehr unterschiedliche Ergebnisse. Während das „Dörfel" aufgewertet werden konnte, wurde die Augustavorstadt im Westen fast vollständig neu gebaut. CM

2

4

3

1 Schloss und Schlosshof (1699–1707)
2 Kaiserstraße mit Rathaus und Alexiusbrunnen
3 Stadtpfarrkirche St. Alexander (1756–1764), davor Nepomuk-Brunnen (um 1730)
4 Kaiserstraße mit Bernhardusbrunnen (1776)

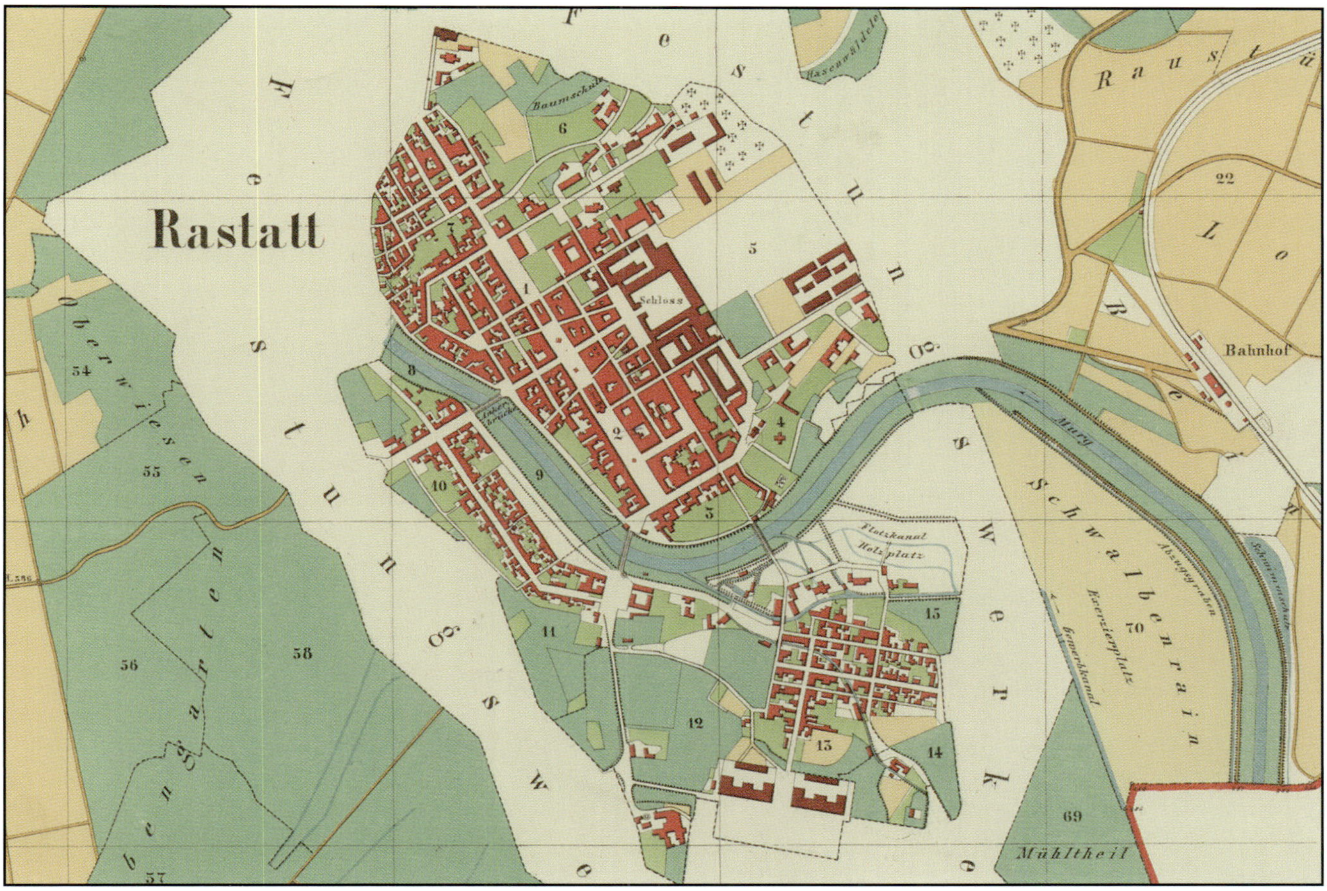

Ausschnitt aus dem badischen Gemarkungsatlas, Stand 2. Hälfte 19. Jh.

Luftbild von 2007

Ravensburg
Landkreis Ravensburg, Regierungsbezirk Tübingen

1

Die Altstadt von Ravensburg liegt an der Ostseite eines weiten Talbeckens der Schussen. Im Südosten dominiert der bewaldete Veitsberg das Stadtbild.

Der im Umriss annähernd glockenförmige mittelalterliche Stadtkern wird durch den S-förmig geschwungenen, straßenähnlichen Marienplatz in Nord-Süd-Richtung geteilt. Östlich liegt die Oberstadt mit dem ältesten Teil der Besiedlung im Bereich der Marktstraße und der parallel dazu verlaufenden Herrenstraße. Im Westteil befindet sich die jüngere Unterstadt mit der breit gelagerten Bachstraße und dem nördlich daran gelegenen, regelmäßigen Straßenraster mit nahezu geschlossenen Blockrandbebauungen.

Ravensburg entstand unterhalb einer 1088 erstmals erwähnten welfischen Herzogsburg, der heutigen Veitsburg. Hier gründeten die Welfen am Kreuzungspunkt wichtiger Handelswege einen Marktflecken, der schon im 12. Jh. unter staufischer Herrschaft das Stadtrecht und 1276 den Rang einer freien Reichsstadt erhielt. Als Siedlungskern wird der östliche Teil der Marktstraße direkt unterhalb der Veitsburg angesehen. Nördlich davon bildete sich die erste Stadterweiterung entlang der Herrenstraße. Ab dem 13. Jh. entwickelte sich schließlich die Unterstadt in westliche Richtung. Die Stadt kam 1810 an Württemberg.

2

Dominierend sind die erhaltenen hohen Tore und Türme der Stadtmauer. An erster Stelle der alles überragende sog. Mehlsack, ein Rundturm von 50 m Höhe unterhalb des Veitsberges, sowie der nordöstlich davon stehende Schellenberger Turm, des weiteren die großen Stadttore (Ober-, Unter- und Frauentor) sowie die Ecktürme der Unterstadt (Grüner Turm, Gemalter Turm, Spitalturm). Zusammen mit den Kirchtürmen bestimmt diese Vielzahl und Eigenart der Turmbauten die Silhouette Ravensburg in besonderem Maße. Daneben prägen etliche Großbauten, welche sich zumeist um den Bereich des Marienplatzes konzentrieren, das Stadtbild. Besonders erwähnenswert sind hier das Waaghaus (1498) mit dem hochragenden Blaserturm, das Rathaus (15. Jh., Umbau 1876), das ehem. Kornhaus (14. Jh., 15./16. Jh. erneuert) oder auch die ehem. Brotlaube (1625).

3

4

Bemerkenswert sind die breiten Straßen und Gassen, welche sich im Bereich der Oberstadt häufig zu kleinen Straßenplätzen mit stattlichen Häusern aufweiten. Auffallend ist ebenso die durchgängig zu beobachtende Traufstellung der Häuser. Giebelstellungen sind hier zumeist nur an Straßen- und Platzecken anzutreffen. MN

1 Marienplatz mit Waaghaus und Rathaus
2 Häuser entlang der Marktstraße
3 Kirchstraße mit dem Frauentor
4 Marienplatz und Lederhaus

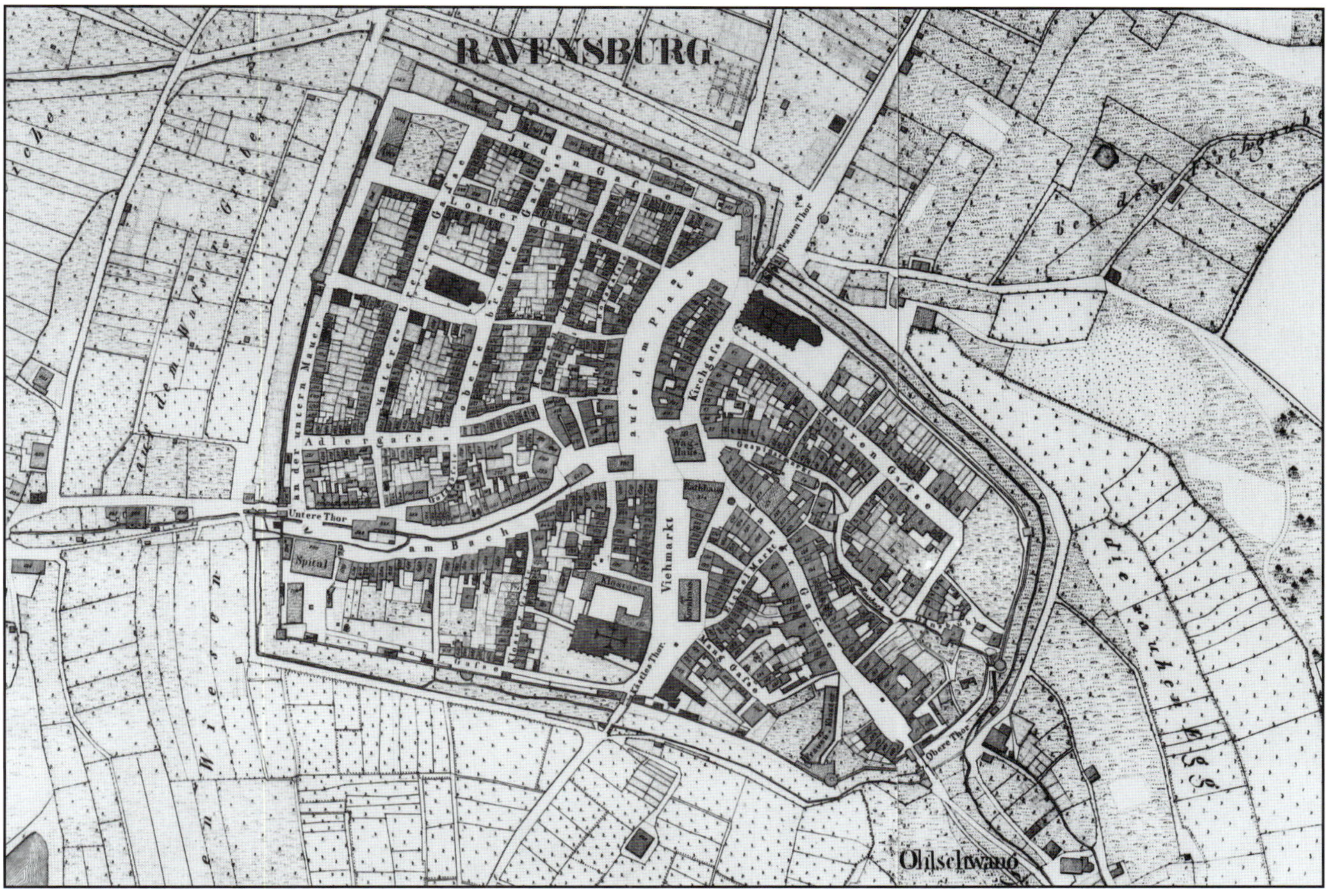

Ausschnitt aus der württembergischen Flurkarte, Stand 1825

Luftbild von 2007

Riedlingen
Landkreis Biberach, Regierungsbezirk Tübingen

1

Eine Ansieldung an der Donaufurt wird 835 als „Hruodininga“ erstmals urkundlich erwähnt. Oberhalb dieses Weihers gründeten in der Mitte des 13. Jhs. die Grafen von Veringen eine ummauerte Stadt, die einen annähernd rechteckigen Grundriss besaß. Nach dem Übergang an das Haus Habsburg bekam Riedlingen im frühen 14. Jh. eine neue Stadtbefestigung, die nun auch zwei Siedlungen unterhalb der Gründungsstadt am Donauufer umschloss: den ältere Weiler sowie die inzwischen entlang der Verkehrsstraße entstandene Bebauung. Als eine der fünf Donaustädte gehörte Riedlingen zu Vorderösterreich bis in das frühe 19. Jh.; eine Ausweitung des befestigten Stadtgebietes fand nicht mehr statt.

Noch heute ist im Stadtgrundriss der ehemalige Weiler im Westen deutlich von der Gründungsstadt des 13. Jhs. zu unterscheiden. Seine unregelmäßige Bebauung ist bezeichnend für solche allmählich gewachsene Ansiedlungen. Hier stehen, von einigen Ausnahmen an der Durchgangsstraße abgesehen, überwiegend Handwerker- und Ackerbürgerhäuser.

Die planmäßig angelegte Gründungsstadt des 13. Jhs. besitzt die typi-

2

sche regelmäßige Struktur mit rechtwinklig zueinander verlaufenden Straßen. Der westliche Marktplatzbereich bildete einst das Zentrum. Der östliche entstand erst 1804, als nach einem Brand in diesem Stadtteil einige Häuser nicht wieder aufgebaut wurden. Die Hauptstraße ist flankiert von stattlichen, überwiegend giebelständigen Bürger- und Patrizierhäusern, Klosterhöfen, Gasthäusern und städtischen Gebäuden, die bedeutendsten massiv errichtet, sonst überwiegend Fachwerkhäuser mit zum Teil sehr schönem Zierfachwerk. In den Gassen dahinter stehen die zugehörigen Ökonomiegebäude und die bescheideneren Ackerbürgerhäuser.

Das Siedlungsbild wird im Nordosten durch die geostete und damit das Rasterschema unterbrechende kath. Pfarrkirche St. Georg bestimmt. Heute noch weist der Name Pfaffengasse auf die nahe gelegenen Kaplanei- und Pfründhäuser hin. Der Kirche gegenüber steht das stattlichste Profangebäude der Stadt, das ehem. Kauf- und Kornhaus, heute Rathaus. Ein markantes Gebäude in der Westecke der Gründungsstadt ist das Spital.

Von der im 15. Jh. noch einmal verbesserten Stadtbefestigung haben sich bemerkenswerte Teile erhalten: Im Nordwesten existiert die Mauer teilweise noch in voller Höhe mit Wehrgang, kleinen Rundtürmen und Graben. Der schlanke runde „Zellemeesturm“ markiert den östlichsten Punkt der Stadt. Die Hauptansichtsseite Riedlingens von der Donau her lässt erkennen, dass sich hier die Stadtmauer noch in den Häuserfronten verbirgt.

Die Stadt Riedlingen hat in beispielhafter Weise ihr historisches Stadtbild erhalten. Die wirkungsvolle Höhenlage über der Donau, historische Ortsstrukturen, enge Gassen im Wechsel mit wei-

3

ten Platzräumen, größtenteils noch mittelalterliche Bausubstanz und eine große Zahl von Einzelbaudenkmalen ergeben ein anspruchsvolles städtebauliches Gesamtbild.

Seit 1994 steht die Gesamtanlage unter Denkmalschutz. SKP

1 Die Stadtanlage von der Donauseite aus
2 Der Marktplatz
3 Die Lange Straße ist von zahlreichen giebelständigen Häusern gesäumt

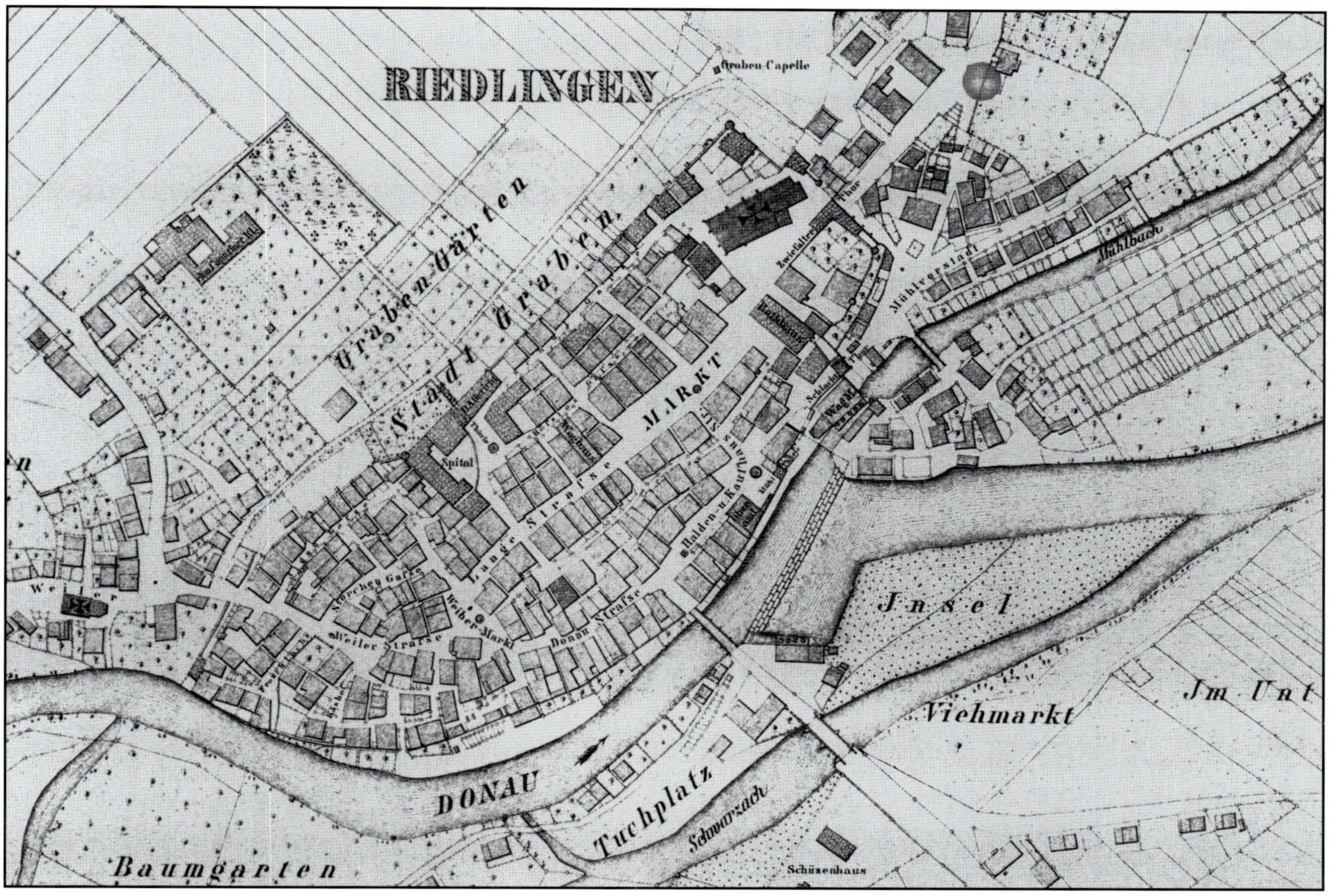

Ausschnitt aus der württembergischen Flurkarte, Stand 1865

Luftbild von 2007

Rosenfeld
Zollern-Alb-Kreis, Regierungsbezirk Tübingen

1

Rosenfeld befindet sich auf dem spitz zulaufenden Sporn zwischen dem Weingartenbachtal und dem Stunzachtal in einer „wirklich romantischen Lage" (Oberamtsbeschreibung). Vermutlich wurde die 1255 erstmals erwähnte Stadt um 1240 durch die Herzöge von Teck gegründet. 1317 erwarben die Grafen von Württemberg Stadt und Herrschaft Rosenfeld und errichteten hier den Sitz eines Vogtes. Rosenfeld diente bis 1808 als landesherrliche Amtsstadt und wurde später dem Oberamt Sulz einverleibt.

Gemäß der topographischen Situation ist Rosenfeld als dreieckige Anlage konzipiert, bei der die vom auslaufenden Sporn heraufkommende Straße als Hauptachse das Siedlungsareal mittig teilt. Bewehrt war die Stadt an allen drei Ecken, an der Ostspitze mit der mutmaßlichen alten Burg anstelle der heutigen Kirche, am Nordwesteck mit dem Steinhaus (Mömpelgasse 5) und am Nordwesteck mit der 1908 abgebrannten neueren Burg. Das ursprüngliche Gründungsareal endet auf der Westseite mit der Schlossstraße und der Frauenberggasse, doch wurde die Stadt wohl noch im Mittelalter nach Westen erweitert. Die 1290 fertig gestellte Stadtmauer wurde um 1600 durch einen zweiten Mauerring ergänzt und besaß zwei Stadttore mit hohen Türmen. Spätestens im 16. Jh. wurde der ursprünglich das ganze nordwestliche Stadtviertel einnehmende Marktplatz bebaut, unter anderem mit den beiden

2

noch bestehenden Rathäusern und dem stadtbildprägenden Fruchtkasten. Vorstädte entwickelten sich in der Neuzeit unterhalb der Spornspitze und westlich des ehemaligen Halsgrabens.

Nach älteren Darstellungen beherrschten einst dreigeschossige, giebelständige Stadthäuser das Stadtbild. Im Rahmen der Wiederaufbauten nach den großen Bränden von 1868, 1890 und 1908 wurde der im 18./19. Jh. erfolgten „Verbäuerlichung" Rosenfelds Rechnung getragen, indem nun vor allem Ackerbürgerhäuser errichtet wurden. Zudem wurde der mittelalterliche Stadtgrundriss durch eine strenge Ausrichtung der Baulinien weiter schematisiert. Mit der Iselinstraße und ihrer nördlichen Fortsetzung hatte man eine vorher nicht vorhandene Querachse geschaffen und an der Kreuzung mit der Hauptachse den Marktplatz neu positioniert. Abgesehen von den von den Bränden weitgehend verschonten öffentlichen Gebäuden wird das Straßenbild Rosenfelds von traufständigen, zweigeschossigen Häusern aus der Zeit nach 1868 dominiert. Während in der Balinger Straße hauptsächlich reine

3

Wohnhäuser stehen, verweisen die typologisch als bäuerliche Einhäuser zu bezeichnenden Anwesen in den Seitengassen auf die ackerbürgerliche Vergangenheit. Im Gegensatz dazu ist der neu gestaltete Marktplatz durch besonders hohe, breit angelegte und giebelständige Wohnhäuser betont. WT

4

1 *Rosenfeld von Süden, markante Spornlage, festungsartiger Charakter, Kirchturm als städtebauliche Dominante*
2 *Balinger Straße, Leitlinie des dreiecksförmigen Plangrundrisses, v. a. vom Wiederaufbau nach 1868 geprägte Bebauung*
3 *Rathaus, ehem. Ober- bzw. Kameralamtsgebäude der württembergischen Landesherren, ab 1844 Stadthaus, frühes 16. Jh.*
4 *Ehem. Fruchtkasten, im Innern dreischiffige Halle, 1581 auf dem ursprünglich großen Marktplatz errichtet*

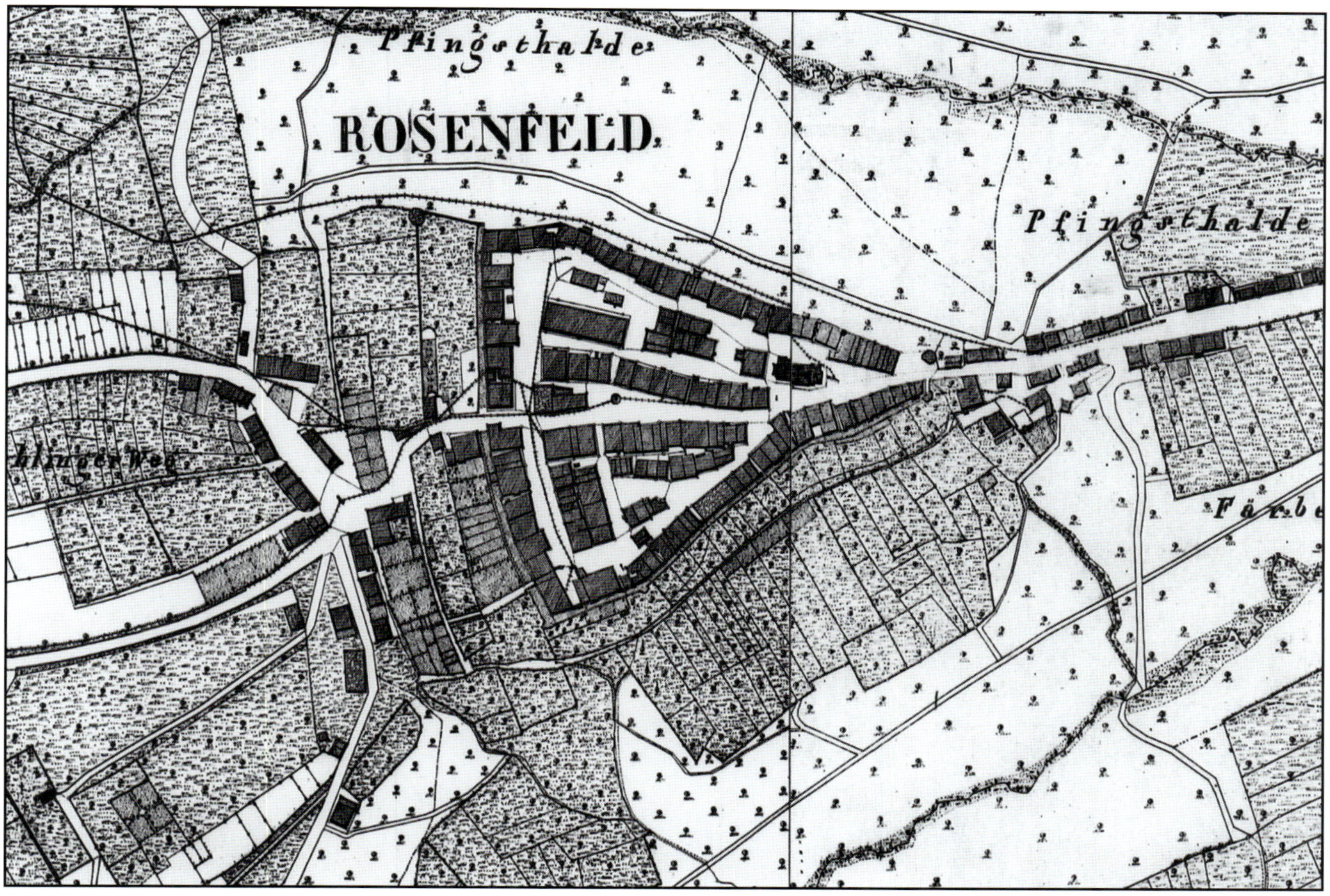

Ausschnitt aus der württembergischen Flurkarte, Stand 1838

Luftbild von 2007

Rottenburg am Neckar
Landkreis Tübingen, Regierungsbezirk Tübingen

1

Rottenburg erstreckt sich genau dort beidseits des Neckars, wo dieser aus dem von Rottweil kommenden engen Tal heraustritt und in die Tübinger Stufenrandbucht fließt. An dieser natürlichen Furtsituation hatten die Römer Sumelocenna angelegt und zum städtisch befestigten Verwaltungsmittelpunkt des gesamten mittleren Neckarlandes ausgebaut. Die antike Stadt verfiel nach Vertreibung der Römer durch die Alemannen, die stattdessen am rechten Neckarufer Ehingen und nordöstlich von Sumelocenna Sülchen anlegten. Für die heutige Stadtstruktur entscheidend war die Gründung der „neuen Stadt“ Rottenburg um 1280 durch Graf Albert II. von Hohenberg. Bis 1381 diente Rottenburg als Residenz der Grafen, 1381 mussten sie die Herrschaft an Herzog Leopold III. von Österreich verkaufen. Die vorderösterreichische Zeit dauerte bis zum Übergang an Württemberg im Jahr 1806.

Um 1280 hatte man die Stadt westlich des bestehenden Weilers Rottenburg planmäßig mit einem rippenförmigen Grundrisssystem angelegt, wobei die Königsstraße mit ihrem Markt die zentrale Achse bildet. Dieses Neugründungsareal ist durch die ein Oval bildenden Ringgassen bis heute fassbar geblieben. Zeitgleich hatte man rechts des Neckars Ehingen als zunächst eigenständige Stadt mit der Ehinger Straße als zentrale Achse schematisch strukturiert. Durch den Bau der 1317 ersterwähnten Neckarbrücke war die Erweiterung Rottenburgs nach Südwesten um die Spitalvorstadt erforderlich geworden. Schließlich bezog man bis Ende des 14. Jhs. den Weiler Rottenburg um die heutige Bahnhofstraße mit seinem haufendorfartigen Grundriss in das Befestigungssystem ein.

2

Bei den Brandkatastrophen von 1644, 1735 und 1786 wurde fast die gesamte mittelalterliche Bausubstanz vernichtet. Erhalten blieben die seit 1828 als Dom fungierende Kirche St. Martin und die Stiftskirche St. Moriz im Stadtteil Ehingen sowie die Befestigungsanlagen, nachvollziehbar im Westen mit dem Kalkweiler Tor und dem Schütteturm und im Osten und Norden mit dem Stadtgraben. Die Wiederaufbauten erfolgten zwar weitgehend auf mittelalterlichem Grundriss, doch trägt das Stadtbild seither

3

barocke Züge, wie vor allem die klösterlichen Pfleghöfe, die öffentlichen Gebäude und die Bebauung der Königstraße erkennen lassen. Als stadtbildbeherrschende Großbauten sind das

4

ehem. Karmeliterkloster am Neckarufer und das ehem. Jesuitenkolleg am Nordosteck der Altstadt zu nennen. In den Seitengassen ist dagegen der einst ackerbäuerliche Charakter in Form umgebauter Ställe und Scheunen noch ablesbar geblieben. Kellertore verweisen auf den ehemaligen Weinbau, zeilenförmige Dachgauben auf die Blütezeit des Hopfenbaues. MN

1 Der Marktplatz von Rottenburg
2 Bereich der ehemaligen Stadtbefestigung, heute Grüngürtel
3 Amannhof
4 Priesterseminar von der Neckarseite aus

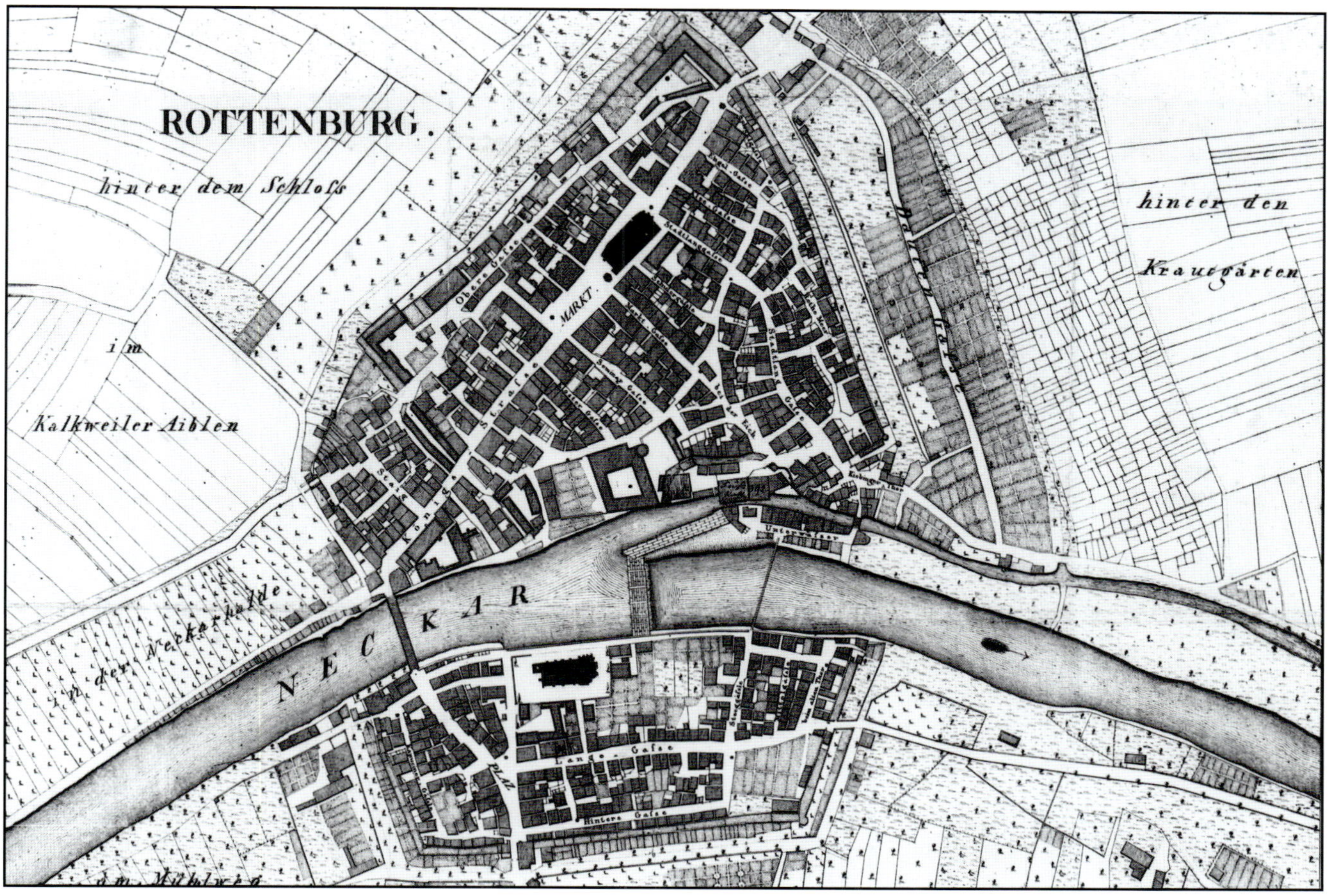

Ausschnitt aus der württembergischen Flurkarte, Stand ca. 1824

Luftbild von 2007

Rottweil
Landkreis Rottweil, Regierungsbezirk Freiburg

1

Rottweil gliedert sich in drei heute miteinander verbundene, topographisch und stadtbaugeschichtlich differenzierte Teilbereiche. Auf der östlichen Seite des Neckars, auf einem Sporn zwischen Prim und Neckar, liegt ein Areal mit dem Namen „Altstadt“. Hier befanden sich seit dem 1. Jh. mehrere Kastelle mit einem Garnisonsort, aus dem sich um 110/120 n. Chr. die römische Stadt (municipium) Arae Flaviae entwickelte. Diese „älteste Stadt Baden-Württembergs“ wurde am Ende des 3. Jhs. verlassen. Bei der römischen Ruinenstätte kam es im Hochmittelalter zu einer ersten Siedlungskonzentration um die St.-Pelagius-Kirche. Gegen Ende des 11. Jhs. wurde Rottweil zu einem Vorort des Herzogtums Schwaben. Westlich des Neckars entstand im Bereich des Königshofs und der Nikolauskapelle eine stadtartige Siedlung, die mit einem Wall umschlossen wurde, die sog. Mittelstadt. Im frühen 13. Jh. gründete der schwäbische Herzog Friedrich V. von Staufen ca. 1,3 km nordwestlich auf einem Höhenrücken die heutige Kernstadt. Die Entwicklung zur freien Reichsstadt erfolgte im Spätmittelalter. Durch das Bündnis von 1463 mit der Eidgenossenschaft, das 1519 „auf ewig“ abgeschlossen wurde, erlangte Rottweil eine Sonderstellung. 1802 kam die Stadt an Württemberg.

Die mittelalterliche Gründungsstadt ist von einer in großen Teilen erhaltenen Befestigungsanlage umschlossen. Das nach Südosten abfallende Areal ist durch ein Hauptstraßenkreuz klar in vier Quartiere gegliedert. Diese sind durch Wirtschaftsgassen erschlossen, an denen sich Steinbauten traufständig und in geschlossenen Zeilen auf annähernd gleich großen Hofstätten reihen. Seit der Mitte des 13. Jhs. entstanden Großbauten, die das Stadtbild bis heute prägen. Markant sind insbesondere kirchliche Bauten, wie das Heilig-Kreuz-Münster im nordwestlichen Stadtviertel (seit 1314 Pfarrkirche), die gegenüber der Nord-Süd-Achse zurücktretende Kapellenkirche mit ihrer ab 1330 errichteten monumentalen Turmfront, sowie die 1286 geweihte Dominikanerkirche, deren Chor den nördlichen Raumabschluss dieser Achse bildet. Seit dem 14. Jh. entstanden auch markante Profanbauten wie das Rathaus an der oberen Hauptstraße und Klosterhöfe.

2

3

Im Spätmittelalter bildeten sich Vorstädte aus. Die Waldtor-Vorstadt im Westen, zwischen Schwarzem Tor und Hochturm, wurde in die Befestigung der Kernstadt einbezogen. Die Vorstadt in der Au östlich des Neckars war durch mehrere Mühlen gewerblich geprägt.

Im 19. Jh. hat sich das Siedlungsbild Rottweils durch den teilweisen Abbruch der Wehranlagen, insbesondere von mehreren Tortürmen, verändert, in der Kernstadt ist aber historische Bausubstanz in bemerkenswertem Umfang erhalten geblieben.

Seit 1984 steht die Gesamtanlage unter Denkmalschutz. BJ

1 Hauptstraße mit dem Rathaus und dem Schwarzen Tor
2 Schwarzes Tor
3 Hochbrücktorstraße und Friedrichsplatz mit der ehem. Dominikanerkirche als nördlichem Abschluss

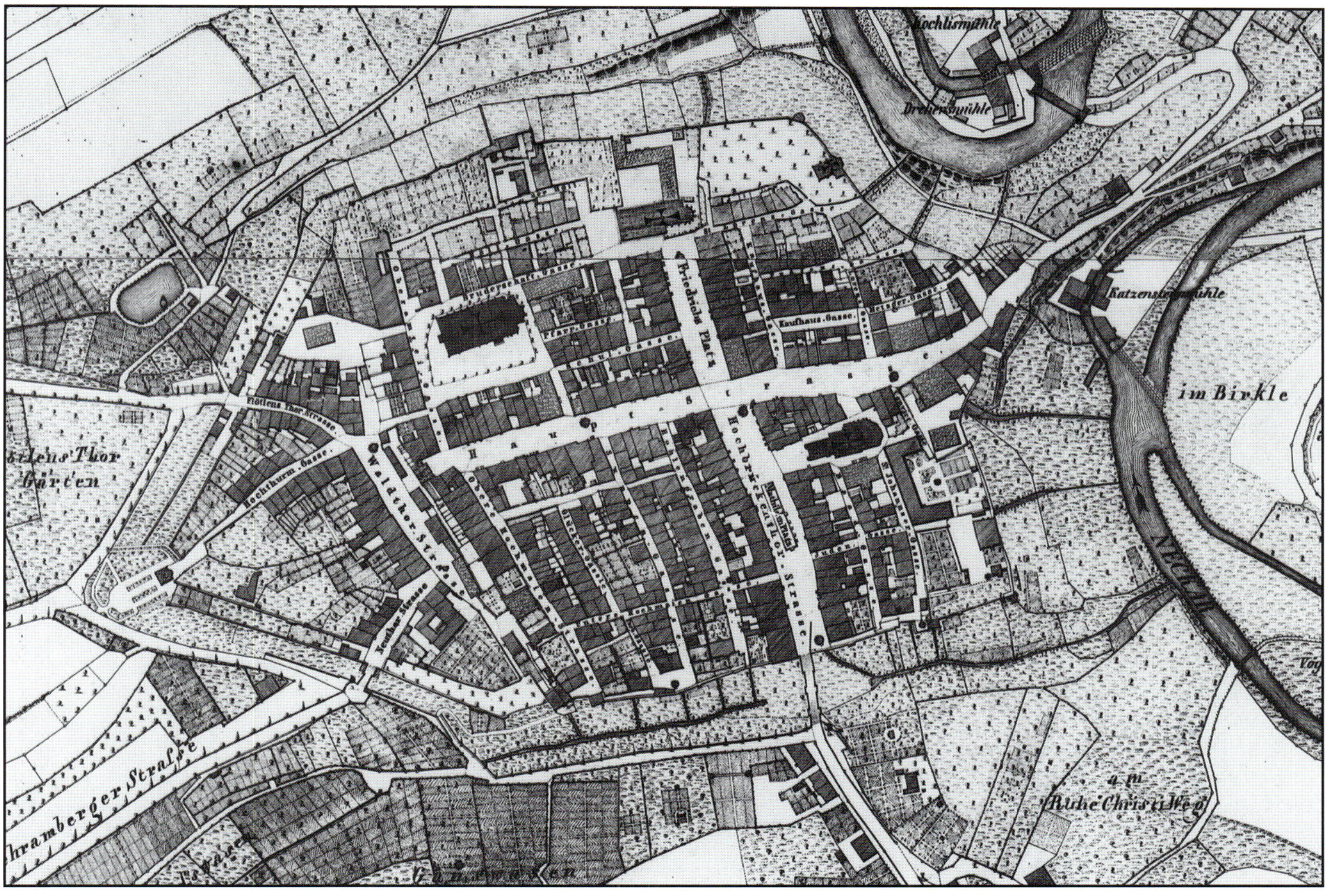

Ausschnitt aus der württembergischen Flurkarte, Stand 1837

Luftbild von 2007

Scheer
Landkreis Sigmaringen, Regierungsbezirk Tübingen

1

Die Stadt Scheer liegt eng von einer Donauschleife umfangen am Fuß eines nach Osten und Westen steil abfallenden Höhenrückens. Der die Stadtsilhouette maßgeblich prägende Felsen – keltisch *scera* – gab der Ansiedlung ihren Namen.

Die Geschichte der Stadt ist von ihrer wechselhaften Herrschaftsgeschichte geprägt: Ausgehend von einem Burgflecken entwickelte sich Scheer zunächst unter der Herrschaft der Pfalzgrafen von Tübingen zu einer Burg- und Marktsiedlung. Die eigentliche Stadtentwicklung erfolgte wohl im Hochmittelalter unter den Grafen von Montfort, bis Scheer im 13. Jh. von König Rudolf von Habsburg das Stadtrecht verliehen wurde. Nach mehrmals erfolgten Verpfändungen an wechselnde Herrschaften kam Scheer Mitte des 15. Jhs. an die Grafen von Waldburg. 1806 wurde die Stadt württembergisch.

Der Stadtgrundriss wird bis heute durch die topographische Situation und die einstige Funktion als Marktsiedlung und Residenzort bestimmt. Auf der nördlichen Anhöhe erhebt sich das im 15. Jh. an der Stelle der frühmittelalterlichen Burg erstellte Schloss. Die verschachtelte Anlage aus drei markanten, hoch aufragenden Gebäuden mit Staffelgiebeln wird durch einen niedrigeren Verbindungsbau zusammengefasst. Nördlich vom Schloss liegt die Kirche St. Nikolaus aus dem 13. Jh., die im 18. Jh. erweitert und barock umgestaltet wurde. Die auf dem Felsplateau gelegene Gebäudegruppe von Schloss, Kirche, Pfarr- und Schulhaus prägt bis heute auf unverwechselbare Weise die Stadtsilhouette.

Die Stadt entwickelte sich am Fuße des Schlossbergs auf nahezu rechteckigem Grundriss in dem engen Bereich zwischen Steilhang und Donauufer. Die mit einer Stadtmauer befestigte Stadt wurde über zwei Tore erschlossen. Die Hauptstraße, von der Donaubrücke im Osten kommend, erweitert sich unterhalb des Burgbergs und knickt als Mengener Straße nach Süden ab. Von der Stadtmitte aus erschließt die Hirschstraße den nördlichen Teil der Stadt. Entlang dieser Hauptachsen reihen sich in aufgelockerter Weise sowohl trauf- als auch giebelständige stattliche Fachwerkhäuser. Bis heute definiert unterhalb des Schlosses an der Ecke Mengener Straße und Mühlberg das gegen 1800 von den Thurn und Taxis erbaute Rentamt, später Spital, den südlichen Eingang zur Altstadt.

2

Bereits in der Mitte des 17. Jhs. hatten die Reichsgrafen von Waldburg-Scheer versucht, die enge mittelalterliche Stadt zu einer barocken Residenz zu erweitern. Sie errichteten auf der dem Schloss gegenüberliegenden Donauseite ein Neues Schloss mit Wirtschaftshof, das nie fertig gestellt wurde. Seit der Mitte des 18. Jhs. wurde das auffällige Gebäude als Fruchtkasten genutzt, bis es 1854 zur Brauerei umgebaut wurde. Zu der neuen Residenz gehörte ein lang gestreckter Schlosspark, der heute noch als Grünfläche zu erkennen ist.

3

Zu Beginn des 19. Jhs. war die Stadtbefestigung mit ihren Toren weitgehend abgebrochen worden. Reste haben sich bis heute in den Rückseiten der Häuser erhalten, die auf der Stadtmauer errichtet wurden.

Mit seinem fernwirksamen Höhenrücken mit Schloss und Kirche und dem bis heute klar erkennbaren historischen Stadtkern ist Scheer ein anschauliches Beispiel für eine hochmittelalterliche Stadtgründung, die bis in das 18. Jh. wechselnden Herren als Residenzort diente. SS

1 Die Stadtanlage von Westen
2 Blick über die Brücke in die Hauptstraße
3 Die Hirschstraße mit giebel- und traufständigen Häusern

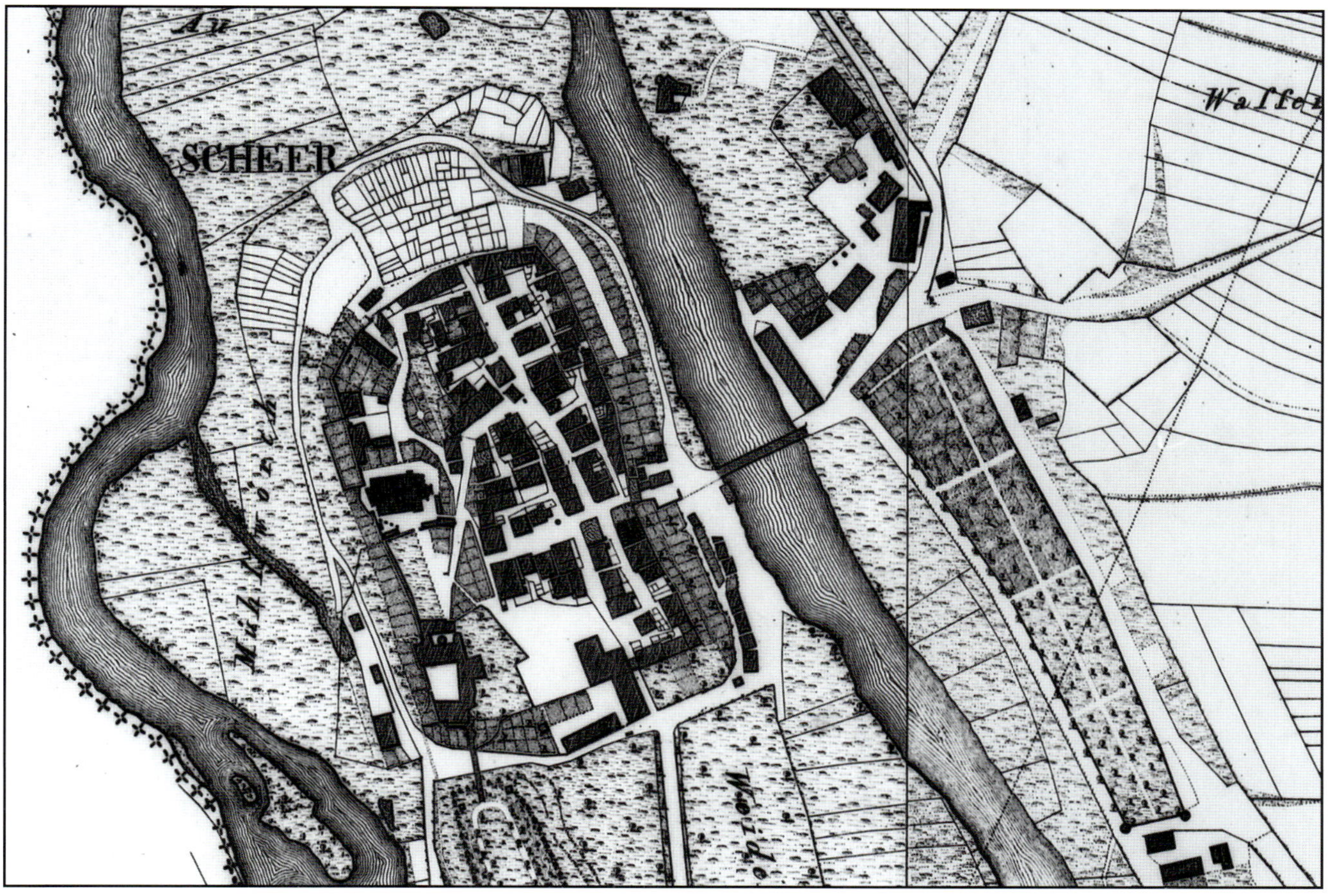

Ausschnitt aus der württembergischen Flurkarte, Stand ca. 1821

Luftbild von 2007

Schiltach
Landkreis Rottweil, Regierungsbezirk Freiburg

1

Schiltach, im mittleren Schwarzwald an der Einmündung der Schiltach in die Kinzig gelegen, wird erstmals 1275 als Pfarrort erwähnt. Die gleichnamige Burg ist um die Mitte des 13. Jhs. von den Herzögen von Teck errichtet worden. Die Anlage der Stadt unterhalb der Burg erfolgte wohl noch im 13. Jh. (1293 erste Nennung von Bürgern). Als Station an der alten Handelsstraße von Straßburg durch das Kinzigtal nach Rottweil und als Mittelpunkt für Holzhandel und Flößerei erlangte Schiltach wirtschaftliche Bedeutung. 1381 kamen Burg und Stadt an die Grafen von Württemberg. Die aufgegebene Burg wurde 1829/30 bis auf die Grundmauern abgetragen.

2

3

Der Stadtkern liegt außerhalb des Überschwemmungsbereichs der beiden Flüsse, an einem vom Schlossberg nach Norden abfallenden Hang. Die Gabelung der Straße von Wolfach nach Rottweil bzw. nach Schenkenzell bestimmte die städtebauliche Entwicklung. Von der ehem. Ringmauer sind nur Reste in den Rückwänden der angrenzenden Häuser erhalten geblieben, die drei Stadttore wurden 1841 abgebrochen; der Stadtkern mit Marktplatz, Hinter- und Oberstädtle ist aber noch deutlich an seiner in sich geschlossenen Baustruktur ablesbar.

Seit dem 16. Jh. suchten mehrere Stadtbrände die kleine Stadt heim. Nach dem großen Brand von 1590 erfolgte der Wiederaufbau unter Aufsicht des württembergischen Baumeisters Heinrich Schickhardt. Das an das abschüssige Gelände gesetzte Dreieck des Marktplatzes öffnet sich trichterförmig vom westlichen Zugang aus zur Stadt hin. Die Giebel der Bürgerhäuser fassen den Raum im Norden und Süden ein; das Rathaus, ein Steinbau mit Doppelarkade von 1593, beherrscht die östliche, im Zuge des Wiederaufbaus neu festgesetzte Platzwand. Die für Schiltach charakteristischen Ackerbürgerhäuser sind in einfacher, aber auf Sicht ausgelegter Fachwerkkonstruktion über massivem Erdgeschoss erstellt. Sie stehen in der Regel giebelständig zur Straße und sind durch schmale Trauf- bzw. Brandgassen voneinander getrennt.

4

Jenseits der Schiltach, in der Vorstadt, liegt erhöht die ev. Stadtkirche, 1843 am Standort der durch Brand zerstörten gotischen Pfarrkirche errichtet. In der Vorstadt und in der Mühlengasse nördlich des Stadtkerns sind Mühlen und Gerberhäuser des 16. bis 18. Jhs. erhalten. Eine frühe Stadterweiterung bilden die Häuser an der Spitalstraße, oberhalb der Schiltach.

Die kleine Stadtanlage am Hang über der Schiltach und der Kinzig zeichnet sich durch ihren geschlossenen Bestand an historischen Fachwerkbauten aus.

Seit 1971 steht die Gesamtanlage unter Denkmalschutz. ER

1 Marktplatz mit dem Rathaus
2 Schenkenzeller Straße
3 Museum am Markt
4 Schlossbergstraße

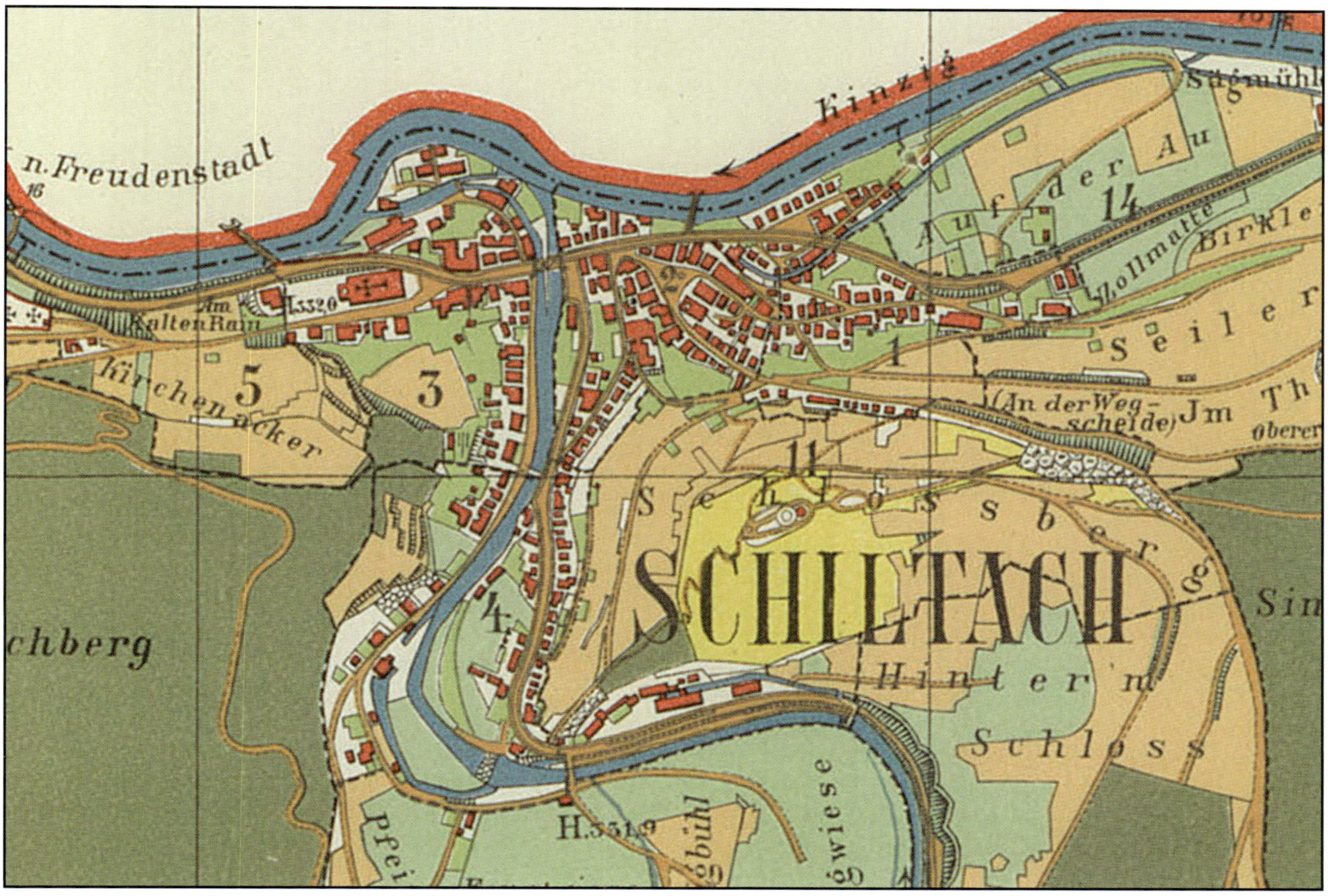

Ausschnitt aus dem badischen Gemarkungsatlas, Stand 1895

Luftbild von 2007

Schopfheim
Landkreis Lörrach, Regierungsbezirk Freiburg

1

Schopfheim liegt auf einer Niederterrasse im unteren Wiesental. Eine Dorfsiedlung ist 807 genannt, die Stadtgründung erfolgte vor 1283 durch die Herren von Rötteln. Im Süden wurde die alte Pfarrkirche St. Michael in die Ummauerung einbezogen, im Nordwesten die Burg der Stadtherren als Teil der Stadtbefestigung angelegt. 1316 ging Schopfheim an die Markgrafen von Hachberg-Sausenberg über. Vor 1380 erhielt die Stadt einen äußeren Befestigungsring mit Mauer und Graben. Im Nordosten, am Mühlbach, stand schon im 14. Jh. die Stadtmühle. Auf den Stadtbrand von 1412 folgte eine Zeit reger Bautätigkeit. Bis 1482 wurde die Stadtkirche erheblich vergrößert. Im Osten begann man, das Gelände zwischen den Gräben zu bebauen (Entegaststraße). Das herrschaftliche Schloss wurde nach Zerstörung im Dreißigjährigen Krieg aufgegeben, die Stadtbefestigung 1689 zum Teil und 1813–1836 vollständig beseitigt. Auf dem neu gewonnenen Gelände entstand im Süden, an der heutigen Hauptstraße, der neue Marktplatz, der die zunehmende Bedeutung der Stadt als Sitz eines Bezirksamts widerspiegelt. Von der Entwicklung der Textil- und Metallindustrie seit Mitte des 18. Jhs. blieb der Stadtkern, das ‚Städtli', weitgehend unberührt.

2

Die Stadtbefestigung ist zwar verloren gegangen, der annähernd ovale mittelalterliche Kern zeichnet sich aber noch deutlich im Stadtgefüge ab. Vor allem im Westen, Norden und Nordosten ist der Grabenbereich gut ablesbar. Die Häuser entlang der Ringstraße (Wallstraße, Altstadt) schließen das ‚Städtli' gegenüber der Stadt des 19. Jhs. ab; in ihren Rückwänden sind Reste der inneren Stadtmauer erhalten geblieben.

Die breite Torstraße, einst Marktstraße, bildet die Querachse des Stadtgrundrisses. Im Süden, auf dem Kirchplatz, nimmt die Michaelskirche die höchste Stelle im Stadtgebiet ein. Die Wallstraße, die die Altstadt im Westen durchzieht, war Teil des inneren Straßenrings; erst seit dem 19. Jh. führt sie nach Norden zur Wiese, nach Süden zum neuen Marktplatz mit den 1824–1826 errichteten klassizistischen Verwaltungsbauten, dem Rathaus, dem ehem. Amtsgericht und dem ehem. Bezirksamt. Die traufständigen steinernen Bürgerhäuser und Adelshöfe des ‚Städtli', so z. B. das ‚Hirtenhaus' nördlich der Kirche, gehen häufig noch ins 16. Jh. zurück. Prägend sind die Aus- und Umbauphasen des 18. und frühen 19. Jhs.

3

Auch die heutige Baugruppe der Stadtmühle entstand im Wesentlichen im 18. Jh.

Sowohl der mittelalterliche Stadtkern als auch die klassizistische Anlage des Marktplatzes sind gut überliefert. Sie lassen anschaulich die Entwicklung Schopfheims von der regional bedeutsamen Landstadt zur badischen Amtsstadt erkennen.

Seit 1977 steht die Gesamtanlage unter Denkmalschutz. ER

1 Das Rathaus im Weinbrennerstil
2 Die Wallstraße mit Bürgerhäusern des 16.–18. Jhs.
3 Turm der ehemaligen Stadtkirche St. Michael

Ausschnitt aus dem badischen Gemarkungsatlas, Stand 1862

Luftbild von 2007

Schorndorf

Rems-Murr-Kreis, Regierungsbezirk Stuttgart

1

Die Altstadt von Schorndorf liegt auf einem flachen Schwemmsandkegel südlich der Rems. In dieser Tallage wurde der Ort vermutlich im 8. Jh. als Gruppensiedlung um einen Herrenhof gegründet. Die erste urkundliche Erwähnung stammt von 1235. Im 13. Jh. kam die Siedlung an die Grafen von Württemberg, mit deren Herrschaftsgeschichte sie nun über Jahrhunderte eng verbunden war.

Um 1250 ist die Stadterhebung anzunehmen, die zunächst nur den östlichen, Oberstadt genannten Teil des heutigen Stadtkerns umfasste. Die westliche Vorstadt um die frühe Kir-

2

3

chengründung (Unterstadt) wurde erst im 14. Jh. in die Ummauerung einbezogen. Der dazwischen liegende Graben wurde im 14./15. Jh. aufgefüllt und bildete von nun an den Marktplatz.

Schorndorf war im 16. Jh. durch Weinanbau und Salzhandel eine der reichsten und angesehensten Städte in Württemberg. Zugleich war die Stadt ein strategisch wichtiger Punkt. An der Ostflanke des württembergischen Kernraums gelegen, wurde sie ab dem frühen 16. Jh. als Grenzfestung mit einem bastionären Verteidigungssystem umgeben. Der Vierflügelbau des Schlosses mit Ecktürmen im Südosten der Stadt bildete 1538 den Beginn dieses Stadtumbaus. Die Stadt war damals eine der modernsten Fortifikationen im süddeutschen Raum. Dennoch kam es im Dreißigjährigen Krieg zu massiven Zerstörungen. Vielfach erneuert, wurde die Festung im 18. Jh. aufgegeben, Wälle und Gräben im 19. Jh. geschleift bzw. verfüllt. Nur im Bereich des Schlosses ist heute noch ein Rest dieser Befestigung erhalten.

Im Grundriss der Stadt sind sowohl mittelalterliche Strukturen als auch regulierende Korrekturen wie z. B. nach dem großen Brand von 1743 erkennbar. Im Aufriss zeigt sich ein ähnliches Bild. Sowohl ältere zwei- bis dreigeschossige Gebäude mit Schmuckfachwerk als auch schlichte verputzte Fachwerke des 18./19. Jhs. prägen das Bild der überwiegend giebelständigen Bebauung in Schorndorf. Aus der Wohnbebauung ragen die Stadtkirche mit ihrem hohen Turm sowie das stattliche barocke Rat-

4

haus auf dem Marktplatz als wichtige architektonische Bezugspunkte hervor. Der Charakter einer Festungsstadt ist in Schorndorf zwar weitgehend verloren, der historische Stadtkern vermittelt aber noch eindrucksvoll das Bild einer württembergischen Landstadt aus vorindustrieller Zeit.

Seit 1983 steht die Gesamtanlage unter Denkmalschutz. MH

1 *Die Stadtkirche, vertikale Dominante im Stadtbild*
2 *Fachwerkbebauung im östlichen Stadtkern*
3 *Das Schloss, zugleich Teil der Stadtbefestigung im Südosten der Stadt*
4 *Impression aus der Höllgasse*

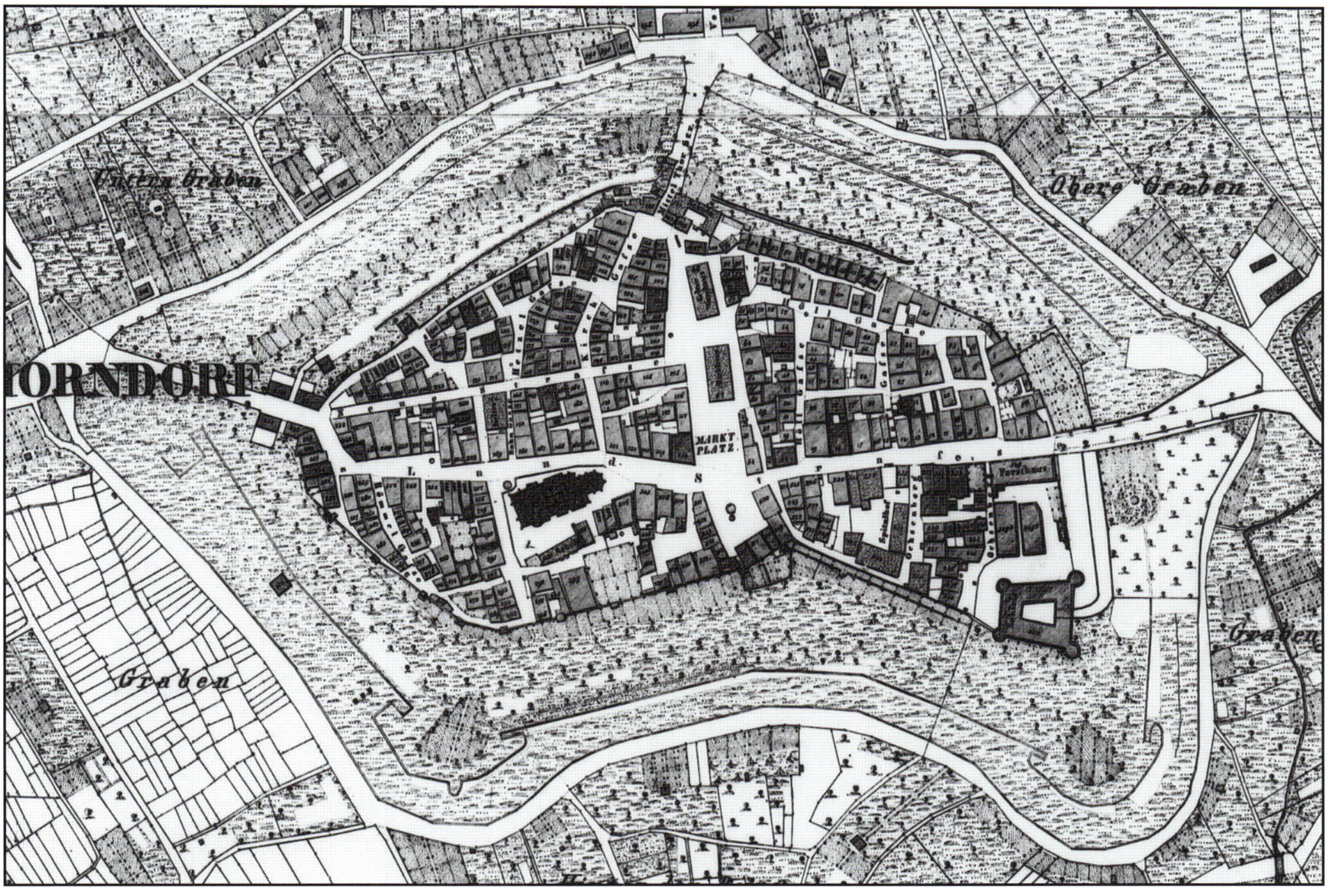

Ausschnitt aus der württembergischen Flurkarte, Stand 1832

Luftbild von 2007

SCHROZBERG-**BARTENSTEIN**
Landkreis Schwäbisch Hall, Regierungsbezirk Stuttgart

Bartenstein besitzt jene für die kleinen hohenlohischen Residenzen charakteristische Lage auf einem Bergsporn. Ausgangspunkt für die Ansiedlung war eine spätmittelalterliche Burg. Die eigentliche Stadtgeschichte von Bartenstein begann jedoch erst 1688 mit der Gründung der Seitenlinie Hohenlohe-Waldenburg-Bartenstein. Sie war Anlass zu einem Residenzausbau, der sowohl die alte Burg als auch die Neugründung einer Stadt umfasste. Das Schloss wurde schrittweise zu einer dreiflügeligen barocken Anlage erweitert und ein Hofgarten als wichtiges Element einer zeitgemäßen Residenz angelegt. Nach Osten hin leitet ein von den Schlossflügeln gebildeter, trapezförmiger Ehrenhof mit zwei Wegen zum Park und zur Wohnbebauung des Ortes über. Zentrum des Platzes ist ein aufwendig gearbeiteter Brunnen. Sowohl vom Tal aus als auch in der Zufahrt von Osten her bildet das Schloss gleichsam End- und Höhepunkt des Ortes. Der Schlosskirchenturm setzt dabei einen markanten vertikalen Akzent in der Stadtsilhouette.

Dem adeligen Repräsentationsbedürfnis entsprechend wurde die Residenz im Verlauf des 18. Jhs. mit einer ambitionierten Stadtanlage komplettiert. In einer zeittypischen Peuplierungspolitik wurden bevorzugt katholische Handwerker und Taglöhner sowie Hofbeamte und französische Emigranten angesiedelt. Der Grundriss des Ortes orientierte sich ebenso wie die nach einheitlichen architektonischen Vorgaben erstellte Bebauung an den Ordnungsvorstellungen des damaligen Städtebaus. An den linearen Straßenachsen stehen traufständige, meist zweigeschossige, verputzte Gebäude. Als typische Dachformen kommen das Walm- und das Satteldach, für besonders hervorgehobene Bauten auch das Mansarddach vor. Noch im 18. Jh. wurden auch drei Torbauten errichtet (zwei davon erhalten), die den ansonsten nicht weiter befestigten Ort abschlossen. Vor dem Riedbacher Tor entstand im 18. und 19. Jh. eine kleine vorstädtische Situation mit eingeschossigen Taglöhner- bzw. Handwerkerhäuser.

In der Neugründung Bartensteins konnte das Gesamtkunstwerk einer fürstlichen Kleinresidenz des 18. Jhs. umgesetzt werden. Die Besonderheit einer authentisch erhaltenen barocken Plansiedlung ist auch heute noch prägend und unterscheidet den Ort von den anderen hohenlohischen Residenzstädten.

2005 wurde die Gesamtanlage unter Denkmalschutz gestellt. MH

1 Das Schloss als Herz der Stadtanlage
2 Hofgarten mit Pavillon
3 Zentral auf das Schloss ausgerichtet: die Schlossstraße
4 Riedbacher Torhaus

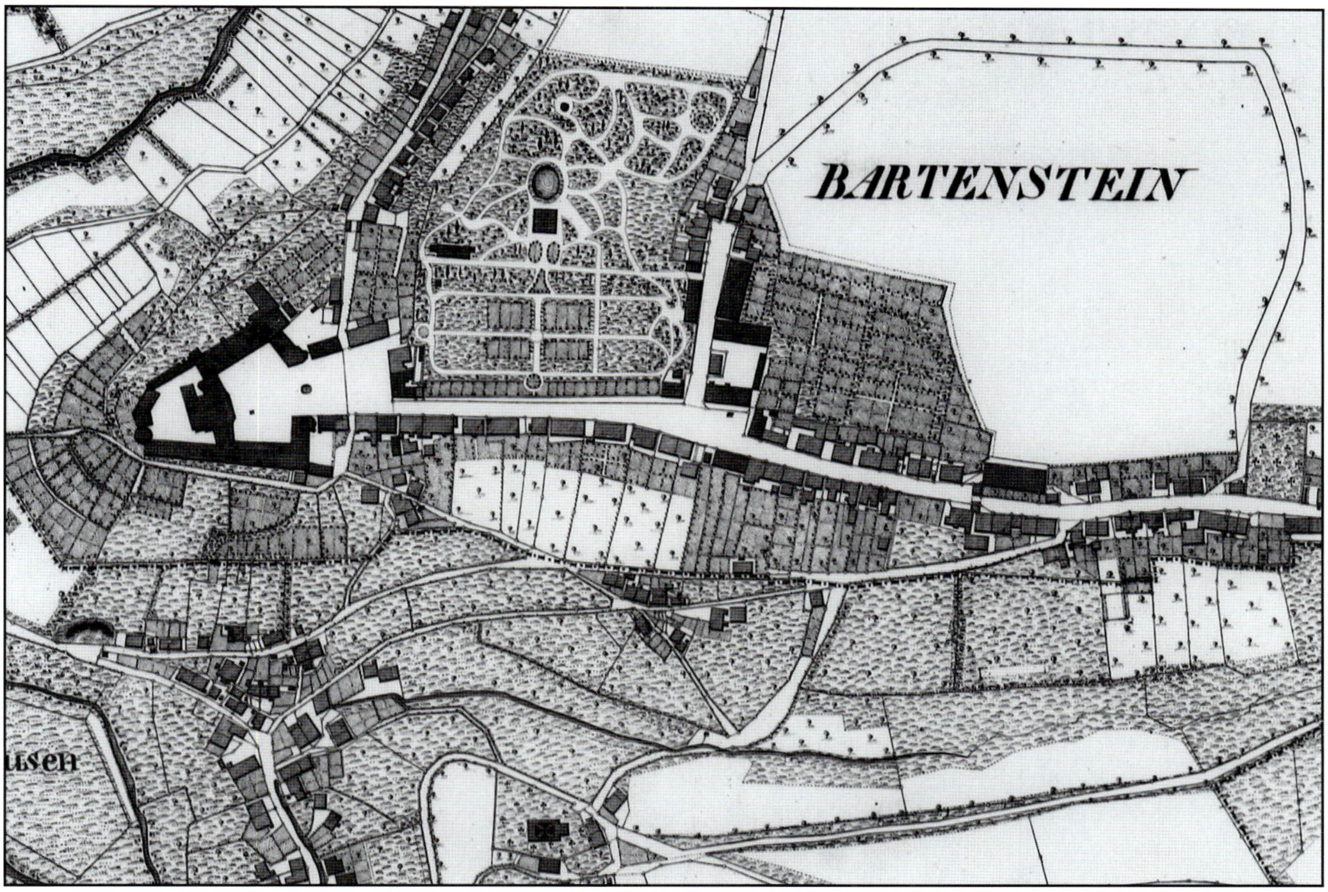

Ausschnitt aus der württembergischen Flurkarte, Stand 1834

Luftbild von 2007

Schwäbisch Gmünd
Ostalbkreis, Regierungsbezirk Stuttgart

1

Im Talkessel der Rems an einem alten und wichtigen Handelsweg entstand die Stadt Schwäbisch Gmünd. Eine erste Niederlassung in Form einer Benediktinerzelle datiert ins 8. Jh. Noch in karolingischer Zeit entwickelte sich ein Markt. Im 11. Jh. kam die Siedlung an die Staufer, die ihren Ausbau förderten. Stadtrecht erhielt sie im ersten Drittel des 12. Jhs., anschließend erfolgte eine Umwehrung dieses älteren Stadtkerns. In der mandelförmigen Ausdehnung mit Turniergraben und Kaltem Markt als Begrenzungen und dem Marktplatz als zentraler Achse ist dieser Stadtkern noch heute erkennbar. Noch im 13. Jh. bekam Gmünd den Status einer freien Reichsstadt. Mehrere Bettelorden (Franziskaner, Augustinereremiten, Dominikaner) siedelten sich an, ein Hl.-Geist-Spital am nördlichen Marktende wurde errichtet und die Stadt dehnte sich weiter aus. Die Gold- und Silberwarenproduktion förderte den Wohlstand in besonderer Weise.

3

Im Lauf des 13./14. Jhs. bildeten sich dann mehrere Vorstädte (Eutighofer und Rinderbacher Vorstadt im Westen und Osten; St. Leonhards- und St. Josenvorstadt im Norden; St. Sebaldusvorstadt im Süden), die in einen zweiten Mauerkranz mit Türmen und Toren einbezogen wurden. Obwohl diese spätmittelalterliche Ummauerung bis auf wenige Teilstücke verloren gegangen ist, grenzt sich der Altstadtkern mit der im 19. Jh. eingerichteten Ringstraße mit Villen, Gärten und kleineren Fabriken deutlich von den späteren Stadterweiterungen ab. Innerhalb der Wohnbebauung des Stadtkerns spielen die Sakralbauten, allen voran das berühmte Heiligkreuzmünster als erste schwäbische Hallenkirche, eine ebenso dominante Rolle wie die großen gemeinnützigen Bauten der Grät, des Kornhauses, des Spitals und des Rathauses.

Die bürgerliche Bebauung besteht im Wesentlichen aus giebelständigen verputzten Fachwerkhäusern des 15.–19. Jhs. Besonders stattliche Patrizierhäuser entstanden am Markt mit dem neuen Wohlstand im 18. Jh., der durch die Edelmetallverarbeitung ausgelöst wurde. Im 20. Jh. hat das Stadtbild durch moderne Baumaßnahmen im Inneren punktuelle Überformungen erfahren. Der historische Stadtkern von Schwäbisch Gmünd mit seinem gut erhaltenen mittelalterlichen Stadtgrundriss und seiner besonderen Dichte und Bedeutung der historischen Bebauung besitzt jedoch immer noch überregionale Bedeutung.

4

Die Gesamtanlage steht seit 1983 unter Denkmalschutz. MH

2

1 Marktplatz mit Rathaus
2 Am Heiligkreuzmünster
3 Rinderbacher Torturm
4 Ehemalige Silberwarenfabrik Pauser und Kornhaus

Ausschnitt aus der württembergischen Flurkarte, Stand 1831

Luftbild von 2007

Schwäbisch Hall

Landkreis Schwäbisch Hall, Regierungsbezirk Stuttgart

1

Schwäbisch Hall besitzt eine teils extreme Hanglage im stark eingeschnittenen Kochertal, die am augenfälligsten in der berühmt gewordenen Freitreppe vor der Michaelskirche in Erscheinung tritt. Die schon in keltischer Zeit genutzte Salzquelle war Auslöser der Ansiedlung und begründete den späteren Reichtum der Stadt. Erstmals 1037 genannt, war die Stadt im Besitz der Grafen von Komburg, ab 1116 der Staufer. Im 13. Jh. wurde die Stadt, die 1280 ihren reichsunmittelbaren Status bestätigt bekam, mit einer Mauer befestigt. Die Reichsstadt Hall baute in der Folge ein umfangreiches eigenes Territorium aus.

2

Im Stadtgrundriss erscheinen deutlich abgrenzbare Viertel. Das südlich der Michaelskirche liegende Quartier zeigt ein noch mittelalterliches Gepräge mit dicht gedrängten, hohen und manchmal turmartigen, repräsentativen

3

Steinbauten des Stadtadels, die das Kocherufer markant prägen. Westlich des zentralen Marktplatzes vor der Michaelskirche ist der große Stadtbrand von 1728 in der Neuordnung der Bau- und Raumstrukturen ablesbar. Die „Neue Straße", aber auch die geschlossene traufständige Bebauung mit Barockhäusern dokumentieren den Wiederaufbau. Als ein Höhepunkt darf das prunkvolle, palaisartige Rathaus anstelle der Jakobskirche gelten. Im Norden ist mit der Gelbinger Vorstadt (ab 13. Jh.) der geschlossenste Straßenzug Halls mit giebelständigen, teils mittelalterlichen Fachwerkhäusern der gehobenen Bürgerschaft erhalten geblieben. Mit einem Brückenschlag wurde im 13. Jh. auch die eher ländlich geprägte Vorstadt „Jenseits Kochens" in die Stadt und ihre Befestigung miteinbezogen. Auch hier dominiert eine intakte historische Bau- und Raumstruktur. Die Altstadtsilhouette wird beherrscht von der Michaelskirche und dem ehemaligen Büchsenhaus, in der Kochervorstadt wird sie ergänzt durch Katharinen- und Johanniterkirche. Das 19. Jh. veränderte zwar die Umgrenzung und auch das 20. Jh. hinterließ mit größeren Bauprojekten Spuren in der Altstadt, dennoch wird das geschlossene Stadtgefüge von

4

unverwechselbarer Gestalt noch heute offenbar.

In die Stadtlandschaft Schwäbisch Halls durch Blickbeziehungen intensiv einbezogen sind auch die kocheraufwärts liegende Ruine der Oberlimpurg mit dem Burgweiler Unterlimpurg sowie die beiden Komburgen, insbesondere die stattliche Anlage der Großkomburg sowie der dazwischen liegende Ort Steinbach mit seiner historischen Bebauung. Insgesamt lässt sich in Schwäbisch Hall die Bau- und Stadtbaugeschichte einer freien Reichsstadt in eindrucksvoller und authentischer Art und Weise mit vielen Bauepochen in jeweils charakteristischer Ausprägung lehrbuchhaft nachvollziehen. MH

1 Stadtansicht am Kocher
2 Marktplatz mit barockem Rathaus
3 Josenturm in der Gelbinger Vorstadt
4 Staffel zwischen Oberer und Unterer Herrngasse

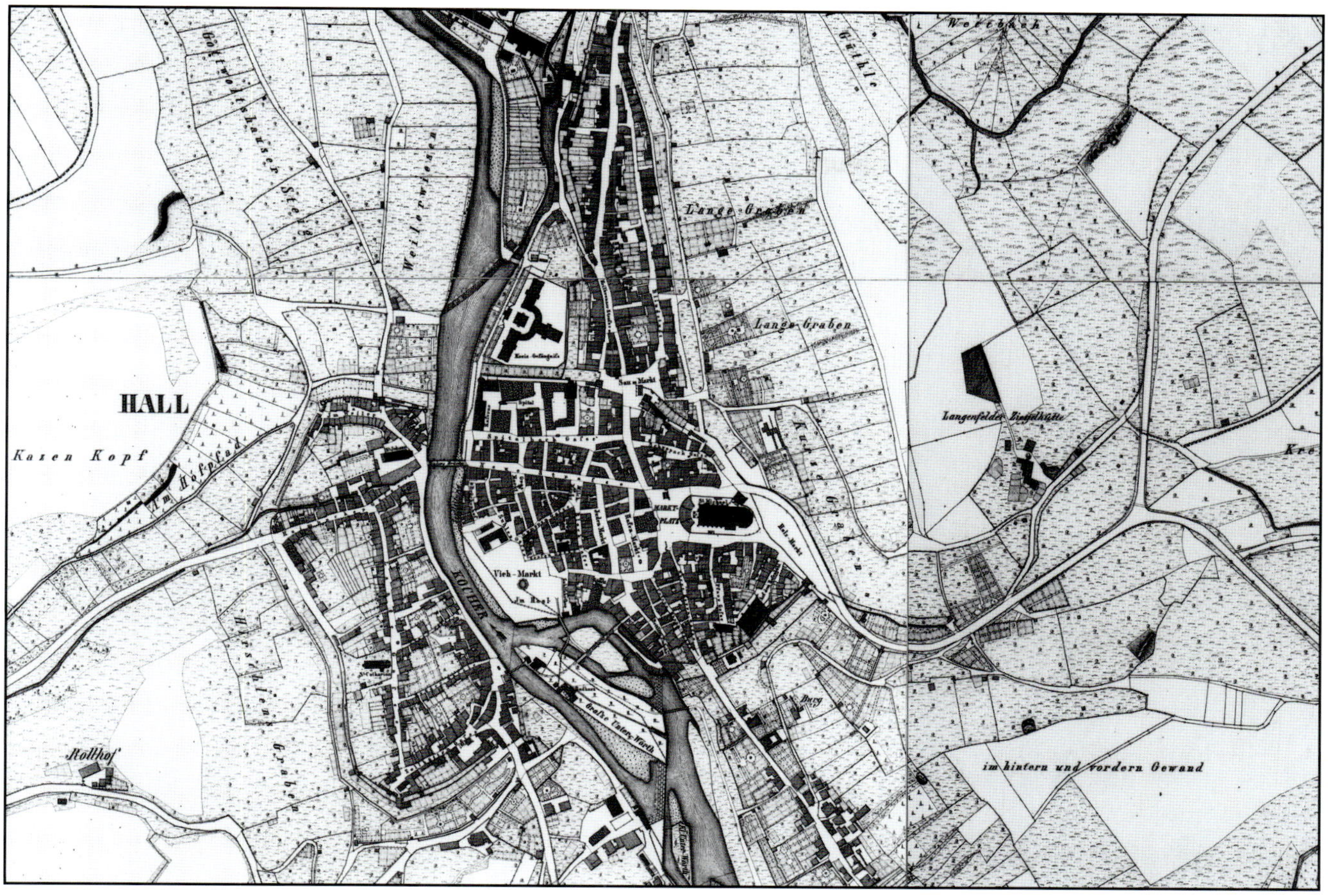

Ausschnitt aus der württembergischen Flurkarte, Stand 1827

Luftbild von 2007

Staufen im Breisgau
Landkreis Breisgau-Hochschwarzwald, Regierungsbezirk Freiburg

1

Staufen liegt am Eingang des Münstertales, am Fluss Neumagen. Nördlich der mittelalterlichen Stadtanlage erhebt sich weithin sichtbar der rebbestandene Bergkegel des Schlossbergs mit der Ruine der Burg Staufen.

Das Dorf Staufen wird 770 urkundlich erwähnt. Die Burg geht wohl auf die Herren von Staufen zurück, die im frühen 12. Jh. im Dienst der Herzöge von Zähringen standen. 1269 wird Staufen noch als Dorf, 1323 als Stadt genannt. Für die Stadtwerdung dürfte der damals blühende Silbererzbergbau im Münstertal von Bedeutung gewesen sein.

2

3

Im späten 13./frühen 14. Jh. wurde im Anschluss an das alte Dorf eine breite Marktstraße angelegt und der Markt, das Dorf und ein herrschaftliches Eigengut mit einer Mauer befestigt. Diese drei Bereiche lassen sich auch heute an ihrer Baustruktur unterscheiden: Im Süden des Altstadtkerns (Freihofgasse, Spitalgasse, Adlergasse) kann man an der unregelmäßigen Wegeführung, den engen Gassen und einer kleinteiligen Parzellierung das alte Dorf erkennen. Seinen Ostrand markiert der ehem. Kirchhof mit der Pfarrkirche St. Martin, einer spätgotischen Basilika. Nördlich schließt die Marktgründung mit weitgehend regelmäßigen und deutlich größer parzellierten Grundstücken an. Die Hauptstraße führt, vom Neumagen kommend, auf das Rathaus (ab 1546) zu. Hier biegt sie im rechten Winkel als breite Marktstraße nach Norden ab. Der nahezu quadratische Rathausplatz liegt an der Schnittstelle zwischen dem älteren dörflichen Kern und dem Markt und bildet so das Zentrum der mittelalterlichen Stadtanlage. In beiden Bereichen herrscht eine geschlossene, traufständige Bebauung vor; im Bereich des ehem. Dorfes finden wir aber auch freistehende giebelständige Bauten. Die Anwesen bestehen meist aus einem Haupthaus an der Straße und rückwärtigen Nebengebäuden. Den Nordosten des Stadtgebietes nahm das herrschaftliche Eigengut ein. In einem großen Garten erhebt sich das ehem. Stadtschloss der Herren von Staufen (16./17. Jh.).

Im Westen, zum Neumagen hin, entstand im Spätmittelalter eine vorstadtartige Erweiterung (Auf dem Graben, Im Grün). Entlang des Gewerbekanals siedelten sich nördlich und südlich des Stadtkerns Gewerbebetriebe an.

4

Schon seit dem 16. Jh. liegt der Friedhof der Stadt jenseits des Neumagens. Hier stehen auch die Bauten des ehem. Kapuzinerklosters.

Die Landstadt zu Füßen des Schlossbergs zeichnet sich durch die Geschlossenheit ihrer historischen Bebauung aus. An der Gliederung der Stadtanlage ist beispielhaft die Entwicklung vom Dorf zur Stadt ablesbar.

Seit 1965 steht der Altstadtkern unter Denkmalschutz, 1997 wurde die Gesamtanlage erweitert. ER

1 Altstadt und Schlossberg mit Burgruine
2 Nordabschnitt der Hauptstraße und Schlossberg
3 Erweiterung der Hauptstraße zum Marktplatz mit Rathaus und Rathausbrunnen
4 Kirchstraße mit der kath. Pfarrkirche St. Martin

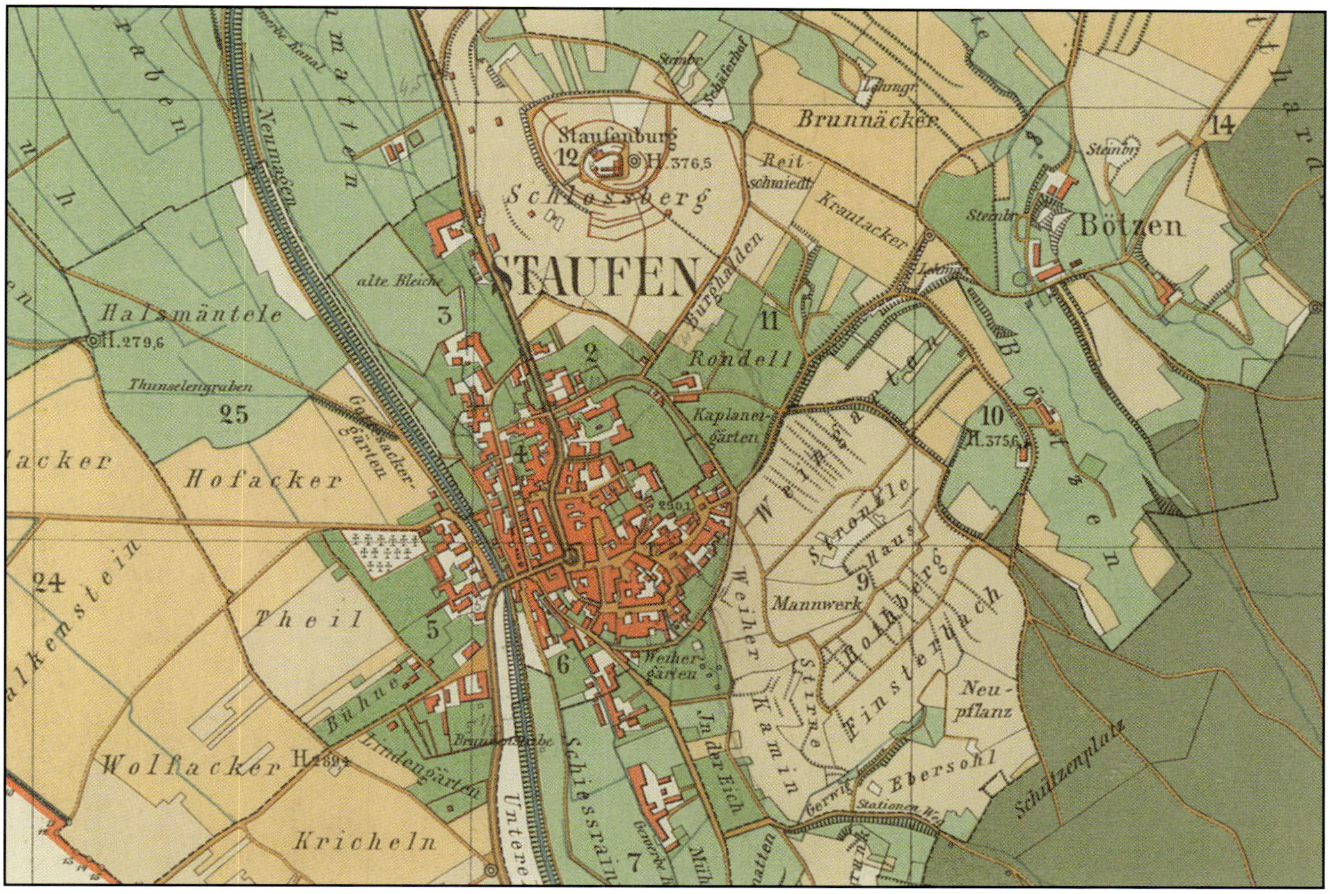

Ausschnitt aus dem badischen Gemarkungsatlas, Stand 1888

Luftbild von 2007

Stühlingen
Landkreis Waldshut, Regierungsbezirk Freiburg

1

Die ehemals befestigte ‚Oberstadt' liegt auf einer schmalen Hangterrasse über dem Wutachtal. Oberhalb, über einem bewaldeten Steilhang, erhebt sich Schloss Hohenlupfen, der alte Sitz der Stadtherren. Im Tal liegt die ‚Unterstadt', das frühere Dorf, mit der Pfarrkirche.

Bereits Anfang des 12. Jhs. war Stühlingen Grafensitz, die Burg ist ab 1251 bezeugt. Unter den Herren von Lupfen erfolgte vor 1262 die Stadtgründung. Im Schweizerkrieg 1499 erlitten Burg und Stadt Schäden durch die Eidgenossen. 1639 kam Stühlingen an die Grafen von Fürstenberg. Bis 1709 war es Sitz der Kinzigtaler Linie, 1716–1723 des gefürsteten Hauses; danach wurde die Residenz nach Donaueschingen verlegt.

Die Stadt wurde so angelegt, dass sie von der Talseite her kaum anzugreifen und von der Bergseite durch die Burg des Stadtherren geschützt war. Eine Befestigung mit Mauer und Graben umschrieb den leicht trapezförmigen Stadtumriss. Zum Tal hin war ein steiler Geländeabfall natürlich gegeben, zum Berg wurde ein breiter Graben künstlich abgetieft, der mit den darin angelegten Bürgergärten hervorragend überliefert ist. Die Ringmauer ist meist als Rückwand in den äußeren Häuserreihen erhalten (im Süden mit einem Wehrturm). Die beiden Tore in der Mittelachse der Stadtanlage wurden im 19. Jh. abgebrochen.

2

Die Gründungsstadt des 13. Jhs. zeigt sich auch an dem klar konzipierten Stadtgrundriss mit einer mittigen Hauptstraße und zwei parallelen Seitenstraßen, die sich im Nordosten zu einem Marktplatz vereinen. Hier steht das Rathaus, 1904 nach Brand wieder aufgebaut. Die dreigeschossige, geschlossene Bebauung mit traufständigen Bürgerhäusern geht noch überwiegend in das Spätmittelalter und die frühe Neuzeit zurück. Deutlich ist die einstige soziale Gliederung der Stadt zu erkennen: An der Südseite der Stadtanlage stehen Gerberhäuser, oft mit charakteristischen Trockenlauben, jenseits des Grabens die zugehörigen Gewerbebauten. Im Judenviertel im Südosten ist das ehem. Rabbinerhaus erhalten. Die vornehmen Häuser stehen an der Nordseite der Stadt. Die Nordwestecke nimmt das von Pappenheim'sche, später Fürstenbergische Rentamt von 1595 ein. Im nördlichen Stadtteil steht auch die Sebastianskapelle, die frühere Stadtkirche (heute altkath. Kirche), in unrepräsentativer Lage, da sie bei der Stadtgründung nicht vorgesehen war. Im Osten haben sich unterhalb der Stadtmauer die alte vom Wutachtal hochführende Zufahrtsstraße und einige Färber- und Daunerhäuser erhalten.

3

Damit hat Stühlingen in bemerkenswertem Umfang die wesentlichen Merkmale des alten Sitzes der Grafen von Fürstenberg bewahrt. ER, PW

1 Südlicher Altstadtrand, ehem. Stadtgraben mit Bürgergärten
2 Das Rathaus von 1904
3 Häuser am Marktplatz, darüber der Bergfried des Schlosses Hohenlupfen

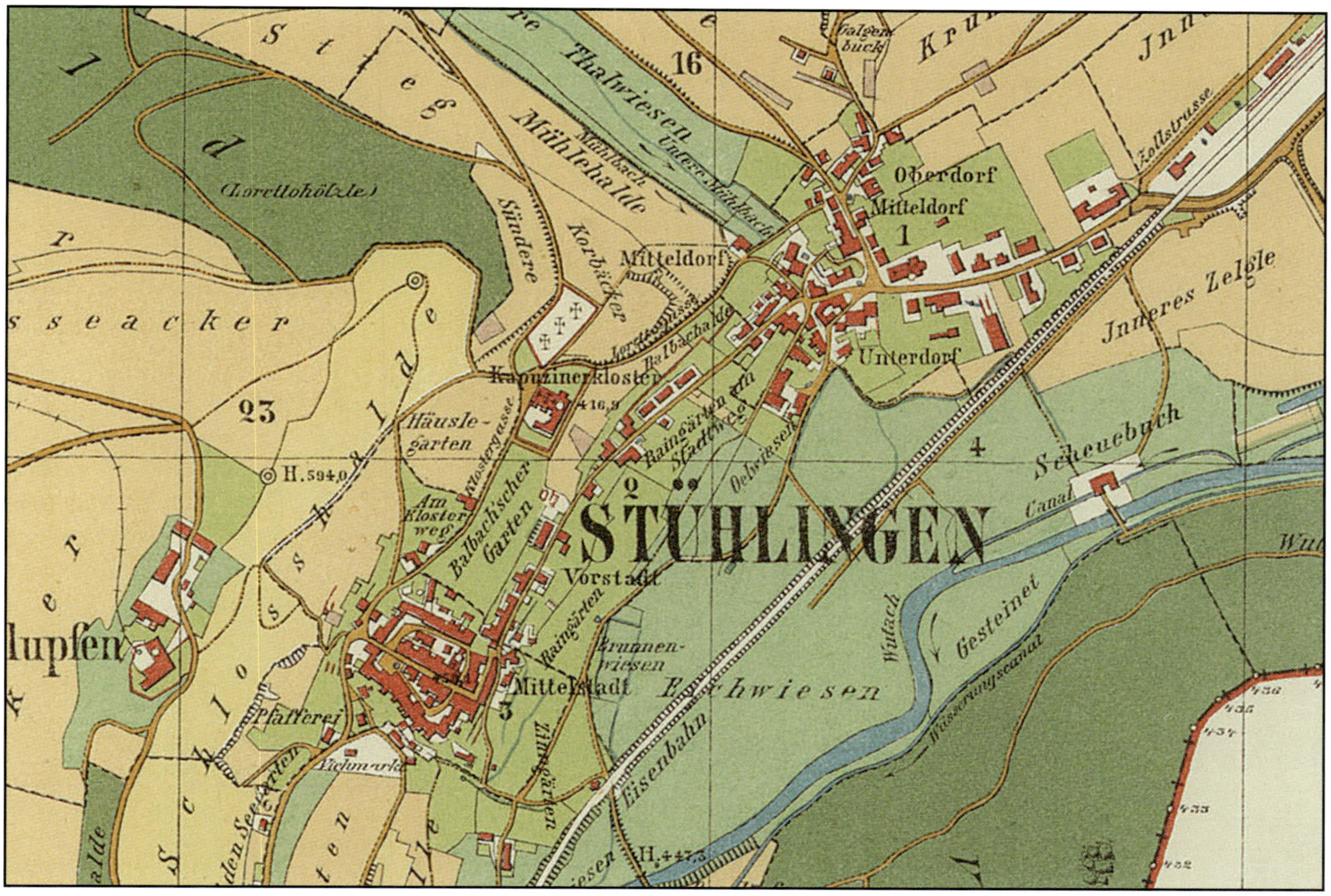

Ausschnitt aus dem badischen Gemarkungsatlas, Stand 1878

Luftbild von 2007

Sulz am Neckar
Landkreis Rottweil, Regierungsbezirk Freiburg

1 

Die Ende des 18. Jhs. planmäßig wiederaufgebaute Stadt liegt im mittleren Schwarzwald, am Ufer des noch jungen Neckars. Ausschlaggebend für die Namensgebung und die Stadtwerdung war der als Sole vorkommende Rohstoff Salz. Der 790 erstmals genannte Ort erhielt 1284/85 von König Rudolf das Stadtrecht verliehen. 1471 erlangte Württemberg die Herrschaft über die Stadt; die Stadtbefestigung wurde erneuert. Die ev. Stadtpfarrkirche in erhöhter Lage am Rande der Kernstadt, der Fachwerkbau des Dekanats am Hang bei der Kirche und der ehem. Pfleghof des Klosters Alpirsbach am östlichen Stadtausgang sind Zeugnisse aus diesen Abschnitten der Stadtgeschichte.

2 

Auf der Nordseite des Neckars, der Kernstadt gegenüber, entwickelte sich seit etwa 1450 eine Vorstadt. Prägende Bebauung in diesem Bereich sind heute die schmalen, hohen, sich an die Felswand schmiegenden giebelständigen Gebäude, die in ihrer Substanz z. T. noch ins 17. Jh. zurückgehen und der mächtige Baukörper des Gasthauses „Adler".

Am 15. Juli 1794 brach der verheerende Brand aus, der in der Kernstadt 194 Häuser, zwei Stadttore sowie Teile der Stadtmauer in Schutt und Asche legte. Der württembergische Hofwerkmeister Johann Christian Adam Etzel wurde mit der Planung des Wiederaufbaus beauftragt. Berücksichtigt werden mussten der Stadtmauerverlauf, die Hauptverbindungsachse, die auf die Stadttore orientiert war, der Verlauf des Mühlkanals sowie die Stadttopographie mit ihrem vom Neckar zum Kirchberg ansteigenden Gelände. Etzel sah in der Stadtmitte einen quadratischen Platz mit der Seitenlänge von ca. 50 m vor. Indem er das Quadrat nicht in das annähernd rechtwinklig geplante Straßennetz einband, sondern auf die Spitze stellte und den Platz als Gelenk zwischen der oberen und unteren Hauptstraße nutzte, bewältigte er den leichten Knick dieser Längsachse. Die Querachse verläuft geradlinig über den Marktplatz und steigt zum Berg bzw. zur Stadtkirche steil an.

Die noch weitgehend erhaltenen zwei- bis dreigeschossigen Häuser des Wiederaufbaus weisen nur wenige Gliederungselemente auf. Das Erdgeschoss war massiv auszuführen, die Wohngeschosse durften in Fachwerk aufgeschlagen werden. Die landwirtschaftlichen Anwesen erhielten eine rundbogige Tordurchfahrt.

3 

Am Marktplatz stehen sich das alte Rathaus und die Oberamtei diagonal gegenüber. Das vormals größte Privathaus der Sulzer Innenstadt an der Ecke zur Oberen Hauptstraße dient heute als Rathaus.

Die Kernstadt von Sulz ist ein besonders anschauliches Beispiel für den planmäßigen Wiederaufbau durch Brand zerstörter württembergischer Städte an der Wende vom 18. zum 19. Jh. Die Vorstadt jenseits des Neckars vermittelt einen Eindruck von der vorangegangenen Bebauung. ER

1 Die Stadtanlage mit dem Neckar von Osten
2 Die ev. Stadtkirche am Rande der Kernstadt
3 Das heutige Rathaus an der Einmündung der Oberen Hauptstraße in den Marktplatz

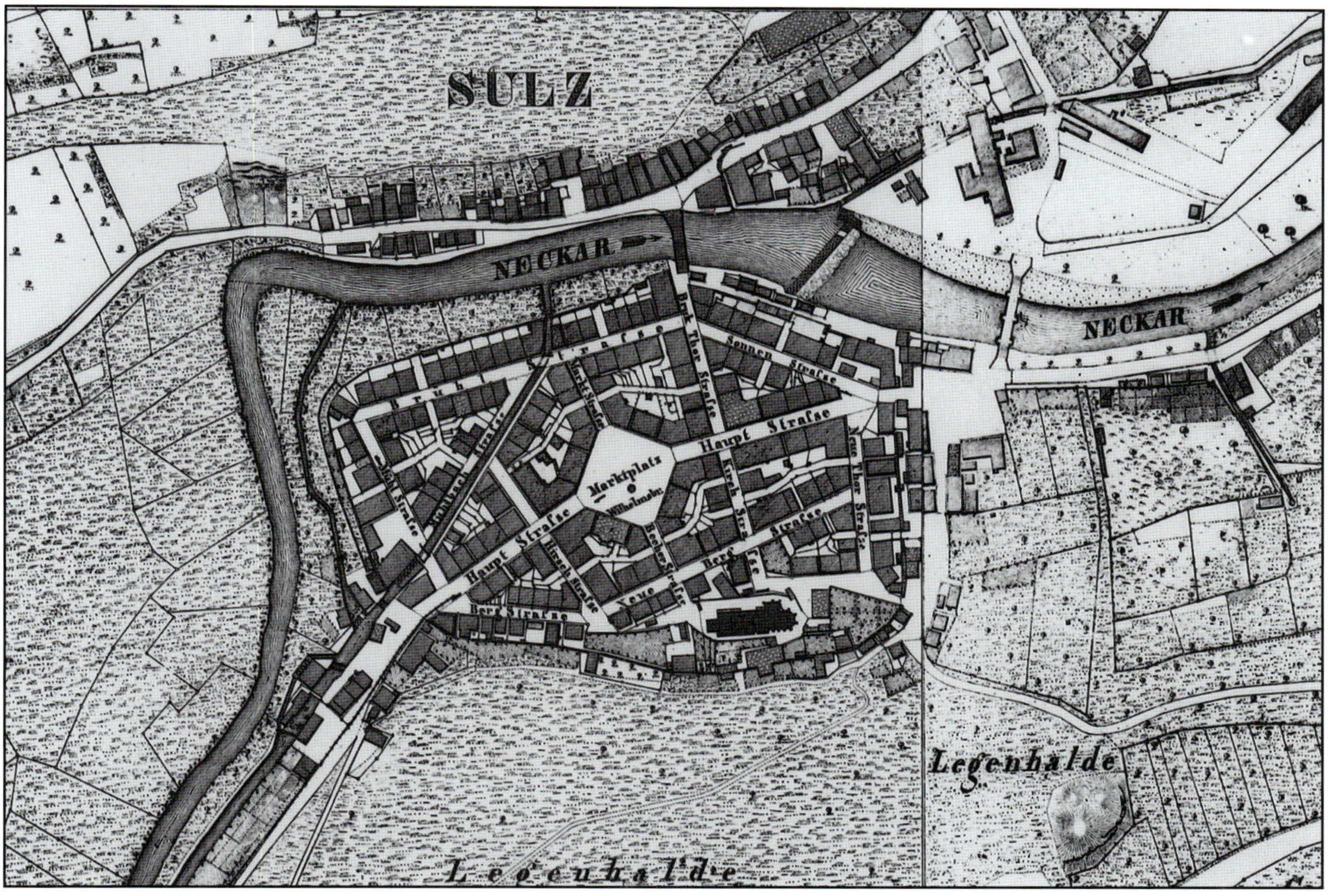

Ausschnitt aus der württembergischen Flurkarte, Stand 1837

Luftbild von 2007

Sulzburg
Landkreis Breisgau-Hochschwarzwald, Regierungsbezirk Freiburg

1

Sulzburg liegt in einem Tal am westlichen Rand des Schwarzwalds, das Oval der mittelalterlichen Stadtanlage südlich, der ehem. Klosterbezirk mit der ottonischen Kirche St. Cyriak nördlich des Sulzbachs zu Füßen des Schlossbergs.

Der Ort, 847 erstmals erwähnt, war vom Frühmittelalter bis in die frühe Neuzeit Zentrum der Gewinnung von Schwarzwälder Silbererz. Die Grablege des Breisgaugrafen Birchtilo bildete vor der Jahrtausendwende die Keimzelle eines Benediktinerinnenklosters. Vor 1283 wurde Sulzburg zur Stadt erhoben, 1515 zur Residenz des Markgrafen Ernst von Baden. Ab 1599 entstand unter Markgraf Georg Friedrich eine Schlossanlage mit Garten, Kapelle und Ballhaus. Seit Ende des 15. Jhs. lebte in der Stadt eine jüdische Minderheit, 1727–1886 war Sulzburg Rabbinatssitz für das badische Oberland.

Die Grundzüge der Stadtanlage und die Stadtbefestigung entstanden im 12.–14. Jh., die Vorstadt wird 1416 genannt. Nach Merians Darstellung von 1642 ist die Stadt von einer Mauer mit vorgelegtem Doppelgraben umschlossen. Die breite Haupt- oder Marktstraße schließt im Westen und Osten mit zwei Toren ab, ein drittes Tor führt im Norden zum Kloster. Den Südwesten der Stadtanlage nimmt der Komplex des Residenzschlosses mit Gartenanlage ein. Der Dreißigjährige Krieg und die Erbfolgekriege führten zum Niedergang der Stadt und der Erzgewinnung. Der Schlosskomplex, in den Kriegen erheblich beschädigt, wurde in den 1830er Jahren zum Zentrum der bürgerlichen Stadt umgestaltet.

2

Die historische Stadtumgrenzung ist heute noch deutlich ablesbar. Stadtmauerreste sind teils in den Gebäuden integriert, teils freistehend erhalten. Freiflächen lassen den ehem. Grabenbereich erkennen. Im Norden begrenzt der Sulzbach die Stadtanlage.

Von Westen kommend durchquert man die einstige Vorstadt mit großzügigen Gehöften und betritt durch das erhaltene Niedere Tor die breite Hauptstraße. Von meist traufständigen Bürgerhäusern gesäumt, weitet sie sich in ihrer Mitte nach Süden zum Marktplatz. Die frühere ev. Stadtkirche, 1836 nach Entwürfen von Heinrich Hübsch anstelle der Schlosskapelle errichtet (heute Landesbergbaumuseum), das Rathaus, 1831–1835 als repräsentatives Wohnhaus eines Weinhändlers erbaut, und die beiden erhaltenen Flügel des Schlosses nehmen drei Seiten des Marktplatzes ein.

Die bürgerlichen Anwesen bestehen meist aus Vorderhäusern und rückwärtigen Wirtschaftsgebäuden. Im Süden der Stadt herrschen größere Anwesen vor, im nördlichen Teil waren vorwiegend Handwerker und Gewerbetreibende ansässig. Hier stehen auch die 1822 errichtete Synagoge im Weinbrennerstil und das ehem. jüdische Gemeindehaus.

3

Trotz weitgehendem Verlust des markgräflichen Schlosses zeichnen sich die Stadtanlage und der frühere Klosterbezirk durch einen dichten historischen Baubestand und ihre Einbindung in die Kulturlandschaft aus.

Seit 1963 stehen der Altstadtkern und der ehem. Klosterbezirk als Gesamtanlage unter Denkmalschutz. 2009 wurde diese um die Vorstadt und den Schlossberg erweitert. ER

1 Westlicher Abschnitt der Hauptstraße mit dem Niederen Tor
2 Östlicher Abschnitt der Hauptstraße mit der ehem. ev. Stadtkirche
3 Anwesen in der Vorstadt, vor dem Niederen Tor

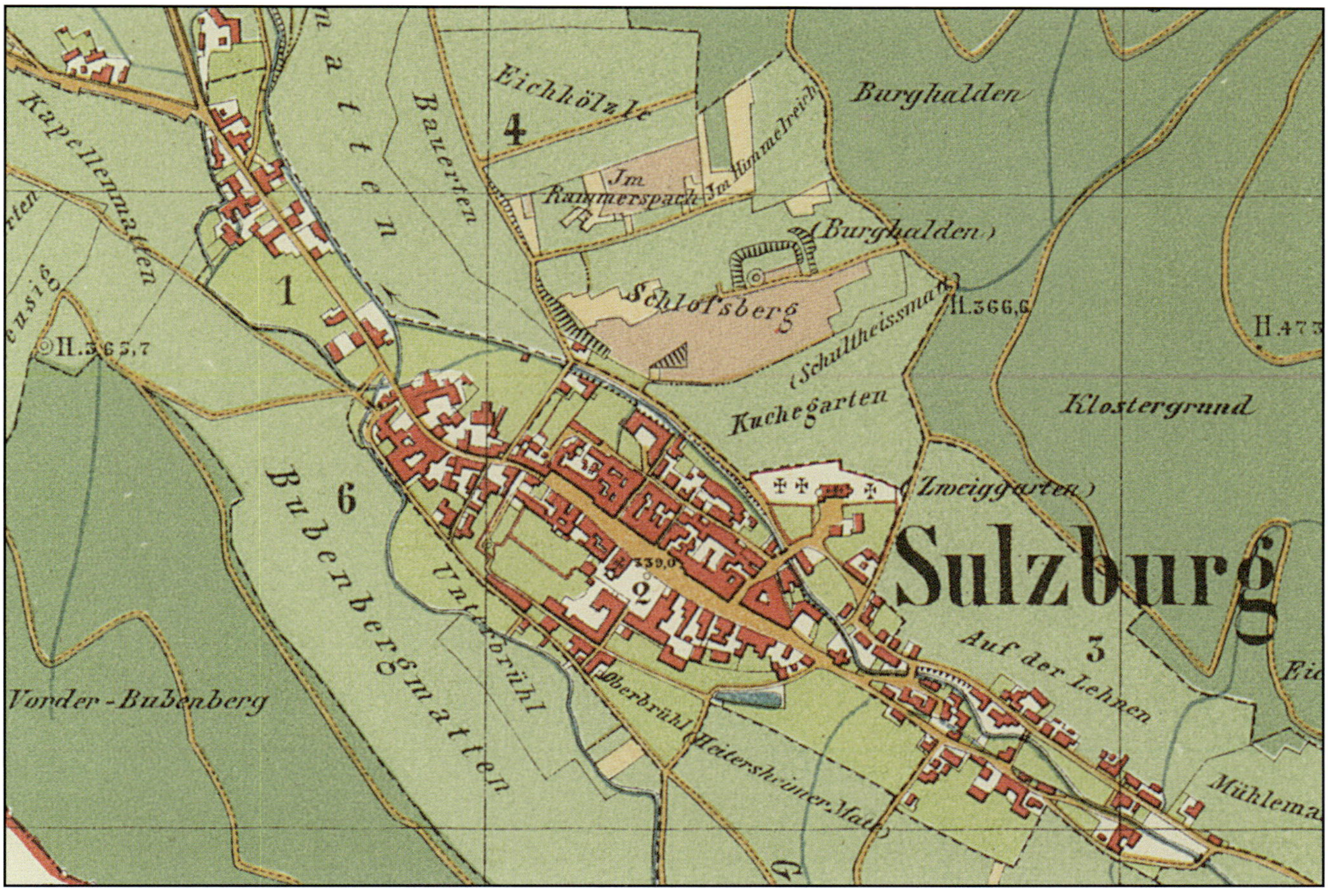

Ausschnitt aus dem badischen Gemarkungsatlas, Stand 1875

Luftbild von 2007

Tengen

Landkreis Konstanz, Regierungsbezirk Freiburg

1 

Die einstige Burgsiedlung im Hegau besteht aus zwei lange Zeit eigenständigen Teilen: der Vorderen Stadt im Norden und der Hinteren Stadt bzw. Hinterburg im Süden. Beide liegen auf einem etwa 360 m langen Felsrücken, der im Osten steil in das Tal des Mühlbachs, im Süden in das unverbaute Tal des Riedbachs abfällt. Zwei künstlich angelegte Halsgräben unterteilen das schmale Plateau.

Im Süden des Felssporns – etwa 1 km südlich des bereits 878 genannten Dorfes Tengen – errichteten die Herren von Tengen in der zweiten Hälfte des 12. Jhs. ihre Burg; im hinteren, durch die Burg geschützten Bereich des Sporns entwickelte sich eine kleine Siedlung. Nördlich der Burg legten sie um die Mitte des

2 

3 

13. Jhs. die Vordere Stadt an. Schon bald veräußerten sie die Hintere Stadt: den ausgedehnten südlichen Burgbereich, der als Fluchtburg angelegt war und die mit Marktrecht ausgestatte Siedlung (1291 Stadtrecht). Bis 1806/11, als sie an Baden kamen, gehörten die Vordere und die Hintere Stadt zu unterschiedlichen Herrschaften; erst seit 1876 sind sie wieder vereinigt. Beide Städte erlitten schwere Verluste: Die Hinterburg wurde 1442 von den Schwäbischen Städten niedergebrannt, die Vordere Stadt 1455 von den Eidgenossen. Weitere Zerstörungen folgten im Dreißigjährigen Krieg.

Die Vordere Stadt bildet ein langgestrecktes, dem Felssporn angepasstes Rechteck. An den Schmalseiten sicherten die überbrückten Halsgräben und zwei Stadttore den Zugang vom Dorf im Norden bzw. den Übergang zu Burg und Hinterburg im Süden. Erhalten ist das Obere Tor, das Ende des 17. Jhs. seine heutige Gestalt erhielt. Die breite Marktstraße wird zu beiden Seiten von traufständigen Häuserreihen begrenzt. Meist handelt es sich um Ackerbürgerhäuser des 18. und 19. Jhs., z. T. mit älterem Kern. Ihre Rückseiten bilden die Stadtmauer. Die ehem. Obervogtei (datiert 1748; im Kern älter) tritt aus der westlichen Häuserflucht vor. An der Ostseite des Platzes ist die Bebauung unterbrochen. Hier lag das Mittlere Tor; eine Straße führt ins Mühlbachtal.

Der äußere Teil der Stadt, jenseits des südlichen Halsgrabens, wird vom mächtigen Bergfried aus Buckelquadermauerwerk beherrscht, der 1519 den Brand der Burg überdauerte. Unterhalb des Turms liegt die dem hl. Georg geweihte ehem. Burgkapelle, die 1668 nach Zerstörung wiederaufgebaut wurde. Beide gehörten – mit der Vorderen Stadt – zur Vorderen Herrschaft Tengen. Im Bereich der Hinterburg finden wir an

4 

älterer Bebauung nur einige landwirtschaftliche Anwesen vor.

Die kleine Stadt zeichnet sich durch ihre exponierte Lage, die gut erhaltene Umgrenzung und die Einbettung in die Kulturlandschaft, vor allem aber durch die Ablesbarkeit ihrer Entwicklung im Laufe des Mittelalters aus.

Seit 1985 steht die Gesamtanlage unter Denkmalschutz. ER

1 Die Stadtanlage von Westen
2 Das Obere Tor im Norden der Vorderen Stadt
3 Die ehem. Marktstraße in der Vorderen Stadt
4 Der Bergfried und die Kapelle St. Georg

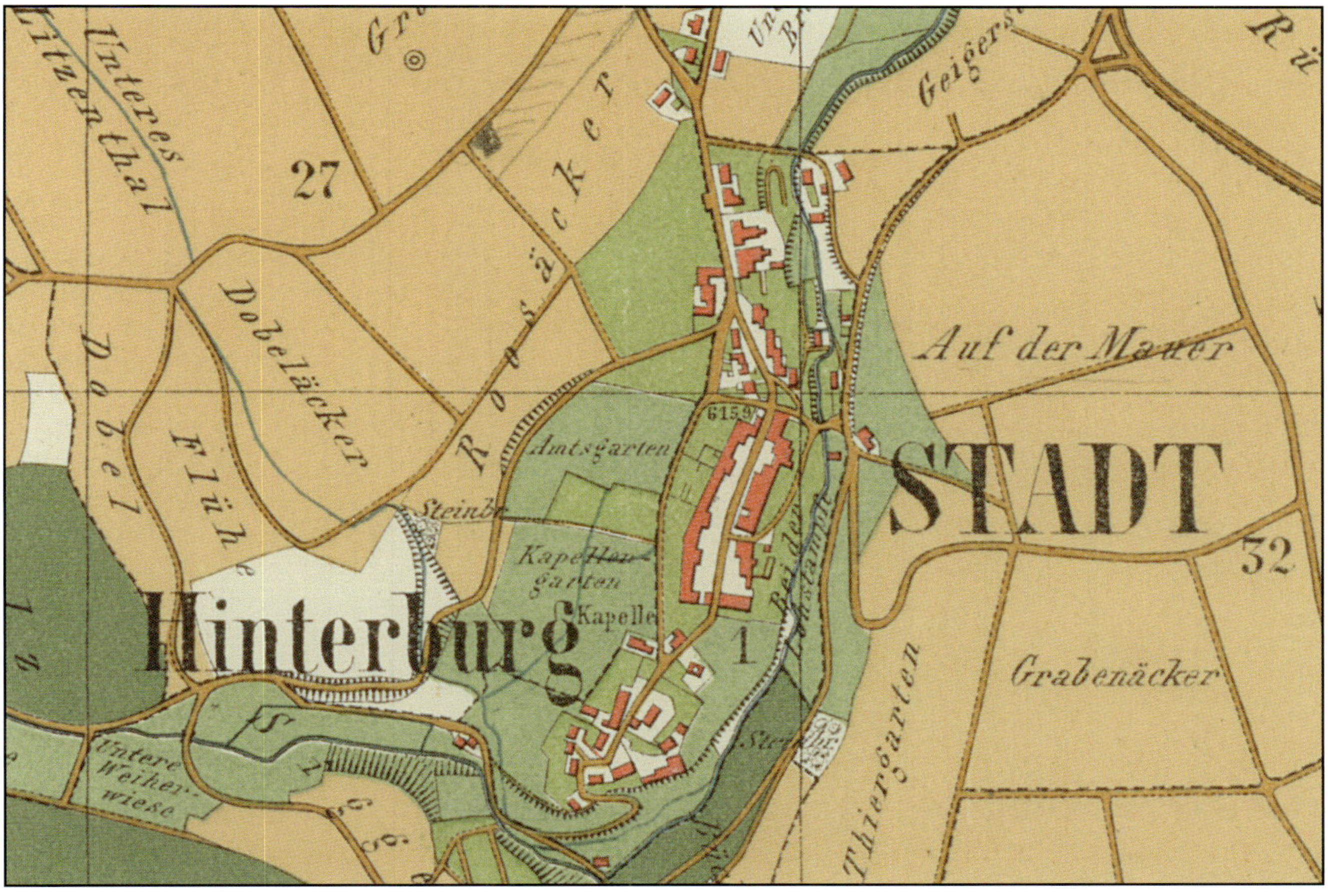

Ausschnitt aus dem badischen Gemarkungsatlas, Stand 1880

Luftbild von 2007

TENGEN-**BLUMENFELD**
Landkreis Konstanz, Regierungsbezirk Freiburg

1

Die kleine Stadtanlage in der Hegaualb liegt, weithin sichtbar, auf einem Jurafelsen, der steil aus dem Talgrund am Zusammenfluss der Biber und dem westlichen Quellbach aufragt. Erstmals 1100 genannt, entwickelte sich der Ort im Schutz der Burg der Herren von Blumberg. Um 1275 erhielt Blumenfeld das Stadtrecht. Burg und Stadt wurden 1499 von den Eidgenossen eingenommen und niedergebrannt. Die Deutschordensherren der Kommende Mainau, die von 1511 bis 1806 die Ortsherrschaft besaßen, erbauten an Stelle der zerstörten Burg das Schloss als Amtssitz ihres Obervogts. Mehrere Großbrände, zuletzt 1907 und 1960, führten zu Verlusten an historischer Bausubstanz.

Das Schloss im Südwesten über dem Abhang, der geschlossene Ring der Häuser, deren Rückseiten die Stadtmauer bilden, und das ehem. Stadttor im Nordosten, bis 1960 der einzige Zugang zur Stadt, lassen deutlich die frühere wehrhafte Funktion der Anlage erkennen.

Im Innern, an der höchsten Stelle des Stadtberges, steht die Pfarrkirche St. Michael. 1100 geweiht, wurde sie 1907/08 unter Einbeziehung des romanischen Turms neu errichtet, zu beiden Seiten der Kirche das Pfarrhaus (datiert 1582) und die ehem. Kaplanei (um 1723). Diese Baugruppe nimmt die Nordseite der früheren Marktstätte ein, im Südwesten grenzt der Schlossbezirk an. Der Nordbau (1578–1582) beherrscht mit seinem mächtigen Staffelgiebel den Platz, im rechten Winkel dazu der Südbau (1515); auf der Zwingermauer wurde 1980–1983 ein neuer Flügel mit Altenwohnungen errichtet.

Die äußere Häuserreihe besteht im Norden und Osten aus Ackerbürgerhäusern, die nach Bränden immer wieder erneuert wurden. Im Westen erfolgte 1962–1972 die Erweiterung des Altenheims; eine Durchfahrt durchbricht seitdem die Randbebauung. Unterhalb der Stadtkirche, dem Stadttor gegenüber, liegt der ehem. Gasthof „Kreuz“ (im Kern 17. Jh.).

2

3

Im Tal, am Wasserfall der Biber unterhalb der Brücke vor dem Stadttor, liegt die Bibermühle, die ehem. Untere Mühle der Stadt.

Mit dem Gegenüber von Schloss, Stadtkirche und Ackerbürgerhäusern ist die kleine Stadtanlage in exponierter Lage das Musterbeispiel einer ehem. Burgsiedlung im Hegau. ER

1 Blumenfeld mit dem Hohenstoffeln von Westen
2 Das Schloss der Deutschordensherren
3 Das Pfarrhaus neben der Stadtkirche

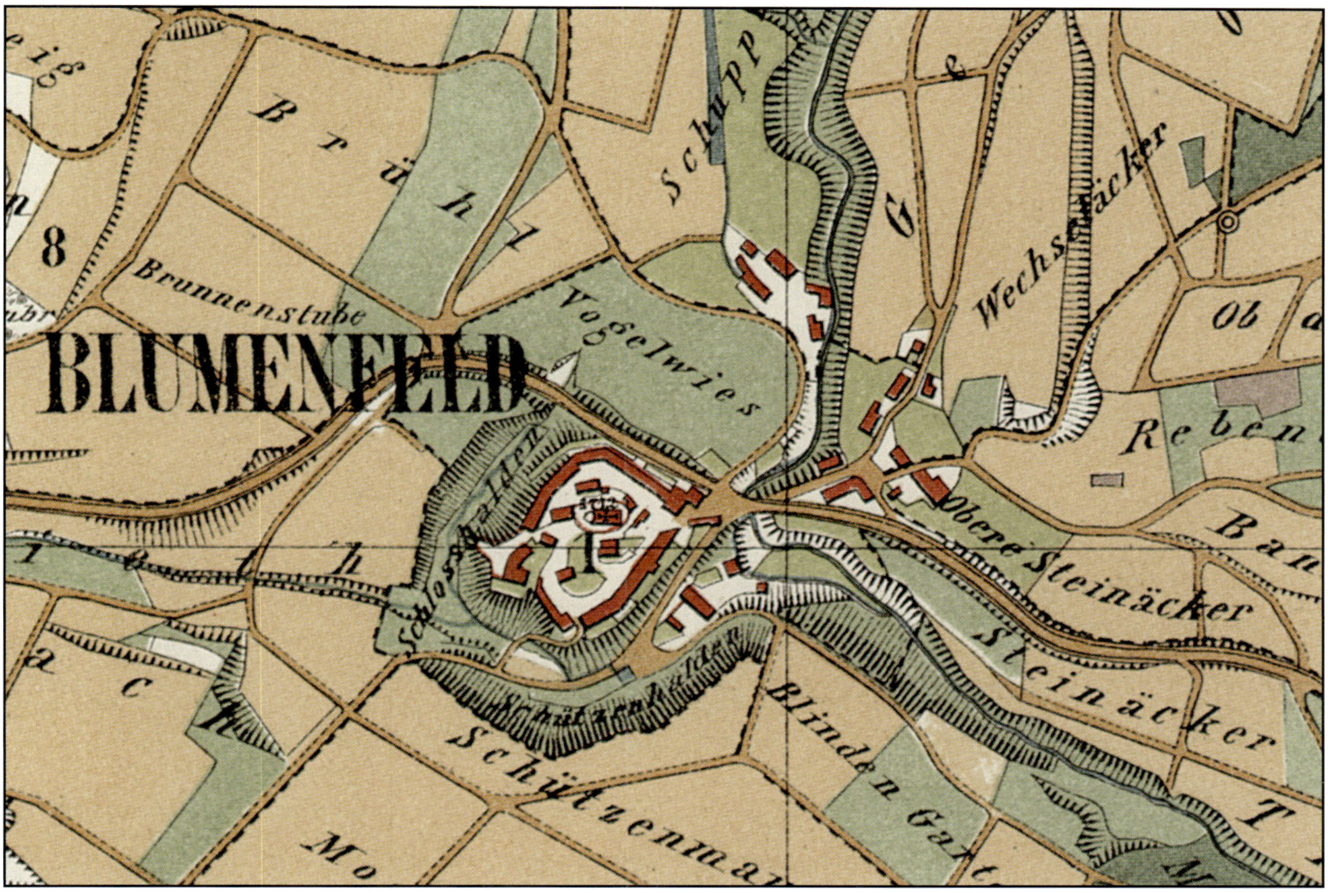

Ausschnitt aus dem badischen Gemarkungsatlas, Stand 1881

Luftbild von 2007

Trochtelfingen

Landkreis Reutlingen, Regierungsbezirk Tübingen

1

Die Altstadt von Trochtelfingen liegt im Bereich der Mittleren Kuppenalb auf einer Terrasse über der Seckach. Das Stadtbild ist heute im Wesentlichen geprägt von der Stadtbefestigung mit markantem Rundturm, der Martinskirche, dem Schloss mit Staffelgiebeln und den stattlichen Fachwerkhäusern aus dem 18. Jh.

Trochtelfingen zählt zu den frühen alemannischen Ansiedlungen und wird 1161 erstmals urkundlich erwähnt. Wohl in der zweiten Hälfte des 13. Jhs. zur Stadt erhoben, gelangt der Ort 1310 an Württemberg und wenig später an die Grafen von Werdenberg, von 1534 bis 1806 war Trochtelfingen in fürstenbergischem Besitz.

Die Stadt des 13. Jhs. liegt etwa in dem Gebiet, das von der inneren Stadtmauer umfasst wird: Im Südwesten lagen der Herrschaftsbereich und die Martinskirche mit Kirchhof. Nördlich der als Markt dienenden Durchgangsstraße, heute Marktstraße, ist noch die regelmäßige Anlage der bürgerlichen Siedlung mit der beinahe rechtwinkligen Ummauerung gegen Nordwesten hinter der Bebauung Untere Gasse und Schlossgasse zu erkennen. Die eher unregelmäßigen Straßenzüge östlich von

2

Martinskirche und Rathaus lassen hier eine frühere Vorstadt am Abhang zur Seckach vermuten.

Durch den Neubau des Schlosses Ende des 15. Jhs. wurde der innere Mauerring im Westen unterbrochen. Deshalb entstand hier zu Beginn des 16. Jhs. eine vorgelagerte Befestigung, zu der auch zwei Rundtürme beiderseits des Oberen Tores und der „Hohe Turm“ an der Südwestecke der Stadt gehörten. Auf einem Gemälde von Martin Menrad von 1684 sind auch die Bastionen entlang der Ostseite der Stadt gut zu erkennen. In der Neckarhalde ist an einigen Gebäuden der Mauerverlauf noch ablesbar, zudem hat sich am Gebäude Nr. 27 eine Schlupfpforte und am Lindenplatz ein Mauerdurchlass der Seckach erhalten.

Der verheerende Stadtbrand von 1726 vernichtete den Großteil des Baubestandes. Die Martinskirche, das Schloss und einige angrenzende Gebäude blieben jedoch weitgehend unversehrt. Zu ihnen zählen die ehem. Kaplaneihäuser Pfarrgasse 2 und 4. Letzteres wurde im Jahr 1401 erbaut und ist derzeit das älteste bekannte Wohngebäude in Trochtelfingen. Unter den stattlichen Fachwerkhäusern entlang der Marktstraße fällt vor allem das 1727 errichtete Gasthaus „Zum Ochsen“ mit seinem reichen Zierfachwerk auf. Es besitzt im Erdgeschoss ursprünglich offene Arkaden und diente als Handelshaus.

3

Die Stadt ist seit 1979 als Gesamtanlage ausgewiesen. IFK

1 Stattliche Fachwerkhäuser in der Altstadt
2 Dachlandschaft von Trochtelfingen
3 Schildausleger des Gasthofs Ochsen (18. Jh.)

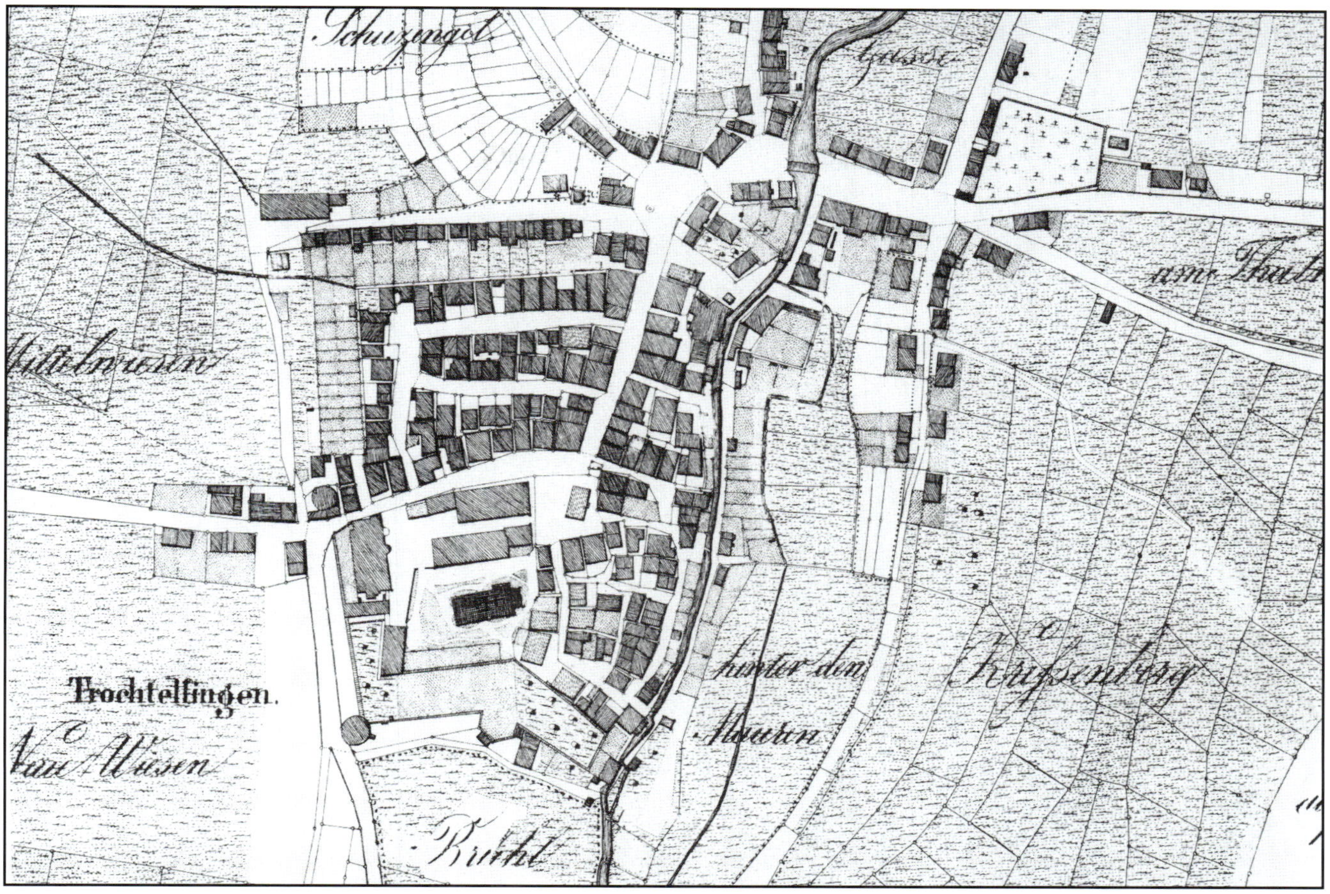

Ausschnitt aus der hohenzollerischen Flurkarte, Stand 1847

Luftbild von 2007

Tübingen
Landkreis Tübingen, Regierungsbezirk Tübingen

Die Stadt Tübingen liegt zwischen Ammer und Neckar, auf dem Sattel eines langgestreckten Höhenrückens, der die beiden Flusstäler voneinander trennt. Nach Süden hin erstreckt sich der Rammert als Ausläufer der Schwäbischen Alb. Im Westen begrenzt der Ammerbuch und im Norden der Schönbuch den Siedlungsplatz.

Rückgrat der Stadt ist die Achse zwischen Burg, Augustinerkloster (später ev. Stift) und der ev. Stiftskirche St. Georg, wo sich seit der Zeit um 1130 das Marktleben abspielte. Nördlich der Wegkreuzung zum Aufgang der Burg lagert sich der Marktplatz an. Von dieser Oberstadt führen die Gassen hinunter in Richtung der nördlich gelegenen Ammer; hier befindet sich um die ev. Pfarrkirche St. Jakob auf regelmäßigem Stadtgrundriss die Unterstadt.

Im Jahr 1078 wird erstmals eine Burg der Nagolder Gaugrafen erwähnt. 1231 ist von einer vorgelagerten Marktsiedlung die Rede, welche sich im Laufe des 13. Jhs. zur Stadt entwickelte. So wird 1262 erstmals auch die Anlage einer Stadtmauer genannt. 1342 verkauften die Pfalzgrafen von Tübingen die Stadt an die württembergischen Grafen. Tübingen wurde daraufhin zweite Residenz der Württemberger. Die Universitätsgründung 1477 durch Graf Eberhard im Bart verlieh Tübingen neuen Auftrieb und wurde zum entscheidenden Faktor der weiteren Stadtgeschichte. Von der ehem. Stadtbefestigung sind nur noch Reste der Stadtmauer sowie der Rundtürme am Neckarufer in der Bebauung erhalten.

Das im Südwesten an höchster Lage erbaute Schloss Hohentübingen (um 1050, Ausbau 1507) prägt das gesamte Landschaftsbild rund um Tübingen. Daneben ist die, auf erhöhter Terrasse gelegene ev. Stiftskirche (1470–1490) stadtbildbeherrschend. Weitere Großbauten innerhalb des historischen Stadtgefüges stellen die ev. Pfarrkirche (um 1200, erweitert um 1500) in der Unterstadt, das ehem. Augustinerkloster (1262–1276), das Wilhelmstift (1588–1593), der ehem. Bebenhäuser Pfleghof (1492–1501), das Rathaus (um 1435) am Marktplatz, der Fruchtkasten (1491), die Alte Bursa (1478–1482) sowie die Alte Aula (1547) dar.

Die Trennung zwischen der Oberstadt der Kaufleute mit der Universität auf dem Bergrücken und der Unterstadt der Weingärtner und Ackerbürger ist noch heute spürbar. In der Oberstadt ist der historische Charakter am besten in der Burgsteige und Münzgasse erhalten. Neben den ältesten Universitätsbauten prägen stattliche, oftmals fünf- bis sechsgeschossige, fachwerksichtige Bürger- und Kaufmannshäuser das Bild. In der Unterstadt dominieren dagegen schlichte Ackerbürger- und Handwerkerhäuser. Die meisten Altstadthäuser sind hier von bescheidenem landstädtischem Charakter mit springenden Fluchten der mit Vorstößen versehenen Giebelfronten und bewegter Dachlandschaft. MN

1 Die Stiftskirche in der Altstadt
2 Enge Gassen mit zum Teil verputzten mehrstöckigen Fachwerkhäusern
3 Die Neckarfront
4 Der Marktplatz

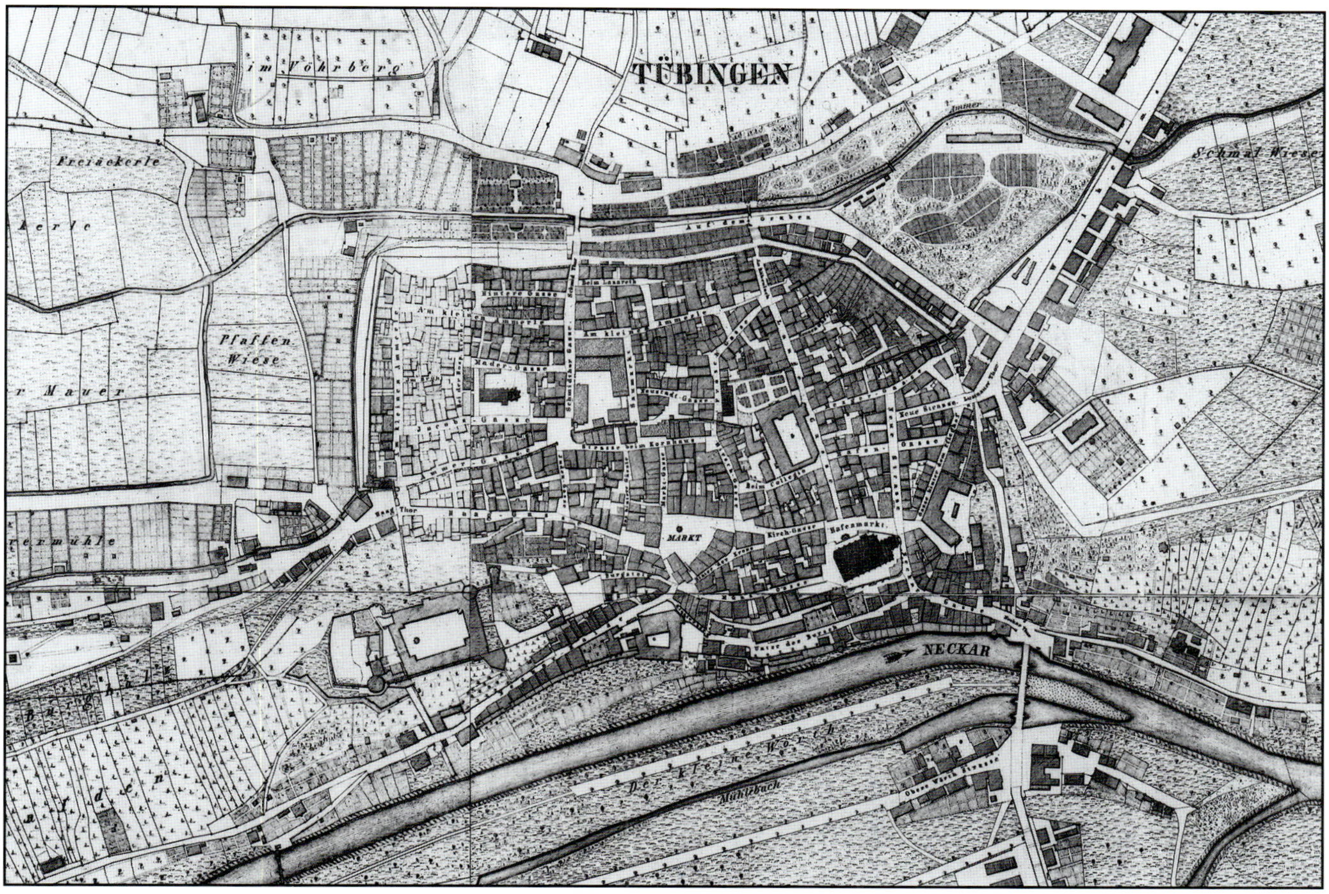

Ausschnitt aus der württembergischen Flurkarte, Stand 1848

Luftbild von 2007

Überlingen

Bodenseekreis, Regierungsbezirk Tübingen

1

Die Stadt wird durch den sanften Anstieg des nördlichen Bodenseeufers bestimmt. Eingebettet in die umgebende, in neuerer Zeit weithin bebaute Hügellandschaft, behauptet sich die Altstadt von Überlingen in anschaulicher Weise.

Innerhalb des Stadtumrisses hat sich das mittelalterliche Straßennetz ohne größere Veränderungen bis zur Gegenwart erhalten. Seine städtebauliche Struktur ergibt sich aus dem Gegensatz der flachen Uferzone zu den Erhebungen des Gallerberges in westlicher und des Lucienberges in östlicher Richtung. Grundlage des Straßennetzes

2

bilden die in ihrem Verlauf etwa uferparallelen, den Hangterrassen jeweils folgenden Straßenzüge. Diese kreuzen sich mit Wegen, die in unterschiedlicher Ausnutzung des Geländes auf die Höhen führen.

Überlingen soll auf einen alamannischen Siedlungsplatz zurückzuführen sein, der bereits 612 erstmals Erwähnung findet. Siedlungskern bildet der Bereich zwischen Münster und Greth (ehem. Kaufhaus). Von hier aus erweiterte sich die Ansiedlung in nördliche Richtung und bildet wohl ab dem 12. Jh. mit der sog. Neustadt die erste Vorstadt aus. Im 13. Jh. entstand die westlich gelegene Fischerhäuser-Vorstadt. 1803 kam Überlingen an Baden.

Die Altstadt wird von einem in wesentlichen Teilen noch erhaltenen spätmittelalterlichen Befestigungssystem umgrenzt. Es umschließt in unregelmäßig-mehreckigem Zug den Kern der Stadt und ähnlich auch die im Westen und Nordwesten vorgelagerten Vorstädte. Erhalten haben sich noch das Barfüßertor (1494) und das Aufkircher Tor. Bemerkenswert sind die Grabenanlagen nördlich und östlich der Kernstadt sowie um die Vorstädte herum.

Innerhalb des Stadtbildes treten als besondere bauliche Dominanten die Greth (1788, im Kern älter) am Landungsplatz, das Rathaus (14. Jh.) und das Münster (14. Jh.) in der Mitte der inneren Stadt, das Barfüßertor und die ehem. Franziskanerkirche (14. Jh.) an der Nahtstelle zur Neustadt sowie auf der Höhe des Lucienberges die burgähnliche Erscheinung des Reichlin-Meldegg-Hauses (15. Jh.) hervor. Die alte Umgrenzung des Stadtkernes wird mit den drei großen Rundtürmen der Stadtbefestigung sichtbar.

Der topographischen Situation entsprechend, bestimmen und gliedern die Großbauten die Straßen und Platzräume der Kernstadt. Bedeutende Kulturdenkmale überliefern die Geschichte und den kulturgeographischen Rang dieser alten Handels- und Fischerstadt am nördlichen Bodenseeufer. Die zumeist traufständigen Bauten stehen mit dem noch weitgehend mittelalterlichen Straßennetz und der auch sozialtopographisch überaus aussagefähigen Bebauungsstruktur in einem unmittelbaren Zusammenhang. MN

3

1 Münster mit Stadtarchiv
2 Franziskanergasse mit Franziskanertor
3 Überwiegend traufständige Häuser säumen die Altstadtstraßen

Ausschnitt aus dem badischen Gemarkungsatlas, Stand 1881

Luftbild von 2007

VAIHINGEN AN DER ENZ
Landkreis Ludwigsburg, Regierungsbezirk Stuttgart

Die Stadtansicht von Vaihingen besitzt mit Schloss Kaltenberg auf einem Bergsporn über der Enz und der unterhalb liegenden bürgerlichen Siedlung mit der Stadtpfarrkirche als Höhepunkt eine große Fernwirkung. Dieser Prospekt der Stadt – schon in Merians Kupferstichen überliefert – wird entschieden auch durch erhaltene Grünflächen mitbestimmt, so die Köpfwiesen im Talgrund sowie die terrassierten Weinberge am Schloss.

Als eine der ältesten alamannischen Siedlungen der Landnahmezeit an der wichtigen Fernhandelsroute Speyer–Ulm gegründet, entwickelte sich aus dem Zusammenschluss zweier älterer Kerne die heutige, auf das Hochmittelalter zurückgehende Stadt. Die beiden Kernpunkte um die frühe Kirche St. Peter im Osten vor der Stadtmauer sowie um das an den Burgberg angelehnte Quartier im Westen sind deutlich durch ihre unregelmäßige Struktur im Stadtgrundriss erkennbar. Die hochmittelalterliche Stadterweiterung ist dagegen an den rechtwinkligen und eher geradlinigen Straßenzügen auszumachen. Der Umriss des Stadtkerns ist trotz des Verlustes großer Teile der Befestigung im 19. Jh. noch offenbar: Ein unregelmäßiges Viereck mit relativ gerader Mauerführung und ausgeprägten Ecken ist mit Schenkelmauern mit der Burg auf der Anhöhe verbunden. Hauptachse ist die alte Fernstraße, die den Ort von Südosten nach Nordwesten durchzieht und im rechteckigen Marktplatz mit dem freistehenden barocken Rathaus einen Mittelpunkt findet.

Förderer der Stadt waren die Württemberger, die sie seit dem 14. Jh. in Besitz hatten. Als Zollstätte auf der Handelsroute sowie als befestigtem Grenzort entwickelten sich Handel, Gewerbe und Märkte. Zahlreiche stattliche Bürgerhäuser zeugen von der Bedeutung und dem Wohlstand der Stadt. Aufgrund mehrerer großer Stadtbrände sind ältere Bauten nur noch in Resten (Kellern, Erdgeschossen) erhalten. Der Großteil des Baubestandes geht auf Erneuerungen bzw. Wiederaufbauten des 17. und 18. Jhs. zurück. In der meist giebelständigen Bebauung zeigen sich sowohl reiche Schmuckfachwerke des 17. Jhs. als auch die Tendenz zu verputztem Fachwerk gemäß der barocken bzw. klassizistischen Gestaltvorstellung von einheitlichen Straßenbildern. Die beachtenswerte Geschlossenheit der historischen Bebauung und die imposante Stadtsilhouette zeichnen Vaihingen im besonderen Maße aus. MH

1 Schloss Kaltenstein hoch über dem Stadtkern
2 Marktplatz mit barockem Rathaus
3 Turm der ehem. Peterskirche
4 In der Schlossstraße

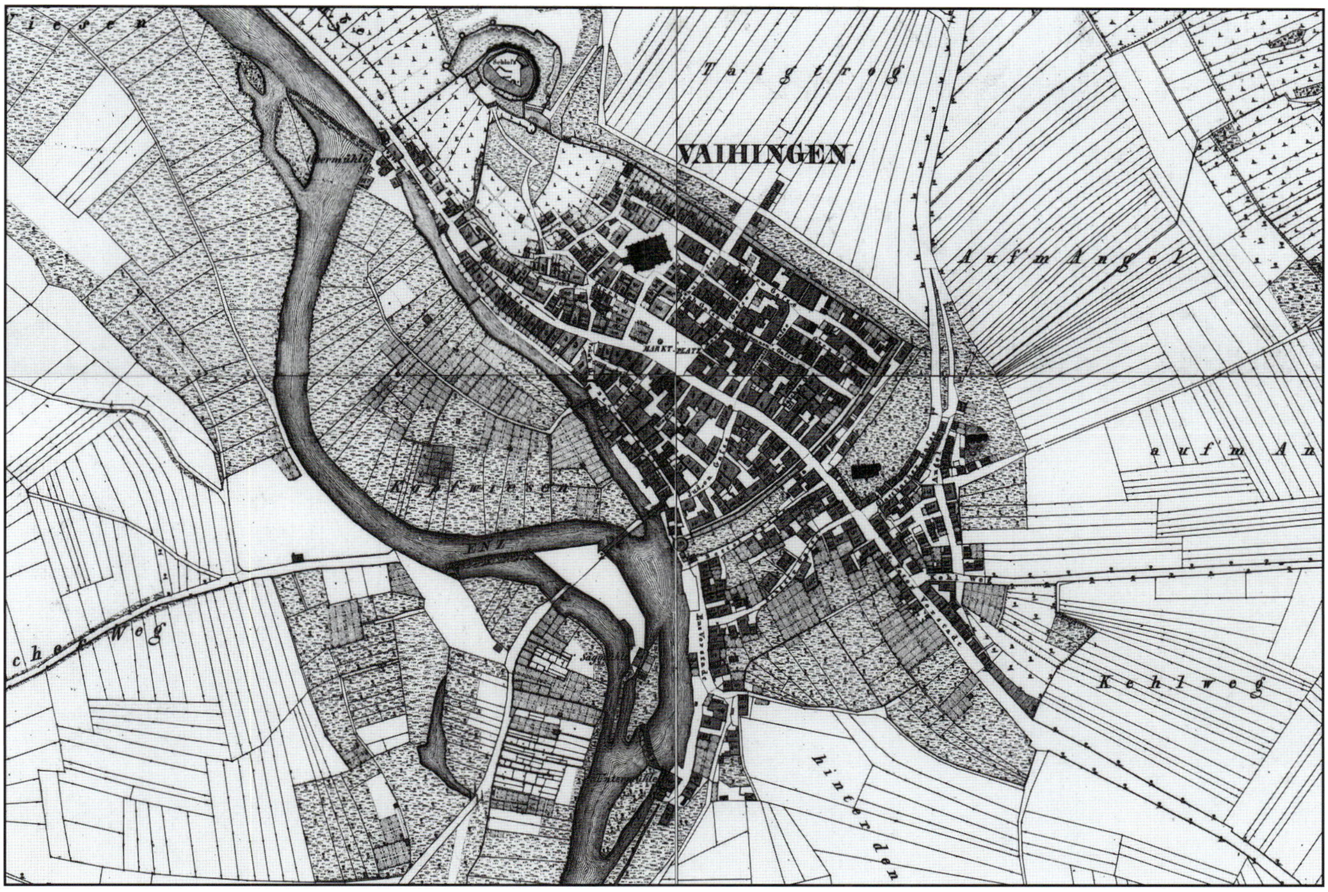

Ausschnitt aus der württembergischen Flurkarte, Stand 1832

Luftbild von 2007

Vellberg
Landkreis Schwäbisch Hall, Regierungsbezirk Stuttgart

1

Am tiefen Taleinschnitt der Bühler, einem Nebenfluss des Kochers liegt in einer imposanten Spornlage das Städtchen Vellberg. Die umgebenden Wald- und Wiesenflächen stärken die optische Wirkung der Siedlung im Landschaftsraum. In einer typischen Höhenlage wurde im 11. Jh. die Burg gegründet, die niederadelige Familien – teils als Lehen der Hohenloher – besaßen. Dies war jedoch nicht die erste Ansiedlung: Auf dem gegenüberliegenden Umlaufberg der Bühler gab es bereits eine bedeutende frühgeschichtliche Besiedlung, die im Mittelalter mit der Stöckenburg eine Fortsetzung fand. Die dort gegründete Ur- und Pfarrkirche der Region, St. Martin geweiht, ist heute noch ein imposanter Solitär.

An der Vellberger Burg wurde in den nachfolgenden Jahrhunderten vielfach gebaut und erweitert. Neben dem eigentlichen, durch einen Graben abgetrennten Burgareal, bildete sich ein Vorhof, später „Städtle" genannt, der bis zum Ende des 15. Jhs. befestigt war. Aus der kleinen Burgsiedlung entwickelte sich der Mittelpunkt einer Ritterschaft. Von Anfang des 17. Jhs. bis 1802 war Vellberg aber nur noch Amtsort im Gebiet der freien Reichsstadt Hall, deren östlicher Grenzsicherung er diente.

Die ummauerte Stadtveste besitzt eine keilförmige Grundfläche, die unregelmäßig bebaut ist. Deutliche Abgrenzung ist die Stadtbefestigung, die seit den 1930er Jahren restauriert und teilweise rekonstruiert wurde. Zahlreiche Türme, vor allem am westlichen Stadtzugang, bestimmen die Stadtsilhouette. Durch den inneren Graben getrennt, nimmt das 1543–1546 erbaute Schloss mit seinen noch mittelalterlich wirkenden Staffelgiebeln sowie die vorgelagerte Bastion eine beherrschende Rolle im Stadtbild ein. Die Bebauung in Vellberg ist einerseits durch eine Reihe historischer Massiv- bzw. Fachwerkgebäude des 15. bis 19. Jhs. gekennzeichnet. Andererseits finden sich auch jüngere Baumaßnahmen, die zwischen historisierenden Neubauten und einer Kontrastarchitektur wie am Küchenanbau des Schlosses schwanken.

Das geschlossene Stadtbild blieb dennoch erhalten und das Städtchen samt der Umwehrung ist zusammen mit der gegenüberliegenden Stöckenburg mit Martinskirche, der Mühle im Tal, den erhaltenen Resten der im 16. Jh. entstandenen Vorstadt sowie dem umgebenden Landschaftsraum ein eindrucksvolles Beispiel einer ehemaligen Burgstadt. MH

3

2

1 Stadtansicht mit Schloss auf dem Bergsporn über der Bühler
2 Ev. Pfarrkirche auf der Stöckenburg
3 Im Städtle

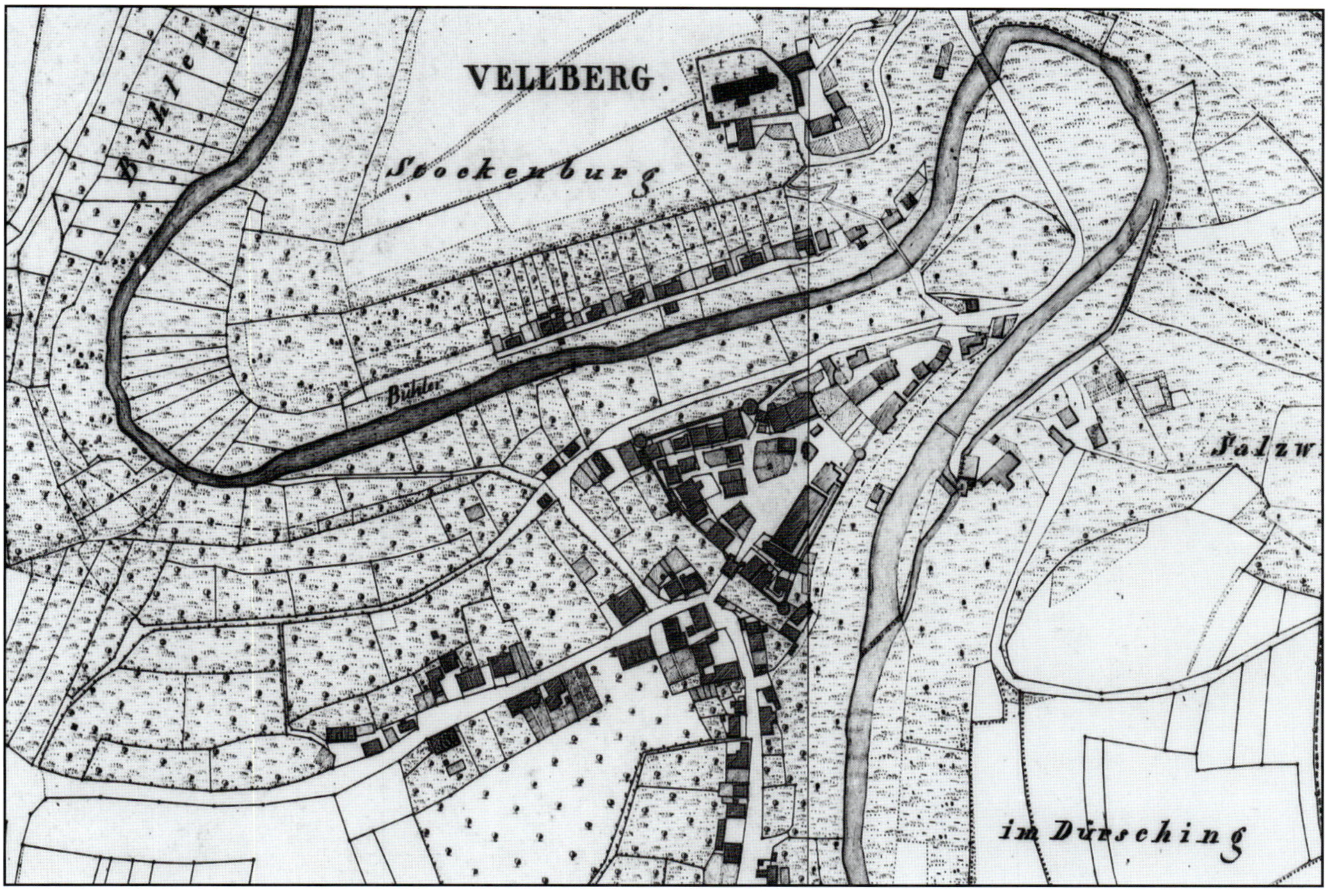

Ausschnitt aus der württembergischen Flurkarte, Stand 1828

Luftbild von 2007

VILLINGEN-SCHWENNINGEN
Schwarzwald-Baar-Kreis, Regierungsbezirk Freiburg

1 

Villingen liegt an der Ostabdachung des Schwarzwaldes in einem Bogen der Brigach. Die erste Nennung im Jahr 817 bezog sich auf die 1,5 km südöstlich des Stadtkerns gelegene Vorgängersiedlung, die im 4. Jh. entstand. Ein Graf Berthold erhielt von Kaiser Otto III. im Jahr 999 das Markt-, Münz- und Zollrecht für Villingen – die erste Verleihung dieser Rechte an einen Weltlichen. Die planmäßige Anlage der Stadt an heutiger Stelle erfolgte unter Einbeziehung einer Burgstelle im nordwestlichen Stadtviertel in der zweiten Hälfte des 12. Jhs. Unter der Herrschaft der Zähringer wurde um 1200 die Siedlungsfläche mit Mauer und Graben befestigt. Nach Aussterben der Stadtherren 1218 kam es zu mehrfachen Herrschaftswechseln, bis sich schließlich Heinrich von Fürstenberg durchsetzte und die Stadt zu seiner Residenz ausbaute. Unter seinen Söhnen kam es zur Emanzipation der Stadt im rechtlichen Sinn (Stadtrechte 1284, Zollordnung 1296, Zunftbrief 1324). Im Jahr 1326 ging die Stadtherrschaft bis 1803 an Habsburg über. 1806 kam Villingen an Baden.

Die außergewöhnlich gut erhaltene Bausubstanz und Grundrissstruktur wurden von Kriegen und Bränden weitgehend verschont. Die ovale Grundfläche der Stadt ist von einer Grünanlage umgeben, unter der die beiden verfüllten Stadtgräben und die äußere Stadtmauer liegen – die Anlage eines zweiten Stadtmauerrings erfolgte im 15. Jh. Eine durchgehende Verkehrsachse quert die Stadt von Westen durch das Riettor (1231) und verlässt sie im Osten durch das Bickentor (1261). Sie kreuzt sich mit einer weiteren Hauptachse, die im Norden durch das Obere Tor (1253) in die Stadt führt; das gegenüberliegende Niedere Tor wurde im 19. Jh. abgebrochen. Diese früher fälschlicherweise als „Zähringerkreuz" bezeichneten Hauptstraßen gliedern die Stadt in vier ungleich große Teile, die durch dazu parallel angelegte Gassen erschlossen sind.

2 

Im nordwestlichen Viertel konzentrieren sich Einrichtungen der Pfarrei und der städtischen Administration (Rathaus 1341, Kaufhaus 1344). Der Platz um das Münster war nicht ursprünglich geplant, sondern entstand durch den Abbruch von Gebäuden im 14./15. Jh. In

3 

4 

und um dieses Viertel liegen die Stiftungen der Stadtherren: Dominikanerinnenkloster (1255), Johanniter (1257), Franziskanerkloster (1268), Heiliggeistspital (1283), Klarissenkloster (1278) sowie spätere Niederlassungen: Antoniter (15. Jh.) und Benediktinerkloster St. Georgen (16. Jh.). Nur das Kapuzinerkloster (1655) liegt im Süden der Stadt. Die anderen Viertel der Ackerbürgerstadt sind von schmalen, langen Parzellen geprägt. Die traufständig angeordneten, meist zwei- bis dreigeschossigen Vorderhäuser bilden geschlossene Häuserzeilen aus. Die Nebengebäude sind durch Wirtschaftsgassen erschlossen.

Seit 1991 steht die Gesamtanlage unter Denkmalschutz. BJ

1 Obere Straße mit Oberem Tor
2 Bickentor und Kirche des Ursulinenklosters
3 Münsterplatz mit dem Münster Unserer Lieben Frau
4 Brunnenstraße

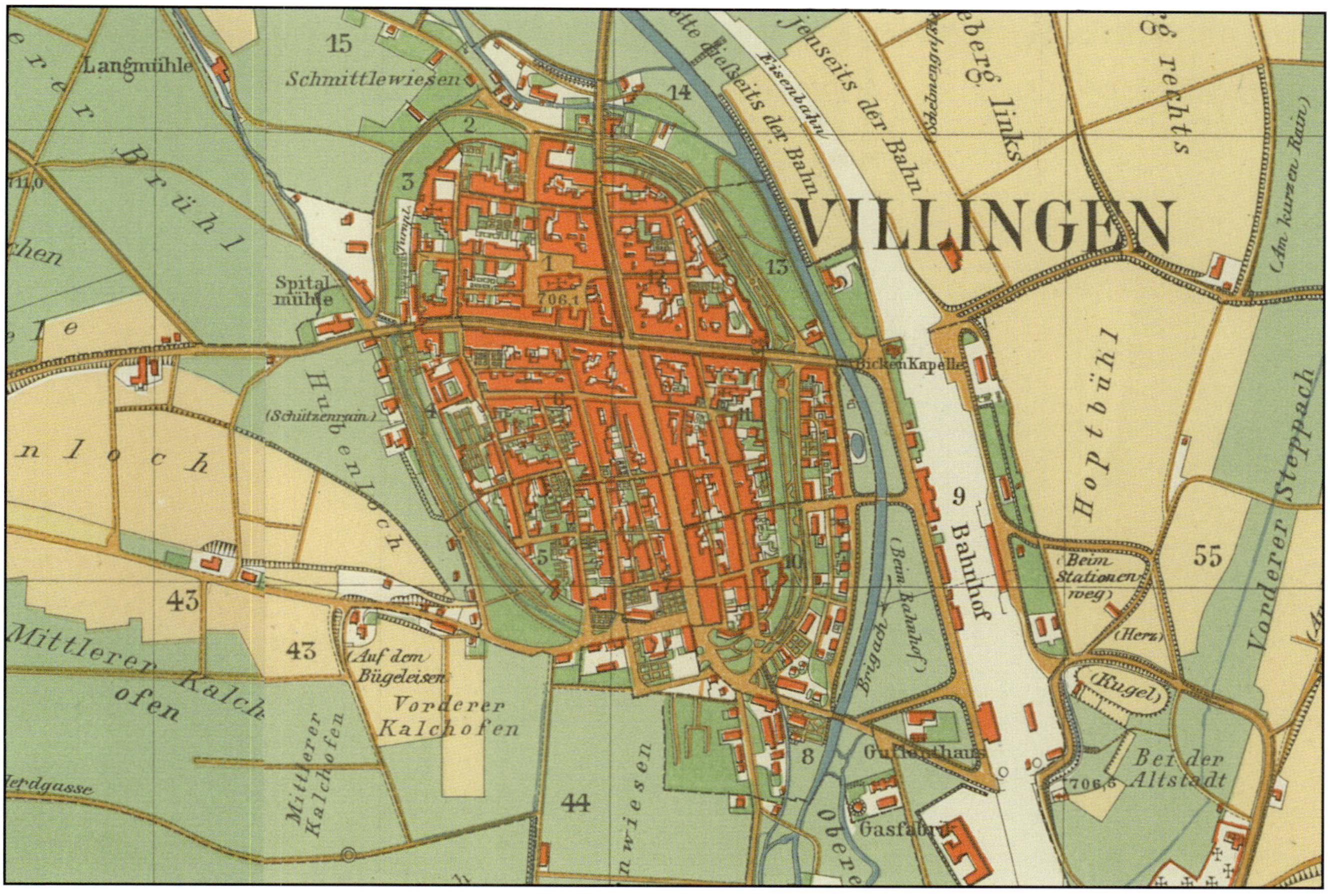

Ausschnitt aus dem badischen Gemarkungsatlas, Stand 1895

Luftbild von 2007

Vogtsburg-**Burkheim**
Landkreis Breisgau-Hochschwarzwald, Regierungsbezirk Freiburg

1

Die kleine Stadtanlage liegt an einem sanft abfallenden Ausläufer des Kaiserstuhls, nahe dem Rhein. Bereits 762 urkundlich erwähnt, ging Burkheim 1150 an die Herren von Hachberg über. Eine Burg wird erstmals 1230 genannt, ein eigenes Siegel erkannte man der Stadt 1248 zu. Seiner Lage unmittelbar am Rhein verdankte Burkheim seine Bedeutung im Mittelalter. Schwer in Mitleidenschaft gezogen wurde die Stadt im Dreißigjährigen Krieg. Die Schlossanlage fiel 1672 den Zerstörungen französischer Truppen zum Opfer.

Burkheim wurde auf einem nach Südwesten gerichteten Sporn errichtet, dessen Spitze die Ruine des Schlosses auf einem steil abfallendem Fels einnimmt. Die Stadtanlage gliedert sich in drei Teile: Mittelstadt und Oberstadt liegen innerhalb einer ersten Stadtummauerung, die nach Süden bzw. Osten durch die Burg und den Steilhang, zum ansteigenden Hügelgelände in ihrem Rücken durch einen Graben gesichert war. Die Unterstadt im Osten, am Fuße des Hanges, dürfte nachträglich als Vorstadt entstanden und ummauert worden sein. Ansehnliche Reste der Stadtmauer haben sich erhalten, vor allem im Norden bzw. Nordwesten der Stadtanlage.

Die Mittelstadt zwischen dem im 18. Jh. erneuerten Oberen Tor im Norden und dem Schlossbezirk im Südwesten bildet den Kern der Stadtanlage. Hier finden wir die am großzügigsten bemessenen Grundstücke vor. Die Anwesen der Rebbauern setzen sich zumeist aus traufständigem Wohnhaus, rückwärtiger Scheune und einem verbindenden Schopf zusammen. Auf der südlichen Straßenseite grenzen sie mit ihren Rückgebäuden oder kleinen Gärten unmittelbar an die Stadtmauer, auf der Nordseite sind die Gehöfte rückwärtig durch eine Wirtschaftsgasse erschlossen. Wo sich der Straßenraum zu einem Platz aufweitet, stehen die wichtigsten und repräsentativsten Profanbauten der Stadt, u. a. das Rathaus, das ehem. Amtshaus von 1604 (1712 vergrößert) mit seinem fünfseitig vortretenden Treppenturm, schräg gegenüber der ehem. Gasthof „Zu den fünf Türmen“ mit ornamentalem Sichtfachwerk des 17. Jhs.

2

In der Oberstadt finden wir eine kleinteilige Baustruktur vor, aus der die Pfarrkirche St. Pankratius herausragt; der barocke Pfarrhof nimmt die Nordwestecke der Stadtanlage ein. Die Unterstadt mit ihren kleinen Anwesen, bis zur Rheinkorrektur in unmittelbarer Nähe eines Rheinarmes gelegen, war das Wohnviertel der Fischer.

3

Neben der markanten Silhouette mit der Burgruine und der Pfarrkirche sowie dem dichten historischen Baubestand gibt vor allem der Straßenraum der Mittelstadt der kleinen Stadtanlage ihr besonderes Gepräge.

Seit 1979 steht die Gesamtanlage unter Denkmalschutz. ER

1 Die Stadtanlage mit Schlossruine und Kirche von Südwesten
2 Ehem. Gasthof „Zu den fünf Türmen“ in der Mittelstadt
3 Mittelstadt mit dem Oberen Tor

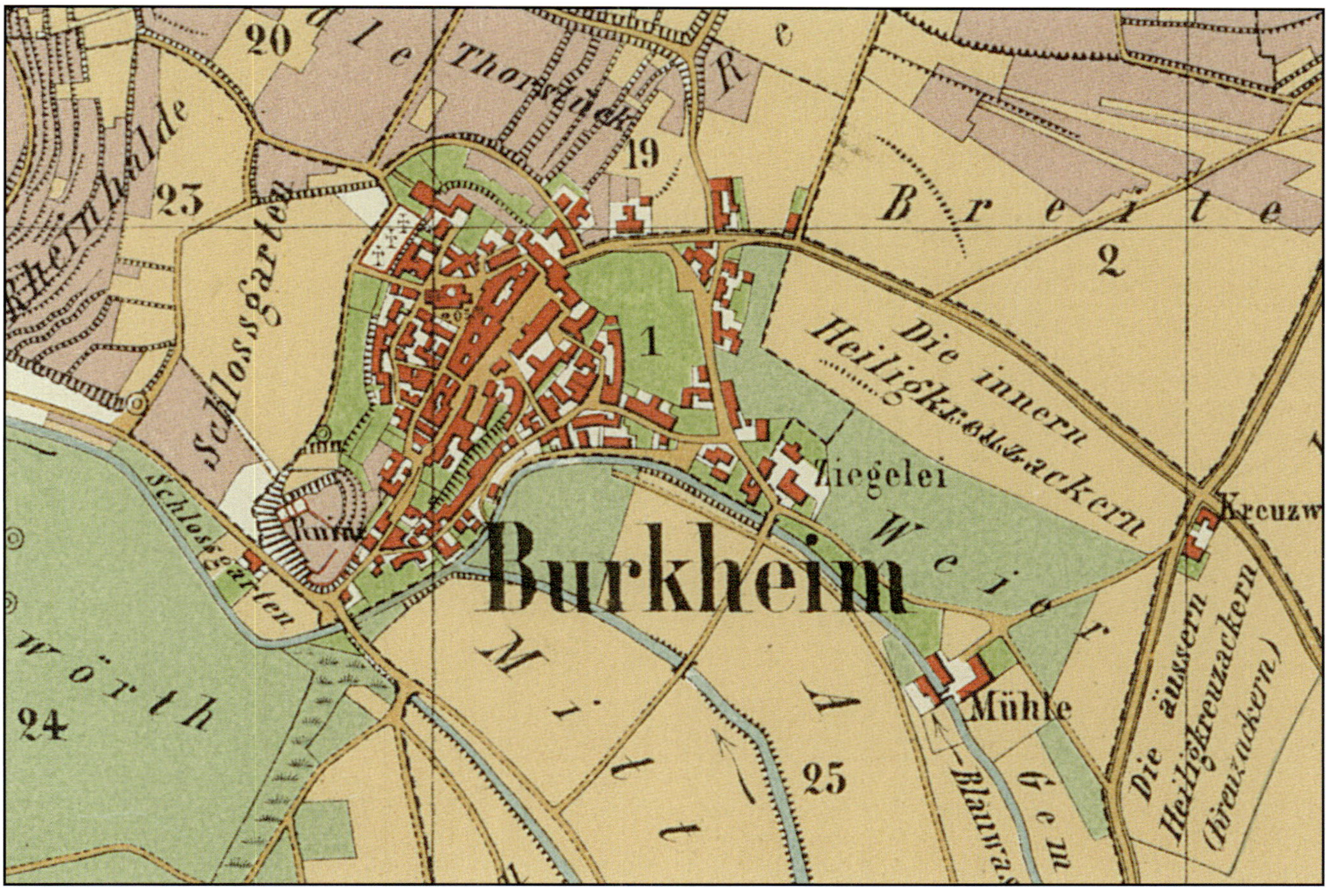

Ausschnitt aus dem badischen Gemarkungsatlas, Stand 1884

Luftbild von 2007

Waiblingen

Rems-Murr-Kreis, Regierungsbezirk Stuttgart

Die Altstadt von Waiblingen liegt im Verdichtungsraum rund um Stuttgart auf einem erhöhten Bergrücken in der breiten Talaue der Rems. Schon der auf -ingen endende Ortsname deutet auf eine frühe Siedlungsgründung hin. Zunächst alamannischer Grenzort, kam die Siedlung im 9. Jh. in karolingischen Besitz. Ein Königshof entstand, der 885 erstmals urkundlich erwähnt wurde. Ende des 11. Jhs. übernahmen die Staufer die Stadt, im 13. Jh. dann die Württemberger, die in der Folge die zur Stadt herangewachsene Marktsiedlung als Amtsitz bestimmten und ummauern ließen.

Florierender Weinhandel, ein entwickeltes städtisches Handwerk, die zeit-

weilige Hofhaltung der Württemberger in ihrer Stadtburg sowie eine etablierte bürgerliche Oberschicht kennzeichnen die spätere Stadtentwicklung. Die vielen Neubauten des 15. und 16. Jhs. fielen jedoch größtenteils der Zerstörung im Dreißigjährigen Krieg zum Opfer. Der Wiederaufbau orientierte sich am unregelmäßigen, mittelalterlichen Grundriss der Stadt. Die nierenförmige Grundform wird von zwei Hauptachsen, der Langen und der Kurzen Straße durchzo-

gen. In der Stadtmitte ist als Querriegel der Marktplatz zwischen diese Hauptstraßen eingespannt.

Waiblingen hat im Industrialisierungsprozess des 19. und 20. Jhs. eine schwunghafte Siedlungsentwicklung erfahren. Wesentliche Eingriffe im Stadtkern waren im 19. Jh. der Abbruch von Stadttoren und die Bebauung des Vorfeldes, im 20. Jh. flächenhafte Sanierungen bzw. Neubebauungen, wie z. B. 1976 die Errichtung des wabenförmigen Marktdreiecks. Dennoch blieb der historische Stadtkern Waiblingens erfahrbar und erlebbar.

Die Stadtumwehrung besitzt mit Hochwachtturm und Beinsteiner Tor sowie dem besonders eindrucksvollen Mauerabschnitt an der Rems mit Wehrgang stadtbildbestimmende Funktion. Ein dichter historischer Baubestand an Fachwerkhäusern des 17. und 18. Jhs. in einem engmaschigen Straßennetz prägt das innere Bild der Stadt. Erhaltene Scheunen zeugen von der ackerbürgerlichen, ehemalige Gerberhäuser von der handwerklichen Tradition der Stadt. Auch die vorgelagerten Bereiche, z. B.

die Weingärtnervorstadt mit teils noch spätmittelalterlichem Baubestand oder die Kircheninsel mit St. Michael im Südosten, sind gut überliefert und geben der Stadtgestalt der ehemaligen württembergischen Landstadt ein besonderes Gepräge.

MH

1 Straßenbild in der Langen Straße
2 Fachwerkhäuser in der Kurzen Straße
3 Scheuerngasse im Herzen der Altstadt
4 Beinsteiner Torturm an der Rems

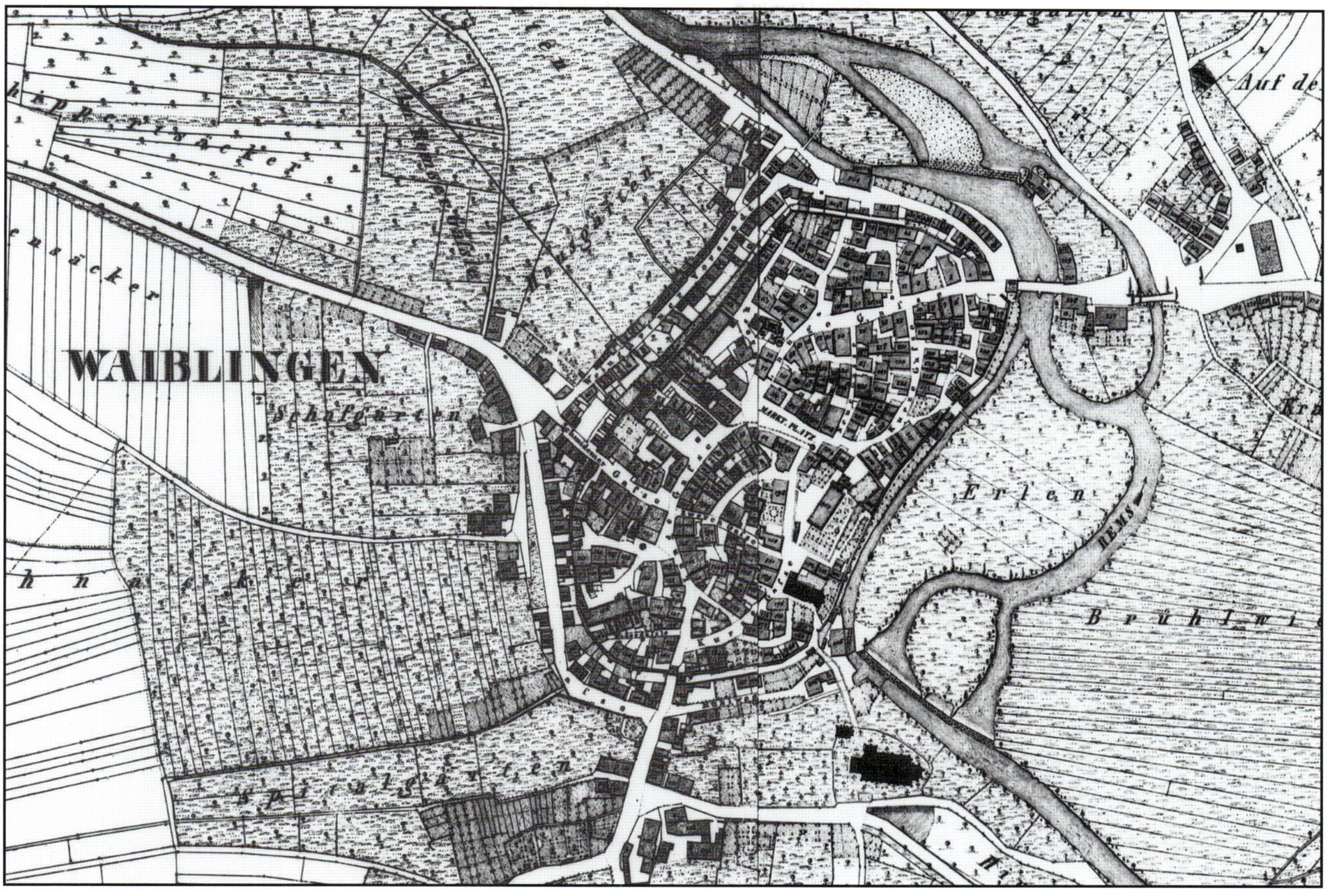

Ausschnitt aus der württembergischen Flurkarte, Stand 1832

Luftbild von 2007

Waldshut-Tiengen
Landkreis Waldshut, Regierungsbezirk Freiburg

1

Die Stadt am Hochrhein, im Vorland des Schwarzwalds, war die wichtigste unter den vier vorderösterreichischen ‚Waldstädten' (Waldshut, Rheinfelden, Laufenburg, Säckingen). Bereits im frühen 12. Jh. genannt, wurde Waldshut um die Mitte des 13. Jhs. unter dem Grafen und späteren König Rudolf von Habsburg ausgebaut und befestigt. 1468 belagerten die Eidgenossen vergeblich die Stadt. 1492 zerstörte eine Feuersbrunst 182 Häuser, weitere Zerstörungen folgten 1633 im Dreißigjährigen Krieg. 1805 kam Waldshut an das Großherzogtum Baden. Seit 1856 trennt die Hochrheinbahn den Altstadtkern von dem nördlichen Erweiterungsgebiet, das von der spätmittelalterlichen äußeren Stadtbefestigung umschlossen, damals aber nicht bebaut war.

Der lang gestreckte mittelalterliche Stadtkern ist im Süden durch den Rhein, im Osten durch den steilen Taleinschnitt des Seltenbachs begrenzt. Die Anlage wird mittig von der Kaiserstraße, der ehem. Marktstraße durchzogen, die von zwei Parallelstraßen begleitet wird. Im Osten und Westen schließt je ein mittelalterliches Stadttor, das Obere bzw. Schaffhauser und das Untere bzw. Basler Tor, den breiten Straßenraum der

2

Hauptachse ab. Drei- bis viergeschossige traufständige Bürgerhäuser des 16. bis 18. Jhs., zum Teil mit den charakteristischen ‚Hotzenhauben', vorkragenden Giebeldächern mit Schopfwalm, oder den ‚Guggehürli', Dachaufbauten mit Aufzugsluken, bilden die Platzwände. Zentral in der nördlichen Straßenzeile steht das Rathaus, ein Barockbau von 1770, westlich die Alte Metzig von 1588 (heute Heimatmuseum).

3

Von der inneren Stadtbefestigung hat sich ein Rundturm in der nördlichen Randbebauung des Stadtkerns erhalten. Die nordöstliche Ecke der Stadtanlage nimmt die Pfarrkirche Liebfrauen ein, ein frühklassizistischer Bau, der 1804–1808 anstelle der Oberen Pfarrkirche unter Einbeziehung ihres gotischen Chors errichtet wurde. Im Südwesten erhebt sich der Staffelgiebelbau des ehem. Spitals zum Hl. Geist mit der anschließenden Spitalkapelle von 1422, eine Stiftung der Waldshuter Bürgerschaft. Im Südosten, im Bereich des Johannisplatzes, stand bis 1804 die Johanniskirche, die Untere Pfarrkirche. Hier zeichnet sich ein älterer Kern ab, der nicht ins regelmäßige Straßennetz einbezogen war, mit dem ummauerten Greiffenegg-Schlösschen (datiert 1404; südlicher Quertrakt um 1600) in seiner Mitte und der ehem. Waldvogtei (ab 1610; barocker Umbau 1775) im äußersten Südosten. Von hier aus führt eine steile Gasse hinab zum Rheinufer.

4

Waldshut ist ein eindrucksvolles Beispiel einer mittelalterlichen Stadtanlage mit mittiger Marktstraße. Dazu trägt in hohem Maße ihr bedeutender historischer Baubestand bei. ER

1 Die Kaiserstraße mit dem Unteren Tor im Westen ...
2 ... und dem Oberen Tor im Osten
3 Brücke über den Seltenbach mit dem Oberen Tor
4 Das Greiffenegg-Schlösschen

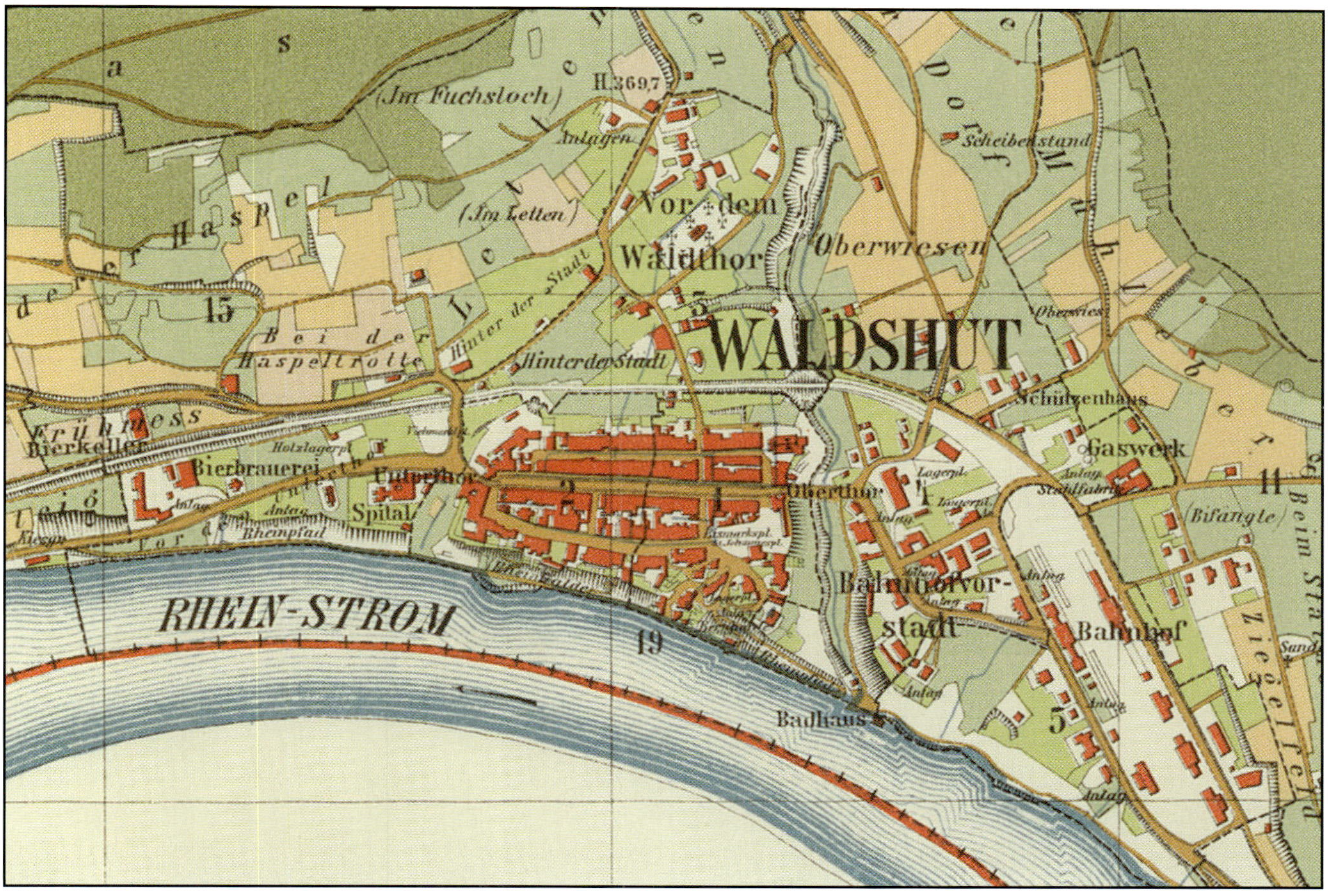

Ausschnitt aus dem badischen Gemarkungsatlas, Stand 1895

Luftbild von 2007

WALDSHUT-TIENGEN
Landkreis Waldshut, Regierungsbezirk Freiburg

1

Der Ort im unteren Tal der Wutach, unweit ihrer Einmündung in den Hochrhein, wird 858 erstmals erwähnt. Die Lage am Schnittpunkt alter Verkehrswege begünstigte die Entwicklung. 1112 bestand hier eine ummauerte Marktsiedlung, die 1243 als Stadt bezeichnet wird. Bereits 1251 wird diese durch den Grafen von Lupfen (Stühlingen) zerstört. Die Bischöfe von Konstanz, seit 1241 im Besitz der Stadt, verliehen sie 1262 den Herren von Krenkingen als Lehen (bis 1413). In der Folgezeit wurde die Stadt in größerem Umfang wieder aufgebaut. Im Schweizerkrieg von 1468 besetzten die Schaffhauser Tiengen für acht Jahre. 1482 verpfändete der Bischof von Konstanz die Stadt an die Grafen von Sulz. Diese, seit 1408 Landgrafen im Klettgau, machten Tiengen zur Residenzstadt der Landgrafschaft. Im zweiten Schweizerkrieg 1499 wurde die Stadt erneut zerstört. Graf Rudolf III. baute das Schloss und die Stadt wieder auf und umgab sie mit einer äußeren Ringmauer. Nach dem Aussterben der Grafen von Sulz 1687 kam Tiengen unter die Herrschaft der österreichischen Fürsten von Schwarzenberg, 1806 an das Großherzogtum Baden.

Die bürgerliche Bebauung wird überragt von Schloss und Kirche auf einer Erhöhung, die den Nordwesten der Altstadt einnimmt. Vom sog. Alten Schloss, das 1499 zerstört wurde, ist der ehem. Wohnturm erhalten. Der ebenfalls mit Staffelgiebeln versehene Winkelbau des Neuen Schlosses entstand zwischen 1516 und 1619; nach Zerstörung im Dreißigjährigen Krieg baute man es in gleicher Gestalt wieder auf. Die barocke Pfarrkirche Mariae Himmelfahrt wurde 1753–1755 nach Plänen des Vorarlberger Baumeisters Peter Thumb errichtet, der Chorturm des Vorgängerbaus einbezogen und erhöht.

An den Schlossbezirk schließt östlich der Bereich der alten Marktsiedlung mit der Priestergasse an. Die Hauptstraße, die die Altstadt von Westen nach Osten durchzieht, das Stadtviertel südlich der Hauptstraße mit der geradlinig geführten Weihergasse und das Halbrund im Nordosten gehören zur Ausbauphase der mittelalterlichen Stadt.

2

Zwei Barockbrunnen betonen die Zugänge zum mittleren Abschnitt der Hauptstraße. Gegenüber dem Oberen Brunnen, beim Aufstieg zu Schloss und Kirche, steht das Rathaus (1602, Fassade von 1827). Die meist dreigeschossigen Bürgerhäuser der Altstadt, z. T. noch aus der Zeit des Wiederaufbaus nach 1499,

3

4

bilden geschlossene Straßenzeilen. Erhalten sind auch Abschnitte der Stadtmauer, im Südwesten mit einem Eckturm, dem sog. Storchenturm.

Damit sind die wesentlichen Merkmale der einstigen Markt- und Residenzstadt sowohl im Stadtgefüge als auch im historischen Baubestand bewahrt und gut erkennbar.

Seit 1975 steht die Gesamtanlage unter Denkmalschutz. ER

1 Neues Schloss
2 Hauptstraße mit Blick auf das Neue Schloss
3 Pfarrkirche Mariae Himmelfahrt und Altes Schloss
4 Storchenturm, südwestlicher Eckturm der Stadtbefestigung

Ausschnitt aus dem badischen Gemarkungsatlas, Stand 1873

Luftbild von 2007

Wangen im Allgäu

Landkreis Ravensburg, Regierungsbezirk Tübingen

1

Die Stadt Wangen liegt in einer zu einem Becken geöffneten Niederung an der Oberen Argen innerhalb des Westallgäuer Hügellandes. Die Stadt untergliedert sich topographisch in die auf einer schmalen, von Nord nach Süd ausgerichteten Terrasse gelegenen Oberstadt und die sich zum Argenufer hin erstreckende Unterstadt.

2

Der Altstadtgrundriss des 13. Jhs. konnte sich bis heute weitgehend erhalten. Die L-förmigen Hauptachsen der Oberstadt – Herrenstraße und Paradiesstraße – treffen sich auf dem von kath. Stadtpfarrkirche (St. Martin), Rathaus und dem palastartigen Renaissancebau der Familie Hinderofen geprägten Marktplatz. Die Hauptachsen der Unterstadt – Bindstraße und Lange Gasse – verlaufen parallel zur Argen und finden mit der Spitalstraße ihren Anschluss an den Marktplatz der Oberstadt.

Der seit 815 bezeugte Ort befand sich in seinen Anfängen lange unter dem Einfluss des Klosters St. Gallen. Vermutlich im 12. Jh. gründete das Kloster eine Marktsiedlung entlang der heutigen Herrenstraße, welche 1217 unter Kaiser Friedrich II. zur Stadt erhoben und befestigt wurde. Zu Beginn des 15. Jhs. wurde die Stadtbefestigung auf die Unterstadt ausgeweitet. 1810 kam die Stadt Wangen an Württemberg.

Von den Befestigungsanlagen haben sich noch große Teile des Stadtmauerringes sowie das Ravensburger- bzw. Liebfrauentor (14. Jh., Umbau 1608), das Lindauer- bzw. Martinstor (um 1200, Umbau 1608), der Pulver- bzw. Wasserturm (14. Jh.) sowie der Pfaffenturm (14. Jh.) eindrucksvoll erhalten.

3

Daneben finden sich stadtbildprägende Baukomplexe in der Herrenstraße mit dem ehem. Ritterhaus des Kantons Hegau (1789) sowie zum Marktplatz hin mit dem bereits erwähnten Ensemble aus Hinderofenhaus (1542, Umbau 1640), Rathaus (15. Jh., Barockfassade 1721) und kath. Stadtpfarrkirche (13. Jh., Umbauten 14./15. Jh.). Die Unterstadt wird durch Bauten wie das Kornhaus (1600) oder die Spitalkirche (1719) am Schnittpunkt von Bind- und Spitalstraße dominiert.

Trotz mehrerer großer Brände (1539, 1793) ist die eindrucksvolle Stadtsilhouette der ehem. Reichsstadt neben den Tortürmen in besonderem Maße von den zumeist verputzten Bauten des 16. Jhs. geprägt, die sowohl trauf- als auch giebelständig entlang der Straßen und Gassen angeordnet sind. Bemerkenswert ist die deutliche bauliche, durch die Topographie bestimmte Trennung zwischen Unter- und Oberstadt sowie die beidseitig von Straßen begrenzten Häuserzeilen in der Oberstadt.

4

Seit 1976 steht die Gesamtanlage unter Denkmalschutz. MN

1 Überwiegend traufständige Häuser in den Altstadtstraßen
2 Blick in die Spitalstraße
3 Paradiesstraße mit Martinstor
4 Marktplatz mit Rathaus

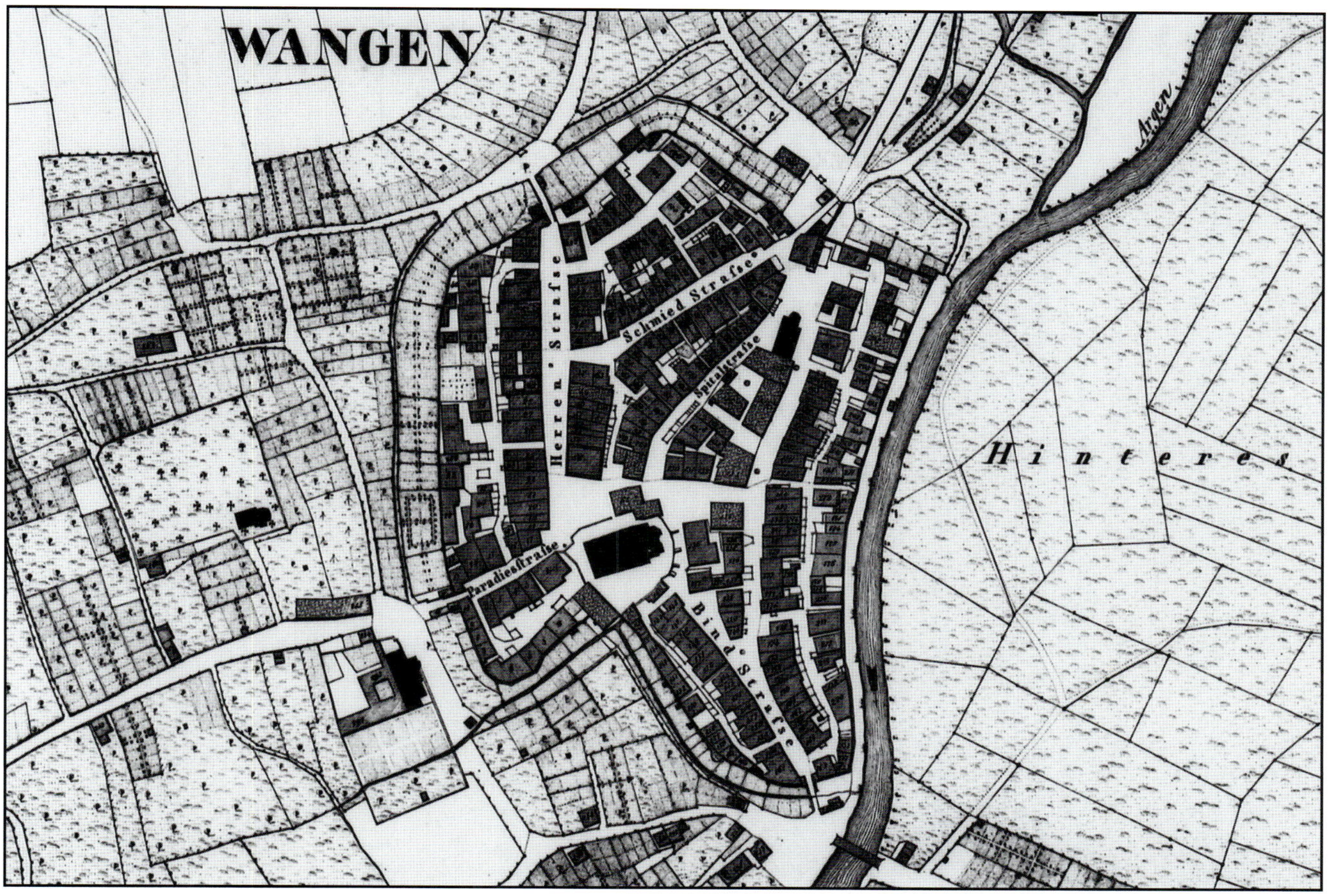

Ausschnitt aus der württembergischen Flurkarte, Stand 1825

Luftbild von 2007

Weikersheim
Main-Tauber-Kreis, Regierungsbezirk Stuttgart

1

Weikersheim liegt in der eindrucksvoll durch die Steinriegellagen geprägten Kulturlandschaft des Taubergrundes. Ausgangspunkt der Siedlung war eine im 12. Jh. gegründete Wasserburg, die im 16. und 17. Jh. zum

2

hohenlohischen Residenzschloss ausgebaut wurde. Der mittelalterliche Bergfried ist heute noch ein Wahrzeichen der Stadt. Der Renaissancebau im Westen der Stadt erhielt im 18. Jh. eine umfangreiche Gartenanlage, die bis heute stadtbildprägend wirkt. Die ebenfalls im 18. Jh. errichtete Schlossbrücke und die viertelkreisförmigen Arkadenbauten sind die Verbindungselemente zum Marktplatz und damit zur bürgerlichen Stadt im Osten.

Diese hatte schon 1313 Stadtrecht erhalten und war ummauert worden. Ein Großteil der Mauer mit ehemaligem Graben sowie einzelne Stadttürme wie der Gänsturm oder die „Blaue Kappe" sind erhalten. Als hohenlohische Residenz wurde die mittelalterliche Stadtanlage im 17. und 18. Jh. systematisch barocken Ideen angepasst. Glanzstück dieses Stadtumbaus ist der Marktplatz. Mit einer vereinheitlichenden Bebauung wurde ihm im besonderen Maße eine barocke Stadtgestalt als formalem und funktionalem Vorplatz bzw. Ehrenhof des Schlosses gegeben.

In der bürgerlichen Stadt, die durch die Marktstraße als Hauptdurchgangsachse sowie durch zahlreiche kleine und teils verwinkelte Nebengassen noch mittelalterlich bestimmt war, beschränkte sich barocker Planungswille auf die Überformung von Fassaden und Neubauten, nicht aber eine völlige Neuordnung des Stadtgrundrisses. Die Bausubstanz der Weingärtner- und Ackerbürgerhäuser stammt überwiegend aus dem 16. bis 18. Jh. Fachwerk bildet das dominierende Baumaterial, das aber in der Regel den damaligen Gestaltvorstellungen zufolge unter Putz liegt. Eine besondere bauliche Dominante bildet neben dem Schloss auch die im 15. Jh. erbaute Stadtkirche mit ihrem Turm.

3

4

Südlich an die ummauerte Stadt grenzt ein kleineres Stadterweiterungsgebiet des frühen 19. Jhs. an, das in seiner Geschlossenheit noch gut nachzuvollziehen ist.

Die Besonderheit der Stadtanlage kennzeichnet Georg Dehio zu Beginn des 20. Jhs.: "Die Entwicklung einer kleinfürstlichen Residenz vom Ende des 16. bis Mitte des 18. Jhs. liegt mit einer Anschaulichkeit vor Augen, wie sie so ungetrübt kaum wiederzufinden ist".

2000 wurde die Gesamtanlage unter Denkmalschutz gestellt. MH

1 Der barocke Marktplatz mit Blick zum Schloss
2 Die barocke Parkanlage mit dem Renaissanceschloss der Hohenloher
3 Die „Blaue Kappe", ein Teil der Stadtbefestigung
4 Fachwerkhäuser in der Kronenstraße

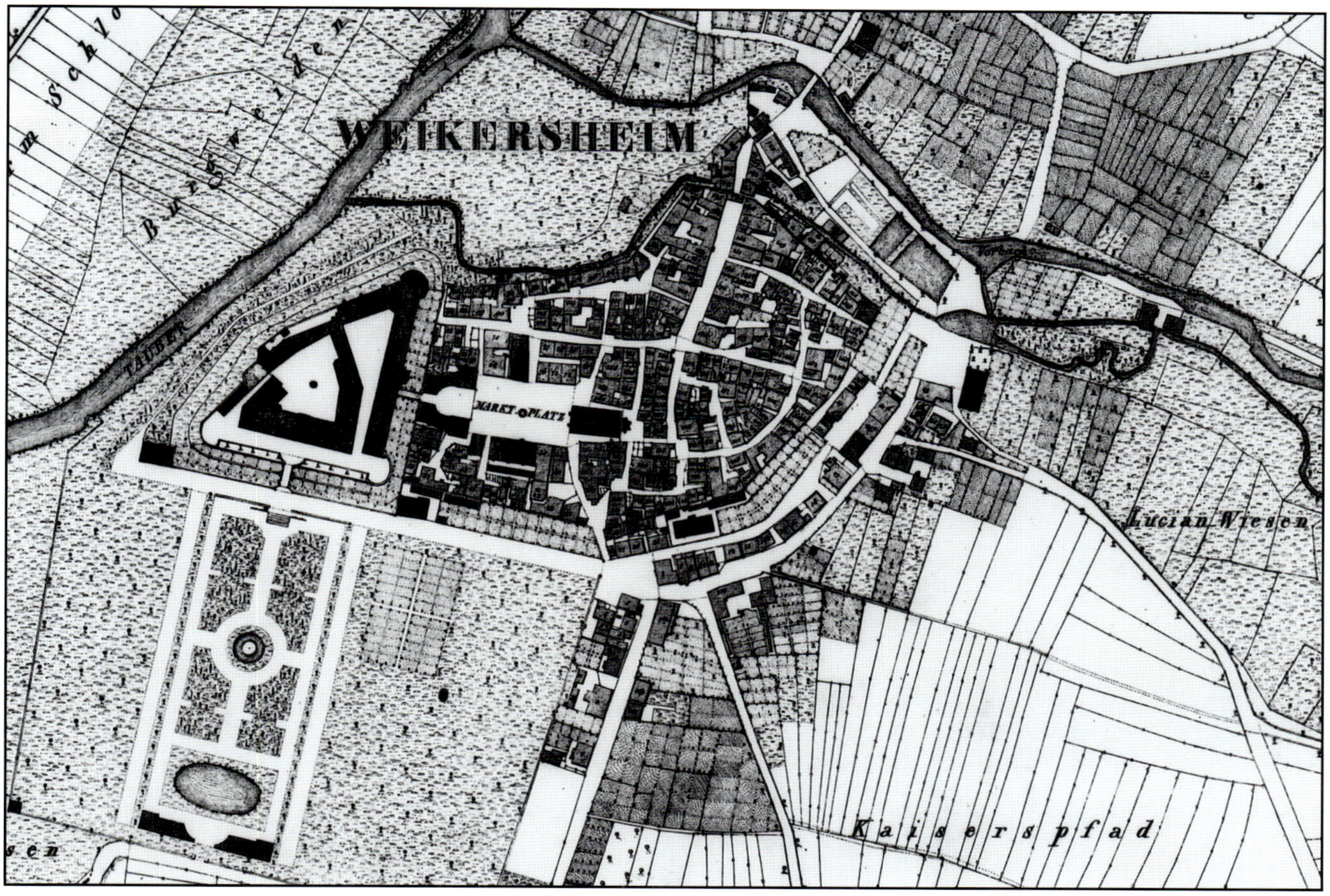

Ausschnitt aus der württembergischen Flurkarte, Stand 1833

Luftbild von 2007

Weil der Stadt
Landkreis Böblingen, Regierungsbezirk Stuttgart

1

Weil der Stadt liegt im nördlichen Teil des oberen Gäus im Tal der Würm an einer Kreuzung zweier mittelalterlicher Fernstraßen. Die Stadt wurde erstmals 1075 urkundlich erwähnt. Zunächst war der Ort im Besitz der Grafen von Calw. Nach kurzen Intermezzi der Welfen und Staufer erlangte die zwischen 1223 und 1235 zur Stadt erhobene Siedlung im späten 13. Jh. die Rechte einer freien Reichsstadt, die sie bis 1803 behielt.

Der Stadtgrundriss besitzt eine querrechteckige Grundform. Der westliche, etwa zwei Drittel umfassende Stadtteil ist der ältere Kern. Der östliche, kleinere Teil jenseits von Badtorstraße und Viehmarkt ist die ehemalige Spitalvorstadt, die erst später in die Stadtumwehrung einbezogen wurde. Im Südwesten existiert ebenso eine kleine Vorstadt (Furter Vorstadt), die noch deutlich mit der alten Stadtmauer vom Kern abgegrenzt ist, deren eigentliche Umwehrung aber nur noch in Resten erhalten ist. Die einstige Stadtbefestigung darf als eines der wichtigsten Elemente des Stadtbildes gelten, da sie in eindrucksvoller Vollständigkeit, mit Türmen, Wehrgang und teilweise freiem Vorfeld erhalten blieb. Für die Stadtsilhouette ist diese historische Befestigung ebenso wichtig wie der Turm der Stadtkirche.

2

3

Die Binnengliederung der Stadt zeigt eine gut erhaltene historische Sozialtopographie. Die stattlichen dreigeschossigen Fachwerkbauten des Patriziats stehen am Marktplatz und an der wichtigen alten Hauptverbindung, der Stuttgarter Straße. In den kleineren Gassen des rasterförmigen Grundrisses stehen Gebäude, die vielfach noch ihre ackerbäuerliche Herkunft erahnen lassen. Die Scheunen im Stadtbild sind Zeugnis der früheren Wirtschaftsbasis. In idealtypischer Verteilung sind auch die öffentlichen Gebäude der Stadt überliefert: Das für das bürgerliche Selbstverständnis der freien Reichsstadt wichtige Rathaus am zentralen Marktplatz, die Stadtkirche etwas abgerückt im Hintergrund, das ehem. Augustiner- und Kapuzinerkloster in nördlicher Randlage, der umfangreiche Spitalkomplex mit Kirche am östlichen Stadtausgang.

4

Mit Fachwerkbauten des 15./16. Jhs., vornehmlich aber aus der Zeit nach dem großen Stadtbrand 1648 hat sich ein geschlossener Baubestand in Weil der Stadt erhalten, der zusammen mit den zahlreichen baulichen Dominanten und der Stadtbefestigung das historische Stadtbild bestimmt.

Weil der Stadt ist seit 2011 Gesamtanlage. MH

1 Marktplatz mit Marktbrunnen, Kepler-Denkmal, Rathaus und Turm der Stadtpfarrkirche
2 Der Storchenturm, ein Teil der Befestigung der Renninger Vorstadt
3 Stadtbild in der Stuttgarter Straße
4 Ehem. Augustinerkloster

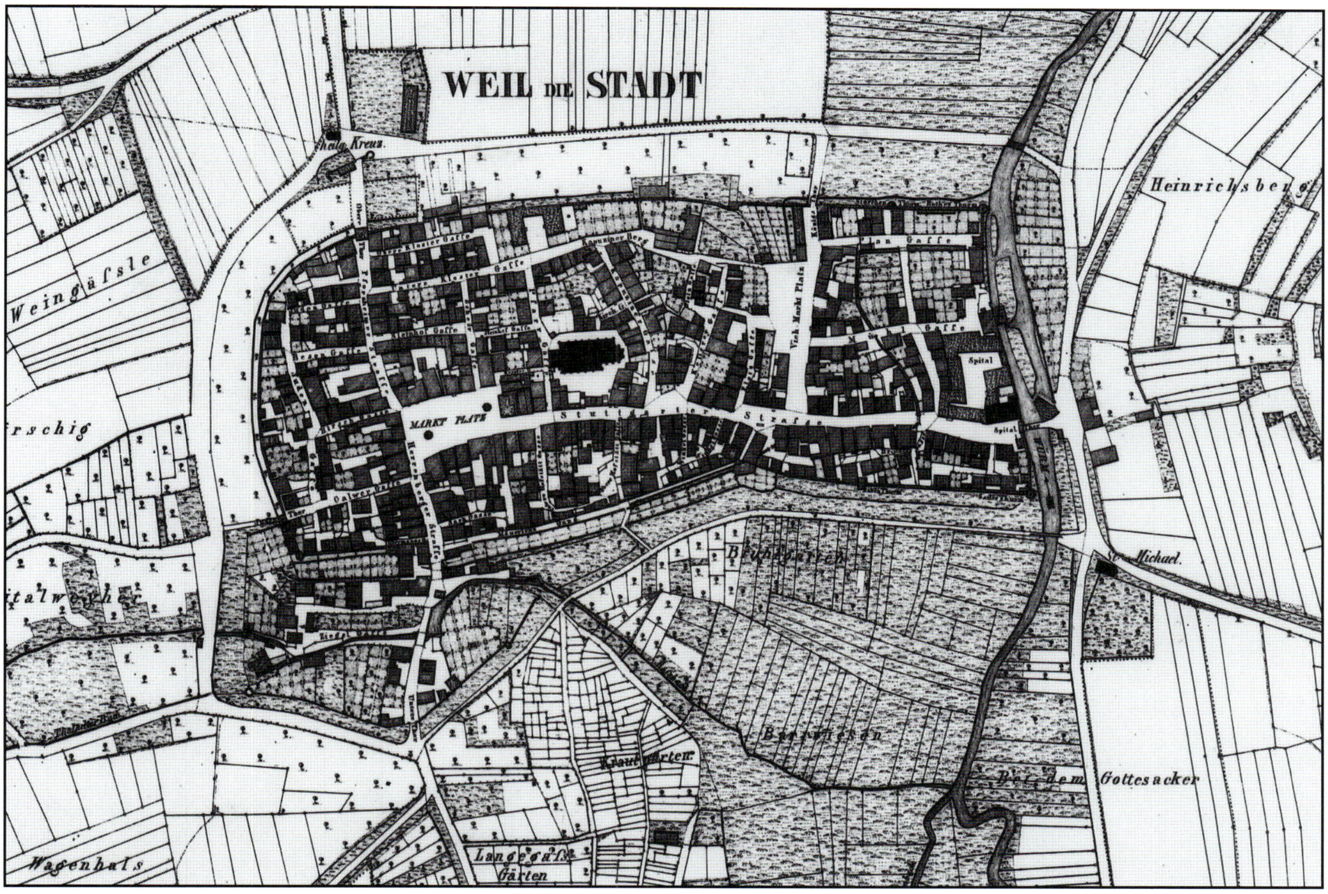

Ausschnitt aus der württembergischen Flurkarte, Stand 1831

Luftbild von 2007

WEINHEIM
Rhein-Neckar-Kreis, Regierungsbezirk Karlsruhe

1

Die fränkische Siedlung "Winenheim" wird erstmals im Lorscher Kodex 755 urkundlich genannt. Im Jahr 1000 erhält die Ansiedlung das Marktrecht, im Jahr 1065 das Münzrecht. Zum Schutz dieses am Ufer der Weschnitz gelegenen Siedlungskerns wird um 1130 die Burg Windeck errichtet. Die weithin sichtbare Ruine der Burg Windeck (1674 zerstört) prägt zusammen mit dem heute bewaldeten Schlossberg das Bild der Gesamtanlage. 1232 fällt Weinheim an das Erzbistum Mainz.

Streitigkeiten um den Besitz führen zur Besetzung der Burg durch den Pfalzgrafen bei Rhein, Otto II. In Konkurrenz zum bestehenden Besitz wird um 1250 unter der Burganlage auf der Hochterrasse des Grundelbaches die befestigte Neustadt angelegt, die 1264 erstmals urkundlich als Stadt genannt wird. Der Stadtgrundriss der Oberstadt mit dem zentralen Marktplatz weist ein nach Norden fächerförmig geöffnetes Straßennetz mit rechtwinklig verlaufenden Quergassen auf. Über dem nach Westen ansteigenden Marktplatz prägt die Pfarrkirche St. Laurentius das Platzbild. Die Kirche wurde 1910 auf dem Standort einer gotischen Vorgängerkirche errichtet. Weitere im historischen Ortsbild dominierende Gebäude sind das Alte Rathaus (1557 als Kaufhaus erbaut), das ehem. Deutschordenshaus (1710), die ev. Stadtkirche (1731–1736), die Ulnersche Kapelle mit Spital (1368), das ehem. Karmeliterkloster (1720) und das Schloss, das den höchsten Standort in der Oberstadt einnimmt. Der Verlauf der teilweise erhaltenen Stadtmauer ist im Stadtgrundriss bis heute deutlich ablesbar. Von den drei Toren (Nieder-, Müllheimer- und Obertor) der mittelalterlichen Stadtanlage ist nur das Obertor erhalten. Von den ehemals fünf Türmen sind der Rote Turm, der Hexenturm, der Blaue Hut sowie Teile des Judenturms baulich überliefert. Im Bereich des Obertors sind im Mittelalter Adelshöfe der Familie Swende von Weinheim belegt. Der nördliche Hof wurde 1423 an Pfalzgraf Ludwig III. verkauft. 1537 entsteht hier das pfalzgräfliche Schloss, das im 18. Jh. nach Süden erweitert wurde.

2

Die Unterstadt, das so genannte Gerberbachviertel, erstreckt sich vom Grundelbach bis zur Hochterrasse. Im Vergleich zur planmäßig angelegten Oberstadt weist es ein unregelmäßiges Straßennetz auf. Eindrucksvolle Fachwerkhäuser am Gerberbach zeugen von der wirtschaftlichen Blütezeit insbesondere der Rotgerber im 16. Jh.

3

Nordwestlich der Neustadt vor dem Verlauf der Stadtmauer wurde im 18. Jh. ein großer Garten mit einem Lusthaus angelegt, auf den heute die Park- und Gartenanlage des Hermannshofes zurückgeführt werden kann.

Die Gesamtanlage steht seit 2005 unter Denkmalschutz. AV

4

1 Blick auf Weinheim vom Burgberg aus
2 Das Alte Rathaus am Marktplatz
3 Das mittelalterliche Obertor. Es war Teil der Stadtbefestigung und wurde 1868 in den von der Familie von Berckheim errichteten Nordflügel des Weinheimer Schlosses einbezogen
4 Straßenzug im Gerberbachviertel

Ausschnitt aus dem badischen Gemarkungsatlas, Stand 1890

Luftbild von 2007

WERTHEIM
Main-Tauber-Kreis, Regierungsbezirk Stuttgart

Wertheim besticht durch eine imposante topographische Lage am Zusammenfluss von Main und Tauber. Sie brachte der Stadt aber immer wieder auch erhebliche Hochwasserprobleme. Die mächtige Ruine, eine der größten Burganlagen Deutschlands, bekrönt die Altstadt. Sie wurde als Mittelpunkt der Herrschaft der Wertheimer Grafen zwischen den Territorien von Würzburg und Mainz im frühen 12. Jh. errichtet. Die Siedlung am Fuß der Burg, erstmals 1192 als „suburbium castri" genannt, erhielt 1306 Stadtrechte. Die Stadt blieb bis 1806 im Besitz der Fürsten von Löwenstein-Wertheim, die Hofhaltung wanderte später von der Burg in einen Barockbau im Süden der Stadt.

Die dreieckige mittelalterliche Stadtanlage wird im Süden mit der Neustadt und jenseits der Tauber mit dem Fischerviertel ergänzt. Von der Stadtmauer und den Schenkelmauern zur Burg ist vieles erhalten geblieben. Gerade die Stadttürme (Spitzer, Roter und Weißer Turm) bestimmen zusammen mit der Burgruine die weithin sichtbare Stadtsilhouette. Dominanten sind weiterhin die gotische Stiftskirche und die benachbarte spätgotische Kilianskapelle sowie der Spätrenaissancebau der fürstlichen Verwaltung am Schlossberg. An der Tauber prägen vor allem die schmalen, kleinen Fischerhäuser das historische Stadtbild.

Von der Blütezeit der Stadt im 16. Jh. – Tuchmacherei, Weinbau und -handel sowie die Schifffahrt brachten wirtschaftlichen Wohlstand – zeugen zahlreiche stattliche Fachwerkhäuser mit reichem Zierfachwerk. Besonders auffällige und prächtige Häuser stehen an den alten Fernhandelstraßen des Maintals, die den Stadtkern durchschneiden und sich am Marktplatz kreuzen. Der historische Baubestand ist insgesamt sehr geschlossen und hochwertig. Während der alte Stadtkern hauptsächlich vom Fachwerk bestimmt wird – Ausnahmen sind nur die öffentlichen Großbauten – so zeigt sich das Erweiterungsviertel des 19. Jhs. am linken Tauberufer in einem ganz anderen Bild. Die in großherzoglich-badischer Zeit entstandenen Bauten, z. B. die kath. Kirche und die Schule sind im landschaftstypischen tiefroten Sandstein des Spessarts ausgeführt und korrespondieren damit mit der Burg auf der gegenüberliegenden Seite.

Als hochwertiger historischer Stadtkern reiht sich Wertheim neben Freudenberg und Miltenberg in die Kette bedeutender Stadt- und Burganlagen des Maintals ein.

Seit 1991 steht die Gesamtanlage unter Denkmalschutz. MH

1 Die Schulgasse zwischen Stadtpfarrkirche und Kilianskapelle
2 Stadtsilhouette am Main mit der alles beherrschenden Burgruine
3 Fachwerkhäuser in der Eichelgasse

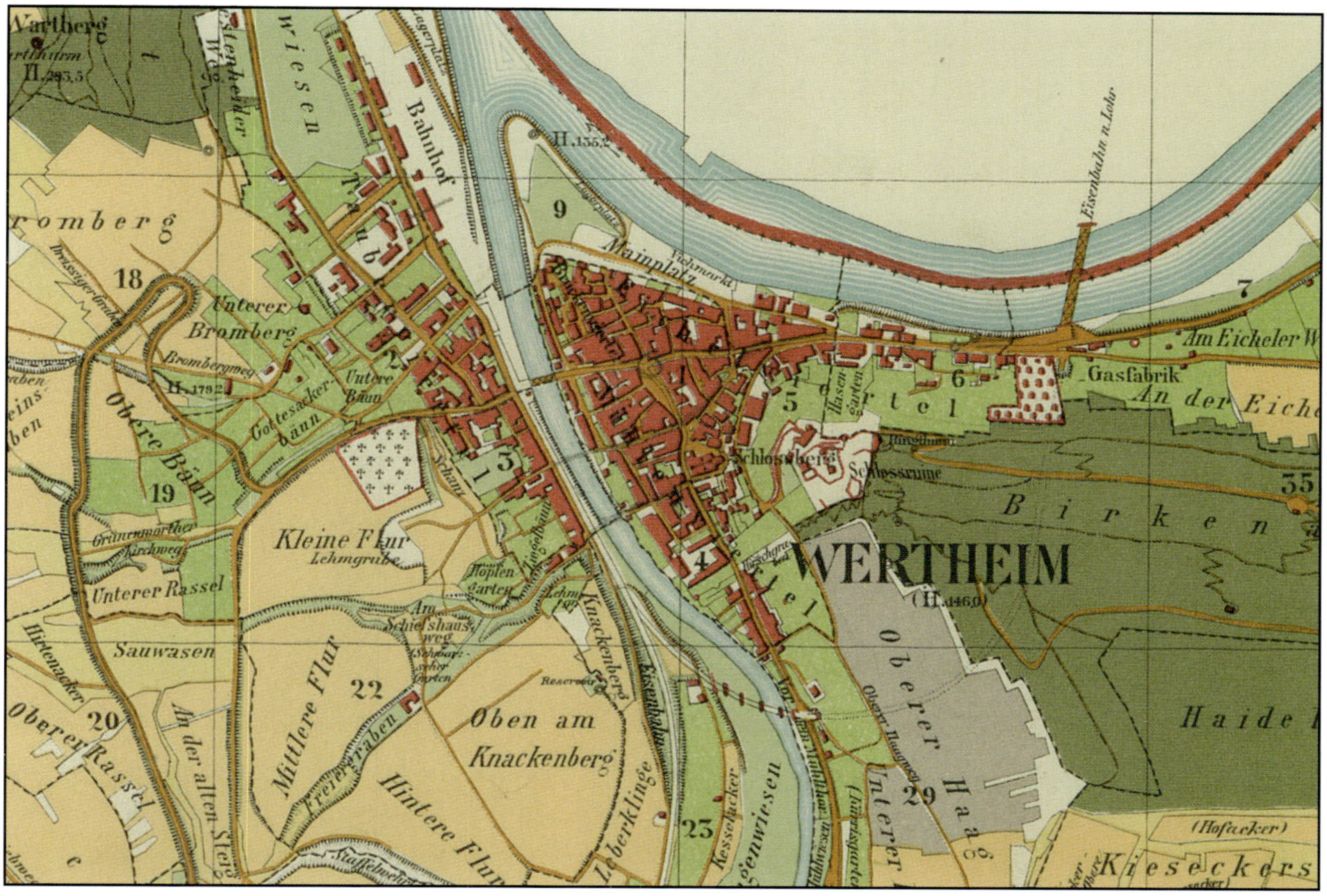

Ausschnitt aus dem badischen Gemarkungsatlas, Stand 1898

Luftbild von 2007

Zell am Harmersbach

Ortenaukreis, Regierungsbezirk Freiburg

1

Die Stadt liegt am Zusammenfluss zweier Schwarzwaldbäche, des Harmersbachs und der Nordrach, unweit deren Mündung in die Kinzig. Der Name, 1139 belegt, steht wohl im Zusammenhang mit einer ‚Cella' in Unterharmersbach an der Stelle der späteren Wallfahrtskirche. Die Herrschaft über Zell war mit der Gengenbacher Vogtei verbunden und gelangte 1218 über das Hochstift Bamberg und die Herzöge von Zähringen an die Staufer. 1330 erließ der Kaiser der Stadt die Reichssteuer für Bauarbeiten an der Stadtbefestigung. Als kleinste aller Reichsstädte konnte Zell diese Stellung nur im Bund mit Offenburg und Gengenbach (ab 1575) bewahren. Der große Stadtbrand von 1545 und Zerstörungen im Dreißigjährigen Krieg hemmten die Entwicklung. 1803 kam Zell an Baden. Nach Bränden in den Jahren 1899, 1904 und 1907 wurden qualitätvolle Bauten der Jahrhundertwende errichtet.

Die annähernd elliptische Stadtanlage am nördlichen Ufer des Harmersbachs war durch einen doppelten Mauerring mit drei Tortürmen im Westen, Norden und Osten, dem Langen Turm (‚Storchenturm') im Süden und mehreren Flankentürmen befestigt. Reste der Stadtbefestigung sind deutlich zu erkennen, vor allem im südlichen Abschnitt (Grabenstraße) mit dem Storchenturm (heute Museum), dem Hirschturm, einem wieder aufgebauten Rundturm im Südosten sowie längeren Mauerzügen und Freiflächen im Bereich des einstigen Stadtgrabens. Entlang des nordwestlichen Befestigungsabschnitts wird das Stadtgebiet vom Gewerbekanal durchflossen, an dem auch das alte Waschhaus liegt. Die breite Hauptstraße, der ehem. Straßenmarkt, durchzieht die Altstadt von Osten nach Westen. Fachwerkbauten auf massivem Erdgeschoss, meist giebelständig mit Krüppelwalmdach, wechseln mit Wohn- und Geschäftshäusern in Formen des Historismus und des Jugendstils ab. Die Stadtmitte nimmt das Rathaus von 1875 ein, dahinter die Alte Kanzlei von 1760. Dem Rathaus gegenüber zweigt die Kirchgasse nach Norden ab und führt zum Kirchhof vor dem ehem. nördlichen Stadtzugang. Neben der Pfarrkirche St. Symphorian, die 1789–1792 in Formen des Frühklassizismus neu errichtet wurde, steht das alte Schul- und Mesnerhaus von 1719.

2

3

4

An die Altstadt schließt im Osten die Oberstadt an, die nicht befestigt war. Weiter talaufwärts liegt die Wallfahrtskirche ‚Maria zu den Ketten'. 1480 errichtet, wurde sie bis 1911 mehrfach erweitert.

Trotz der wiederholten Stadtbrände weist die kleine Reichsstadt ein geschlossenes historisches Stadtbild auf.

Seit 1975 steht die Gesamtanlage unter Denkmalschutz. ER

1 Hauptstraße von Osten
2 Langer Turm, sog. Storchenturm, heute Storchenturm-Museum
3 Hauptstraße von Westen
4 Kath. Pfarrkirche St. Symphorian

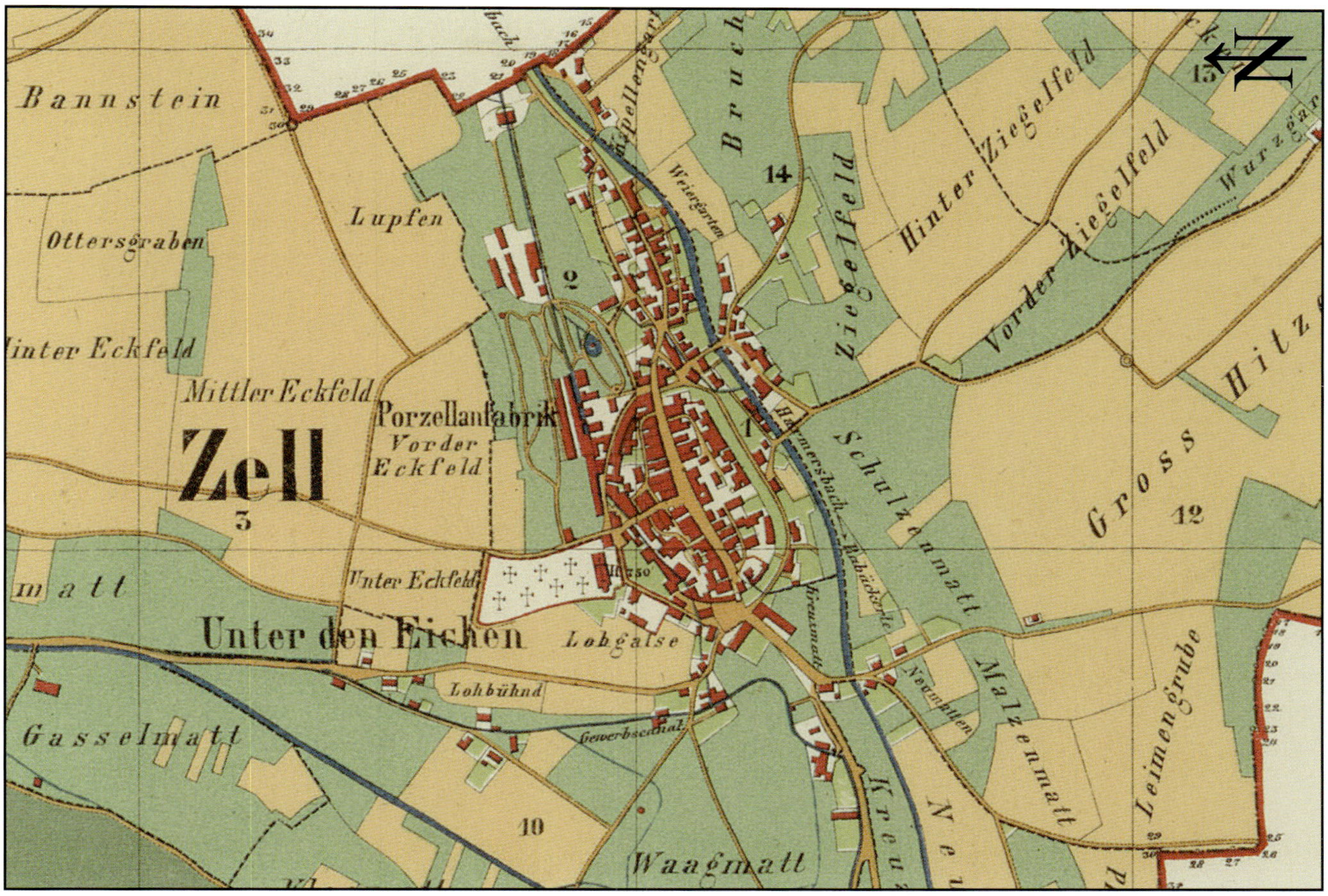

Ausschnitt aus dem badischen Gemarkungsatlas, Stand 1869

Luftbild von 2007

Autorinnen und Autoren

Dr. Claudia Baer-Schneider
Landesamt für Denkmalpflege
im Regierungspräsidium Stuttgart
Moltkestraße 74
76247 Karlsruhe

Dr. Ulrich Boeyng
Ehem. Landesamt für Denkmalpflege
im Regierungspräsidium Stuttgart
Moltkestraße 74
76247 Karlsruhe

Volkmar Eidloth
Landesamt für Denkmalpflege
im Regierungspräsidium Stuttgart
Berliner Straße 12
73728 Esslingen

Dr. Ute Fahrbach-Dreher
Landesamt für Denkmalpflege
im Regierungspräsidium Stuttgart
Moltkestraße 74
76247 Karlsruhe

Iris Fromm-Kaupp
Landesamt für Denkmalpflege
im Regierungspräsidium Stuttgart
Alexanderstraße 48
72072 Tübingen

Dr. Martin Hahn
Landesamt für Denkmalpflege
im Regierungspräsidium Stuttgart
Berliner Straße 12
73728 Esslingen

Dr. Bertram Jenisch
Landesamt für Denkmalpflege
im Regierungspräsidium Stuttgart
Sternwaldstraße 14
79102 Freiburg

Dr. Clemens Kieser
Landesamt für Denkmalpflege
im Regierungspräsidium Stuttgart
Moltkestraße 74
76247 Karlsruhe

Sabine Kraume-Probst
Landesamt für Denkmalpflege
im Regierungspräsidium Stuttgart
Alexanderstraße 48
72072 Tübingen

Dr. Rainer Laun
Ehem. Landesamt für Denkmalpflege
im Regierungspräsidium Stuttgart
Moltkestraße 74
76247 Karlsruhe

Markus Numberger
Büro für Bauforschung und
Denkmalschutz
Im Heppächer 6
73728 Esslingen

Dr. Mechthild Ohnmacht
Ehem. Landesamt für Denkmalpflege
im Regierungspräsidium Stuttgart
Moltkestraße 74
76247 Karlsruhe

Dr. Erik Roth
Landesamt für Denkmalpflege
im Regierungspräsidium Stuttgart
Sternwaldstraße 14
79102 Freiburg

Dr. Michael Ruhland
Landesamt für Denkmalpflege
im Regierungspräsidium Stuttgart
Alexanderstraße 48
72072 Tübingen

Dr. Wolfgang Seidenspinner
Ehem. Landesamt für Denkmalpflege
im Regierungspräsidium Stuttgart
Moltkestraße 74
76247 Karlsruhe

Susann Seyfert
Landesamt für Denkmalpflege
im Regierungspräsidium Stuttgart
Alexanderstraße 48
72072 Tübingen

Wolfgang Thiem
Landesamt für Denkmalpflege
im Regierungspräsidium Stuttgart
Alexanderstraße 48
72072 Tübingen

Andreas Vorbach
Ehem. Landesamt für Denkmalpflege
im Regierungspräsidium Stuttgart
Moltkestraße 74
76247 Karlsruhe

Dr. Martin Wenz
Landesamt für Denkmalpflege
im Regierungspräsidium Stuttgart
Moltkestraße 74
76247 Karlsruhe

Dr. Petra Wichmann
Landesamt für Denkmalpflege
im Regierungspräsidium Stuttgart
Sternwaldstraße 14
79102 Freiburg

Dr. Johannes Wilhelm
Landesamt für Denkmalpflege
im Regierungspräsidium Stuttgart
Moltkestraße 74
76247 Karlsruhe

Bildnachweis

Titelbild und alle Luftbilder:
Otto Braasch, Landshut/Landesamt für Denkmalpflege

Fotos:
Manuel Bergmeir, Landesamt für Denkmalpflege:
S. 190, 194 (Abb. 2, 4), 198
Volkmar Eidloth, Landesamt für Denkmalpflege:
S. 12, 15, 18 o
Karl Fisch, Landesamt für Denkmalpflege:
S. 42, 44, 52, 56, 106, 110, 122, 148 (Abb. 2), 152, 156, 164, 182, 224 (Abb. 1, 3), 226, 228, 244
Hubert Franzke, Landesamt für Denkmalpflege:
S. 224 (Abb. 2)
Bernd Hausner, Landesamt für Denkmalpflege:
S. 14 -, 19 o, 30 – 36, 40, 58 – 72, 76, 84, 90, 94, 96, 100, 108, 112, 116, 118, 124 – 128, 134, 138, 160, 162, 168, 170, 174, 184, 186, 196, 200, 212, 216, 218, 234, 250, 254
Jean Jeras, Landesamt für Denkmalpflege:
S. 16 o, 26, 38, 78, 142, 214, 202, 220, 222, 240, 242
Joanna McMillan, Landesamt für Denkmalpflege: S. 20 o
Felix Pilz, Landesamt für Denkmalpflege: Abb. S. 15 o, 16 u, 17 u, 28, 46 – 50, 54, 74, 80, 82, 86, 88, 92, 98, 102, 104, 114, 120, 130, 132, 136, 140, 144, 146, 150, 154, 158, 166, 172, 176 – 180, 204, 206, 208, 210, 230, 238, 246, 248, 252, Rückseite oben links
Susann Seyfert, Landesamt für Denkmalpflege:
S. 188, 148 (Abb. 1, 3)
Andrea Steudle, Landesamt für Denkmalpflege: S. 14 o
Wolfgang Thiem, Landesamt für Denkmalpflege: S. 192
Fotoarchiv Landesamt für Denkmalpflege, Dienstsitz Tübingen: S. 194 (Abb. 1, 3)

Historische Karten

Mit freundlicher Genehmigung des Generallandesarchivs Karlsruhe. (Az. 4-7512-Esslingen, RP-S). Es sind die Veröffentlichungs- und Vervielfältigungsrechte des Landesarchivs Baden-Württemberg zu beachten:

Aach: H-1 Nr. 1; Baden-Baden: H-1 Nr. 92; Bad Säckingen: H-1 Nr. 1608; Bräunlingen: H-1 Nr. 224; Breisach am Rhein: H-1 Nr. 229; Bruchsal-Heidelsheim: H-1 Nr. 701; Bruchsal-Obergrombach: H-1 Nr. 1343; Donaueschingen: H-1 Nr. 354; Eberbach: H-1 Nr. 378; Endingen: H-1 Nr. 437; Engen: H-1 Nr. 440; Eppingen: H-1 Nr. 445; Ettenheim: H-1 Nr. 464; Freiburg im Breisgau: H-1 Nr. 503; Freudenberg: H-1 Nr. 506; Gengenbach: H-1 Nr. 545; Gernsbach: H-1 Nr. 549; Haslach im Kinzigtal: H-1 Nr. 671; Heidelberg: H-1 Nr. 700; Hüfingen: H-1 Nr. 843; Kandern: H-1 Nr. 900; Karlsruhe-Durlach: H-1 Nr. 375; Kenzingen: H-1 Nr. 922; Konstanz: H-1 Nr. 977; Kraichtal-Gochsheim: H-1 Nr. 561; Ladenburg: H-1 Nr. 1009; Laufenburg (Baden): H-1 Nr. 178; Markdorf: H-1 Nr. 1136; Meersburg: H-1 Nr. 1146; Mosbach: H-1 Nr. 1193; Neckargemünd: H-1 Nr. 1229; Neudenau: H-1 Nr. 1248; Pfullendorf: H-1 Nr. 1456; Radolfzell am Bodensee: H-1 Nr. 1469; Rastatt: H-1 Nr. 1480; Schiltach: H-1 Nr. 1660; Schopfheim: H-1 Nr. 1699; Staufen im Breisgau: H-1 Nr. 1791; Stühlingen: H-1 Nr. 1834; Sulzburg: H-1 Nr. 1846; Tengen: H-1 Nr. 1856; Tengen-Blumenfeld: H-1 Nr. 158; Überlingen: H-1 Nr. 1906; Villingen: H-1 Nr. 1977; Vogtsburg-Burkheim: 296; Waldshut: H-1 Nr. 2018; Waldshut-Tiengen: H-1 Nr. 1876; Weinheim: H-1 Nr. 2061; Wertheim: H-1 Nr. 2085; Zell am Harmersbach: H-1 Nr. 2159

Aichtal-Grötzingen, Altensteig, Altensteig-Berneck, Bad Liebenzell, Bad Teinach-Zavelstein, Bad Urach, Bad Waldsee, Bad Wimpfen am Berg, Bad Wimpfen im Tal, Besigheim, Biberach an der Riß, Bietigheim-Bissingen, Blaubeuren, Calw, Dornstetten, Ellwangen, Esslingen, Forchtenberg, Forchtenberg-Sindringen, Freudenstadt, Fridingen an der Donau, Geislingen an der Steige, Gundelsheim, Haigerloch, Hechingen, Herrenberg, Horb am Neckar, Ingelfingen, Isny im Allgäu, Kirchberg an der Jagst, Kirchheim unter Teck, Langenburg, Lauffen am Neckar, Leonberg, Leutkirch im Allgäu, Marbach am Neckar, Markgröningen, Möckmühl, Mühlheim an der Donau, Munderkingen, Murrhardt, Neubulach, Neuenbürg, Neuenstein, Niedernhall, Öhringen, Ravensburg, Riedlingen, Rosenfeld, Rottenburg am Neckar, Rottweil, Scheer, Schorndorf, Schrozberg-Bartenstein, Schwäbisch Gmünd, Schwäbisch Hall, Sulz am Neckar, Trochtelfingen, Tübingen, Vaihingen an der Enz, Vellberg, Waiblingen, Wangen im Allgäu, Weikersheim, Weil der Stadt

HISTORISCHE ORTSKERNE
Gesamtanlagen in Baden-Württemberg

Arbeitsheft 23
218 Seiten, zahlr. überw. farbige Abbildungen
ISBN 978-3-7995-1223-7
Zu beziehen über den Jan Thorbecke Verlag

Baden-Württemberg ist durch eine besondere Vielzahl, Vielfalt, Individualität und Qualität von historischen Stadt- und Ortskernen ausgezeichnet. Die als Gesamtanlagen bereits geschützten bzw. noch zu schützenden 89 Dörfer prägen in hohem Maße das kulturelle Erbe des Landes.

Der Teilband Historische Ortskerne widmet sich wort- und bildreich der herausragenden historischen Dorflandschaft in Südwestdeutschland. Die Porträts der 89 Dörfer sind reich illustriert, historische Katasterpläne und Luftbilder geben anschaulich Geschichte und Gegenwart der Orte wieder. Mit diesem Arbeitsheft ergibt sich ein neuer und einzigartiger Überblick zu den denkmalwerten Dörfern Baden-Württembergs.

Arbeitsheft 27

Der Turmhelm des Münsters
Unserer Lieben Frau in Freiburg.
Ein bautechnikgeschichtliches Denkmal

2014; ISBN 978-3-8062-3034-5

Arbeitsheft 28

HUMPIS –
Ein Stadtquartier wird Museum

2015; ISBN 978-3-8062-2968-4

Arbeitsheft 29

Natursteinbauwerke.
Untersuchen – Bewerten – Instandsetzen

2014; ISBN 978-3-8062-3036-9

Arbeitsheft 30

Beton, Glas und Büffelleder. Verwalten
in Denkmalen der 1960er und 1970er Jahre
im Regierungsbezirk Stuttgart

2015; ISBN 978-3-8062-3035-2

Arbeitsheft 31

Erhaltung von Kulturdenkmalen
der Industrie und Technik
in Baden-Württemberg

2015; ISBN 978-3-8062-3165-6

Arbeitsheft 32

Stoffe ohne Ende. Die Sammlungen
der ehemaligen Textildruckfirma Pausa
in Mössingen

2015; ISBN 978-3-8062-3267-7